LA BÊTE
COMPARÉE A L'HOMME

PAR

LE R. P. DE BONNIOT

DE LA COMPAGNIE DE JÉSUS

Deuxième édition considérablement augmentée.

PARIS
RETAUX-BRAY, LIBRAIRE-ÉDITEUR
82, RUE BONAPARTE, 82
—
1889
Droits de traduction et de reproduction réservés

LA BÊTE

COMPARÉE A L'HOMME

1754

LA BÊTE
COMPARÉE
A L'HOMME

PAR

LE R. P. DE BONNIOT

DE LA COMPAGNIE DE JÉSUS

DEUXIÈME ÉDITION
CONSIDÉRABLEMENT AUGMENTÉE

PARIS
RETAUX-BRAY, LIBRAIRE-ÉDITEUR
82, RUE BONAPARTE, 82

1889

Droits de traduction et de reproduction réservés

PRÉFACE
DE LA PREMIÈRE ÉDITION

Le roi des animaux nourrit depuis longtemps le désir de connaître ses sujets, qui lui ressemblent à la fois si fort et si peu ; car, suivant l'expression du poète,

Dissimiles homini possunt similesque videri.
(Ovide.)

Ce contaste réveille, irrite sa curiosité. Il cherche, il observe, il imagine ; il répond à ses propres questions, puis il abandonne ses réponses et semble renoncer au problème. Mais, sans cesse en contact avec cette énigme vivante, poursuivi, obsédé comme Fontenelle par sa fameuse sonate, il se remet bientôt à l'œuvre, pour la quitter de nouveau et recommencer encore. On ne se fait pas une idée de tout ce qui a été écrit sur cette matière. Dès 1728, Georges

Ribovius recueillait les noms de cent soixante-quatorze écrivains qui ont accordé à l'animal la faveur de leur plume. La liste, fort incomplète, n'a fait que s'accroître depuis, on le comprend. Notre époque surtout l'a grossie outre mesure. Jamais le règne animal n'a inspiré autant d'écrivains ; mais, la plupart du temps, hélas ! cette inspiration n'est pas fort heureuse.

Pour les naturalistes contemporains, l'homme n'est plus l'animal raisonnable, et la brute, l'animal sans raison. Entre ces deux termes il n'y a qu'une différence du plus au moins : l'homme est un animal qui sait raisonner, et l'animal, un homme qui s'essaie à raisonner. J'ai eu l'occasion de lire la plupart des ouvrages publiés sur cette question dans ce siècle, et je dois dire que l'unanimité est à peu près entière. Les savants qui se disent spiritualistes se trouvent d'accord avec la bruyante cohorte des positivistes et des matérialistes : tous enseignent que l'intelligence est la même dans tout le règne animal ; que la hiérarchie que l'on doit établir à cet égard entre les espèces, les races ou les individus, n'a d'autre base que l'inégal développement d'une faculté partout identique en nature.

Comment les naturalistes sont-ils parvenus à

effacer la différence spécifique qui, pour l'intelligence, existe entre l'homme et l'animal? Par un procédé bien simple, qui fait soupçonner d'effrayantes lacunes dans le savoir philosophique de ces logiciens. Jetant sur l'homme un regard rapide et singulièrement inattentif, ils n'aperçoivent en lui que les facultés qui lui sont communes avec l'animal, et se persuadent qu'ils ont vu tout l'homme, quand ils n'en ont vu qu'une moitié. Après cela, comparant cette moitié, qu'ils prennent pour le tout, avec la brute, ils trouvent naturellement entre les deux termes une similitude parfaite, et leur démonstration est achevée. Cette manière d'opérer est surtout chère à l'école de M. Darwin et aux disciples de M. Comte, nous aurons l'occasion d'en fournir la preuve.

Que prétendons-nous en face de cette multitude innombrable d'écrits dont l'animal fait le sujet? Jeter une goutte d'eau dans l'Océan? De nos jours, l'on peut se flatter de ne pas se perdre dans la foule, en restant dans la vérité. Cette bonne fortune, si c'est, hélas! une bonne fortune, sera la nôtre; qu'on nous permette de l'espérer. Nous ne suivrons pas le procédé de nos contemporains, nos conclusions seront différentes et plus sûres. On en sera facilement convaincu si on veut bien nous lire avec quelque attention.

Notre travail comprend quatre parties : la première établit la différence qui sépare l'homme de l'animal ; la deuxième est une étude directe de l'animal au point de vue de l'observation et des principes ; la troisième est la critique des plus bruyantes théories de notre époque ; et la quatrième, la revue historique des principaux systèmes inventés pour expliquer l'animal. Il nous a semblé qu'il ne serait ni sans intérêt ni sans fruit de demander au passé son avis sur la nature intime de nos voisins. L'esprit humain à la poursuite de la vérité qui se cache, forme un spectacle toujours attrayant et toujours instructif : attrayant, parce que rien n'est beau comme l'intelligence qui s'efforce d'arriver au vrai ; instructif, parce que, dans cet ordre de choses, les fautes et les erreurs sont des leçons.

On sera peut-être surpris que nous laissions de côté certaines questions qui jadis occupaient une place importante dans les études semblables à la nôtre : tel est le problème de la nature de l'âme animale, celui de sa destinée future. Nous ne craignons pas de le dire, ces questions ne nous semblent ni utiles, ni mêmes curieuses, parce qu'elles sont à peu près insolubles. Qu'il y ait dans la bête un principe supérieur à la simple matière, cela ne saurait être douteux, puisque ses opérations sont d'un ordre supérieur : il n'y a même aucun inconvénient à donner à ce principe le nom d'âme, pourvu qu'il soit bien convenu que l'âme de la bête diffère du tout au tout de l'âme de l'homme. Mais quelle est au juste la nature de cette âme, je laisse à de plus habiles l'honneur de le découvrir, s'ils le peuvent. J'ai peu de goût à prendre parti entre l'*entéléchie* d'Aristote et la *psyché* de Platon ; je n'en ai guère plus à m'enquérir si cette *entéléchie* ou *psyché* meurt avec l'animal ou bien lui survit ; s'il est plus opportun d'admettre une sorte de métempsycose dans le règne des bêtes, de telle sorte que celle qui rendrait le dernier souffle passerait son principe de vie à celle qui commencerait à respirer. A qui m'interroge en semblable matière, je n'ai qu'une réponse : « Je n'en sais rien, » et je soupçonne fort le genre humain tout entier de n'en pas savoir plus long que moi sur ce sujet. Et du reste, qu'importe ? A-t-on peur que la dignité de l'âme humaine ne soit dégradée si l'âme bestiale survit à l'organisme, ou son immortalité compromise si celle-ci s'évanouit à la mort ? Descartes inventa son automatisme pour échapper à ces conséquences, qui ne sont que de pauvres sophismes. C'était un bien grand effort pour peu de chose. L'âme humaine est très certainement d'un ordre infiniment supérieur au principe animal ; elle a des destinées conformes à sa nature élevée : les conditions de l'âme des bêtes se trouvent trop bas et ne parviendront jamais à l'envelopper.

Ce qui nous importe vraiment, c'est de réagir avec vigueur contre la tendance de certaine science contemporaine qui veut faire de l'animal un homme, afin de pouvoir faire de l'homme un animal ; ce qui nous importe, c'est de lutter contre des doctrines qui compromettent non pas la dignité et l'immortalité de l'âme humaine, mais la moralité et la destinée des âmes d'une foule d'hommes. Tel est le but que nous nous sommes proposé. Nous pourrions nous flatter de l'atteindre s'il suffisait pour cela d'arriver à quelques conclusions certaines ; car nous n'appellerons à notre aide que des principes et des faits, négligeant le jeu facile, mais vain, des hypothèses.

AVERTISSEMENT

POUR CETTE NOUVELLE ÉDITION

L'énigme que présente la bête à la science continue d'irriter la curiosité de beaucoup d'êtres raisonnables. On met à la deviner un zèle aussi vif et ajoutons presque aussi malheureux aujourd'hui que jamais.

Les naturalistes surtout se montrent ardents à la tâche, persuadés que leur profession leur donne le droit de se la réserver, ou du moins de la résoudre en dernier ressort. Et pourtant, en dépit de leur savoir, ils en sont encore aux principes des vieilles filles, qui, pour s'expliquer leurs chiens et leurs chats, s'identifient avec eux, leur prêtent, dans une mesure plus ou moins complète, leurs propres pensées et surtout leurs sentiments. Depuis la première édition de notre modeste ouvrage, nous remarquons une seule exception à cette savante faiblesse ; mais cette exception est éminente. Nous aurons plus tard l'occasion de la faire connaître. Les autres naturalistes sont unanimes à se répéter de la façon la plus inquiétante. Il n'y aurait pas lieu de s'arrêter à leurs redites, si l'ardeur de leur concert n'exposait les auditeurs à croire qu'elle est inspirée par un motif nouveau. C'est pour cela que la présente édition de notre livre est enrichie de plusieurs chapitres rédigés uniquement pour dissiper l'illusion : la suprématie de l'homme, l'intelligence du chien et de la fourmi en sont la matière.

Les philosophes n'ont pas suivi l'exemple des naturalistes. Parmi eux, le progrès vers les idées saines est sensible et assez général : nous n'avons qu'à le constater ici. Notre observation ne concerne évidemment ni les positivistes, ni les matérialistes leurs frères : ils sont les derniers de l'espèce pensante à mériter le titre de philosophes. Ils en sont, au sujet de la bête, aux principes des vieilles filles, et leur doctrine les condamne à n'en avoir pas d'autres. Nous les rencontrerons avec les naturalistes, auxquels ils donnent et qui leur donnent la main.

LA BÊTE
COMPARÉE A L'HOMME

LIVRE PREMIER

L'HOMME

CHAPITRE PREMIER

LA RAISON

Notions universelles chez le paysan et le sauvage. — Naïveté de sir John Lubbock. — Merveilleux de la notion du *nombre* dans l'esprit humain. — *Tout, partout,* et *toujours.* — M. Taine n'a rien compris à la notion du *nombre.* — Il n'est pas de mot employé par l'homme qui ne signifie ou ne suppose quelque notion universelle. — L'intelligence de l'homme s'ouvre d'abord aux notions universelles. — Véritable raison de l'excellence de la raison humaine.

On a dit plaisamment que, suivant certains gentilshommes, le genre humain ne commencerait qu'au baron. S'il fallait s'en rapporter à quelques savants et à la foule des demi-savants, pour être homme il faudrait avoir mérité au moins le diplôme de bachelier. Lorsque ces écrivains parlent des merveilles de l'intelligence, des *carac-*

tères psychologiques qui distinguent le rang le plus élevé de la création, ils aiment à les considérer autour d'eux, dans leurs universités et leurs académies ; ce sont les noms de Newton, de Laplace et de Cuvier qui viennent tout naturellement sous leur plume. Quelle distance effrayante ne sépare point ces puissants génies de la pensée qui végète encore dans la tête de l'épagneul et du gorille (1) Mais aussi combien l'épagneul et le gorille ne se rapprochent-ils pas du bimane qui, par les nécessités de la géographie, a été soustrait à l'influence des civilisations académiques ! On n'a pas craint d'imprimer qu'il y a plus de différence entre tel homme et tel homme qu'entre tel homme et tel animal ; on a été même jusqu'à placer certaines tribus sauvages au-dessous des singes supérieurs. Ainsi l'humanité est envahie par en bas ; la barrière est renversée ; peut-être y aura-t-il quelque danger pour la porte de nos sociétés savantes. En vérité, d'après les théories les plus en honneur, on peut dire que ce n'est plus qu'une question de temps. Mais nous espérons montrer qu'on s'est heureusement mépris ; c'est par une illusion qu'on a cru voir la barrière renversée. La limite inférieure de notre espèce est tout simplement

---

(1) M. Nourrisson lui-même semble ne pas soupçonner le vice de cette méthode. Voici comment il parle : « Est-il logique de comparer un homme dégradé à un animal parfait ? Un penseur impartial ne tomberait pas dans cette erreur. Il comparerait l'homme accompli à l'animal accompli : dès lors, au point de vue physique, quelle distance effrayante entre le plus parfait des gorilles et l'Apollon du Belvédère, entre une guenon et la Vénus de Milo ! L'homme, dans la plénitude normale de son existence, est véritablement roi de la création... » (*Revue polit. et litt.*, n° 29, p. 683.) C'est, on le voit, l'individu mis à la place de l'espèce, ce qui ne prouve rien pour l'individu lui-même, sinon un résultat heureux du concours de circonstances fortuites.

infra chissable ; car là se rencontre déjà, avec tous ses
caractères, la faculté propre de l'homme : la raison.

Si j'interroge un homme sans culture intellectuelle,
un homme des champs, on conviendra sans peine qu'il
n'hésitera pas à me dire combien font deux et deux.
Savoir cela ne suppose pas beaucoup de science, mais
suppose toute la raison. Quel est l'état de la pensée du
paysan le moins instruit, en face de cette proposition :
Deux et deux font quatre ? Je ne crains pas de le dire, ce
paysan voit dans une parfaite évidence que cette vérité
est nécessaire et universelle ; non pas qu'il entende ces
expressions ou autres semblables, mais l'acte de son intelligence est dans des conditions équivalentes. Il sait
très bien que deux ajouté à deux ne peut pas donner
trois ou cinq ; il sait très bien que deux et deux font
quatre, quelle que soit la nature des objets additionnés ;
il sait très bien que deux et deux font quatre en tout
temps et en tous lieux ; il sait très bien que cette vérité
s'applique *partout* et *toujours* à *tout* ce qui est susceptible
de numération. Il ne se rend aucunement compte de ce
qu'il sait très bien ; mais voulez-vous mettre en relief,
toucher du doigt cette conviction, essayez de la repousser
par quelque contradiction familière ? dites à ce paysan
que, si deux et deux font quatre quand on parle de bœufs
ou d'écus, cela n'est pas vrai quand on parle de pierres
ou de moutons ; dites-lui que deux et deux jadis faisaient
trois et feront cinq dans un temps à venir, que même en
ce moment il est des pays étrangers où deux et deux font
six ; dites-lui que les savants, ayant reconnu des inconvénients à l'état actuel des choses, sont sur le point de
changer tout cela, et que, grâce à de prochaines décou-

vertes, en achetant deux fois deux bœufs, le laboureur en aura six ; et l'éleveur qui aura fait ce marché trouvera, livraison faite, qu'il n'en a donné que trois. Peut-être hésitera-t-il d'abord ; il se demandera s'il comprend bien, si par hasard vous ne parlez pas autrement que tout le monde ; mais assurez-le que vos expressions n'ont rien de mystérieux ; que vous entendez, par les mots, exactement la même chose que lui ; alors, soyez-en bien sûr, ou bien il vous tournera le dos, persuadé que vous vous moquez de lui, ou bien il croira que vous voulez seulement plaisanter, et il rira, si toutefois il ne se laisse pas aller à penser que votre esprit déloge. Pourrait-il mieux marquer que, d'après lui, on ne peut *sérieusement* révoquer en doute la *nécessité* et l'*universalité* de cette vérité : *Deux et deux font quatre ?*

Sir John Lubbock (1) voulant caractériser le dernier degré d'abaissement intellectuel de l'espèce humaine, cite je ne sais quelle peuplade de l'Océanie qui ne sait compter que jusqu'à quatre. « Mais, ajoute-t-il, je devrais plutôt dire jusqu'à trois seulement ; car pour exprimer quatre, ces naturels disent : trois et un. » En parlant de la sorte, sir John croit n'être pas naïf. Il semble croire qu'un nom complexe est la limite extrême de la faculté de compter. A ce prix, les Français ne sauraient compter que jusqu'à vingt, et même jusqu'à seize, puisqu'ils disent vingt et un et dix-sept ; les peuples qu'on appelle civilisés, et qui font usage de la numération décimale, ne compteraient que jusqu'à neuf en numération écrite ; les Romains n'auraient compté que jusqu'à un : ils répé-

---

(1) *L'homme avant l'histoire.* Le noble lord a beaucoup écrit sur les sauvages. On n'est ni plus érudit ni plus superficiel.

taient le signe de l'unité pour désigner deux. Il est vrai que ce peuple, plus guerrier que mathématicien, avait cependant su trouver des caractères spéciaux pour désigner cinq, cinquante, cent, cinq cents et mille ; mais comment passait-il par-dessus les nombres intermédiaires, que, d'après la théorie de l'ethnologiste anglais, il ne devait pas connaître ? Cette numération bondissante, n'est-ce pas une anomalie étrange, inexplicable ? Que dire des prêtres de Jupiter Capitolin, qui marquaient la durée de Rome en enfonçant chaque année un clou dans un mur, destiné à servir ainsi de table chronologique d'une lecture peu commode ? Il n'y a peut-être rien de plus primitif dans la Terre-de-Feu.

Pour quiconque sait un peu réfléchir, le merveilleux de la numération n'est pas qu'un nom spécial désigne dix, cent, mille, un million, ni même un milliard ; ce n'est pas même que certains esprits cultivés se jouant au milieu des difficultés des combinaisons numériques, s'élèvent jusqu'aux dernières limites de la faculté de calculer, c'est-à-dire de réduire les nombres en formules : le merveilleux, c'est qu'un pauvre sauvage puisse dire *un* et *un* ou même seulement *un*. Et ne voit-on pas qu'*un* et *un* est la racine, le fondement, le principe de toutes les propriétés des nombres ; que la connaissance d'*un* et *un* contient, sous une forme générale, la connaissance de tout ce qui fait la gloire des plus grands mathématiciens ; qu'*un* et *un*, la plus simple des opérations de l'arithmétique, est en même temps la plus vaste, comme elle est la plus féconde : la plus vaste, parce qu'elle embrasse tous les cas ; la plus féconde, parce qu'elle les produit tous, parce que les plus savants calculs du mathématicien ne sont jamais qu'une expression plus commode donnée à l'addition d'un et un ? Il suit de là que le simple énoncé de l'unité, sans la moindre addition, est plus vaste encore, par la bonne raison que l'unité convient à tous les objets qui se comptent, et que les objets collectionnés sont toujours plus nombreux que les collections; il suit de là, en définitive, que le Tasmanien et le Papou, pour dire *un*, pourvu qu'ils sachent ce qu'ils disent, ce qui n'est pas douteux, font preuve, non pas d'autant de *profondeur*, mais d'autant d'*étendue* d'esprit que s'ils résolvaient le problème le plus compliqué de la mécanique céleste. Le Tasmanien et le Papou, pour dire *un*, prouvent qu'ils ont toute la raison, parce qu'ils savent avec certitude et clarté, quoiqu'ils ne s'en rendent pas compte, que cet énoncé *un* convient, en *tout* temps et en *tout* lieu, à *tout* objet ; parce que, grâce à cette seule notion, ils sont mis en rapport avec la vérité universelle et nécessaire. On s'en convaincrait facilement si, par des questions sagement dirigées, on essayait de renfermer l'idée de l'unité, telle qu'elle est conçue par le sauvage, dans des limites de nombre, de temps et d'espace. On n'y parviendrait jamais : preuve manifeste que nous sommes ici en présence d'un phénomène de l'ordre intellectuel (1).

(1) L'infériorité radicale de l'intelligence des sauvages est une hypothèse qui ne résiste pas à l'évidence des faits. Darwin lui-même est forcé d'en convenir. Voici ce que nous lisons dans son plus fameux ouvrage (*Descendance de l'homme*, t. I, c. ii) : « On range les Fuégiens parmi les barbares les plus inférieurs ; mais j'ai toujours été surpris de voir combien les trois naturels de cette race, qui avaient vécu quelques années en Angleterre et parlaient un peu la langue de ce pays, nous ressemblaient par leur disposition et la plupart de nos facultés mentales. » Cela ne l'empêche pas d'écrire quelques lignes plus bas que « le sauvage n'emploie aucun terme abstrait ». Mais sait-il ce qu'il

Or a-t-on réfléchi à ce que renferment ces trois mots, *tout, partout, toujours,* dont nous trouvons la notion, sous une autre forme, au plus bas degré de l'intelligence humaine? Comment épuiser *tout ?* Un nombre représentant les grains de sable du bord de la mer, les gouttes d'eau de l'Océan, les molécules de l'atmosphère, les atomes impalpables qui composent la terre, le soleil et tous les globes célestes, ne pourrait y suffire. En présence de *toujours,* que sont tous les instants écoulés depuis la première condensation de la nébuleuse qui allait devenir notre système solaire? *Partout* sera-t-il exactement mesuré par l'immensité des espaces où se meuvent les mondes et que la lumière, parcourant en un clin d'œil des millions de lieues, met des siècles à traverser? Le *tout* qui existe épouvante l'imagination, lorsqu'on prend la peine d'en compter les éléments. Un savant a tenté, il y a quelques années, de donner le nombre approximatif des atomes réellement contenus dans une tête d'épingle. Pour rendre ses calculs sensibles, il suppose que ces atomes sont changés en grains de sable d'un millimètre cube. Or, combien croyez-vous qu'il obtient ainsi de grains de sable? Un litre? un hectolitre? cent mille hectolitres? Écoutez. Imaginez ces grains de sable accumulés en un bassin capable de les contenir; imaginez ensuite qu'on veuille les changer de place, qu'on se serve

---

écrit? Huxley, tenant de Darwin, comme on le sait, ne craint pas de mettre, sous le rapport des connaissances géographiques, certains sauvages au-dessus de ses jeunes compatriotes, candidats aux examens du *service civil.* Il est bon de dire cependant que Huxley avait besoin d'accorder beaucoup d'intelligence à ces proches cousins des singes, afin de réfuter un argument de Wallace sur leur stupidité. (Cf. *Revue scientif.,* 16 décembre 1871.)

pour cela d'un convoi de chemin de fer composé de vingt wagons et fonctionnant nuit et jour ; eh bien, dans ces conditions, pour achever cette curieuse opération, il faudrait plusieurs centaines d'années. Quel nombre effrayant dans une seule tête d'épingle ! Que devient-il s'il ne s'agit plus seulement d'une tête d'épingle ni même de toutes les épingles du monde, mais des atomes de l'univers entier ? L'imagination, écrasée, anéantie, demande grâce, ou plutôt se trouve réduite à l'impuissance dès le premier instant de cette immense évolution numérique. Et cependant ce nombre réel, existant, épouvantable dans ses moindres groupes, ce *tout* matériel et créé n'est rien, rien comparé au *tout* simplement possible : car certainement il y a plus d'univers possibles qu'il n'y a d'atomes dans l'univers réel. Que dis-je ? il n'y a aucune, aucune limite à la somme des univers possibles. Devant cette quantité, les milliards de milliards multipliés pendant des milliards de siècles ne sont, en vérité, pas plus que le néant, puisque cette multiplication les laisse toujours également éloignés d'un terme qui se perd dans l'infini. Mais chose bien digne de la méditation et de l'admiration du philosophe, la notion de ce *tout*, infiniment inaccessible à l'imagination, se trouve dans l'esprit du paysan, du sauvage ; elle s'y trouve sans l'embarrasser jamais ; et ce pauvre ignorant l'emploie à chaque instant avec une facilité extrême, sans en soupçonner les mystères, d'une manière naturelle, comme il respire, comme il remue les membres, comme il parle (1).

(1) L'apparition de l'idée du nombre dans l'esprit de l'homme a exercé la sagacité d'un écrivain fort remarqué de nos jours. M. Taine a donné de ce grand fait une explication assez originale. Il observe,

Quelque borné que soit son vocabulaire, quelque lente que soit l'activité de son esprit, il est absolument impos-

avec beaucoup de justesse, qu'un grand nombre de jetons blancs sur un tapis de couleur différente produisent dans l'imagination une représentation assez confuse, mais qu'un, deux, trois, se photographient sur le tableau mental d'une manière fort nette et fort distincte pour l'esprit. Tel est le commencement de la numération. Mais comment aller au delà ? On prend un biais, ou, comme dit M. Taine, on franchit par un escalier un fossé trop large pour nos jambes (les jambes de notre esprit !). Ce biais, le voici : Au nombre plus grand qui laisse en notre imagination des traces vraiment distinctes nous substituons un mot : le mot est unique et tient exactement la place du nombre. Or, si à ce mot on ajoute une unité, l'unité et le mot forment un groupe de deux qui ne dépasse pas la portée de l'imagination distincte. Après cela le procédé est tout trouvé, on n'a plus qu'à continuer. Il suffira de substituer à chaque groupe binaire composé d'un mot et de l'unité, un autre mot auquel on ajoutera encore l'unité, et ainsi on s'élèvera peu à peu jusqu'à d'assez jolies sommes.

Le procédé a un inconvénient, et malheureusement cet inconvénient n'est pas petit. C'est qu'il demande du temps, et beaucoup de temps. Soit, par exemple, la formation de l'idée du nombre bien connu de quatre milliards. Sait-on combien il faudrait d'années pour achever l'opération ? Le calcul a été fait : plus de cent ans, et encore ne faudrait-il réserver aucune parcelle de ce temps pour dormir ou pour manger. Et qu'est-ce que quatre milliards comparé à l'infini qui est derrière chaque nombre, et même derrière l'unité ?

L'observation de l'écrivain sensualiste, nous l'avons dit, est incontestable, autant que son procédé, malheureux. Il est difficile de se représenter par l'imagination, d'une manière distincte, sept ou huit objets ; la chose devient absolument impossible au delà d'une quinzaine. Ainsi, dès les premiers pas, l'imagination se traîne à la suite de la raison ; après quelques efforts, elle est obligée de s'arrêter en chemin ; ses images ne sont plus qu'un chaos, sans rapport avec les objets. Comment se représenter un polygone de mille, ou même de trente côtés? M. Taine n'a pas su voir que ce fait est une des preuves les plus frappantes de la double nature des facultés sensibles et intellectuelles. Quand l'imagination est tombée sans force après trois ou quatre représentations matérielles, la raison monte, monte toujours, dépassant les milliers, les milliards, les millions de milliards sans rencontrer jamais de barrière dans sa marche ascendante. Que dis-je ? dès le premier pas elle s'est trouvée au delà de tout nombre, planant à son aise dans l'infini, comme dans son atmosphère naturelle.

sible à son intelligence et à ses lèvres d'unir trois expressions ayant un sens raisonnable, sans appuyer sa pensée sur les idées contenues dans les trois mots *tout, partout* et *toujours*. Que dira-t-il ? La *saison est belle* ? — les *blés sont mûrs* ? — le *pain est cher* ? Mais ces propositions ne sont pas autre chose que la restriction des propositions fondamentales qui les contiennent. Demandez à notre paysan *pourquoi* il parle de la sorte ; si la question est bien posée, il vous répondra, dans son langage naïf, quelque chose de parfaitement équivalent à ceci : « Je parle de la sorte, parce que *toute* saison, *tout* blé, *tout* pain qui est dans telles et telles conditions, est *partout* et *toujours* revêtu des attributs exprimés par mes trois propositions. » On doit même dire que toute affirmation de cette sorte se résout, en définitive, dans cette autre proposition plus générale : *Tout* ce qui remplit une condition donnée, revêt *partout* et *toujours* telle manière d'être déterminée. Qu'on ne croie pas à une spéculation, c'est-à-dire à une illusion de la métaphysique : l'observation pourra vous convaincre qu'il ne s'agit ici que de faits incontestables. Servez-vous encore de la contradiction, comme nous l'avons fait précédemment ; vous obtiendrez le même résultat : l'évidence manifestée par le rire.

Ce n'est donc plus par une ou deux idées que l'homme inculte se trouve en relation avec la vérité universelle et nécessaire : toutes celles que représentent les mots de sa langue, les inflexions de sa grammaire et les particularités même de sa syntaxe, supposent cette communication. En effet, les éléments d'une langue expriment chacun quelque notion universelle : les noms propres seuls semblent faire exception. Cette exception n'est qu'apparente. Ils désignent des objets individuels, sans doute ; mais ces objets individuels, pour être *compris*, doivent être mis en rapport avec quelque notion générale. On s'en convaincra facilement, si l'on veut remarquer que l'on ne sait rien d'aucun individu tant que l'on n'en affirme rien, et qu'il est impossible de rien affirmer sans avoir recours à une idée générale. Le paysan qui dit : « Ce prunier est chargé de fleurs, » énonce sous ce terme « ce prunier » une idée individuelle ; mais qui ne voit que *fleurs*, *être*, *être chargé*, *être chargé maintenant*, la proposition *de* elle-même, expriment des notions qui n'ont rien d'individuel ? Eh quoi ! l'expression *ce prunier*, qui a pour objet une idée vraiment individuelle, est de fait l'idée universelle de *prunier* ramenée à l'individualité au moyen du signe *ce*. Si, au lieu d'un nom commun individualisé, on employait un nom propre ; si notre paysan disait : « Mon fils Pierre conduit bien la charrue, » ce serait la même chose. Le nom de *Pierre* désigne, en vérité, un individu qui n'est compris que grâce à la notion générale de *fils* exprimée, et de celle d'*homme* sous-entendue.

Les théoriciens s'imaginent volontiers que l'homme débute par les notions individuelles : c'est pour cela qu'on est porté à réserver à l'homme cultivé le privilège de la raison proprement dite. Rien n'est plus faux. M. Taine observe lui-même que l'enfant ouvre d'abord son intelligence aux notions générales. Ce que l'on prend sur ses petites lèvres pour un essai de nom propre est, en vérité, un nom commun de son vocabulaire enfantin, où les expressions ont une signification d'autant plus étendue qu'elles sont moins nombreuses. La preuve, c'est qu'il applique à tout les syllabes qu'il s'efforce de bégayer.

Ainsi, par exemple, il imite le cri du chien ; et ce mot très primitif, désigne, pour lui, tous les cris, et même tous les bruits. Il lui faut un certain temps pour ne pas appliquer à d'autres qu'à ses parents les noms par lesquels ceux-ci ont tant de bonheur à s'entendre appeler.

A l'origine des langues, on constate des phénomènes analogues. C'est une assertion banale, dans bien des manuels de philosophie, que les langues ont commencé par les noms propres. Max Muller, étudiant les faits, arrive à des conclusions tout opposées. Si l'on remonte, dans la généalogie des langues, la série ascendante des radicaux, ce que l'on trouve, en définitive, au sommet, ce ne sont pas des noms propres: ce sont des racines dont la signification est très générale. N'est-ce point pour cette raison que l'hébreu, l'une des langues les plus anciennes à coup sûr, emploie les noms de genre plutôt que les noms d'espèce ?

Concluons donc que l'intelligence n'est point réduite à jeter accidentellement un regard sur l'immensité du monde intelligible : elle vit dans un commerce habituel avec l'universel et le nécessaire ; elle y est née, elle ne peut pas se trouver ailleurs ; dès qu'elle commence à être, elle est là comme dans un milieu essentiel non seulement à son exercice, mais à son être. Son objet propre est la vérité sans changement et sans bornes, la vérité caractérisée par ces trois mots, *tout, partout, toujours*, ou, comme disaient les anciens, la vérité indépendante de la matière, de l'espace et du temps.

Par conséquent, les prodiges du calcul infinitésimal, de la mécanique céleste, de la poésie et des beaux-arts ne sont pas nécessaires pour attester la grandeur de l'intelligence humaine. Le savant contemple avec un orgueil légitime le pénible échafaudage de ses réflexions ; le paysan s'abandonne au cours de sa pensée et se croirait insulté si on lui en faisait quelque mérite. Cependant, c'est beaucoup moins par ces efforts, qui lui sont personnels, que par ce qu'il a de commun avec le paysan, que le savant est constitué dans un ordre supérieur. L'un et l'autre, malgré la différence des objets auxquels ils appliquent leur esprit, exercent leur pensée dans les conditions supérieures de la nature spirituelle. La vie intellectuelle est un tableau dont le fond, identique pour tous les êtres raisonnables, n'est autre que l'éternité et l'infini, et dont les détails, d'une diversité incalculable, changent suivant les dispositions particulières à chaque esprit, la variété de ses rapports avec la vérité, et la direction qu'il s'impose à lui-même. Il importe peu de savoir, dans l'étude présente, quelle est cette éternité, quel est cet infini au sein duquel l'intelligence humaine vit et opère : le fait seul nous intéresse en ce moment, et il faudrait être bien peu intelligent pour le révoquer en doute.

Les psychologues et plusieurs naturalistes distinguent dans l'intelligence humaine un certain nombre de facultés subordonnées : telles sont l'attention, l'abstraction, la généralisation, la réflexion, le raisonnement. Cette division a certainement l'avantage de faciliter l'étude des opérations de l'âme ; mais on se tromperait grandement si l'on croyait que ces facultés sont autre chose que des noms divers sous lesquels la raison, toujours identique à elle-même et toujours soumise aux conditions de sa nature, s'assimile diversement les diverses formes de la vérité. Placer la *caractéristique* de l'homme dans l'une ou l'autre de ces facultés subordonnées et essentiellement dépendantes, en attribuant à tout le règne animal et les autres facultés dérivées et la raison d'où elles dérivent, c'est tout simplement une contradiction, la contradiction à laquelle n'échappent, hélas! ni Flourens, ni les deux Cuvier, ni, à notre connaissance, aucun naturaliste contemporain.

Remarquons, en passant, que la raison de l'homme, malgré sa grandeur essentielle, est soumise aux conditions de l'organisme auquel elle est unie. Il serait aussi puéril qu'inexact de le nier. Un vice originel ou accidentel du cerveau suffit pour empêcher ou suspendre l'exercice de la raison, suivant la nature et l'étendue du désordre de l'organe. De là l'idiotisme et la folie à divers degrés ; de là aussi l'argumentation éternellement la même du matérialisme contre la spiritualité de l'âme.

CHAPITRE II

LES SIGNES DE LA RAISON

I. — *La parole.* — Nature de la parole. — Signe, objet signifié, rapport du signe à l'objet. — Qu'est-ce que penser ? — Le mot n'est qu'une *condition* de la pensée ; mais cette condition est indispensable dans l'homme. — Le langage suppose la raison. — La raison humaine appelle nécessairement le langage.
II. — *La liberté.* — Ce qu'il faut entendre par la liberté. — La raison appelle essentiellement la liberté. — Conséquences de la liberté.
III. — *Suprématie de l'être raisonnable.* — Quelques preuves de cette prérogative. — L'homme maître du feu. — L'agriculture. — L'architecture.

Nous venons de voir que l'homme a la raison. De ce grand fait découlent trois conséquences que nous devons examiner maintenant.

Parce que l'homme a la raison, il parle, il est libre, il est maître de la nature.

I

LA PAROLE

Qu'on nous permette d'abord quelques observations sur la nature de la parole.

Un mot parlé est un petit système de sons articulés. Un

mot écrit est un petit système de traits diversement figurés. Un mot imaginé, c'est le mot entendu ou lu reproduit par l'imagination. Mais ce n'est là que le corps, la matière inanimée; le son et le rayon lumineux ne disent rien par eux-mêmes. Il faut qu'un autre élément soit surajouté : la signification. La signification, c'est la propriété par laquelle le mot nous *fait penser* à une autre chose. Quand vous entendez le mot *âme*, est-ce aux trois lettres *â, m, e*, ou à leur groupement, que votre pensée s'arrête? Non, assurément. Ce mot est plein, il est vivant, parce que, étant prononcé, il a la propriété de nous faire penser à une chose déterminée, c'est-à-dire au principe de la vie qui est en nous. Supprimez cette signification, le mot redevient vide, inanimé : c'est un vain bruit; il a tout juste pour l'intelligence la valeur du vent qui siffle à travers les fils du télégraphe. Il pourra être ouï, il ne sera pas entendu. Ceci revient à dire que sans signification, sans rapport actuel avec une chose signifiée, le mot n'est plus mot.

Mais, si le mot *fait penser*, qu'est-ce donc que penser? — Vous vous promenez dans la campagne les yeux ouverts; très certainement les objets viennent se peindre sur votre rétine, et, par le nerf optique, déterminent dans votre cerveau des modifications correspondantes. Des *sensations* spéciales surgissent sous l'œil de votre conscience, et vous percevez des prairies, des arbres, la verdure, le ciel, etc. Je suppose qu'au même moment vous soyez préoccupé de quelque affaire importante : à quoi pensez-vous? Est-ce au spectacle que vous avez devant vous? Mais ce spectacle, auquel vous ne pensez pas, cesse-t-il pour cela de se peindre en vous par l'organe de la vue? De retour chez vous, fatigué par la marche et vos réflexions, vous vous retirez seul dans votre chambre, et, pour vous reposer, vous donnez libre carrière à votre imagination ; aussitôt, en vertu d'une loi très connue, une suite d'images se déroule dans votre esprit, suivant un ordre plus ou moins régulier Ces *images* sont-elles des pensées? Non encore. Elles ne sont que la répétition affaiblie des sensations précédentes, des représentations qui se sont produites en vous à la présence des objets. Qu'est-ce donc que penser ? Dans ce tourbillon de fantômes qui roulent dans votre imagination, prenez-en un ; arrêtez-le sous votre regard intérieur ; considérez ce qui le constitue et le distingue de vous comme de tout le reste ; reportez-le à la place qui lui convient dans le temps et dans l'espace : si c'est un arbre, par exemple, que ce soit celui que vous avez vu hier dans tel jardin ; si c'est l'arbre en général, qu'il soit pour vous réellement en dehors de toute relation actuelle avec la création réelle ; en un mot, si vous discernez quelqu'un de ces rapports sans nombre qui assignent aux êtres un ordre dans l'universalité de l'être, vous pensez : penser, c'est considérer les rapports de l'être. Le grand instrument de la pensée, c'est l'attention intellectuelle, c'est-à-dire le pouvoir qu'a l'intelligence de se fixer, de se concentrer sur son objet et d'en examiner à son gré les divers aspects. Tant que cette sorte d'attention n'intervient pas, les sensations et les images peuvent se succéder : elles restent inefficaces pour la pensée ; elles produisent tout juste l'effet de la toile d'un grand maître qui va se peindre dans l'œil terne d'un animal.

Revenons à la parole. Il est un phénomène qu'on n'a

peut-être pas assez remarqué. On dit généralement que le signe fait penser au signe et à ce qu'il signifie. Cela est en partie inexact : le signe est une image sensible qui a la propriété de se faire sentir elle-même et de faire penser à un autre objet. L'attention, nous venons de le dire, est le grand instrument de la pensée ; mais cet instrument ne sert pas à une double opération en même temps : il s'ensuit que si l'on fait attention au signe, on ne pense plus à la chose signifiée, et que si on pense à la chose signifiée, on ne fait plus attention au signe. Une expérience bien simple le prouve. Vous lisez un livre dans une langue qui vous est connue ; certainement vous voyez les caractères qui composent les mots, vous les prononcez peut-être à voix basse, ou du moins vous croyez les entendre mentalement. Mais est-ce aux mots que votre pensée s'adresse ? Qu'il s'agisse d'un fait historique, de la mort de César, par exemple ; les mots ont disparu pour votre esprit : vous êtes dans le sénat romain ; vous voyez le dictateur aux pieds de la statue de Pompée, les conjurés qui lèvent leurs poignards, etc. Maintenant, faites l'expérience contraire : veuillez penser aux mots, à leur forme, à la beauté des caractères, à leur disposition : pour peu que votre attention s'y arrête, c'en est fait : le sénat, César, les conjurés, tout ce que vous considériez tout à l'heure s'est aussitôt évanoui. Les mots sont comme une glace à travers laquelle on voit la campagne : si vous arrêtez votre regard sur la vitre, la campagne s'éclipse ; si vous plongez au delà, c'est alors le milieu transparent qui devient invisible. Il arrive quelquefois que la glace est opaque : les mots ne sont pas compris. Vous êtes bien forcé alors d'y appliquer votre attention : elle polira successivement toutes les parties de la glace jusqu'à ce qu'elle l'ait rendue parfaitement pure. C'est ce travail de l'attention, cette oscillation du signe à la chose signifiée, qui ôte tout leur charme aux langues à moitié comprises : on dirait un paysage qu'on est obligé de reconstruire, à force d'observations, à travers le trou d'une aiguille. On ne sait une langue que lorsqu'on peut l'oublier en la parlant, en l'entendant ou en la lisant. Le même phénomène a lieu lorsque nous nous livrons à la réflexion : les paroles que nous répétons mentalement ne sont pas l'objet de nos pensées, notre esprit n'en voit que le sens. Le va-et-vient de l'attention fait également disparaître les mots ou les choses, suivant qu'elle se porte sur les choses ou sur les mots, le plus souvent les mots ne sont que des auxiliaires : ils sont sentis et non pensés.

Après cet exposé rapide de la nature du langage, il ne nous sera pas difficile d'établir que pour parler il faut avoir la raison. Le signe et la signification, le mot et le sens sont profondément distincts : l'un se réduit à quelques vibrations sonores ou lumineuses, perçues ou imaginées ; l'autre n'est plus un phénomène d'acoustique ou d'optique, c'est l'idée elle-même, c'est la perception d'une vérité universelle et nécessaire provoquée par le mot écrit ou le mot parlé. Nous l'avons dit, en effet, il n'y a pas de mot dans une langue qui ne se rapporte directement ou indirectement aux notions de la raison. Parler c'est, avant tout, concevoir l'universel, et, en second lieu, le désigner par un signe. Il s'ensuit manifestement que, pour parler, il faut d'abord avoir la faculté qui met en rapport avec l'universel, il s'ensuit que, pour parler, il faut avoir la raison ; que

L'homme ne parle que parce qu'il est raisonnable

Mais, si le langage suppose la raison, la proposition inverse est-elle également vraie? La raison appelle-t-elle nécessairement le langage?

D'abord, il n'est pas douteux qu'une raison développée et se possédant elle-même, ne puisse créer un langage : c'est en ce sens qu'on dit, avec vérité, que les mots sont arbitraires. Il est toujours possible, quand on sait penser, de placer sous un signe donné des idées nouvelles, ou de marquer telle idée que l'on veut par un signe de son choix. On rencontre dans l'Afrique australe des peuplades qui changent la plupart des mots de leur langue à chaque génération : le voyageur qui les visite une seconde fois, après une longue absence, est tout étonné d'être compris et de ne plus comprendre. La raison, en plein exercice, appelle donc nécessairement la faculté, la possibilité du langage.

A côté de cette question, dont la solution est de toute évidence, il s'en élève une autre plus compliquée et non moins importante. On peut l'énoncer ainsi : Le langage est-il nécessaire à l'évolution et à l'exercice de la raison? On voit que la réponse affirmative dépouille immédiatement de cette faculté supérieure tous les êtres organisés que la nature a formés muets (1); or, si l'on veut se restreindre à la raison telle qu'elle se trouve dans les créatures vivantes et sensibles, c'est bien une réponse affirmative que l'on doit donner.

---

(1) Un être muet par *nature* est un être condamné par la *nature* à ne pas penser, et par conséquent privé par la *nature* de la faculté même de penser ; car, nous le verrons plus loin, la *nature* ne donne jamais rien de *naturellement* inutile.

Si nous passons en revue toutes les idées dont se compose notre édifice intellectuel, nous n'en trouvons pas une qui ne soit attachée à quelque mot, ou du moins à quelque signe sensible (et tout signe sensible uni à une idée est un mot) qui lui sert de base et d'appui. Supprimez cette base, non seulement la construction tout entière se renverse, mais ses débris mêmes se dispersent et s'évanouissent. Quand vous pensez au triangle, par exemple, à la fleur, au temps, votre imagination vous représente ce mot triangle ou une figure triangulaire, le nom de la fleur ou une fleur peinte en vous-même, les traits d'un vieillard armé d'une faux ou tout autre symbole. Toutes ces images sont fort grossières : les traits avec lesquels un enfant barbouille ses cahiers rappellent beaucoup mieux les tableaux des grands maîtres, que les représentations les plus achevées de l'imagination ne ressemblent à l'objet de l'idée du triangle, de la fleur, du temps ; et cependant, si vous suspendez l'exercice de votre imagination, les idées du triangle, de la fleur et du temps s'effacent aussitôt sous l'œil de votre raison : elles disparaissent comme englouties dans la vague notion de l'être indéterminé. On peut défier l'intelligence humaine la plus puissante de les faire émerger de cet océan intellectuel sans appeler quelque signe, quelque forme de langage à son secours. Ce n'est point un raisonnement, c'est un fait que nous établissons ici. Nous prions quiconque serait tenté de le nier, d'en démontrer la fausseté en faisant d'abord l'expérience contraire.

La parole est vraiment le moyen préparé par la Providence pour seconder l'évolution de la raison ; c'est ce que prouve la prodigieuse rapidité avec laquelle un petit enfant se rend familier le mécanisme si compliqué d'une langue. De fait, l'enfant ne comprend pas avant de parler ; et si, par un concours malheureux de circonstances, il ne peut apprendre à parler, son intelligence reste engourdie : il se trouve condamné à vivre dans un état voisin de l'idiotisme, comme ces misérables dont l'histoire a gardé le souvenir et qui avaient été abandonnés, dès leur premier âge, dans des lieux déserts, loin de tout commerce avec leurs semblables *raisonnants* et *parlants*. Ils étaient parvenus à soustraire leur triste existence à mille dangers ; mais on aurait dit de véritables animaux : la vie intelligente semblait éteinte en eux. Les sourds-muets présentent du même phénomène un exemple, hélas ! trop facile à vérifier. Personne ne l'ignore, avant que le langage par signes ou le langage écrit vienne remplir en leur faveur le rôle de la parole, leur intelligence reste à peu près fermée. Quand elle donne passage à quelque idée, c'est qu'ils vivent au milieu de la société, où la parole prend toutes les formes, où les pensées s'expriment par les gestes, l'attitude, le regard ; c'est que ces expressions muettes ont commencé à les tirer de leur torpeur native.

Il est donc parfaitement logique d'admettre que le langage est un indice certain et nécessaire de la raison, et que, en dehors d'exceptions anormales, la nature a refusé le pouvoir de *comprendre* à tout être qu'elle a privé du pouvoir de *parler*.

II

LA LIBERTÉ

L'homme est libre, parce qu'il est raisonnable.

Il ne s'agit ici, on le comprend, ni de la liberté civile, ni de la liberté politique. Ni l'une ni l'autre ne peut naître avant la société. Or ce n'est pas le citoyen, c'est l'homme que nous étudions ; ce n'est pas un fait extrinsèque, c'est la nature humaine dont nous reconnaissons les éléments spirituels.

L'existence de la liberté est trop incontestable pour qu'il soit utile de l'établir ; nous ne voulons voir que les rapports de la liberté avec la raison. La liberté n'est pas autre chose que le pouvoir de choisir entre un acte à faire et le même acte à omettre. Ce pouvoir ne comporte pas nécessairement l'accomplissement de la résolution qui résulte du choix ; des circonstances extérieures peuvent y mettre obstacle. La liberté proprement dite est tout entière dans l'indépendance du choix. Qu'on ne dise pas que la liberté ainsi entendue est une assez mince prérogative ; elle est, au contraire, la racine de la grandeur propre de l'homme : de sa grandeur morale. L'homme est moralement grand, non par ce qu'il fait, mais par ce qu'il veut ; et il n'est pas rare de rencontrer la grandeur d'âme au milieu de la vie en apparence la plus humble, et la petitesse d'esprit dans les actions qui ont le plus d'éclat. Ce n'est ni le hasard ni le succès qui fait l'homme ; c'est le cœur, c'est-à-dire la libre volonté.

L'homme est libre, parce qu'il peut choisir ; mais pour choisir, on compare les objets du choix, et, pour comparer, on juge. Le choix ou l'acte de la liberté est donc impossible, s'il n'est précédé de cet acte de la raison qu'on appelle le jugement. Tout jugement, qu'on veuille bien ne pas l'oublier, renferme au moins une idée universelle. La propriété que j'affirme ou que je nie est nécessairement une de ces idées qui conviennent partout et toujours à un nombre indéfini d'individus. La pensée de lire, par exemple, me vient à l'esprit : aussitôt je juge qu'il y a quelque avantage à lire, et quelque avantage à ne pas lire : l'instruction, si l'on veut, d'un côté, et le repos de l'autre ; ce que je formule ainsi : lire est instructif, ne pas lire est agréable. Instructif et agréable sont de ces idées que ni le temps, ni l'espace, ni les individus n'épuisent, des idées qui appartiennent en propre à la raison. Il en serait de même pour tout autre cas. Comment donc être libre, si l'on n'est pas raisonnable ?

Réciproquement, si la liberté suppose la raison, la raison appelle la liberté. Grâce, en effet, à sa nature, qui consiste dans le pouvoir de *comprendre*, la raison, en présence d'un objet, voit du même coup ce qu'il est et ce qu'il n'est pas. Impossible de comprendre ce que c'est que *lire* si, en même temps, je ne comprends pas ce que c'est que *ne pas lire*. Par conséquent, la raison doit nécessairement révéler à l'agent raisonnable le *pour* et le *contre* d'une action qui se présente à faire. Raisonnable, je sais ce que vaut une lecture ; je sais ce que vaut l'omission de cette lecture. Je sais ce qu'il y a, de part et d'autre, avantage : instruction ou repos, avons-nous dit. Mais les deux termes étant contradictoires, l'un, en offrant le repos, exclut l'instruction, et l'autre, en offrant l'instruction, exclut le repos ; d'où il suit que je vois des deux côtés avantage et inconvénient. Quelle cause pourrait donc me *forcer* d'embrasser *volontairement* l'un ou l'autre de ces deux partis ? Il y a plus : en vertu de ma raison, je sais que l'action que je considère en ce moment peut être faite ou omise en *tout autre temps*, *tout autre lieu* et en *toute autre circonstance*. C'est ainsi que la raison, brisant le lien qui fixe l'exercice de l'activité à un point précis de la durée et de l'espace, permet à l'agent de se mouvoir à son gré dans le présent et dans l'avenir.

La liberté produit, à son tour, des effets dont il faut tenir compte. L'homme est libre, donc il dépend de lui de se perfectionner ; car la perfection d'un être suit la répétition des actes conformes à sa nature (1). Il est libre, donc il est moral et responsable, capable de mérite et de démérite, de bien et de mal, artisan de son honneur ou de sa honte. Il est libre, donc il a des devoirs et des droits : des devoirs, parce qu'il lui est interdit d'abuser de sa liberté pour le mal ; des droits, parce que, parmi les autres créatures libres, aucune ne peut, sans violer la nature, porter atteinte à sa liberté.

III

L'HOMME MAITRE DE LA NATURE

Trois mots, avons-nous dit, caractérisent l'acte propre de la raison : *tout*, *partout*, *toujours*. Or *tout être* est con-

---

(1) Nous ne parlons ici que de l'ordre naturel. Car il est bien évident que dans l'ordre surnaturel, dans un ordre qui est au-dessus de sa nature, l'homme ne peut rien avec les seuls moyens que lui fournit sa nature ; il ne peut rien sans ces moyens *surnaturels* qu'on désigne par un seul mot : la *grâce*.

tenu dans *tout* ; *tout temps*, dans *toujours* ; *tout lieu* dans *partout*. Tout le monde sait cela ; mais, en général, peu de monde remarque ce que tout le monde sait. Mon observation n'en étant que plus indubitable, il s'ensuit que toutes les fois que la raison saisit un objet, elle comprend en même temps et par le fait même, que les conditions de cet objet sont possibles, réalisables dans un autre objet, dans un autre temps et dans un autre lieu ; et cela suivant un *processus* indéfini. Impossible de dire où s'arrête cette possibilité. Cela paraît bien simple, insignifiant peut-être ; c'est cependant la source de l'empire que l'homme exerce sur lui-même et sur la création. En vertu de cette propriété de sa raison, l'homme ne peut pas ne pas être roi. Quelques exemples semblent ici nécessaires.

Que ne devons-nous pas au *feu* ? Il nous éclaire, il nous réchauffe ; il sert à la préparation de nos aliments. Il n'est peut-être aucun des mille objets dont nous faisons journellement usage, qui n'ait été façonné à l'aide du feu. Le feu est nécessaire pour fondre le verre, pour amollir les métaux, pour fabriquer les instruments avec lesquels nous imprimons une forme à la pierre, au bois ou à toute matière solide. Sans le feu, le commerce languit, l'industrie est stérile, l'agriculture végète, les beaux-arts mêmes ne peuvent se développer ; sans le feu, en un mot, si l'homme peut vivre, du moins il ne peut vivre que misérablement. Certes, la possession du feu est une bien grande richesse, et il est bien difficile de ne pas y reconnaître un don immédiat du Créateur ; cependant, grâce à sa raison, l'homme ne pouvait pas ne pas s'emparer de cette force de la nature : il devait nécessairement s'en rendre maître. Supposez-le, en effet, témoin de quelque incendie allumé par la foudre ou toute autre cause accidentelle ; il devra remarquer spontanément et infailliblement que le feu produit ces trois effets : de la lumière, de la chaleur et une modification profonde des objets qu'il touche. En vertu de sa raison, il saura aussi, cela est indubitable, que le même phénomène peut se reproduire avec d'autres matériaux analogues, en d'autres temps et d'autres lieux. Que faudra-t-il pour qu'il essaie de le reproduire lui-même ? Une seule chose : que, parmi les effets remarqués par lui, il en reconnaisse d'utiles ou seulement d'agréables. Sans doute, l'art de faire naître le feu est encore caché ; mais l'incendie qui se propage sous les yeux de l'homme lui révèle que le feu peut se conserver indéfiniment par l'addition opportune de nouveaux combustibles. Serait-il téméraire de voir, dans le feu perpétuel des vestales, une image et un souvenir des moyens employés par les premiers hommes pour retenir en leur possession le plus puissant et le moins docile des éléments ?

Les autres conquêtes de l'homme n'étaient pas moins inévitables. Une graine tombe sur le sol : au bout de quelque temps elle germe, puis se développe et devient semblable à la plante de la tête laquelle elle est tombée ; enfin elle produit des graines où se rencontre, dans une parfaite imitation, la forme primitive. L'homme en est témoin ; il conçoit que ce même phénomène peut être renouvelé avec d'autres graines semblables, en d'autres temps et d'autres lieux. Que la graine soit utile, l'agriculture est trouvée.

L'homme se réfugie sous un arbre pour échapper à l'orage ou pour se soustraire à la chaleur du jour : mais le feuillage n'écarte qu'une partie de la pluie ; il se laisse traverser par maints rayons du soleil ; il est même destiné à disparaître tout entier aux premiers froids de l'automne ; le tronc malgré sa vaste surface, est un obstacle bien insuffisant contre les courants d'air désagréables ou nuisibles. L'homme comprend qu'il peut imiter cet abri naturel ; mais il comprend aussi qu'il peut en faire disparaître les inconvénients par la multiplication et la combinaison de ses avantages ; qu'il suffit de rapprocher d'autres troncs d'arbres, d'imiter et de resserrer le feuillage au moyen de quelque substance plus solide. La cabane est trouvée, c'est-à-dire le principe de l'architecture.

Nous pourrions sans peine accumuler les exemples : le résultat serait toujours le même. Il est plus difficile d'expliquer comment avec sa raison, l'homme n'aurait pas été le maître de la nature, que de montrer dans cette faculté le principe de sa souveraineté nécessaire.

Mais, s'il est possible de tracer à l'avance les grandes lignes suivant lesquelles s'exerce cette souveraineté, il ne l'est pas d'en préciser en même temps les divers actes.

Les circonstances ne la dominent pas : elle en tient compte, elle s'en sert. La culture de l'esprit ne lui est pas indispensable ; toutefois l'évolution de l'intelligence élargit et modifie le champ de ses opérations : le présent peut s'enrichir pour elle de toutes les conquêtes du passé. Elle suit les innombrables variations de la liberté, dont elle n'est qu'une forme. Si elle est universelle dans le principe de sa puissance, il n'est rien de plus souple, de plus mobile, de plus divers, de plus imprévu dans ses applications.

Résumons-nous. L'homme est en rapport continuel avec la vérité nécessaire et universelle. Le pouvoir qu'il a de connaître la vérité universelle et nécessaire, nous le désignons par le mot de *raison*. La raison, qui ne s'exerce pas sans *le langage*, est un principe d'où découle nécessairement *la liberté*, et, avec la liberté, *l'empire* de l'homme *sur la nature*.

Les naturalistes sont presque unanimes à méconnaître ce caractère dominant de la nature de l'homme.

CHAPITRE III

L'HOMME D'APRÈS LES NATURALISTES

L'homme n'est qu'une bête. — Huxley. — Carl Vogt, — Paul Gervais. — Claus. — Richet. — Raison de cette classification. — Conséquences dangereuses.

Le docteur Constantin James, résumant en une formule la pensée de l'école de Darwin, dont il est loin d'être le disciple, définit l'homme, dans cette langue barbare qu'ont adoptée les naturalistes, « un animal vertébré, mammifère, de la classe des quadrumanes et de l'ordre des primates. » — « Vertébré » signifie : « qui a une épine dorsale »; « mammifère » : « qui porte des mamelles »; « quadrumanes » est un synonyme de « singes », parce que les singes ont quatre mains; et « primates » désigne la caste la plus élevée de la population animale. Le professeur Huxley a une singulière manière de prouver que l'homme est bien tout cela et n'est que cela. Il suppose un sujet humain expédié dans un baril de rhum, comme un monstre dans de l'alcool et reçu, on ne sait trop comment, par les habitants de quelque planète. Or, après avoir ouvert le baril, les savants de la planète, nous dit le savant Anglais, ne manqueront pas d'assimiler son contenu aux singes et aux autres animaux mammifères : donc...

quod erat demonstrandum. Le procédé de démonstration est au moins singulier et peu pratique; n'ajoutons pas qu'il ne fait pas beaucoup d'honneur à la science planétaire. Il exprime la manière de voir de toute une école; nous ne voulons pas autre chose ici.

Un écrivain qui s'est fort agité sans réussir à faire du bruit, et qui parle au nom de la science, sans mission bien authentique, dresse comme l'acte de naissance du « primate » dont il est question. « A une époque indéterminée, dit-il, est né, à son heure et à sa place, dans la série des êtres, un *mammifère bipède et bimane*, comme les autres simiens, velu, grimpeur, aux jambes sèches, aux griffes agiles, qui, d'une branche arrachée, d'un caillou ramassé, a frappé sa proie. Il apportait, dans la lutte pour la vie, un organisme plus équilibré, des appétits plus réglés, un cerveau moins obtus. Instruit par la nécessité, il apprit à se chercher des refuges, à se créer des gîtes; à des forces supérieures, il opposa l'adresse et le nombre. La sélection fit le reste. » On voit que le secrétaire a oublié de nommer les père et mère du jeune mammifère, et ne fait non plus mention des témoins de sa naissance. Nous pensons que c'est, dans le cas présent, un vice de forme très grave. Mais enfin, c'est bien là le primate bimane de la zoologie.

La classification des êtres vivants, repose toujours et uniquement, d'après la plupart des naturalistes, sur des principes de l'ordre matériel. « Les caractères anatomiques, dit Carl Vogt, dans la comparaison, pèsent avant tous les autres. Quant aux accessoires, soit philosophiques, soit religieux, dont quelques naturalistes ont cherché à décorer leur fragile édifice, nous ne pouvons que çà et là leur accorder, en passant, quelques regards. » Les naturalistes dont les doctrines sont les plus saines au point de vue de la philosophie, n'ont pas toujours une autre manière de concevoir la question. Ainsi, M. Paul Gervais s'étonne que « des savants célèbres aient songé à faire de notre espèce un règne à part, qu'ils appellent le *règne humain* », en s'appuyant sur les « attributs moraux de l'homme ». D'après lui, quand on fait de l'histoire naturelle, « on doit ne s'occuper que de l'homme physique », et il établit « comme évident que, envisagé sous le rapport de ses organes aussi bien que sous celui de ses fonctions, l'homme ne saurait être classé ailleurs que parmi les mammifères. » Après cet exposé de principes, Paul Gervais, on ne sait pourquoi, se garde de les appliquer en donnant la définition zoologique de l'homme. Il est vrai que « les fonctions » obligent, bon gré mal gré, à voir dans l'homme autre chose qu'un mammifère ; mais Paul Gervais était trop honnête pour user d'un faux-fuyant : il aura été distrait.

Le docteur Claus, professeur de zoologie et d'anatomie comparée à l'université de Vienne, et darwiniste avoué, enseigne aussi, comme on devait s'y attendre, que les caractères anatomiques sont la seule base scientifique d'une bonne classification de l'homme. La vie intellectuelle ne saurait caractériser une catégorie distincte, car, dit ce savant : « Si l'on étudie sans parti pris le développement de la vie intellectuelle par lequel l'individu passe depuis sa première enfance et qu'a parcouru l'humanité depuis les premiers débuts de la civilisation, et si l'on soumet à une étude semblable les facultés psychiques des animaux supérieurs, on arrivera, avec Wundt et autres, à cette conclusion, que l'entendement des animaux ne diffère de celui de l'homme que par le développement. » Mais, chose curieuse, le même naturaliste, avec la même plume, à quelques lignes de distance, rappelant les diverses tentatives de la science pour classer l'homme au moyen de ses caractères anatomiques, écrit que « ces tentatives ont complètement échoué ». De telle sorte que non seulement l'homme est un roi détrôné, c'est un malheureux déclassé. Cela n'empêche pas le docteur Claus d'offrir à ses lecteurs une définition qui lui est propre : « Mammifère doué de raison et de langage articulé, à station verticale, présentant des mains et des pieds à plante large et orteils courts. » Le docteur Claus a eu le talent, on le voit, de renfermer dans la définition qu'il propose à peu près tout ce qu'il blâme dans les autres. Si les caractères physiques ont seuls de l'importance, il vaudrait mieux, après tout, s'en tenir à la fameuse description dont Littré est l'auteur. « L'homme est un animal mammifère, de l'ordre des primates, famille des bimanes, caractérisé taxinomiquement par une peau à duvet ou à poils rares;... pieds et mains différents, nus ou à peine duvetés; des muscles fessiers au-dessus des cuisses; une jambe à angle droit sur le pied, avec des hanches saillantes. »

Ces quelques citations donneront une idée de la manière dont la question est aujourd'hui comprise par les naturalistes. Mais la chose est trop importante pour que nous n'entrions pas dans quelques détails. Un physiologiste distingué, psychologue à ses heures, nous servira de guide.

M. Charles Richet (1), car c'est de lui qu'il s'agit, pro-

---

(1) Voir, dans la *Revue des Deux-Mondes* de 1882, un article intitulé *l'Homme, roi des animaux*

fesse des principes généraux dont on ne peut s'empêcher de reconnaitre la légitimité et la valeur. Sa pensée est, si nous la comprenons bien, que les choses se distinguent entre elles par des caractères distincts, et que les caractères sont distincts par la qualité et non par la quantité. Les différences en quantité appartiennent à des objets semblables, de même espèce; pour établir des espèces différentes, il faut nécessairement des caractères de qualités différentes : à plus forte raison pour établir des genres; à plus forte raison pour établir des familles, des tribus, des embranchements; à plus forte raison surtout pour établir des règnes. Nous le répétons, ces principes sont excellents. Le tout est, maintenant, de les bien appliquer, et nous craignons que M. Richet, à ce point de vue, ne mérite pas les mêmes éloges.

La thèse qu'il doit prouver est énoncée par lui en ces termes : « L'homme est à la tête du règne des êtres vivants, mais il en fait partie intégrante. » Proposition moins innocente qu'elle n'en a l'air : elle signifie, sous la plume de celui qui l'a écrite : « l'homme est un pur animal. » En effet, nous lisons ailleurs : « Par son squelette, l'homme est animal au même titre que le singe, l'aigle et la grenouille »; et un peu plus loin : « Cœur, poumons, foie, estomac, sang, œil, nerfs, muscles, squelette, tout est analogue chez l'homme et les autres vertébrés. Il y a moins de différence entre un homme et un chien, qu'entre un chien et un crocodile ; il y a moins de différence entre un homme et un crocodile, qu'entre un crocodile et un papillon. » Tout cela revient à dire : « Anatomiquement, l'homme est un animal. » Or, l'anatomie a, seule, droit d'être entendue, quand il s'agit de classer l'homme. « On ne peut établir de bonne classification que d'après les caractères tirés de la forme générale des organes. Quoi qu'on fasse, il sera toujours impossible de prendre une fonction pour base d'une classification zoologique. C'est par la forme des organes, et non par le rôle qu'ils jouent, qu'on fait des classes et des espèces... En fait de classification, l'anatomie doit avoir le premier et le dernier mot. » Par conséquent, l'anatomie, déclarant que l'homme est un animal, il s'ensuit qu'il n'est que cela.

Il serait intéressant d'examiner pourquoi, l'anatomie ayant tant de vertu pour les classifications zoologiques, et les bons anatomistes n'étant vraiment pas rares aujourd'hui, l'on n'est point encore parvenu à déterminer avec quelque précision la place de l'homme dans l'échelle animale ; car, nous avons entendu le docteur Claus nous le dire, on n'est point d'accord sur ce point parmi les naturalistes, et l'on ne trouvera pas deux définitions qui présentent exactement le même sens; bien plus, il n'y en a pas une qui ne prête le flanc à de sérieuses difficultés.

Mais de plus graves intérêts nous appellent. Que nous importe que, par son corps, l'homme soit bimane ou quadrumane, qu'il soit velu ou *duveté*, que ses muscles soient plus ou moins renflés, ses pouces opposables, qu'il ait le pied large et à angle droit sur la jambe? Ce qui nous touche de plus près, c'est de savoir si réellement nous n'avons rien qui nous mette dans une catégorie moins humble que celle du singe ou du chien. M. Richet répond hardiment: non. A-t-il de bonnes raisons pour nous parler de la sorte, pour nous humilier si profondément avec lui ? Nous voulons bien que l'anatomie ne réussisse pas à nous tirer de la populace des vivants; mais la psychologie est-elle vraiment aussi impuissante?

Oui, répond-on, et voici comment on le prouve. Les points par où l'homme différerait de l'animal et s'élèverait au-dessus seraient les suivants : « L'homme est sociable, il sait faire du feu, il adore un Dieu ou des dieux, il parle, il peut transmettre à ses descendants les progrès accomplis. » Or, ces caractères sont des différences de quantité et non des différences de qualité, et, par conséquent, loin de constituer notre race en règne, ils n'en font pas même une espèce à part.

« Laissons d'abord la sociabilité, dit M. Richet... Bien des êtres sont sociables ! » Et tout aussitôt il rappelle les éléphants, les castors, les abeilles, les fourmis. « Tout le monde sait, ajoute-t-il, qu'il y a là de véritables institutions politiques. »

Mais est-il bien sûr que tout le monde sache cela? La conspiration d'éléments différents vers un but commun, telle qu'on la remarque dans les animaux groupés par la nature, ne [nous semble pas suffire à des institutions politiques, et nous avons de la peine à voir dans une locomotive, une montre, un télégraphe électrique, dans une foule de machines où il y a cependant conspiration parfaite d'éléments divers vers un but commun, des institutions politiques. Les institutions politiques, croyons-nous, ont pour objet de protéger le droit des faibles contre les violences coupables des forts dans une société, en réglant sagement par des lois les actes libres des membres de la société : elles supposent donc la liberté morale, le droit et le devoir. Il est vrai que M. Richet affirme et n'articule pas la moindre preuve. Cela ne suffit pas pour constituer une démonstration, et une démonstration scientifique. Les sociétés animales ont cela de remarquable, que l'on n'y constate jamais ni révolution ni même le moindre progrès. Ne serait-ce point parce que ces petits peuples n'ont point ce qui est le principe essentiel de tout changement, et en même temps la matière même des institutions politiques, l'indépendance morale de leurs actions, ou, en termes vulgaires, le libre arbitre? Les groupes des abeilles et des fourmis sont des royaumes ou des républiques, au même titre qu'un tableau d'Horace Vernet est une bataille.

Chose curieuse! l'animal, qui, aux yeux de M. Richet, est capable de vie politique, est incapable de faire du feu! Ce savant l'avoue de bonne grâce; mais, par une ruse de rhétorique, il ajoute que l'animal ne sait non plus ni tailler des pierres, ni lancer des flèches, ni tisser des étoffes. La ruse pourtant est mêlée de quelque distraction; car elle oublie l'abeille maçonne, le castor, le xylophage, la teigne, le fourmi-lion et beaucoup d'autres représentants animaux de la plus savante industrie. Quoi qu'il en soit, sur son observation incomplète, le physiologiste psychologue argumente de cette sorte: « Si le fait de tailler des pierres, dit-il, de lancer des flèches, d'allumer du feu, était une caractéristique de tout être humain, il s'ensuivrait que tout être humain doit jouir de cette faculté, à l'exclusion de tout animal. » Il est bien évident, en effet, que les hommes ne sont pas tous tailleurs de pierres, ni archers, ni bien d'autres choses qu'il serait trop long d'énumérer. M. Richet aurait pu être plus radical et affirmer, sans crainte de démenti, qu'il n'y a absolument aucune profession qui se rencontre dans tous les hommes; mais il aurait pu remarquer, en même temps, que les « professions » en usage parmi les animaux se retrouvent absolument identiques dans tous ceux de la même espèce. Voilà une différence, et une différence d'observation scientifique : l'animal, par cela seul qu'il est, possède parfaitement une industrie spécifique, une seule, et il ne peut ni l'abandonner, ni la modifier ; l'homme, au contraire, n'en possède aucune par droit de naissance, mais il est également capable d'en acquérir une foule, qu'il choisit à son gré dans un nombre illimité. L'homme agit par *art*, l'animal par *instinct*. *Instinct* et *art* ne sont pas synonymes. Cela suffit pour faire voir dans le raisonnement de M. Richet une lamentable claudication.

M. de Quatrefages enseigne que le sentiment religieux constitue une différence essentielle entre l'animal et l'homme, et suffit pour placer celui-ci dans un règne à part, le règne humain. M. Richet n'en est point ému. « Il ne me semble pas, dit-il avec désinvolture, qu'on doive attacher plus d'importance à cette faculté, qu'on dit propre à l'homme, d'adorer un Dieu et d'encenser des idoles. En effet, la croyance à des êtres supérieurs existe probablement chez le chien ou chez l'éléphant. » Le vieux Pasquier a écrit quelque part, avec l'esprit de critique qui lui est propre, que l'éléphant témoigne de son admiration pour le Créateur en lançant de l'herbe vers le ciel. Nous ne savons si M. Richet a vu le chien encenser les idoles ; du moins il affirme que « le chien vénère son maître et l'éléphant son cornac, comme de véritables dieux. » Nous osons douter, que M. Richet nous le pardonne, nous osons douter de sa compétence en matière d'adoration : il croit peu en Dieu et l'adore encore moins. Nous lui dirons donc que l'adoration est tout ce qu'il y a de plus intime dans une âme, et que rien au monde ne la révèle aux profanes, sauf une confidence d'ami. Le chien et l'éléphant lui ont-ils fait confidence qu'ils vénèrent, à l'égal d'une divinité, celui-là son maître, celui-ci son cornac? Les contes à dormir debout sont médiocrement à leur place dans un travail qui prétend être scientifique.

Le grand instrument des confidences, c'est le langage; M. Richet fait semblant d'avouer que les animaux ne parlent point. « S'il fallait donner, dit-il, une caractéristique de l'homme, nous dirions que l'homme est un animal qui parle. » Et là-dessus, un dithyrambe passionné en l'honneur du langage. « Grâce au langage, nous pouvons transmettre à nos enfants les progrès que nous avons faits, former des idées générales, chercher les causes des choses, analyser les phénomènes extérieurs, réfléchir sur ce qui nous entoure, conclure, par une audacieuse généralisation, des faits que nous voyons à ceux que nous n'avons jamais vus. » Eh bien, ce n'est encore là qu'un artifice de rhétorique : le langage ne constitue, en somme, d'après M. Richet, qu'une différence quantitative, et non qualitative, entre l'homme et l'animal, ce qui veut dire que la bête parle mal, mais n'en parle pas moins. D'abord, si l'on considère « les organes de la phonation », on est bien forcé de reconnaître qu'ils « ne diffèrent qu'à peine chez l'animal et l'homme (1) : un larynx d'homme, un larynx de singe, un larynx de chien, sont construits tout à fait sur le même type. » Ce n'est pas tout : les sons inarticulés de ces larynx de bête sont le principe, l'origine de la parole, la matière dont elle est formée. En voici la preuve, dont nous avouons simplement ne pas saisir toute la force : « Si tous

(1) Exemples : le poisson, l'huître, le lombric et plusieurs autres.

les êtres vivants étaient absolument muets, on ne comprendrait pas comment a pris naissance le langage de l'homme (1). » Donc, ce n'est pas de ce côté qu'il faut chercher la raison pour laquelle le primate bimane semble parler seul parmi tous les animaux. En tous le germe existe ; mais, pour s'épanouir et fleurir, ce germe a besoin d'une atmosphère particulièrement chaude et lumineuse, qui est l'intelligence humaine. De part et d'autre, dit M. Richet, « l'organe est le même », mais « la fonction est différente, et elle diffère parce que diffère (en quantité) l'intelligence qui met en mouvement les muscles du larynx. » Il ajoute : « Comme l'homme, l'animal est intelligent, mais à un degré inférieur. Ce n'est pas la *qualité* qui diffère, c'est la *quantité*. *Le cerveau de l'animal est petit et son intelligence est petite, le cerveau de l'homme est grand et son intelligence est grande : voilà toute la différence.* »

Par conséquent, nous devons croire que la bête parle aussi, non sans doute avec autant d'élégance et d'esprit que chez La Fontaine, mais avec toute la perfection que lui permettent ses organes et son rudiment d'intelligence. Elle bégaie : bégaiements précieux qui sont le germe même de l'élégance et du meilleur langage. L'aboiement du chien et le braiment de l'âne méritent d'être écoutés avec respect : qui nous dira s'il n'y a point dans ces clameurs les lointains essais de quelque merveille littéraire ?

Cependant, tout n'est pas dit. Si l'on serre la question de plus près au moyen des procédés scientifiques, on obtient des résultats bien singuliers. Le langage, nous

---

(1) L'homme est un être vivant : M. Richet a donc grandement raison de soutenir que si tous les êtres vivants étaient absolument muets, l'homme ne parlerait pas.

dit-on, se mesure sur l'intelligence, et l'intelligence sur le cerveau. Livrons-nous donc à ce calcul. Si l'on désigne par les lettres C c deux cerveaux, par les lettres I et i deux intelligences correspondantes, l'assertion de M. Richet se traduira rigoureusement par l'équation $I/i = C/c$. Rien n'est plus scientifique. Mais cette formule conduit invinciblement à des conséquences qui paraîtront passablement étranges, et que M. Richet ne semble pas avoir soupçonnées. Ainsi, le poids du cerveau de l'homme est de 1320 grammes, celui de l'éléphant et celui de la baleine sont de 1550 grammes, celui du dauphin s'élève jusqu'à 1800 grammes : d'où il suit, en appliquant la formule, que l'intelligence de l'homme est en moyenne les neuf dixièmes de celle de l'éléphant et de la baleine, et seulement les sept dixièmes de celle du dauphin ; et si l'on fait entrer le langage dans le calcul, le langage du Parisien le plus poli n'a que les neuf dixièmes de la perfection du langage de la baleine, qui est muette, et les sept dixièmes du langage du dauphin, qui ne parle pas mieux. Il est vrai que l'éléphant a une espèce de beuglement, mais le plus beau parleur parisien est d'un dixième au-dessous.

Autre chose : si l'on fait attention aux sexes, on constate une différence de poids entre le cerveau de la femme et celui de l'homme : le cerveau masculin l'emporte de plus de 100 grammes sur l'autre. Cependant, une observation journalière démontre, de la manière la plus invincible, que la femme l'emporte sur l'homme par la langue. M. Gambetta, dont le cerveau avait juste le poids de l'idiotie commençante (1130 grammes), était un parleur intarissable, et l'emportait de beaucoup, à ce point de

(1) « Fermez cette fenêtre. »

vue, sur Newton, qui pendant toute sa vie parlementaire n'a dit que trois mots (1), et dont le poids cérébral, si nos souvenirs sont fidèles, l'emportait notablement sur celui du dauphin. Remarquons encore, dans cet ordre d'idées, que l'on a rencontré des individus humains dont le cerveau ne dépassait pas 300 grammes, et qui parlaient en hommes : le cerveau du gorille s'élève jusqu'à 620 grammes, et cette tête puissante ne parle que le gorille.

Ces quelques considérations, que nous pourrions continuer longtemps encore, démontrent surabondamment que la question de l'intelligence et du langage n'est pas une question de cerveau.

On voit si M. Richet a quelque sujet d'être fier de sa démonstration. Il ne s'en résigne pas moins avec courage aux conséquences sociales qui en découleraient, si elle était aussi forte qu'elle l'est peu. Il s'appropric, en la modifiant un peu, la phrase célèbre de Carl Vogt : « Mieux vaut être le frère perfectionné d'un singe, que l'enfant dégénéré d'un ange. » Ah ! Monsieur, le sapajou qui se perfectionnerait au point de devenir chimpanzé, ne vaudrait pas le séraphin qui descendrait jusqu'à l'archange ! Quand il s'agit de monter et de descendre une échelle, il faut tenir grand compte de l'échelon où l'on arrive ; ce n'est pas tout, il faut surtout examiner s'il n'y a pas quelque échelon absolument infranchissable. M. Richet a porté son attention de physiologiste et de psychologue sur ce point intéressant ; on vient de voir avec quel bonheur. Son exclamation ne peut donc être l'effet que de son bon naturel.

Ajoutons qu'elle suppose une situation qui n'est pas tenable ; on va le voir.

M. Richet ne rougit pas de se dire le frère des singes. Mais c'est un grand frère, un membre de prédilection dans la famille simienne : il a fait des études et cultivé les arts de société. Nous ne le lui faisons pas dire: sa fraternité embrasse même toute l'animalité: « Les animaux sont assez proches de nous pour que nous nous considérions comme frères. » Malheureusement, cette parenté si courageusement avouée, le met dans un embarras cruel. M. Richet, singe perfectionné de naissance, est vivisecteur de profession : en d'autres termes, il fait le métier de répandre le sang de ses frères. Est-ce vraiment là un signe de perfectionnement? Il y a longtemps que les loups ne se mangent pas entre frères, non plus que les autres carnassiers; mais est-on bien venu à se dire « frère perfectionné du singe », lorsque, pour la douceur du procédé, on descend au-dessous des fauves? Rien n'est amusant comme les subterfuges au moyen desquels notre singe vivisecteur, — pardon, j'emprunte son propre langage — essaye de justifier sa conduite.

Il convient que l'on doit être bon et clément envers les animaux; mais, ajoute-t-il aussitôt, « il y a une limite, qui est notre utilité même... Il n'y a aucun doute à cet égard, et tout le monde est d'accord. »

Tout le monde est d'accord, c'est possible; mais tout le monde ne doit pas l'être, et M. Richet a droit à une place honorable dans l'exception, aussi bien que tous ceux qui admettent ses théories sur les animaux. Nous l'avons rappelé, et il faut le rappeler encore, pour tous ces honorables savants, les animaux sont des frères, sans figure de rhétorique, en réalité. M. Richet est tout à fait sérieux quand il l'affirme; il emprunte même, pour traduire sa pensée d'une manière saisissante, le passage suivant à Tourguenef :

« Mon chien est assis devant moi et me regarde droit dans les yeux. Et moi aussi, je le regarde dans les yeux. Il semble vouloir me dire quelque chose ; il est muet, sans parole ; il ne se comprend pas lui-même, mais je le comprends, moi. Je comprends que, dans cet instant, en lui comme en moi vit le même sentiment ; qu'il n'y a aucune différence entre nous (oh ! oh !). Nous sommes identiques ; en chacun de nous vacille la même petite flamme tremblotante. La mort arrivera sur nous et nous frappera du vent de son aile large et froide. Qui pourra ensuite reconnaître la différence des petites flammes qu'il y avait en lui et en moi ? Non, ce n'est pas un animal et un homme qui échangent leurs regards : ce sont deux paires d'yeux identiques qui sont fixés (*sic*) l'une sur l'autre. »

Les poètes ont quelque droit à n'être pas toujours pris au sérieux ; les savants ne partagent pas ce privilège. Nous sommes donc autorisé, par ce passage d'un poète, que cite un savant, à croire que le savant convertit en affirmations catégoriques les jeux d'imagination du poète. Pour M. Richet, il y a identité entre le chien et l'homme, entre l'homme et tous les animaux : identité non seulement d'origine et de descendance, mais de constitution physiologique et psychologique. Les propriétés constitutives sont les mêmes de part et d'autre ; il n'y a qu'une différence de développement. Par conséquent, les droits et les devoirs sont radicalement les mêmes, exactement comme dans l'espèce humaine aux divers âges, chez l'enfant et chez l'homme, chez l'idiot ou le fou et chez l'individu sain d'esprit. Or, dans ces conditions, il n'est pas seulement barbare, il est immoral de poser, comme limite à nos bons procédés envers les animaux, notre utilité : la mesure de nos obligations envers eux, ce sont leurs droits. S'ils sont nos frères, c'est un crime non seulement de les manger, non seulement de les dépecer vivants, suivant la méthode des physiologistes, mais de les faire souffrir, de les dépouiller de leurs toisons, de les faire travailler pour nous, de les priver de leur liberté. Nous devons leur appliquer la maxime qui résume tous nos devoirs négatifs envers nos semblables : Ne pas faire subir à autrui ce que nous ne voulons pas subir nous-mêmes.

M. Richet tâche de dédommager un peu ses bêtes par beaucoup de compassion. « Ma tendresse pour les chiens, dit-il, a souvent été poussée trop loin, à ce point qu'elle a importuné les personnes qui m'entourent. J'ai eu beaucoup d'amis ou d'esclaves, comme on voudra, dans l'espèce canine : des noirs, des blancs, des grands et des petits, depuis le bouledogue jusqu'au caniche, et je n'ai jamais pu me résigner à les frapper, même quand ils étaient en faute. » M. Richet s'est rattrapé par le bistouri, et il s'accuse, non sans rougir, « de la mort d'un certain nombre de chiens », qui étaient pourtant des amis tendrement aimés. Nous supposons que ces malheureux auraient préféré un peu plus d'indifférence ; s'ils pouvaient parler, ils ne manqueraient pas de lui dire : Moins de sensibilité, Monsieur, et un peu plus de respect de nos droits.

Du reste, le principe de l'utilité est gros de menaces pour l'espèce humaine elle-même. Si l'utilité prime le droit, qui osera, parmi nos semblables, se promettre d'être respecté ? On impose maintenant toute espèce de tortures aux chiens, et l'on essaye de justifier cette barbarie en mettant en avant l'intérêt de la science, qui, dit-on, est l'intérêt même de l'humanité; mais qui garantit que des expériences semblables ne seront pas tentées sur les hommes, pour le même intérêt de la science et de l'humanité? C'est utile, donc c'est légitime. On commencera par des incurables, par quelqu'un de ces malheureux que la nature a outrageusement disgraciés, par des scrofuleux, des culs-de-jatte, des aveugles, des bossus ; on se félicitera même de leur rendre service en les débarrassant du fardeau de l'existence, qu'ils n'ont pas eux-mêmes le courage de déposer. Ces procédés seront excellents pour le progrès de la pathologie; mais la physiologie est-elle moins importante? Or, c'est de l'observation, de l'expérimentation sur des sujets sains, que la physiologie a besoin : les hommes bien portants auront donc à prendre leurs précautions, s'ils ne veulent courir le danger de remplacer les chiens dans les laboratoires sanglants de la physiologie.

Mais pourquoi insister plus longtemps? la morale de l'utilité est la morale du plus fort. Une fois que l'on admet que les animaux sont nos égaux, leurs droits et les nôtres ont une règle commune : s'il est permis de violer les droits des animaux, quand on y trouve de l'utilité, l'homme n'a pas de droit qui ne soit primé par l'intérêt, et tout est licite à la force. La théorie du vivisecteur darwiniste est, en dépit des apparences, une monstruosité sociale. On raconte que, dans une salle d'hôpital où gisaient un certain nombre de malheureux de notre espèce, un « mammifère bimane », et de plus médecin, ordonna de prendre le plus malade de ses clients et d'en faire du bouillon pour les autres : la science lui avait révélé que ce procédé thérapeutique serait merveilleusement efficace. De fait, la salle se vida comme par enchantement. M. Richet écrit : « Quelques souffrances d'animaux (et l'homme n'est qu'un animal), alors que tant d'autres animaux souffrent, ne sont rien à côté des conséquences d'une découverte scientifique. » Le médecin au bouillon humain était, on le voit, de l'école de M. Richet.

Ce terrible ami des bêtes n'invoque pas seulement l'utilité, principe de conduite qui, du moins, n'exclut pas l'action modératrice de l'intelligence; il en appelle aussi à la force purement brutale. « C'est de temps immémorial, dit-il, que l'homme s'est donné droit de vie et de mort sur les animaux. S'il l'a fait, ce n'est ni par caprice, ni par raisonnement; c'est en raison d'une loi primordiale, qui domine la nature. Cette loi universelle a été bien exposée pour la première fois par l'illustre Darwin, qui l'a appelée la lutte pour l'existence. » Le spectacle de cette lutte lui inspire une sorte d'ivresse, qu'il est difficile de qualifier; et, après en avoir repu ses yeux le long de quatre grandes pages, il s'écrie : « Malheur à ceux qui ne sont pas bien armés pour le combat! malheur à ceux qui sont imprudents ou faibles! De toutes part l'ennemi est là, avec ses dents acérées et ses puissantes mandibules, avec ses poisons subtils ou ses pièges pleins d'astuce. Il ne faut pas tomber entre ses griffes, car il a faim et il ne pardonne pas ». Conclusion : mammifères bimanes, armez-vous de revolvers, si vous voulez échapper au bistouri d'autres mammifères, qui ont faim du progrès de la physiologie. — Que l'on se tourne comme on voudra, on ne peut se tirer de cette conséquence. Mammifères pour mammifères, ou les primates n'ont pas plus de droits que les autres, ou les autres ont les mêmes droits que les primates ; car, M. Richet nous l'assure, tout est commun entre eux : « mêmes organes, mêmes appareils, mêmes fonctions ; même naissance, même vie, même mort. » Pourtant, personne (1) n'a le droit de se plaindre, s'il est maltraité : qu'il combatte, qu'il vainque, s'il est le plus fort ou le plus adroit ; qu'il disparaisse, s'il est faible ou sot : c'est tout ce qu'il peut souhaiter de mieux, c'est tout ce que lui permet l'inexorable loi de la nature darwinienne.

Tout cela est profondément ridicule, nous l'avouons de grand cœur ; mais tout cela est encore moins ridicule que logique, une fois la théorie admise. Des conséquences que l'on ne peut avouer sans faire rire les hommes de bon sens, sont la marque authentique de principes dépourvus de raison.

(1) Suivant la théorie, le chien, le chat, le cheval, la poule, tous les animaux sont des personnes au même titre. La Fontaine avait sans doute pressenti ces belles découvertes, quand, dans la fable des *Deux Chèvres*, il dit : « l'une de ces personnes... »

CHAPITRE IV

LA PLACE DE L'HOMME DANS LA CRÉATION

Notion du règne en histoire naturelle. — Quatre règnes constitués par l'inertie; — la vie; — la sensibilité; — la raison.

« Pour établir l'existence d'un règne spécial (humain), dit encore M. Richet, il faudrait trouver des êtres, comme les anges, par exemple, qui n'auraient, je suppose, ni système nerveux, ni sang oxygéné, ni appareil digestif; qui seraient dépourvus des sens que nous avons, et qui, vivant sans appareils organiques, seraient capables de penser, de se mouvoir et d'agir dans la nature. Mais, jusqu'ici, on n'a pas encore trouvé de pareils êtres surnaturels. Aussi, faut-il se contenter d'établir deux règnes séparés par une limite, qui jusqu'ici paraît infranchissable : le règne des êtres inanimés et le règne des êtres vivants. » Voilà, certes, un naturaliste bien exigeant : l'ange constituerait un règne; l'homme ne le peut pas. Et pourquoi donc? La raison, c'est qu'il ne doit y avoir rien de commun entre deux règnes : matière d'une part, esprit de l'autre. Mais la pensée est singulièrement oscillante chez notre théoricien : à peine a-t-il indiqué les conditions essentielles du règne naturel, qu'il y déroge en admettant deux règnes, celui « des êtres inanimés » et celui « des êtres vivants », où tous les éléments matériels sont communs. Et, chose curieuse, ces éléments sont tout ce que les savants et M. Richet avec eux font profession de connaître.

Autre surprise : à la fin de ce passage, ce n'est plus la différence de substance qui constitue la diversité des règnes, c'est « une limite infranchissable », et cette limite consiste uniquement en une diversité d'état de la même substance matérielle, organisée d'un côté et sans organisation de l'autre.

Ce n'est pas tout, M. Richet se condamne lui-même à franchir la limite, de telle sorte qu'on ne sait plus ce qu'il veut. Preuve évidente qu'il s'est mis dans une situation désavouée par la logique. « De l'homme au singe, dit-il, du singe au chien, du chien à l'oiseau, de l'oiseau au reptile, du reptile au poisson, au mollusque, au ver, à l'être le plus infime placé aux dernières limites du monde organique et du monde inanimé, nul passage brusque. C'est toujours une dégradation insensible. » En un mot, *natura non facit saltus*. M. Richet adopte cette vieille maxime; et il ne s'aperçoit pas que, si nulle part il n'y a de passage brusque, si nulle part la nature ne fait de saut, nulle part il ne doit y avoir non plus de limite infranchissable; car rien n'est si brusque, rien ne demande un plus grand saut que l'infranchissable. Mais laissons ces fluctuations, malheureusement trop communes parmi les savants que le positivisme a séduits; montrons directement que la théorie qui place l'homme dans un règne à part n'est, après tout, pas trop mal conçue et assez solide.

Avant de distribuer les êtres de la création en *règnes*, il semblerait assez utile de s'entendre sur la signification du mot; de même qu'avant de distribuer les hommes suivant leur couleur, il n'est pas inutile de savoir que la couleur n'est ni la taille ni la forme du crâne. Or, nous craignons un peu que cette question préalable ne soit trop négligée dans des discussions telles que la nôtre. Il est très difficile de connaître la pensée précise des naturalistes sur ce point. Dieu nous garde de dire que la difficulté vient de ce que cette pensée n'existe pas; mais, le consciencieux M. Littré, qui enregistre avec tant de soin, dans son dictionnaire, les diverses significations imposées aux mots français par ses compatriotes, arrivé au mot *règne*, appliqué à l'histoire naturelle, ne trouve rien de mieux que cette interprétation : « Les grandes divisions qui comprennent tous les corps de la nature »; ce qui suppose une notion extrêmement vague. Nous ne pouvons recourir à Linné, qui, si nos souvenirs sont fidèles, a introduit cette appellation dans l'histoire naturelle. Mais, en réfléchissant à la métaphore, car c'est évidemment par métaphore qu'on parle des règnes de la nature, on peut se faire une idée assez juste de ce que cache cette expression. *Règne* est évidemment employé pour *royaume* ou *États distincts*. Ce qui distingue les royaumes, ce ne sont pas les princes qui les gouvernent : ils changent sans que le royaume ou l'État change; c'est la législation fondamentale, car elle donne à des groupes de citoyens une forme sociale qui leur est absolument propre. Il faut donc trouver, dans les groupes des êtres de la nature, comme des lois fondamentales et en un sens incommunicables, si l'on veut y constater comme des royaumes, des

États séparés. M. Richet demande des limites infranchissables pour tracer la frontière des règnes. C'est quelque chose; mais, en un sens, cela ne suffit pas; car, il y a sûrement limite infranchissable entre la personne de M. Richet et ma modeste existence; et cependant nous ne formons pas, à nous deux, deux règnes distincts. Néanmoins, c'est trop, car la matière pénètre tous les règnes de la nature et fait entrer les moins élevés dans les plus hauts, sans que les frontières soient effacées.

A une époque où on ne se servait pas encore de la métaphore de Linné, mais où l'on savait déjà que les créatures se distinguent profondément par des caractères généraux, saint Thomas (1) établit la raison de ces différences dans les actes et les puissances (aujourd'hui l'on dirait les propriétés ou les capacités) des diverses créatures. Ceci revient exactement, si nous ne nous faisons pas illusion, aux lois fondamentales, puisque la loi est la règle ou le rapport naturel de la puissance avec son acte. Qu'on ne dise pas que cette raison est arbitraire. Il est indubitable que deux êtres qui ont par nature deux manières absolument distinctes, ne sauraient constituer une même classe: les classes sont précisément constituées, dans leur diversité, par la diversité des propriétés qui constituent les individus classés.

Or il y a, dans la nature, quatre manières d'opérer parfaitement irréductibles en elles-mêmes, auxquelles sont astreints, suivant quatre séries, les divers êtres de la création.

La première sorte d'opération est celle des corps inani-

(1) Tout ce que nous allons citer de saint Thomas est tiré de son opuscule qui a pour titre : *de Potentiis animæ*.

més, ou, comme on dit maintenant, du règne minéral ou inorganique. Saint Thomas la caractérise en ces termes : « *Operationes corporum inanimatorum sunt a principio extrinseco* ; les opérations des corps inanimés (inorganiques) ont pour origine une cause extérieure. » Il est acquis, aujourd'hui, parmi les savants, que tous les phénomènes de la nature inorganique, phénomènes de déplacement, phénomènes sonores, phénomènes lumineux, phénomènes électriques, phénomènes magnétiques, phénomènes de gravitation, se réduisent à des mouvements mécaniques, n'en sont que des formes variées. Or, le mouvement mécanique a pour loi primitive, ou, si l'on veut, pour condition essentielle, d'être communiqué par une cause extérieure. C'est ce que les géomètres appellent la loi d'inertie. Un corps, disent-ils, en vertu de son inertie essentielle, est éternellement incapable de changer son état de mouvement ou de repos. Voilà donc la loi fondamentale du règne minéral et sa caractéristique essentielle : l'inertie, avec ses innombrables conséquences.

L'observation la plus superficielle constate, au milieu des corps inanimés, des minéraux, la présence de corps tout différents, que l'on appelle organiques, c'est-à-dire constitués par des parties dissemblables, qui concourent au bien de l'individu comme à un but commun. Les corps organiques ont pour étoffe, si l'on peut ainsi dire, la matière inorganique des minéraux. Cette matière ne perd pas ses propriétés minérales pour être organisée ; elle introduit ses lois dans l'être dont elle compose le tissu. Mais celui-ci, en vertu de son organisation, acquiert une manière d'opérer, dont tout minéral est radicalement incapable en dehors de l'organisation. Pour exister, l'être organisé suppose rigoureusement un être semblable, d'où il dérive par génération : il commence par un germe, lequel, devenu indépendant, croît, se développe, devient individu parfait, puis décroît, dépérit et meurt. Essayez d'amener à l'existence et à la perfection par une autre voie un être organisé : vous n'y réussirez jamais; essayez d'appliquer cette loi d'évolution à un corps inorganique : vos efforts seront tout aussi inutiles. Claude Bernard — et certes, ce physiologiste n'était pas porté à exagérer le domaine des puissances vitales — a été bien forcé de reconnaître, dans l'évolution de l'être organisé, une puissance directrice. Par une distraction inconcevable chez un homme aussi intelligent, il appelle cette puissance « une idée logique », comme si une idée pouvait, par elle-même, avoir une influence quelconque sur le moindre atome. Pour diriger, il faut être et être actif; il faut être une puissance : pour diriger l'évolution de l'être qui vit, il faut être *la vie*. Saint Thomas appelle la vie, celle qu'étudient les physiologistes, l'*âme végétative*, et il la définit : « *Principium intrinsecum operationum vivorum;* le principe intérieur des opérations des êtres vivants. » La vie et ses conséquences innombrables est donc la loi des êtres organisés : elle est radicalement opposée à l'inertie, puisque celle-ci appelle un principe extérieur d'opération, et que la vie est un principe intérieur. Voilà donc deux règnes aux frontières bien définies.

Remarquons à ce sujet, en passant, que saint Thomas s'accorde d'une manière étonnante avec la science moderne. Il dit : « *Operatio animæ vegetativæ fit per qualitatem corpoream*; l'âme végétative n'opère qu'au moyen des qualités du corps. » Or, cela signifie que, dans l'évolution de l'être vivant, en tant qu'il est seulement organisé, les propriétés des éléments minéraux, c'est-à-dire les propriétés physico-chimiques, sont seules mises en œuvre; qu'elles sont mises en œuvre par un principe intrinsèque au corps organisé, et que ce principe n'a pas, en tant que simplement vivant, d'autre manière d'agir. Ou nous nous trompons beaucoup, ou c'est ici la *puissance directive* de Claude Bernard, mais cette puissance agissant et dirigeant réellement. Les expressions mêmes s'y rencontrent, comme on le voit dans cette phrase, où il est question d'un phénomène particulier de la vie organique : « *Digestio et omnia quæ digestionem consequuntur, fiunt virtute caloris ab anima regulati;* la digestion et les autres phénomènes qui l'accompagnent, sont un effet de la chaleur *dirigée* par l'âme. » Que l'on rapproche cette phrase de ce passage de Claude Bernard : « Les actions chimiques synthétiques de l'organisation et de la nutrition se manifestent comme si elles étaient dominées par une force impulsive gouvernant la matière, faisant une chimie appropriée à un but et mettant en présence les réactifs aveugles des laboratoires, à la manière du chimiste lui-même. Cette propriété évolutive de l'œuf, qui produira un mammifère, un oiseau ou un poisson, n'est ni de la physique ni de la chimie (1). »

Le rôle des forces physico-chimiques n'est plus le même, si du végétal on s'élève jusqu'à l'animal.

L'animal, en tant qu'il naît, croit et meurt, est végétal; mais il est plus que cela, et c'est par cette excellence qu'il est animal. Or, disons-le tout de suite, cette excellence réside dans la puissance de sentir, c'est-à-dire, d'être le

(1) *Définition de la vie*, page 318.

principe intrinsèque de ces phénomènes variés que l'on a désignés sous le nom de phénomènes de sensibilité. Dans le phénomène purement vivant ou végétal, tout est physico-chimique, sauf la direction, qui relève d'une autre puissance; dans le phénomène sensible, un élément tout nouveau fait son apparition : les propriétés physico-chimiques interviennent pour prédisposer l'organe à l'opération sensible; mais cette opération ne résulte pas de leur concours, fût-il combiné de la manière la plus parfaite. « *Anima sensibilis suam operationem exercere non potest sine organo corporali; sed tamen istam operationem non exercet mediante qualitate corporea, licet istæ qualitates requirantur ad compositionem seu dispositionem organi.* » Les opérations dont parle ici saint Thomas, comprennent la sensation et ses diverses formes; l'imagination, qui est sensation continuée sans son objet; la mémoire, qui est l'image ressuscitée; et enfin, les attraits et les passions qui en résultent. Or, il est bien évident que tous ces phénomènes comportent autre chose que le jeu des forces physico-chimiques. Pour ne parler que de la plus simple, de la sensation, l'on comprend tout de suite la différence qu'il y a entre les deux ordres de phénomènes, si l'on veut bien réfléchir à l'abîme qui sépare les deux sens marqués par ces deux expressions : *être chaud* et *avoir chaud*. Pour avoir chaud, il ne suffit pas d'être chaud, autrement, les pierres et tous les corps brutes auraient chaud quand le soleil est ardent; il faut, de plus, avoir une capacité *sui generis;* il faut, dit saint Thomas, être capable d'*immutation spirituelle:* «*Spiritualis immutatio essentialis est sensui;* l'immutation spirituelle est essentielle au sens »; et le saint docteur la fait consister en ce que « la ressemblance de l'objet qui cause l'immutation est reçue dans le sujet, suivant l'être spirituel : *Quando similitudo immutantis recipitur in immutato secundum esse spirituale.* » Il y a donc, dans le phénomène sensible, quelque chose qui diffère totalement du phénomène produit par les causes physico-chimiques. Les savants reconnaissent d'ailleurs l'impossibilité d'expliquer les phénomènes de la sensibilité par les propriétés de la matière même organisée. « Nous pouvons réussir, dit Ferrier (*Fonctions du cerveau*), à déterminer la nature exacte des changements moléculaires, qui se produisent dans la cellule cérébrale lorsqu'une sensation est éprouvée ; mais ceci ne nous rapproche pas d'un pouce de l'explication fondamentale de ce qui constitue la sensation. » — « Quel rapport y a-t-il, se demande M. Gavaret (*les phénomènes physiques de la vie*), entre une combustion et une manifestation physique ? quelle commune mesure trouver entre une quantité de chaleur consumée et une pensée émise ou simplement conçue (2) ? Tant que cette commune mesure ne sera pas trouvée, nettement démontrée, nous ne nous sentirons pas autorisé à affirmer que le travail cérébral et la manifestation psychique concomitante diffèrent seulement par la forme, que ces deux effets sont au fond de même nature, que le premier est la cause suffisante du second. » Le matérialiste Dubois-Reymond reconnaît lui-même cette vérité : « Il nous est absolument, dit-il (1), et à tout jamais impossible de comprendre comment un certain nombre d'atomes de carbone, d'hydrogène, d'azote, d'oxygène, etc., ne se-

---

(1) Pour la plupart des savants, pensée et sensation sont des phénomènes de même espèce.

(2) *Revue scientifique*, t. XIV, page 343.

raient pas indifférents à la façon dont ils sont groupés et dont ils se meuvent, dont ils seront groupés et dont ils se mouvront. Il n'y a pas moyen de concevoir comment la pensée peut naître de leur action combinée. » La *vie consciente*, dans sa première forme, qui est la sensibilité, est donc le principe de phénomènes que l'on ne peut ramener aux phénomènes de l'organisation ni à ceux du mouvement : les lois de la vie consciente ou de la sensibilité constitueront donc très légitimement dans la création un troisième règne, celui qu'on a nommé le règne animal.

Enfin, arrivons à l'homme. « Il n'y a rien de meilleur, pour bien juger des animaux, que de s'étudier soi-même auparavant : car, encore que nous soyons quelque chose au-dessus de l'animal, nous sommes animaux, et nous avons l'expérience tant de ce que fait en nous l'animal que de ce qu'y fait le raisonnement et la réflexion. » Ce n'est pas un naturaliste, c'est Bossuet qui parle ainsi dans son traité *de la Connaissance de Dieu et de soi-même*.

Les savants se tuent à démontrer que l'homme est un animal. Peine perdue ! il y a longtemps que la chose est faite. Mais lorsqu'ils s'imaginent que leurs comparaisons sans fin des organes et de l'évolution organique des diverses espèces nous interdisent de nous mettre dans un rang tout à fait à part, ils se trompent d'une manière par trop naïve. Est-ce que la communauté d'éléments constitutifs entre les minéraux et les végétaux empêche de placer les minéraux et les végétaux dans deux règnes distincts ? est-ce que l'on ne reconnaît pas universellement le *règne animal*, bien que l'organisation lui soit commune avec le règne voisin ? Pour constituer légitimement le règne humain, que faut-il ? Une propriété fondamentale, d'où résuite un grand ensemble d'opérations; ou, si l'on aime mieux, une évolution dont les êtres inférieurs soient essentiellement incapables. Il est évident qu'une telle propriété change entièrement le caractère de la vie; qu'elle se déroule, si l'on peut ainsi dire, dans une sphère entièrement séparée, et qu'elle lui impose une loi d'ordre tout nouveau.

Or, a-t-on bonne grâce d'hésiter sur ce point, quand il s'agit de l'homme? Les os, les viscères, les muscles, le sang, les nerfs, n'ont ici qu'une importance très subordonnée. La question a pour objet de déterminer, non pas le genre de la machine, mais la nature du mécanicien; non pas de classer l'organisme, mais l'agent qui le met en jeu. Il s'agit de savoir si le principe des actions que l'homme accomplit, ne diffère pas en nature du principe des opérations du végétal et de la bête. Réduit à ces termes, le problème n'a vraiment rien de décourageant.

Remarquons, en passant, que les naturalistes prétendent s'en réserver la solution. La prétention nous semble médiocrement justifiée : l'histoire naturelle s'occupe de l'extérieur, de la morphologie, ou tout au plus de la physiologie des êtres organisés ; l'étude des principes a toujours été du domaine de la philosophie. Rien n'empêche sans doute les naturalistes d'être philosophes; mais c'est un fait d'observation, presque d'histoire naturelle, que le plus grand nombre ne connaît guère aujourd'hui la philosophie que par ouï-dire.

Un savant qui a des droits incontestables à être compté dans le petit nombre, M. Constantin James, soutenant avec M. de Quatrefages la doctrine du *règne humain*, assigne comme raison fondamentale de ce fait la présence dans l'homme de trois sentiments, qu'il appelle des facultés d'élite; ce sont : le sentiment moral, le sentiment religieux et le sentiment de la vie future. Tout cela est fort sensé, mais peut-être se prête trop facilement à des interprétations peu correctes. Le sentiment réveille l'idée d'un phénomène mal déterminé, variable et fugitif; et l'on ne voit pas tout de suite pourquoi le principe, qui est dans tout animal, et qui a pour opération propre de sentir, ne s'élèverait pas jusqu'à ce « sentiment d'élite ». C'est une frontière que la bête ne semble pas, au premier abord, incapable de franchir.

Mais pourquoi chercher ce qui a été trouvé depuis longtemps? C'est la *raison* qui place l'homme dans un monde fermé à tous les autres êtres de la création. La raison, puissance réelle et substantielle, se distingue radicalement de la puissance de sentir. Celle-ci a pour objet tel ou tel accident matériel nécessaire, utile ou nuisible dans le moment et le lieu présent à l'être sensible; celle-là, s'élevant au-dessus du temps et de l'espace, fonde toutes ses opérations, sans en excepter une seule, sur la notion au moins implicite de l'infini. Une différence aussi profonde d'opérations montre que l'organisme ne concourt pas avec l'une et avec l'autre de la même façon. L'acte du principe sensible, en tant que sensible, procède à la fois de l'organisme matériel et du principe sensible; l'acte de la raison dépasse de toute sa réalité l'étroite enceinte de l'organisme, qui ne peut évidemment entrer comme partie intégrante dans un acte dont l'objet est sans limites. De cet acte, le phénomène organique est le point de départ, l'occasion, rien de plus. Nous avons développé, ailleurs cette importante démonstration. Saint Thomas résume toute cette doctrine en deux propositions : « *Anima rationalis in tantum excedit naturam corporalem in quantum propriam operationem suam exercet sine organo corporali*; l'âme raisonnable dépasse la nature corporelle en tant qu'elle exerce son opération propre sans organe corporel »; et un peu plus bas : « *Intellectivum respicit omne ens generaliter, eo quod omne ens est intelligibile*; la puissance intellective a pour objet tout être en général, par la raison que tout être est intelligible. » Il venait de dire que la puissance sensitive a pour objet l'être matériel individuellement considéré. Voilà des aperçus d'une profondeur dont la science positive, celle qui règne maintenant, n'est plus capable.

Mais, il faut le remarquer avec grand soin, la raison n'est pas simplement une fonction. Bien des livres en parlent aujourd'hui comme d'un je ne sais quoi qui dépend, vaille que vaille, des fibres du cerveau; on n'a pas l'air de soupçonner qu'une fonction sans fonctionnaire est une puérilité, sinon une monstruosité. La raison n'est pas autre chose que la propriété d'une substance assez pure, assez vaste, assez haute pour la contenir; ou plutôt elle n'est qu'un nom sous lequel on désigne l'âme raisonnable et ses puissances. L'âme raisonnable est, en effet, la réalité la plus haute de la création, car elle a pour loi la loi morale, qui suppose l'indépendance de ses opérations et la conduit librement à Dieu; elle est la plus vaste, car elle étend son action au delà du temps et de l'espace, son intelligence et sa volonté ne s'exerçant qu'au sein de l'infini; elle est la plus réelle, car sa nature, aussi bien que sa destinée morale, lui assure l'indestructibilité : tout dans la création passe emporté par le temps; elle seule résiste à la durée, elle est immortelle. Certes, il faut avoir bien envie de laisser reposer sa raison, pour ne pas reconnaître dans l'homme une nature d'un ordre infiniment supérieur à celle de la bête, car l'homme est homme par sa raison. Avoir pour objet l'infini, pour règle la justice, pour durée l'immortalité, ce sont des caractères qui distinguent plus profondément qu'une organisation de molécules matérielles.

A cette doctrine, il n'y a qu'une objection; elle est contenue dans la maxime célèbre: *Natura non facit saltus;* « la nature procède par degrés insensibles. » Les naturalistes n'ont pas d'autre prétexte pour effacer la frontière du règne humain. Ils devraient bien commencer par apprécier la valeur de leur énonciation. Est-ce un axiome évident par lui-même, une vérité *à priori*? Qui oserait le soutenir? Est-ce du moins une conséquence de principes indubitables? Pas davantage. C'est le résumé d'observations faites par des hommes plus ou moins avisés: elle n'a pas d'autre valeur que les observations mêmes; la généraliser, c'est dépasser la portée des prémisses: car, pour généraliser, il est indispensable de s'appuyer sur un principe universel, et ce principe fait ici absolument défaut. Du reste, n'y a-t-il vraiment pas de saut, d'éclosion brusque de phénomène dans la nature? et faudra-t-il rayer de nos dictionnaires l'expression de *tout d'un coup*, si ce n'est pour en réserver l'application à certaines actions de l'homme? Mais, que sont la foudre, l'éruption des volcans, les tempêtes, les catastrophes en général, sinon des sauts, des manifestations brusques des forces de la nature? Y a-t-il rien de plus soudain et de plus abrupt que la mort, que le passage de l'existence à la non-existence, lequel se répète des milliards de fois chaque jour ? Est-ce que les naturalistes ne sont pas forcés de reconnaître que la vie est éclose tout d'un coup sur notre planète, après des siècles écoulés, où la création ne comprenait que des êtres morts ? Rien n'est donc moins établi que l'universalité de la loi des progrès insensibles, et l'on ne peut, sur un fondement aussi douteux, bâtir une argumentation de quelque valeur. Les adversaires du règne humain en sont eux-mêmes persuadés, car la continuité des êtres par transition inappréciable, ne les empêche pas de soutenir l'existence d'au moins deux règnes dans la nature, qui sont : « le règne organique et le règne inorganique ».

Résumons-nous. L'observation extérieure et intérieure nous révèle, dans la nature, la présence de quatre grandes propriétés, qui sont : l'inertie, la vie, la sensibilité et la raison. Ces propriétés, qu'il est impossible de convertir les unes dans les autres, et qui n'existent pas dans le pays des abstractions, mais en des êtres réels et capables de les supporter dans l'existence, sont la source de quatre grandes classes de phénomènes également irréductibles et soumis à des lois toutes spéciales. Par ces propriétés, ces phénomènes et ces lois, les êtres se trouvent naturellement distribués en quatre classes profondément distinctes; et si l'on veut appeler ces classes des *règnes*, assurément on en a le droit. Il y a donc dans la nature : le règne minéral, dont les lois fondamentales ont l'*inertie* pour principe ; le règne végétal, fondé sur la *vie* et réglé par ses lois; le règne animal, dont la *sensibilité* est le principe constitutif; et enfin le règne humain, qui est le règne de la *raison*. Mais, ne l'oublions pas, la raison n'est pas une simple fonction : c'est quelque chose de substantiel, c'est une addition *réelle* à la sensibilité, à la vie et à l'inertie dans un même être; de même, la sensibilité est une addition réelle à la vie et à l'inertie; et la vie, une addition réelle à l'inertie. L'inertie, qui est la base extrinsèque de tout le reste, n'en est pas le germe, il faut avoir grand soin de le remarquer. L'inertie, la vie, la sensibilité et la raison sont des éléments hétérogènes, qu'une puissance extérieure au monde a dû grouper ensemble par une action également extérieure, afin de constituer l'échelle ascendante des créatures. Les savants positivistes ne refusent pas absolument de reconnaître ces quatre groupes. M. Richet lui-même écrit des phrases éloquentes sur la prééminence de l'homme. Seulement, dans cette école, on croit, avec raison, avoir tout gagné, si l'on persuade que les quatre groupes se sont formés par *évolution*; que l'inertie, en se transformant, est *devenue* successivement vie, sensibilité et raison. Mais ce mot *devenir*, qui semble si peu de chose, contient, appliqué à la question présente, une erreur monstrueuse : il est absolument contraire à tous les principes qu'une réalité nouvelle passe de la non-existence dans l'existence par *transformation*; le néant transformé ne donne que le néant. Pour produire un être *réellement* nouveau, il faut nécessairement l'intervention d'un acte créateur. Ce n'est point la suprématie de l'homme que la science incrédule se propose de renverser dans ses controverses sur le règne humain : elle tâche d'ébranler le dogme de l'existence de Dieu. Il y a là bien moins une préoccupation de savants qu'une tentative d'athées.

LIVRE DEUXIÈME

LA BÊTE

CHAPITRE PREMIER

LA BÊTE N'A PAS LA RAISON

L'instinct et l'intelligence, d'après F. Cuvier et les naturalistes de son école. — Combien les faits invoqués pour prouver l'intelligence des animaux sont peu nombreux. — L'animal n'invente pas. — Le lion. — Le loup. — La fourmi. — L'abeille. — Comment les animaux se défendent. — La moralité des animaux. — Cruauté des tourterelles, des abeilles. — Les animaux ne parlent pas. — Les oiseaux chanteurs. — La langue des animaux, s'ils en avaient une, serait une langue morte. — Digression sur l'animal, l'enfant et l'idiot.

La raison ne peut être, hors de nous, l'objet d'aucune observation directe : elle ne tombe sous aucun sens. Certains physiologistes essaient de l'étudier dans le système nerveux; mais ils sont forcés d'avouer qu'ils ne rencontrent que ténèbres. Une seule voie est actuellement accessible aux investigations du savant et du philosophe : l'observation des opérations extérieures que l'on peut supposer produites sous l'inspiration de la raison. C'est par là que nous constatons que nos semblables sont raisonnables: c'est par là que nous constaterons que les animaux ne le sont à aucun degré.

Les naturalistes de toutes les écoles, spiritualistes et matérialistes, distinguent, à la suite de Frédéric Cuvier, deux grandes catégories dans les opérations des animaux : les unes inspirées par l'instinct, les autres dirigées par l'intelligence.

L'animal produit une foule d'actes auxquels la connaissance ne peut évidemment avoir aucune part. « Les petits canards, dit M. G. Pouchet (1), couvés par une poule, s'en vont droit à la flaque d'eau voisine et se lancent hardiment à la nage, malgré les cris et les angoisses de leur mère adoptive. L'écureuil fait sa provision de noisettes et d'avelines avant de connaître l'hiver. L'oiseau né dans une cage, élevé en captivité, s'il est rendu à lui-même, se construira un nid comme celui qu'ont fait ses parents, sur le même arbre, des mêmes matériaux, avec la même forme. L'araignée, chose plus étonnante ! tisse, sans apprentissage, le réseau géométrique de sa toile. L'abeille fait son rayon. » Le cocon de la chenille, la cabane du castor, les galeries de la fourmi, le nid de la guêpe; en un mot, ce qu'il y a de plus admirable dans les œuvres des animaux, tout cela est attribué à un principe autre que l'intelligence. La raison qu'on en donne est péremptoire: l'animal n'a eu ni le temps ni les moyens d'apprendre, donc il ne sait pas, donc il cède à l'impulsion d'un principe aveugle. Ce principe inconnu, on l'appelle l'*instinct*.

Après la part de l'instinct, nos naturalistes ne sont pas embarrassés pour faire celle de l'intelligence, et par

(1) *Revue des Deux Mondes*, t. LXXXV, p. 683.

intelligence ils entendent la raison : ils la composent de tout ce qui reste. C'est un procédé expéditif, mais, à notre avis, un peu précipité. Si l'ignorance, d'après vous, n'empêche pas l'animal de produire des merveilles, on ne voit pas trop comment, toujours d'après vous, il aurait besoin de connaissance pour faire beaucoup moins bien. Ne dites pas qu'il a eu le temps de s'instruire, et que par conséquent il doit savoir. — Il doit savoir, oui, si cela lui est nécessaire ; ce que vous n'avez pas précisément rendu évident, bien au contraire. Du reste, il ne suffit pas d'avoir le temps d'apprendre pour savoir ; il faut encore en avoir les moyens. Les moyens font toute la question ; or nous allons prouver qu'ils sont parfaitement nuls, si par ces moyens on entend les facultés supérieures ou la raison.

Lorsqu'on veut analyser les opérations psychologiques de l'homme, une des plus grandes difficultés consiste à isoler l'élément sensitif de l'élément rationnel. D'une nature essentiellement raisonnable, l'homme agit avec sa nature tout entière ; et toujours la raison a plus ou moins de part à ses opérations. C'est tout le contraire pour l'animal : la difficulté ne consiste pas à se débarrasser de la constante immixtion de la raison, mais à surprendre çà et là un acte saillant où il y ait quelque apparence, quelque ombre de raison. Lisez tout ce qu'ont écrit de plus spécieux les avocats des animaux, et vous serez surpris du petit nombre de faits invoqués par eux. L'addition les élèverait peut-être jusqu'à la douzaine ; il est fort douteux que la double douzaine puisse être dépassée. Cela suffit pour prouver de la manière la plus rigoureuse que l'interprétation de ces faits est inexacte. C'est par ses opérations qu'une faculté vivante manifeste sa vie : une faculté vivante qui se rencontre dans des milliards de créatures et qui ne se manifeste qu'une douzaine de fois, est une absurdité. Nous essaierons de montrer plus tard par où pèche l'interprétation des naturalistes.

Nous avons vu que la raison communique nécessairement à l'être raisonnable le pouvoir d'utiliser à son bénéfice les phénomènes de la nature, ou, ce qui revient au même, d'inventer de nouveaux moyens de satisfaire ses besoins. Une espèce raisonnable est essentiellement inventrice : l'espèce humaine en offre la preuve la plus éclatante; et, pour cela, il n'est pas nécessaire de réunir en un vaste palais les prodiges éblouissants de son industrie. Tout individu raisonnable, en vertu de sa raison, est, lui aussi, inventeur : il n'est pas un homme qui n'ait au moins imaginé, pour son usage, quelque procédé inconnu au reste de ses semblables; ne serait-ce qu'une manière de se vêtir, de se loger, de s'exprimer. Parmi les animaux, au contraire, après une observation de soixante siècles, on n'a pas encore pu constater un seul cas d'invention. Chaque animal suit invariablement la ligne propre à son espèce, sans jamais s'en écarter; à moins que l'être raisonnable n'intervienne, et, en le *dressant*, ne modifie, par sa raison, l'impulsion de la nature (1). Dans l'espèce, ou du moins dans la race, ils ont tous une seule et même manière de se procurer leur nourriture ou de se défendre. Le lion de l'Atlas chasse sa proie à force ouverte, de nos jours, comme aux jours de

---

(1) L'instinct modifié par le dressage ou par des circonstances antérieures peut se transmettre par génération dans la race; mais il reste toujours instinct, c'est-à-dire impulsion aveugle de la nature à laquelle l'individu ne peut jamais résister.

Jugurtha; le loup moderne, de même que celui du temps de Virgile, n'est la terreur des bergeries que lorsque la vigilance des gardiens fait défaut; et le renard de la Fontaine, aussi bien que celui d'Ésope, attend les ombres de la nuit pour fournir son garde-manger. Tous les animaux portent dans leur gueule ou à l'extrémité de leurs membres des instruments admirablement appropriés à leur genre de vie, c'est-à-dire à la manière dont ils doivent se procurer leur nourriture et concourir aveuglément à la conservation de leur espèce; car, pour l'individu animal, se nourrir et se perpétuer est toute sa vie ; mais jamais un objet n'a été façonné, que dis-je? jamais il n'a été employé par l'animal à titre d'instrument. Qu'on ne dise pas que de nouveaux procédés et l'emploi des instruments sont inutiles. Rien de plus faux. Il n'est pas rare que la proie vienne à manquer ; ou du moins, pour certaines espèces, s'en emparer est très dangereux et très difficile. Nos naturalistes accordent beaucoup d'intelligence au loup et au renard : comment donc le loup n'a-t-il pas encore songé à créer à son usage une sorte de bergerie? le renard, à se former une manière de basse-cour? Ils n'auraient rien à inventer : ils n'auraient qu'à imiter l'homme. En vérité, s'ils avaient l'ombre de raison, ne devrait-on pas les accuser d'une sottise achevée? L'animal mourra plutôt que de s'écarter le moins du monde des mœurs imposées à son espèce.. M. G. Pouchet en donne un exemple curieux. « Huber (1), dit-il, mit dans un tiroir vitré, dont le fond était recouvert de terre, trente fourmis amazones, avec un certain nombre de

---

(1) Inutile de dire qu'il s'agit du patient observateur des mœurs des fourmis.

larves et de nymphes tant de leur espèce que de l'espèce auxiliaire. Un peu de miel dans un coin devait assurer la nourriture de la colonie. D'abord, les amazones parurent faire quelque attention aux larves ; elles les emportèrent çà et là ; mais elles les laissèrent bientôt. Elles ne surent pas se nourrir elles-mêmes : après deux jours, quelques-unes étaient déjà mortes de faim à côté de la miellée ; toutes étaient languissantes. Elles n'avaient pas même construit une loge. « J'en eus pitié, » dit Huber. Il mit dans le tiroir une auxiliaire : celle-ci, toute seule, rétablit l'ordre, fit une case dans la terre, y rassembla les larves, développa plusieurs nymphes des deux espèces qui étaient prêtes à sortir du cocon, et enfin conserva la vie à celles des amazones qui respiraient encore (1). » Notons, en passant, que M. G. Pouchet accorde à la fourmi une rare intelligence. Il n'était donc guère possible d'être moins heureux dans le choix d'un fait démonstratif.

Tout le monde connaît les travaux des animaux constructeurs. Rien ne témoigne plus d'art et de science. La cellule de l'abeille, en particulier, est l'application d'une profonde géométrie ; cependant on s'accorde à refuser à ces curieux architectes la connaissance de la science et de l'art : leurs constructions sont un pur effet de l'instinct, et c'est pour cela, ajoute-t-on, qu'elles sont toujours parfaitement identiques. J'en suis également convaincu ; mais si dans ces petites têtes, suivant les doctrines actuellement en honneur, on surajoute quelque raison à l'instinct, je prétends qu'il est absolument impossible que l'unité ne soit pas brisée. Pourquoi ? Parce que, instruite par l'expérience, la raison ne peut pas ne pas s'apercevoir

(1) Oper. cit., p. 688.

qu'il y a un progrès possible, et ne pas se mettre en mesure de réaliser ce progrès entrevu. Supposez un instant que, dans une ruche, par exemple, chaque ouvrière soit raisonnable, ou, ce qui est exactement la même chose, qu'elle puisse se dire qu'il y a telle modification avantageuse à donner à la cellule qu'elle construit, aussitôt c'en sera fait : à moins d'un plan imposé efficacement par la reine ou par son ministre à toute la colonie, la petite cité prendra les formes les plus inattendues. Cent hommes, c'est-à-dire cent êtres incontestablement raisonnables, réunis dans une plaine, se disposent, sans concert préalable, à construire chacun sa demeure : l'œuvre achevée, combien croyez-vous que l'on comptera de maisons, de chambres qui se ressemblent?

S'il s'agit de se défendre contre une agression dangereuse pour son existence, l'animal a ses armes: c'est encore la nature qui les lui fournit, sans lui permettre d'en changer. Il fuit, ou il se cache, ou il résiste. Suffisamment protégé contre les périls que lui font courir les causes inintelligentes, il ne l'est jamais suffisamment contre les attaques dirigées par la raison. Quand il fuit, sa route, connue d'avance, peut aboutir à un piège; quand il se cache, il se livre sans défense aux ruses de son ennemi ; quand il résiste, il s'offre à découvert à tous les coups. Ici encore, chaque espèce a ses procédés invariables : l'art du chasseur consiste à les connaître et à les tourner contre l'individu. Ah! si l'animal savait que deux et deux font quatre, que l'addition est un principe de force, que la combinaison en est un autre, ne lui serait-il pas facile de vaincre l'homme ou de se dérober à son habileté? Mais il n'appartient qu'à la raison de connaître le nombre et l'ordre, de sortir de l'uniformité.

Les naturalistes ne méconnaissent pas cette uniformité, qui fait le caractère général des actions des animaux ; mais ils croient trouver encore quelque place pour la variété, et c'est à cette ombre de variété qu'ils font l'honneur d'un peu de raison. Ils oublient que la raison est essentiellement envahissante. Quelque faible qu'elle soit, elle absorbe bientôt l'uniformité dans la variété qu'elle entraine à sa suite : ce que nous avons dit de sa nature et de ses effets en est une preuve suffisante. La variété entrevue par nos savants n'est donc pas un fruit de la raison ; l'uniformité, qui, dans l'espèce, enveloppe à peu près toute la vie de l'animal, prouve donc d'une manière indubitable que l'animal n'a pas l'ombre de raison.

Ce qui suit n'amènera pas une conclusion différente.

Un *animal coupable*, un *animal vertueux*, un *animal maitre de ses passions*, un *animal qui se commande*, est-il rien de plus choquant que ces expressions? Seriez-vous plus désagréablement affecté, si vous entendiez dire : *neige chaude, douleur cubique, résolution liquide ?* Il y a, dans le langage, plus de philosophie, plus de véritable science qu'on ne le pense communément : presque toujours il est la formule qui résume les observations, non pas de trois ou quatre savants, mais du genre humain tout entier. C'est parce que la main de l'homme n'a jamais senti la chaleur de l'eau congelée, ni touché la forme des phénomènes psychologiques, que la langue a horreur de ces associations monstrueuses : *neige chaude, douleur cubique, résolution liquide*. De même, s'il nous répugne d'entendre affirmer d'un animal qu'il est vertueux, coupable ou désintéressé, c'est que ce langage contredit une

expérience de chaque jour. Lorsque je vois le Dandin de
Racine procéder gravement à la condamnation de son
chien, qui lui a volé un chapon, malgré tout le respect
dû au génie du poète, j'avoue que j'ai quelque peine à
rire : cette scène me paraît au-dessous du ridicule et toucher de très près à la niaiserie. Il est vrai que le juge est
fou : le poète rend de la sorte hommage au sens commun ;
mais l'invraisemblance est trop forte pour sauver le
comique de la situation.

Non, il n'y a pas de moralité dans l'animal ; ou, ce qui
est la même chose, il n'y a pas de liberté. Et, certes, nous
avons quelque raison de nous en féliciter ; car, nous
l'avons dit, la liberté produit essentiellement le droit. Si
les animaux étaient libres, nous l'avons déjà dit aussi, ils
auraient le droit d'être respectés dans leur indépendance,
et surtout dans leur existence ; ou, en d'autres termes,
l'homme serait condamné à se nourrir de végétaux, à
moins qu'il n'aimât mieux mourir de faim. Cette conséquence, on l'avouera, ne manque pas de gravité.

Les faits démontrent la même chose. Il m'est souvent
arrivé d'observer des nids de tourterelles. Rien n'intéresse
comme l'affection que ces oiseaux témoignent à leurs
petits. Quelle sollicitude continuelle pour leur donner
leur nourriture et pour les réchauffer ! quelle attention
pour les défendre à coups d'ailes et à coups de bec contre la
main qui s'avance pour les toucher ! Mais attendez que le
temps mesuré par la nature à l'éducation du tourtereau
soit accompli, les rapports changeront du tout au tout.
Ce n'est pas l'indifférence, c'est la haine qui succède à
la tendresse. Les parents poursuivent leurs petits ; se servant de leur bec comme d'une arme, ils les mettent en

sang, leur ouvrent le crâne et finissent par les tuer, si l'on n'a pas soin d'opposer une barrière à cette mystérieuse cruauté. Je ne crois pas me tromper en affirmant que, si les autres animaux ne montrent pas toujours pour leurs petits la férocité de la tendre tourterelle, du moins tous les oublient, les méconnaissent quand ils sont devenus adultes. Mais aussi leurs petits le leur rendent bien. Que prouve ce fait universel? Il prouve que les animaux, suivant l'expression consacrée par l'usage, sont des brutes. Il serait ridicule de prétendre qu'ils ont la liberté de faire autrement : ce qui peut être de deux manières, l'une bonne, l'autre mauvaise, ne se rencontre pas toujours de la mauvaise, lorsque ce *toujours* comprend des milliards et des milliards de cas; à moins de supposer une perversion épouvantable de tout le règne animal. Dans cette hypothèse, il est vrai, nous retrouverions nos droits sur la chair vivante; mais nos boucheries devraient être converties en cours de hautes œuvres.

On raconte que, dans une ruche d'abeilles, il y a des tueries organisées très régulièrement. « La sortie du dernier essaim donne le signal de cette autre Saint-Barthélemy. Sans sommations préalables, les ouvrières se jettent tout d'un coup sur les mâles, les poursuivent de gâteaux en gâteaux, les tiraillent, les écartèlent et les poignardent. Le massacre est général; il s'étend à toute la population masculine, sans distinction d'âge. Après la tuerie des adultes, vient celle des larves et des nymphes : les abeilles les arrachent de leurs berceaux et les percent de leur dard; leurs cadavres sont traînés hors de la ruche et jetés aux vents(1). » Certains naturalistes attribuent à la *prudence*

---

(1) Victor Rendu, *Mœurs pittoresques des insectes*, p. 33.

des abeilles ces cruelles exécutions; mais aucun jusqu'ici, croyons-nous, n'en a pris occasion de suspecter la moralité de ces curieux insectes. On ne peut pas cependant ne pas voir que la prudence et la moralité ne vont pas l'une sans l'autre. Par prudence, on calcule qu'entre deux partis qui s'offrent, l'un est préférable à l'autre, et, par prudence encore, on choisit le meilleur; mais choisir entre deux partis, c'est faire acte de liberté, c'est se montrer capable de moralité. Ces exécutions universelles, impitoyables, arrivant à point nommé, ont toute la précision, la rigueur et l'indifférence de la machine. Imaginez de telles hécatombes dans l'espèce raisonnable, vous n'y arriverez jamais sans faire violence à la vérité.

On constaterait facilement, dans le genre de vie particulier à chaque espèce animale, sinon des actes réguliers de cruauté, du moins l'accomplissement uniforme, fatal et invariable des desseins de la nature. Mais il faudrait à ce travail des volumes, et tout le monde semble assez d'accord à ce sujet (1). Concluons donc que les animaux sont dépourvus de liberté; ou, ce qui revient au même, qu'ils sont dépourvus de raison.

Dois-je prouver maintenant que les animaux ne parlent pas? A la fin du dernier siècle, un original à qui les savants accordent encore quelque considération, Dupont de Nemours, se mit dans la tête d'apprendre la langue des corbeaux et celle des rossignols. Il parvint à déchiffrer, du moins il le crut, jusqu'à quatre mots de *corbeau*.

---

(1) *Les histoires des mœurs des animaux*, fort justement en honneur parmi les savants, sont précisément des descriptions du genre de vie propre à l'espèce, c'est-à-dire d'une série d'actions fatales et invariables.

Plus heureux pour le *rossignol*, il traduisit en vers lyriques la joyeuse chanson du chantre du printemps. Mais Dupont de Nemours eut le tort de ne point former de disciples, et sa méthode mourut avec lui. On ne rencontre plus que dans les *Mille et une Nuits* ces mortels privilégiés qui comprennent la langue des bêtes.

Mais si l'homme, qui a déchiffré les hiéroglyphes de l'Egypte et les caractères cunéiformes de la Babylonie, n'entend rien aux idiomes des bêtes, il est des personnes qui s'imaginent que les bêtes se comprennent entre elles. Ainsi, tout le monde a pu observer comment, suivant la diversité du cri poussé par leur mère, les poussins restent immobiles, ou se réfugient sous ses ailes, ou accourent pour profiter de quelque trouvaille. N'est-ce pas un signe manifeste que le petit poulet comprend la poule, et que par conséquent la poule lui parle? Il y a plus : dans l'état de domesticité, l'animal obéit à certains mots prononcés pour lui; il parvient à interpréter au moins quelques fragments de la langue humaine.

Il n'en est rien. L'animal crie, il ne parle pas. Au-dessous de l'homme il n'y a que des muets. Le cri est un effet spontané de l'ébranlement de certains organes, causé par une émotion de la sensibilité, et destiné à provoquer une émotion correspondante dans un autre individu sensible, moyennant une sensation de l'ouïe : il est compris entre deux états de la sensibilité; par exemple, la douleur d'une part et la sympathie de l'autre. Un animal est blessé : spontanément il pousse un cri plaintif; ce son détermine non moins spontanément, dans l'animal qui l'entend, une émotion : par exemple, une impulsion qui le porte à fuir, ou bien une sorte d'attrait qui le porte à venir au secours de son semblable. C'est un phénomène que nous pouvons constater même en nous; seulement, il faut le saisir dans ces moments où la soudaineté ou bien la vivacité de l'impression prévient ou suspend l'exercice de l'intelligence : tel cri d'effroi nous bouleverse, un cri de douleur nous attendrit. La nature seule modifie l'attitude et les mouvements du petit poussin suivant le cri de sa mère. C'est ainsi qu'il s'est comporté la première fois, c'est ainsi que se comportent invariablement tous ses semblables. Double argument qui démontre que la raison n'est pour rien dans sa conduite. Pareillement, la voix du maître n'est qu'un cri pour l'animal domestique; mais, par une sorte d'éducation, ce cri a contracté la propriété d'exciter certaines émotions dans cet animal, à peu près comme le fouet ou quelques friandises, des menaces ou des caresses. Il suffit de se rappeler par quels moyens on dresse les animaux à obéir à la voix, pour en être convaincu : on ne les instruit pas, on les flatte ou on les bat.

Le cri, avons-nous dit, part d'une sensation qui aboutit à une sensation. Le langage vient d'une connaissance et provoque une connaissance. Le cri et le langage appartiennent donc à deux ordres différents de phénomènes, et c'est mal raisonner que de conclure du premier au second. On n'a pourtant point d'autre motif pour accorder la parole à l'animal.

Toutefois supposons un instant, en dépit de la logique, la légitimité de cette concession. L'animal parle, nous l'accordons *ad abundantiam juris*. On conviendra que son vocabulaire n'est pas fort riche. Parmi les quadrupèdes, même parmi ceux qu'on estime les plus intelligents, tels que l'âne, le cheval, le chien, nous pourrons noter cinq cris, cinq mots différents, six tout au plus. Les oiseaux sont mieux doués sous ce rapport. Si leur langue est monosyllabique, et si le sens varie avec les intonations, comme pour le chinois, ce que j'avoue ignorer absolument, le nombre de leurs mots pourrait bien s'élever jusqu'à cinquante ; par exemple, pour le rossignol. Mais, par un renversement bien surprenant, ces habiles parleurs sont assez défavorablement classés dans la hiérarchie intellectuelle. Laissons ce détail, quoiqu'il ait sa gravité dans la question présente ; contentons-nous d'observer que chaque espèce doit avoir sa langue à part et entièrement inintelligible pour les autres espèces. J'ai deux raisons d'affirmer cela : la première, c'est que, sauf de rares exceptions, les cris d'une espèce laissent les individus d'une autre espèce dans la plus parfaite indifférence; voici la seconde, l'homme ne comprend vraiment rien au langage des animaux, et l'on ne peut *raisonnablement* penser que d'autres êtres, infiniment moins *raisonnables*, soient plus heureux que lui à cet égard.

Tout cela posé et supposé, nous arrivons rigoureusement à cette conséquence bien considérable : chaque espèce animale est, en fait d'idées, d'une pauvreté fort voisine de la stupidité complète. Les idées, en effet, bien qu'elles ne soient pas les mots, trouvent leur condition d'existence dans les mots. Supprimez les mots, nous l'avons dit, les idées s'évanouissent. Ainsi, dans le cheval, six idées au plus ; peut-être le chien, qu'on a, sans rire, appelé un candidat à l'humanité, en a-t-il jusqu'à douze. Concevez maintenant, si vous le pouvez, une raison s'exerçant avec douze idées, sans dépasser jamais ce nombre. C'est tout simplement absurde, parce que la raison est de telle nature qu'elle doit toujours ajouter au trésor de ses idées. Sans doute, parmi ces idées, il en est un grand nombre qui s'effacent dans l'oubli ; mais cela ne s'oppose pas à l'acquisition de nouvelles richesses intellectuelles. Variété et perfectibilité dans l'individu, et, par conséquent, dans l'espèce, tels sont les caractères de la raison au point de vue du mouvement des idées; de telle sorte que l'on peut dire, avec vérité, qu'il n'y a pas deux têtes d'êtres raisonnables qui se ressemblent ; le même individu varie du jour au lendemain. Quant à la langue, elle suit les mêmes vicissitudes : elle diffère d'un individu à un autre ; elle diffère même, en un sens, d'un jour à l'autre dans le même individu. Les douze idées du compagnon de l'homme sont donc une pure fiction. Le chien ne pense pas du tout, il ne parle pas plus qu'il ne pense.

Que dire maintenant du rossignol ? Parmi les oiseaux, personne ne l'ignore, c'est au mâle qu'est réservé le privilège du chant; la femelle a celui d'entendre en silence une musique qui, ajoute-t-on, n'est que pour elle. La conversation ou l'échange des pensées est donc chose interdite au peuple ailé : chez lui, le monologue seul est autorisé, et encore le monologue unilatéral. On pourra s'en étonner : si les paroles sont comprises, comment n'y aurait-il pas de réplique? et si elles ne le sont pas, est-il raisonnable de les prononcer? Mais ce qui semblera plus étrange encore, c'est que les mâles de la même espèce, s'ils disent quelque chose à leurs femelles, leur disent tous la même chose. Nous avons le droit de le penser, puisque certainement ils font tous entendre les mêmes sons. Représentez-vous donc des milliers et des milliers de rossignols qui, du matin au soir et du soir au matin, pendant quelques mois et avec un ensemble parfait, répètent à satiété les cinquante mots de leur dictionnaire, pour recommencer l'année suivante avec la même précision, la même ardeur et le même succès ; représentez-vous en même temps la nombreuse tribu des pinsons, celle des fauvettes, celle des merles ; en un mot, toutes les nations aériennes se livrant, chacune de son côté, au débit du monologue uniforme et invariable qui lui est imposé : sans doute vous inclinerez fortement à penser que, parmi les habitants des airs, le sexe muet doit être universellement frappé d'une incapacité effrayante. Comment ! on lui redit éternellement la même chose, et il faut toujours recommencer ! Pour moi, je vais plus loin : je me crois en droit de conclure que l'autre sexe n'est pas plus heureusement doué. Nous l'avons dit et nous le répétons encore, l'uniformité et l'invariabilité d'opérations rationnelles sont une pure contradiction.

Si quelque langage est nécessaire à la raison, assurément tel langage et surtout tel mot ne l'est pas. Rien n'est plus flexible, plus mobile, plus changeant que le mot : il est essentiellement arbitraire. Voilà pourquoi les langues varient d'âge en âge. Il n'est pas plus possible d'empêcher cette transformation, qu'il n'est possible de forcer la liberté à se manifester toujours sous l'aspect d'actes uniformes : uniformité et liberté sont termes contradictoires, presque aussi bien que nuit et jour. Il n'y a qu'un moyen de fixer une langue, c'est de ne plus la parler. C'est ainsi que la mort roidit un corps organisé : les langues fixées sont des langues mortes. Les cris des animaux n'ont jamais été langue vivante : ils n'ont jamais subi ces modifications qui sont le signe de la vie propre des langues.

Le cheval hennit, la brebis bêle, le taureau beugle, le merle siffle, le corbeau croasse, l'abeille bourdonne dans nos campagnes aujourd'hui exactement avec les mêmes intonations, les mêmes notes que jadis dans l'arche de Noé. Aucun de ces animaux ni aucun autre n'a jamais eu la pensée d'attribuer au cri de son espèce quelque signification nouvelle. Sans doute l'homme parvient à modeler, tant bien que mal, la voix de quelques individus sur sa propre voix; mais on sait que l'imitation n'est qu'extérieure. Le caquetage du perroquet et de la pie manque de sens, comme l'orgue de Barbarie manque de sentiment. On dit cependant que le chien a conquis, dans l'état de domesticité, l'art de convertir en aboiement le hurlement de sa race. Veut-on voir là un idiome changé ou plutôt perfectionné (car le chien hurle encore)? Dira-t-on que l'aboiement est plus expressif, plus conforme à l'état social? Le hurlement n'est-il pas sentimental, plus mélancolique? D'après certains observateurs, n'est-il pas d'ordinaire une sorte d'hymne que la gent canine chante à l'astre des nuits? Mais qu'on donne à ce fait zoologique l'interprétation qu'on voudra, on ne saura disconvenir qu'il s'est produit une fois seulement pour l'immense famille des chiens domestiques, à une époque très probablement antéhistorique; on avouera que depuis lors cette langue, si on veut l'appeler de ce nom, s'est trouvée figée, immobilisée, malgré les positions très variables des individus qui s'en servent au salon, à l'écurie, à la suite des troupeaux, à la chasse, etc. Disons donc que si le *chien*, suivant l'expression de Porphyre, est une langue, c'est une langue où la raison n'a pas de part. Non, les animaux ne parlent d'aucune façon; et les anciens les ont parfaitement nommés, malgré la puissance de leur voix, les *muets*.

Je rougis presque d'avoir insisté si longtemps pour établir que les bêtes sont vraiment ce que leur nom signifie. Je crains qu'on ne me reproche d'avoir fait injure au bon sens, qui n'hésite pas sur cette question. Hélas! la raison savante est sujette à des écarts que ne se permet pas la simple raison. Ne faut-il pas que celle-là soit redressée par celle-ci ? Notre œuvre, d'ailleurs, n'est pas encore achevée. L'animal n'a pas l'ombre de raison, voilà ce que nous avons sûrement établi, croyons nous ; il nous reste à montrer, qu'en se perfectionnant il n'atteindra jamais la raison. Ce sera réfuter cette doctrine fort en vogue aujourd'hui, en vertu de laquelle le singe est devenu homme par le simple développement de ses facultés. Mais une observation est d'abord nécessaire.

Les savants, dont la méthode consiste à n'asseoir leurs conclusions que sur des faits, n'auront, je pense, rien à opposer aux preuves développées dans ce chapitre. Les métaphysiciens sont plus difficiles : il en est qui ne veulent admettre une thèse comme démontrée qu'après la réfutation de toutes les hypothèses contradictoires. « Il est bien vrai, diront-ils peut-être, que l'animal ne parle pas, n'est pas libre et ne peut se perfectionner ; mais cela prouve seulement qu'il n'a pas l'*exercice* de la raison ; cela ne prouve pas qu'il soit privé de la faculté même. L'enfant au berceau donne-t-il mieux que l'animal des preuves de raison ? Et cependant ne possède-t-il pas réellement ce qu'il ne manifeste en aucune manière ? Oui, la raison est en lui, mais à l'état latent ; parce que, pour s'exercer, il faut à cette faculté des organes suffisamment développés. Pourquoi donc n'en serait-il pas de même pour l'animal? Pourquoi ne pourrait-on pas dire avec vraisemblance que la raison, emprisonnée et comme étouffée dans les plis du cerveau de l'animal, attend, pour se révéler et agir, que son enveloppe ait pris les proportions convenables à sa nature? »

Répondons à ces métaphysiciens. Si l'enfant ne devenait jamais homme, nous n'aurions aucun moyen de constater qu'il possède la raison. C'est l'homme *raisonnable* qui nous force de conclure logiquement à l'enfant *raisonnable*, car, l'homme n'étant que l'enfant développé, il s'ensuit que l'enfant possède en principe ce que l'homme possède dans un état de perfection relative : il y a entre l'un et l'autre une différence d'*état*, et non une différence de *nature*. Bien plus, si l'enfant ne devenait jamais homme, non seulement nous ne pourrions pas affirmer qu'il est raisonnable, mais nous devrions affirmer qu'il ne l'est pas ; car une faculté qui ne s'exerce jamais est, en bonne métaphysique, une pure contradiction. Quant à l'animal, si nous le considérons dans l'évolution complète comprise entre le moment de sa naissance et celui de sa mort, trouvons-nous rien qui nous permette de comparer cette évolution à celle de l'homme ? Est-il un temps de perfection où il se montre raisonnable, et un temps d'imperfection où il se prépare à raisonner? Il est donc illogique de conclure de l'homme à l'animal. Sans doute les transformistes prétendent que l'animal est comme le germe de l'homme; mais d'abord ils ne font pas cet honneur aux individus animaux, qui tous meurent dans leur humble condition de brute, et qui par conséquent ne font jamais usage de la raison. Or, n'oublions jamais que, dans la création, une faculté réellement inutile, une faculté de luxe, ne peut être qu'une fiction métaphysique, étrangère à toute réalité. Ensuite, s'ils enseignent que chaque série formée par la ligne des descendants d'une même souche peut, grâce à un heureux concours de circonstances, élever les derniers individus qui la composent, dans la suite des temps, jusqu'à la perfection de l'espèce humaine, ils se gardent bien de dire que l'animal possède la raison parce que ses descendants peuvent devenir hommes. Ce serait un cercle vicieux dont, en vérité, ils ne sont pas coupables. Ne le leur prêtons pas; ils sont déjà trop riches en ce genre. Ils essaient de s'appuyer sur des faits pour démontrer que l'animal possède et exerce la raison, et en cela ils font bien; mais ces faits ils les interprètent mal, et en cela ils ont tort. C'est ce que nous ferons voir bientôt.

Ajoutons encore ce mot. L'idiot ne crée pas plus que l'enfant de difficulté sérieuse ; car l'idiot n'est qu'un enfant arrêté dans son développement cérébral : c'est un véritable avorton. La vie de l'intelligence déviée ou comprimée par une cause accidentelle, n'en subsiste pas moins : pour se manifester, elle demande seulement que l'obstacle soit écarté, comme les faits ont dû le prouver quelquefois. Quand elle se cache totalement, ce qui est fort rare, nous sommes cependant forcés, logiquement, d'en reconnaître l'existence, parce qu'elle est évidente dans tous les individus de la même espèce régulièrement développés, et, par conséquent, un apanage de l'espèce tout entière. Pour faire le même honneur aux animaux, nous attendrons qu'on nous ait démontré qu'ils sont tous des hommes avortés. L'histoire naturelle, qui de nos jours affronte sans trop de peine le ridicule, reculera longtemps devant celui-là.

CHAPITRE II

LA BÊTE EST INCAPABLE D'ARRIVER A LA RAISON

La sensibilité ne peut en se perfectionnant devenir l'intelligence qu'autant qu'elle est de même ordre que l'intelligence. — Elle n'est pas de même ordre; preuves. — La perfection de l'intelligence n'est point du tout proportionnée à la perfection des sens. — Perfection de la vue dans le milan, dans l'hirondelle. — De l'odorat dans le chien, dans le vautour. — Une aveugle sourde-muette intelligente. — Rôle du cerveau. — Conclusion rassurante.

Si la bête n'a pas la raison, que lui reste-t-il ? Il lui reste ce que les anciens appelaient la partie sensitive de l'âme : il lui reste le pouvoir d'éprouver des sensations par les sens et de les conserver ou de les reproduire par l'imagination, et le pouvoir de ressentir des passions, c'est-à-dire d'agir sous l'impulsion des sensations éprouvées ou reproduites. Il voit, il entend, il flaire, il goûte, il souffre, il a du plaisir, il recherche, il évite ; en un mot, on retrouve en lui, à des degrés divers, tout ce que l'on trouve en l'homme, moins la raison. On peut reconstruire l'animal à l'aide des phénomènes que nous observons en nous-mêmes, si l'on a grand soin de les débarrasser de tout élément rationnel ; ce qui, soit dit en passant, demande l'habitude de l'analyse psychologique. Les meilleurs philosophes accordent à l'animal une sorte de connaissance. Il n'est guère possible, en effet, de concevoir une sensation, un acte de l'imagination ou de l'appétit sensible, sans une sorte de connaissance sourde et irréfléchie. Cependant on doit regretter qu'on applique à l'exercice de la sensibilité le nom propre de l'acte de la raison : c'est là, je crois, le principe de la confusion que nous essayons de débrouiller en ce moment. Pour se former une idée de l'espèce de connaissance que renferme la sensation, on peut avoir recours à une expérience bien facile. Si l'on provoque en soi quelque sensation un peu vive, et qu'en même temps l'on porte son attention sur un autre objet, la sensation est encore éprouvée; mais elle est, en un sens, isolée de la raison : car la raison suit l'attention. Maintenant, donnez à la conscience de cette sensation plus d'intensité, sans lui donner ni une autre direction, ni plus de clarté, vous aurez reproduit, à mon avis, le phénomène purement animal.

M. Taine, fidèle aux traditions de l'école sensualiste, fait dériver de la sensation toutes les facultés de l'homme. Pour rendre à peu près vraie cette thèse très fausse, il suffit de substituer au mot *homme* celui d'*animal*. Dans l'animal, en effet, l'imagination, qui tient lieu d'intelligence, n'est que l'ensemble des images, des sensations précédemment éprouvées. Des lois d'association, dont nous devons la description exacte à l'école écossaise, règlent les rapports des images entre elles et avec de nouvelles sensations. Elles conservent, rappellent, éloignent, combinent dans un ordre, une proportion et un degré de vivacité impossible à prévoir : de là dépend la

variété des passions, des affections, des opérations et
même des rêves. Il suit de là que, si la faculté d'imaginer, dans les êtres privés de raison, peut être plus
imparfaite que celle de sentir, elle ne saurait être plus
parfaite. L'image n'est qu'une sensation prolongée, ou,
comme dit Bossuet, « une continuation de la sensation. »
Cette observation va nous servir à résoudre la question
que nous examinons en ce moment.

Mais, avant d'aller plus loin, il est nécessaire de bien
préciser notre thèse. Nous faisons abstraction, présente-
ment, du point de vue physiologique. Est-il possible
que, par des progrès successifs, le cerveau de l'animal
obtienne la perfection de celui de l'homme? Est-ce que
la sensibilité ne dépend pas de la façon la plus intime du
système nerveux, de telle sorte qu'elle en suit le développement et l'affaiblissement? Est-ce que la raison elle-
même n'a point l'exercice de la sensibilité pour condition de ses propres opérations? Je n'en veux rien
savoir pour l'heure : je veux seulement, et j'espère prouver que, en dépit de toutes les perfections dont elle est
susceptible, jamais la sensibilité ne pourra devenir la
raison.

Je ne sais si je m'abuse, mais il me semble que ma
tâche n'est pas difficile ; je n'aurai pas même besoin,
pour la remplir, d'avoir recours à l'austère métaphysique.
Quelques faits suffiront.

Un peintre ébauche un tableau, il l'achève ; puis, le
trouvant imparfait, il le reprend, le retouche avec habileté, et finit par en faire un chef-d'œuvre. Pourra-t-il le
perfectionner assez pour en faire une statue? Non, sans
doute. Pourquoi? Parce que la peinture et la sculpture

appartiennent à deux ordres distincts. Voici un jeune mathématicien qui marche sur les traces de d'Alembert et de Cauchy : il travaille le jour, il travaille la nuit; bientôt les sciences exactes n'auront pour lui plus de mystères; il touche aux limites du savoir humain sur les propriétés du nombre et de l'étendue. Est-il arrivé par la même voie au seuil de l'éloquence? Assurément non. Pourquoi? Parce que les mathématiques et l'éloquence appartiennent aussi à deux ordres distincts. Mais un homme s'avance en ligne droite et à pas comptés dans une plaine : lui sera-t-il facile de modifier tellement sa marche, qu'il coure ou qu'il se meuve circulairement? Bien certainement. Pourquoi? Parce que la marche, la course, le mouvement en ligne droite et le mouvement circulaire appartiennent au même ordre. Modifier, ce n'est pas changer le fond de ce qui est modifié; il n'y a pas de modification possible, si le fond est détruit. On a beau perfectionner, le sujet qui reçoit la perfection ne change pas, ou il échappe par cela même à la perfection. Les transformations du mouvement en chaleur, de la chaleur en lumière, de la lumière en électricité, et réciproquement, sont une preuve et non la contradiction de ce que j'avance ici : suivant les théories de la physique contemporaine, la chaleur, la lumière et l'électricité ne sont *objectivement* que des espèces de mouvement.

En se perfectionnant, la sensibilité ne pourra donc devenir la raison que si de fait elle appartient au même ordre. Les transformistes les plus radicaux admettent au fond ce principe ; car, pour rendre possible le passage de *l'animalité* à *l'humanité*, ils supposent de l'une à l'autre une simple différence de structure. Et comme d'après ce que nous avons dit plus haut, la question doit se circonscrire autour de la sensation pour l'animal, la raison ne pourra être le développement de la sensibilité que dans le cas où la sensation et l'acte de la raison seront de même ordre. Or cet identité n'existe pas ; c'est ce que nous allons montrer.

On connaît ce phénomène journalier appelé si improprement *illusion des sens :* il consiste en ce que la sensation, toujours parfaitement en rapport avec l'impression causée par les objets en vertu des lois de la matière, n'est que très rarement en parfaite harmonie avec les propriétés réelles de ces objets. Ces propriétés sont pourtant connues, mais au moyen d'une opération distincte de la sensation. Rien n'est vulgaire comme l'illusion produite par le bâton plongé dans l'eau : l'œil voit réellement le bâton brisé, mais la raison le juge droit. La sensation est déterminée par l'image de l'objet sur la rétine ; la connaissance exacte, par un jugement de l'intelligence : la sensation est précisément ce qu'elle doit être, l'image, qui fait immédiatement impression, étant celle d'un bâton brisé ; la connaissance exacte, sans redresser l'image, atteint la réalité en tenant compte des conditions des milieux. Maintenant, conçoit-on que la sensation se corrige elle-même ; qu'elle se mette en désaccord avec l'impression immédiate qui la produit ? Mais c'est impossible ! C'est pourtant ce qu'elle devrait faire, pour coïncider avec l'acte de la raison, qui perçoit la réalité. Elle devrait à la fois percevoir brisé et droit : brisé, puisqu'elle est sensation ; droit, puisqu'elle équivaut à la raison : c'est-à-dire réaliser une contradiction.

Dans cette catégorie de phénomènes, la raison supplée l'insuffisance inévitable des sens. Dans ses propres opérations, nous avons vu qu'elle dégage son objet des conditions de matière, de temps et d'espace. Le sens, au contraire, est comme rivé à ces mêmes conditions. Ainsi, nous voyons tous les jours tel arbre, celui qui occupe telle place, avec telles dimensions, telle forme, etc.; mais *un arbre, l'arbre*, jamais personne ne l'a vu, et pourtant tout le monde le connaît. On ne le voit pas, on ne peut pas le voir, parce qu'il ne peut pas réellement exister, et que ce qui n'existe réellement pas ne peut pas impressionner la rétine; mais la raison le connaît, parce qu'il a cette existence idéale qui fait abstraction de la matière, de l'espace et du temps (1). Jusqu'à ce que l'on ait trouvé le moyen de placer devant l'œil un tel objet, et d'en porter l'image sur la rétine au moyen d'un faisceau lumineux, nous devons tenir pour impossible l'identification de la vision avec un acte de la raison.

Mais, en parlant des sens, abordons un ordre de preuves plus *sensibles*. Si les sensations et les actes de la raison sont de même nature, il s'ensuit que la raison sera d'autant plus parfaite que les sens seront plus parfaits. On sait qu'il n'en est rien. Les myopes et les presbytes ne sont point, à cause de leurs yeux, d'une intelligence inférieure à ceux qui jouissent d'une vue excellente. Une expérience de tous les instants apprend à une foule de personnes que leur intelligence ne varie pas lorsqu'elles prennent ou quittent leurs lunettes.

L'espèce humaine, d'ailleurs, n'est point celle que la nature a le plus favorisée sous le rapport de la perfection

---

(1) Inutile de faire observer que la notion la plus *idéale* ne renferme absolument aucun élément qui ne dérive plus ou moins directement de la *réalité*. La réalité est à l'origine de tout.

des sens. « Le milan a une vue très perçante : à une hauteur de quatre kilomètres il distingue les plus petits oiseaux et les reptiles cachés sous l'herbe des prairies. Il tombe sur sa proie avec la rapidité de la foudre, pour fuir ensuite avec la même vitesse (1) ». Il est bien difficile de voir clairement, ou même simplement d'apercevoir les petits objets, si l'observateur et les objets qu'il tâche de regarder sont soumis à un mouvement rapide et irrégulier. L'hirondelle, cependant, malgré les inextricables enlacements de son vol impétueux, distingue très bien l'insecte presque microscopique qui s'efforce d'échapper à son bec effilé, en voltigeant de la manière la plus capricieuse.

C'est surtout par l'odorat que les animaux sont remarquables. Le chien qui cherche son maître, s'arrête dans un carrefour, flaire, le nez en l'air, les restes de ces émanations subtiles qui l'attirent et qui se sont évaporées depuis plusieurs heures peut-être; puis il entre, sans se tromper, dans la route qui le mènera à son terme. « Suivant Duméril et d'autres naturalistes, l'odorat du vautour lui permet de découvrir les cadavres à une distance de plus de cinquante kilomètres (2) ».

Il est inutile je crois, d'insister davantage sur des faits que les naturalistes sont unanimes à admettre. L'homme l'emporte peut-être par l'ensemble: tous les sens sont en lui dans un degré de perfection relative qui élargit le champ de ses sensations sans en augmenter la portée; mais il n'a aucun sens qui ne se rencontre chez quelque animal dans des conditions bien supérieures. Les ani-

---

(1) *Les noms des oiseaux*, par l'abbé Vincelot, t. I.
(2) Ibid.

maux, pourtant, de l'aveu de tous, sont fort loin d'avoir une intelligence digne de quelque considération. Dira-t-on que c'est au juste équilibre de ses sens que l'homme doit sa supériorité? Mais l'équilibre ne change jamais la nature des forces équilibrées. Ensuite, cet équilibre ne mérite pas l'honneur qu'on voudrait lui faire. L'homme n'en a pas besoin pour jouir des prérogatives de la raison. L'aveugle-né et le sourd-muet sont assez peu favorablement partagés sous le rapport de l'équilibre des sens : que leur manque-t-il sous le rapport de l'intelligence? L'éducation de l'homme peut même se faire au moyen d'un sens unique. On en voyait naguère un exemple dans la banlieue de Poitiers. Une aveugle sourde-muette était arrivée, par le tact seul, à un développement intellectuel étonnant : elle avait appris son catéchisme ; elle causait, au moyen d'un système d'attouchements, avec son institutrice ; elle se livrait à des ouvrages de couture et savait enfiler elle-même son aiguille. Je tiens ces détails d'un témoin oculaire. Que fait ici l'équilibre?

Il est des savants qui tâcheront de se rejeter sur la différence des cerveaux. Fausse manœuvre. Donnez à l'animal un cerveau aussi parfait que celui de l'homme ; s'il n'a que la sensibilité, son cerveau ne l'élèvera pas au-dessus de la condition de la brute. L'imagination, nous l'avons dit, n'est qu'un dépôt d'images de sensations ; les sensations ont déjà tout ce qui se trouve dans leurs images. La sensation, c'est maintenant un point acquis à notre thèse, la sensation n'est pas la raison ; donc l'imagination, même logée dans le cerveau le plus achevé, n'est pas la raison non plus. Ignore-t-on que, dans l'homme lui-même, le cerveau et les sens les plus parfaits sont loin de suffire, je ne dis pas à convertir la sensibilité en raison, mais à mettre en exercice une raison qui existe déjà ? Il faut à cette œuvre mystérieuse le concours d'une autre raison déjà développée, faute de quoi un prodige de perfection physiologique ne serait jamais qu'un prodige d'idiotisme. Quant au cerveau, voici l'avis que je me permets d'avoir à ce sujet : Les opérations de la raison sont d'une variété presque infinie ; d'autre part, elles ont pour origine, pour objet, ou du moins pour condition de leur exercice, les opérations de la sensibilité : il est donc nécessaire que la raison ait à sa disposition un instrument qui puisse, avec grande facilité et précision, reproduire, combiner, varier de mille et mille manières les sensations, les accommoder pour ainsi dire, à la nature, à la multiplicité, à la promptitude de ses propres actes. Telle est, croyons-nous, la raison de la complexité du cerveau humain. Mais la sensibilité la plus parfaite ne peut pas plus produire un acte raisonnable dans cet instrument de la raison que le souffleur le plus habile ne peut, en agitant son soufflet, tirer une phrase musicale d'un orgue parfaitement construit.

Ainsi donc l'animal, plus parfait que l'homme sous le rapport des sens, n'a pas même l'ombre de raison. Par conséquent, les sens et la raison appartiennent à deux ordres différents ; par conséquent, malgré tous ses progrès ultérieurs, l'animal ne pourra faire franchir la barrière qui le sépare de nous. Je ne sais si je me fais illusion, mais il me semble que ces conséquences sont de la dernière rigueur. Tenons-nous donc bien tranquilles. Jamais ni chimpanzé, ni gorille, ni éléphant, ni chien ne feront irruption dans nos rangs, ni n'ajouteront, par une avalanche de compétitions nouvelles, aux difficultés déjà si grandes que nous avons de vivre en bonne harmonie.

CHAPITRE III

ANALYSE DES OPÉRATIONS SENSIBLES
L'ANIMAL DANS L'HOMME

Le chasseur altéré et désaltéré. — Sensation, plaisir, peine, attrait, répugnance. — Ces phénomènes peuvent s'accomplir indépendamment de la raison.

Si l'on met de côté l'influence, d'ailleurs incontestable, de la volonté et de la raison sur la sensibilité; si l'on réserve une manière supérieure de sentir, dont le vrai, le beau et le bien sont l'objet, l'homme purement *sensible* est un pur animal. Rien ne nous empêchera donc d'étudier l'animal dans l'homme. Nous n'avons même aucun autre moyen; car nous ne voyons au dehors que des signes de la sensibilité. Quant aux actes de cette faculté, c'est en nous seulement que nous les apercevons: ils sont du domaine de la conscience, et non des sens.

Les moralistes, pour donner à leurs recherches plus de précision et plus de portée, imaginent des hypothèses, inventent ce qu'ils appellent des *cas*, c'est-à-dire supposent un fait parfaitement réalisable, où l'objet actuel de leur étude se trouve reproduit avec toutes les circonstances de la réalité. Cette méthode a bien son mérite. Que mon lecteur me permette de l'employer un instant avec lui.

Vous revenez d'une partie de chasse, je suppose : le soleil, la poussière, une course effrénée à travers monts et vallées vous ont altéré comme il est rarement donné à un chasseur de l'être. Supposons aussi, si vous le voulez bien, que je vous accompagne. En entrant chez vous, la première chose qui se présente à votre vue, c'est une carafe : elle est pleine d'une eau limpide, très fraîche ; la rosée qui s'est déposée sur le cristal, comme une vapeur glacée, le prouve : des citrons, du sucre sont auprès. Déjà vous étendez la main... « Monsieur, pardonnez-moi le peu d'à-propos de la demande. Attendez un instant, je vous prie ; contentez-vous de regarder la carafe, et veuillez me dire ce que vous éprouvez. — La tentation de vous envoyer promener, allez-vous me répondre sans doute. Est-ce le moment de faire de la philosophie ! Laissez-moi boire, puisque je meurs de soif. — Ainsi, vous ne m'écoutez pas ; vous vous empressez de remplir votre verre, de le porter à votre bouche... » Un cri se fait entendre : « Arrêtez ! malheureux : que faites-vous ? C'est de la nicotine ! le domestique s'est trompé. » Eh quoi ! le verre vous échappe, vous pâlissez, vous tremblez même ! Rassurez-vous : la nicotine est une plaisanterie, déplacée sans doute, mais ce n'est pas autre chose. Buvez, rafraîchissez-vous à votre aise. Cependant je tâcherai de traduire ce qui vient de se passer en vous ; reprenez-moi si mon interprétation est infidèle.

Vous aviez soif, vous avez vu de l'eau, vous avez éprouvé

le désir de boire cette eau, votre main l'a portée à vos lèvres, vous avez bu... Pourquoi haussez-vous les épaules ? Cette énumération est moins banale que vous n'avez l'air de le croire : vous allez le voir.

Qu'est-ce que la soif ? La soif est un phénomène fort complexe. Il suppose d'abord un déficit d'une certaine nature dans l'organisme. Certains éléments venant à faire défaut dans le corps, certains liquides doivent les y ramener, sous peine de grands dommages. Secondement, ce déficit détermine, dans une partie du tissu vivant, une modification particulière, une sorte d'irritation. En troisième lieu, à cette irritation, purement matérielle, correspond une souffrance sourde, un malaise. Enfin, le malaise donne naissance à un état d'inquiétude indéfinie, et l'inquiétude fait tourbillonner devant l'esprit, avec plus ou moins de rapidité, suivant qu'elle est plus ou moins vive, une suite d'objets capables de calmer la souffrance. Je ne répondrais pas qu'avant d'arriver vous n'ayez vu défiler, dans le champ de votre imagination, vins frais, sirops glacés, neige, etc.; mais je me hâte de reconnaître que ces rafraîchissantes images se présentaient d'elles-mêmes, sans être appelées par vous : on ne peut rien ajouter à l'opinion que j'ai de votre tempérance. Du reste, l'image d'un rafraîchissement absent irrite la soif et ne l'apaise pas.

La vue d'un objet capable de satisfaire la soif fixe immédiatement l'incertitude de l'attrait et en exalte l'énergie; mais, il ne faut pas s'y tromper, ce n'est pas la vue seule qui produit ce résultat. Le phénomène est ici encore fort complexe. Si l'objet s'offre aux regards pour la première fois, il peut se trouver parfaitement inefficace; il le sera même la seconde, la troisième et toujours, si la sensation visuelle est isolée, si elle n'est pas intimement associée à quelque souvenir, image de sensation rafraîchissante. C'est seulement parce que avez trouvé dans votre imagination l'image de l'eau unie à une sorte d'image de fraîcheur, que la vue de l'eau vous invite violemment à la boire. Ceci est tellement vrai, que, si l'on parvient à rompre l'association, l'attrait tombe aussitôt. Vous l'avez éprouvé tout à l'heure quand on a eu la perfidie de vous faire croire un instant que vous aviez devant vous de la nicotine. Je vous prie de remarquer aussi l'énergie de l'attrait qui vous sollicitait. Rappelez-vous la réponse dont vous m'avez honoré, vous reconnaîtrez une force qui ne peut supporter d'opposition. Philosophie, amitié, politesse..., j'allais dire que vous auriez donné tout cela pour un verre d'eau. Mais en disant *vous*, veuillez m'en croire, je ne parle que de l'homme *sensible*. Vous souriez... Je suis compris. Oui, sous l'influence d'un attrait tel que celui que vous éprouviez tout à l'heure, l'homme sensible en est, pour ainsi dire, entièrement absorbé; toutes ses puissances sont ramenées vers un seul but, la satisfaction. Toute pensée, sensation, velléité, en un mot, toute affection psychologique contraire, ou seulement indifférente, est vivement repoussée. Nous venons de le voir.

Lorsque vous avez fait avec vos membres les divers mouvements nécessaires pour étouffer votre soif, vous avez cru, sans doute, que vous disposiez en maître vous-même de vous-même. C'est une erreur. Sous l'action d'un désir vif, le corps prend spontanément l'attitude propre à les réaliser. « Les objets, dit Bossuet (1), disposent le

---

(1) *Connaiss. de Dieu et de soi-même.*

corps de la manière qu'il faut, pour le mettre en état de les poursuivre ou de les fuir, suivant le besoin. » Il dit ailleurs, dans son langage inimitable : « Il faut encore lâcher la corde ; il faut que la volonté laisse aller le corps, autrement le mouvement ne s'achève pas. » Nous verrons plus tard comment la science confirme cette vue du génie de Bossuet. Pour le moment, il me suffit de constater cette aptitude merveilleuse des membres à exécuter, avec une précision admirable, les mouvements propres à satisfaire les divers attraits.

Je m'aperçois, Monsieur, que la carafe est presque vide. Quelle impression vous cause maintenant cette eau, bien fraîche encore, qui reste au fond ? La même, peut-être, que le verre qui la contient. Irritation, malaise, inquiétudes, désir ardent, images agréables, tout a disparu. Vous avez reconquis le total empire de vous-même ; je crois même que vous seriez tout disposé non seulement à entendre, mais à faire de la philosophie.

— Oui, du moins pour vous interrompre, direz-vous, et vous demander quel rapport il peut y avoir entre ce que vous dites et les actions des animaux.

Vous le verrez bientôt. Laissez-moi vous faire remarquer d'abord que vous avez été le sujet de phénomènes inverses de ceux que je viens de décrire. Je fais encore allusion au cri : « C'est de la nicotine ! » Quelles odieuses images ce cri n'a-t-il pas ressuscitées en vous avec la rapidité de l'éclair ! Avec quelle énergie l'attrait pour le liquide que vous teniez à la main ne s'est-il pas transformé en aversion ! Je me contente d'indiquer tout cela.

Je note aussi, pour mémoire, que l'*attrait* ou *désir*, et

l'*aversion* ou *répugnance*, prennent dans le langage philosophique le nom de *passions*.

Sans aborder tout de suite les animaux, je vais faire un pas pour m'en rapprocher. Je vais établir que les divers phénomènes qui viennent de se passer en vous sont indépendants de la raison, et que par conséquent ils peuvent parfaitement s'accomplir sans l'intervention et en l'absence de cette faculté. Je crois que ce ne sera pas difficile.

Pour commencer par la soif, vous avez beau y penser, vous avez beau vouloir l'éprouver ou ne pas l'éprouver, rien n'est plus indocile à l'action de l'intelligence et de la volonté. Auriez-vous pu l'éteindre tout à l'heure par un acte de volonté ? Essayez donc de la faire naître maintenant par le même moyen. Toute sa cause est dans une certaine disposition de l'organisme : elle naît avec cette disposition, et disparaît avec elle. L'ivrogne lui-même ne peut fournir un argument contraire : ce n'est qu'en apparence qu'il a soif à volonté. Par l'abus de la boisson, il a réellement déterminé dans son corps, d'une manière permanente, cet état d'irritation particulière qui produit la soif.

Vous venez d'éprouver que la présence de certains objets, constatée par le sens, donne à l'ensemble du phénomène un caractère spécial de décision. Mais ce n'est point la sensation toute nue, si je puis parler de la sorte, qui produit cet effet. Il faut qu'elle s'enrichisse d'un nouvel élément sur lequel la raison a, certes, bien peu d'influence : il faut qu'elle devienne agréable ou désagréable. Le plaisir et la peine sont bien distincts de la sensation. Ces deux affections peuvent se succéder dans la même sensation : vous en avez fait l'expérience ; elles peuvent même l'abandonner l'une et l'autre à la fois : il vous est facile m'en rendre témoignage en regardant en ce moment votre carafe : l'image visuelle de l'eau qui vous a été tour à tour si agréable et si désagréable vous est maintenant indifférente. Cette triple manière d'être par laquelle passe successivement une même sensation, montre bien que, en elle-même, la sensation n'est constituée dans aucune. Mais, distincts de la sensation, le plaisir et la peine sont toute la raison de son efficacité. N'est-il pas évident que la sensation *indifférente* ne peut absolument rien ; qu'elle est appelée *indifférente* précisément lorsque, dépouillée de la peine ou du plaisir, elle se trouve sans vertu ? Si donc la peine et le plaisir ont ce privilège, il importe peu à la question présente de savoir quelle part de connaissance revient à la sensation : il importe seulement de constater si c'est la connaissance qui, du fond de la sensation, tire la peine et le plaisir. Or il est clair que ces deux phénomènes se produisent en dehors de l'intelligence. L'intelligence a beau s'ingénier, varier les aspects d'une sensation présente, la sensation reste agréable, ou désagréable, ou indifférente, en dépit des plus profondes et des plus savantes considérations. Un médecin ne sucre pas une potion en disant à son malade qu'elle lui fera beaucoup de bien ; il ne la rend pas amère en la déclarant nuisible ; mais il ne serait pas plus heureux s'il entreprenait une brillante dissertation sur les rapports des objets savoureux avec les organes des sens et les sens eux-mêmes. Quand il s'agit de plaisir et de peine, la science n'a rien à y voir : le psychologue et le physiologiste les plus instruits ne les éprouvent pas autrement que le paysan le plus grossier. Si la connaissance a quelque rôle à jouer ici, ce n'est point dans ces conditions supérieures, où elle prépare, domine et dirige, précède, accompagne et suit : elle est circonscrite dans les limites restreintes du phénomène à l'état de *conscience brute*. Vous comprenez qu'il faut en dire autant par rapport à l'attrait et à l'aversion qui suivent fatalement le plaisir et la peine : une expérience de chaque jour nous en fournit la preuve. Ainsi donc le plaisir et la peine, l'attrait et l'aversion naissent et agissent aveuglément, en dehors de toute influence d'une connaissance proprement dite. Cela suffit pour écarter du même coup l'influence de la volonté raisonnable, laquelle ne vient qu'à la suite de l'acte de la raison. On ne rend pas à son gré une sensation agréable ou désagréable, et, sous l'impression du plaisir ou de la douleur, on n'est pas libre d'attacher à celui-là l'aversion, à celle-ci le plaisir.

Nous l'avons déjà dit, lorsque la passion a disposé le corps tout entier suivant sa tendance, lorsqu'elle l'a monté pour lui faire exécuter les mouvements propres à la satisfaire, la volonté, guidée par la raison, n'a qu'un rôle à remplir, celui de « lâcher la corde » dont parle Bossuet. Le reste va de soi. Rien n'est plus vrai, comme nous le verrons plus tard. Quant à la corde, elle a pour fonction, non pas d'adapter le corps à certains actes, mais de le tenir sous la dépendance d'une puissance supérieure. Elle ne se rencontre pas dans l'animal. Elle n'est pas même toujours dans l'homme, où la passion la brise quelquefois. Il est des moments où la raison est étouffée par la passion ; il en est d'autres où elle n'a pas même le temps de se montrer. Mais dans l'un et l'autre cas, le corps, sous l'influence de la sensibilité seule, n'accomplit ses mouvements ni avec moins de sûreté, ni avec moins de rapidité.

CHAPITRE IV

LES SENSATIONS DANS LA BÊTE

La bête sent comme l'homme. — Le plaisir et la peine sont distincts de la pure sensation. — La sensation dans la grenouille, le taureau, la libellule, les papillons, les poissons, le chien, la vache. — La sensation variant avec l'espèce, avec les divers états de l'individu.

L'homme peut accomplir certaines actions sans le concours de sa raison, par l'exercice combiné de ses seules facultés sensitives. Il me semble que ce fait explique parfaitement tout l'animal. Toutes ses actions se ramènent à ce type d'un *mouvement* accompli sous l'impulsion d'une *passion* qui est elle-même provoquée par une *sensation*. Cette affirmation suppose que l'animal *sent* comme l'homme, et que la sensation, quoique peu variée en elle-même, peut être le principe d'actions d'une diversité infinie. C'est ce qu'il faut établir maintenant.

Mais une courte digression me semble d'abord nécessaire.

La sensation a évidemment pour rôle principal dans l'homme de servir d'informateur à l'intelligence. Il n'est donc pas étonnant que dans l'être raisonnable elle semble souvent pure de tout mélange de plaisir et de peine. Les sens les plus intellectuels, si je puis ainsi dire, l'ouïe et la vue, semblent revêtir tout spécialement ce caractère de neutralité. On dirait que l'impression sensible les traverse sans y laisser de vestige, comme la lumière un cristal. Mais en y regardant de plus près, on s'aperçoit vite que cette opinion est exagérée. Il y a du plaisir ou de la peine uniquement à voir et à entendre, en vertu du simple contact, sur l'organe, de l'onde lumineuse ou sonore. Peut-être même, si vous voulez bien interroger vos souvenirs, vous vous apercevriez qu'il est une couleur, le rose, par exemple, le vert tendre, le bleu de ciel, qui a le privilège de charmer, c'est le mot qui convient, de charmer vos yeux. Décrirai-je cette singulière impression ? Plus délicate, plus subtile, plus suavement pénétrante que le toucher le plus léger, le plus doux, le plus moelleux, elle a quelque chose de vaporeux, d'aérien, et cependant en y réfléchissant davantage, on s'aperçoit que les deux sortes de sensations sont au fond identiques. Je le répète, je ne parle point ici de la perception de la couleur. Ce dernier phénomène restant le même, l'impression agréable ou désagréable peut parfaitement disparaitre. Il est telle couleur, je m'en souviens très bien, qui dans mon enfance me chatouillait le nerf optique d'une façon délicieuse : elle se reflète aujourd'hui sur ma rétine exactement avec la même teinte, mais sans y produire le moindre frémissement. L'âge et l'usage fortifient sans doute le tissu nerveux qui tapisse la chambre noire de l'œil et le durcissent contre le contact caressant de la lumière. L'ouïe n'est pas dans des conditions différentes. Saint Augustin, dans son traité *De Musica*, constate, avec sa pénétration ordinaire, que le son matériel peut s'harmoniser parfaitement avec l'oreille ou la frapper d'une manière qui soit en désaccord avec sa nature. Les vibrations que la contexture de l'organe lui permet d'exécuter, peuvent tour à tour être secondées ou contrariées par les vibrations de l'onde sonore ; de là, bien-être ou agacement. Voilà pourquoi nous trouvons du plaisir à entendre le son de la flûte même sans modulation ; et voilà pourquoi le cri de la lime sur la scie ou de la voix qui a le malheur de l'imiter nous déchire les oreilles.

Mais il faut se garder de confondre la sensation agréable ou désagréable de l'œil et de l'oreille avec le sentiment d'un ordre supérieur que produisent la beauté et la laideur perçues à l'occasion de la vue et de l'ouïe. Sans doute le sentiment *esthétique* vient à la suite de la sensation ; mais il en diffère dans sa nature et dans ses effets. Fruit d'un jugement de la raison, il est pur, désintéressé ; il élève, il fortifie. La sensation qui naît d'une misérable impression organique est par elle-même basse, malsaine ; elle avilit et corrompt quand elle absorbe le mouvement de la volonté. Dans les sens les plus nobles, dans la vue et l'ouïe, le charme qu'elle produit a toujours la valeur de l'émotion excitée par le frottement d'une brosse douce sur la peau. S'il en est ainsi pour la vue et l'ouïe, il devient indubitable que tous les sens peuvent être le siège du plaisir ou de la douleur. J'arrive au sujet.

Les organes matériels de la sensibilité sont construits sur un même plan dans tous les êtres sensibles. Ils doivent donc partout donner occasion à des phénomènes analogues. Tous les animaux éprouvent des sensations dans la mesure de la perfection des organes qu'ils possèdent. Je ne m'arrête pas à prouver ce point, qu'on ne conteste plus de nos jours. Mais toutes les sensations sont-elles capables de plaisir ou de peine ? Voilà ce qui est moins évident, et ce qui est pourtant nécessaire à la démonstration de ma thèse. Les faits parleront pour moi. Comme dans l'homme et sans doute à cause de ce qui se passe dans l'homme, la vue et l'ouïe semblent créer une difficulté spéciale ; faisons donc à ces deux sens l'honneur de les distinguer.

Ceux qui se donnent l'innocent passe-temps de la pêche aux grenouilles, savent que ce batracien stupide se laisse prendre à l'éclat d'un morceau de drap rouge. Évidemment, c'est la couleur qui l'attire : elle produit le même effet sur le corbeau, dit-on. Le toréador l'emploie dans un but tout contraire. La libellule bleue, c'est M. Darwin qui nous l'apprend (1), est attirée par le bleu. Un pêcheur dont la ligne était armée d'un flotteur ainsi coloré, a eu le plaisir de voir ces jolis insectes venir se poser à l'envi sur cet instrument. Chaque espèce de papillons semble avoir sa couleur favorite, qui est la livrée de l'un des deux sexes au moins. On voit tout de suite pourquoi. Ce n'est pas tout : la même couleur sert encore à indiquer à la fleur ailée, comme disent les poètes, la fleur immobile au sein de laquelle la nature prépare ses aliments. « Les lépidoptères, ainsi parle le patriarche des transformistes, découvrent certainement les fleurs par la couleur, et les plantes qui sont fécondées exclusivement par le vent n'ont jamais une corolle à couleur brillante. Le sphinx s'abat souvent depuis une certaine

(1) *Descendance de l'homme*, t. !, p. 427.

distance(?) sur un bouquet de fleurs au milieu d'un vert feuillage ; un de mes amis m'a assuré que, dans le midi de la France, il avait eu l'occasion de voir les phalènes faire des visites répétées à des fleurs peintes sur la tapisserie d'une chambre ». Il est vrai que le charme des couleurs est quelquefois funeste à l'imprudent papillon. La teigne, l'odieuse teigne, qui a la coutume de loger dans nos habits et de s'en nourrir, se convertit en un gracieux lépidoptère aux ailes grises et chatoyantes. Qui ne l'a vue, sous cette forme, voltiger le soir autour de la flamme d'une bougie, s'y brûler une aile, revenir quand même et s'y consumer ? Les pêcheurs savent bien que les poissons aiment la lumière, et c'est précisément cet attrait qui sert de base à l'art des pêches nocturnes.

Les exemples de l'impression que le son produit sur les animaux ne sont pas moins faciles à citer. L'agacement du chien par certains bruits est devenu proverbial. Le serpent aime la musique. Au moyen de certaines mélodies on peut le rendre doux, docile, maniable même : il se laisse *enchanter*. On sait que l'enchantement des serpents était un art pratiqué par les anciens : il existe encore de nos jours en Orient. La vache même, le croira-t-on, la vache est sensible à la musique. Ce n'est pas seulement pour charmer leurs loisirs que les bergers ont une flûte. J'ai vu tout un troupeau de vaches quitter le pâturage, se réunir derrière une haie, et là, le mufle en l'air, écouter paisiblement un chœur exécuté de l'autre côté par des jeunes gens. Vous parlerai-je des oiseaux, des insectes, des choristes des bois et des instrumentistes des prairies ? Leurs témoignages ont été recueillis depuis longtemps et déposent en faveur de ce fait, que le son est pour un grand nombre d'animaux une source de plaisir ou de peine. Je crois que nous pouvons affirmer sans crainte d'erreur qu'il en est ainsi pour toutes les autres sensations.

Indifférente pour le plus grand nombre des êtres vivants, une sensation donnée devient agréable ou désagréable pour quelques-uns seulement, et encore il n'est rien de plus fragile que le lien qui l'unit au plaisir ou à la douleur : un simple changement de circonstance suffit pour le briser. Les plaisirs et les douleurs varient non seulement avec la classe, le genre, l'espèce, l'individu, mais encore avec l'âge, la saison, les dispositions du corps et les modifications des milieux. Ainsi, par exemple, chaque espèce a sa table, son festin préparé à part. C'est vers cette table que chaque animal est attiré par le plaisir; toutes les autres lui sont désagréables, ou du moins indifférentes. La nature a mystérieusement fixé son désir à l'aliment qui lui convient, et l'empêche de s'égarer ailleurs. Chaque espèce de plante nourrit son insecte particulier; que dis-je? la feuille, la fleur, le fruit, l'écorce, le bois, la moelle, la tige, les racines n'attirent pas les mêmes convives. Les entomologistes observent sur le chou, l'ortie, le rosier, le mûrier, le peuplier, le chêne, le pin, des chenilles d'espèces toutes différentes. Il y a plus, le même insecte, subissant diverses transformations, change du tout au tout ses goûts gastronomiques; il ronge, il dévore sous une forme la substance des plantes et la chair même d'autres animaux, et, sous une autre, se contente de pomper le suc des fleurs; mais larve ou insecte parfait, son plaisir ne dépasse pas une certaine limite; dès qu'il y touche, le phénomène pâlit, si je puis ainsi dire, puis il finit par se renverser, le plaisir devient la douleur. Du reste, j'énonce ici en dernier lieu une loi générale. La douleur est souvent l'excès du plaisir : le plaisir devient douleur par l'intensité et la durée.

Cette variété de plaisirs présidant à la satisfaction des mêmes besoins est un trait visible de la sagesse de l'*ordonnateur* souverain. Elle se diversifie encore avec la diversité des besoins. Sans doute le règne animal n'a que deux grands besoins, celui de la conservation de l'espèce et celui de la conservation de l'individu, l'individu étant l'instrument inconscient de l'un et de l'autre; mais ces deux grands besoins se décomposent en une foule d'autres, qui leur sont subordonnés et dont la satisfaction est indispensable à leur propre satisfaction. Quelques exemples suffiront, j'espère, au but que je me suis proposé. Je les choisis parmi ces phénomènes que l'on a classés sous le nom d'instinct d'association, d'imitation, de construction.

CHAPITRE V

SUITE DU MÊME SUJET

L'instinct de la société dans le chien, dans le mouton, dans la fourmi. — Le chapon de M. Flourens. — L'instinct d'imitation. — Le singe. — L'orang-outang du jardin des Plantes. — L'instinct de construction ; la guêpe, le fourmi-lion, la mygale, le cerceris. — L'araignée des jardins et sa toile géométrique.

Certains animaux vivent en société. Il ne rentre pas dans mon sujet de montrer comment ce fait concourt à la conservation des individus, soit en leur ménageant les moyens de trouver plus facilement leur pâture, soit en les groupant contre les dangers communs. Je n'ai besoin que de constater le mobile auquel ils obéissent. Ce mobile est assurément le plaisir.

Presque tous nos animaux domestiques sont sociables. Le cheval, on l'a constaté, se porte mieux, travaille mieux, se montre plus dispos quand on lui donne un compagnon. « Il est curieux de réfléchir (?), dit Darwin (1), sur les sentiments (?) d'un chien qui restera paisiblement pendant des heures dans une chambre avec

---

(1) *Descendance de l'homme*, t. I, p. 77.

son maître sans attirer l'attention ; tandis que, laissé seul peu de temps, il se met à aboyer ou à hurler tristement. » Ajoutons qu'il est encore plus curieux, sinon de réfléchir, au moins d'assister au spectacle que donne un chien quand il retrouve son maître après une absence de quelque durée. Quels sauts! quels cris! quels mouvements indescriptibles! quels signes de joie! Maîtres, n'en soyez pas trop fiers. Cuvier nous apprend que l'homme remplace auprès du chien, le dirai-je?... un chien ; celui qui conduirait le troupeau dont le vôtre ferait partie, si l'espèce tout entière n'avait eu l'honneur d'être élevée jusqu'à notre société. Le chien goûte un plaisir très vif à vivre dans la compagnie d'un chef qui marche sur deux pieds ; mais ce plaisir serait exactement le même si son chef avait quatre pattes, un museau et une queue.

Que dire du mouton? Il est stupide : il n'y a pas deux avis là-dessus. Mais essayez de le séparer de son troupeau, vous verrez par les efforts qu'il fera pour vous échapper, pour déjouer vos tentatives, avec quelle énergie ses semblables l'attirent auprès d'eux. S'il réussit, assurément il ira rejoindre les siens à la hâte ; c'est peut-être la seule circonstance où il s'avise de courir. Du reste, cet attrait est si puissant qu'il ne lui permet pas de s'isoler, qu'il l'attache, le fixe au mouvement du groupe auquel il appartient, au point de paralyser quelquefois en lui jusqu'à l'instinct de conservation, la plus énergique des inclinations naturelles, témoin Panurge et sa très vraisemblable histoire (1). Dans une caste plus modeste en

(1). « Comme vous savez estre du mouton le naturel, toujours suyvre le premier, quelque part qu'il aille. Aussi le dict Aristoteles, lib. 9 de Histor., anim. estre le plus sot et inepte animant du monde. » (Rabelais.)

apparence, mais d'une organisation bien supérieure, Huber a recueilli des signes authentiques du plaisir qu'éprouvent à être ensemble certains individus associés par la nature. Il a vu des fourmis se rencontrer par hasard, se palper avec les antennes, puis jouer ensemble, se mordiller comme de jeunes chiens.

Le plaisir ne naît pas seulement de la présence d'un être semblable, constatée par quelqu'un des sens : il est attaché aussi à des actes extérieurs d'où résulte le bien d'autrui. C'est par plaisir que la fourmi ouvrière donne la becquée aux jeunes larves et aux amazones, dont elle est devenue l'esclave ; c'est par plaisir que l'abeille neutre apporte au futur essaim la pâtée convenable ; c'est par plaisir que la plupart des oiseaux nourrissent leurs petits ; c'est par plaisir même que, chez ce peuple ailé, les femelles couvent les œufs avec une assiduité si réelle et un dévouement si apparent. Elles éprouvent une sorte de fièvre qui se rafraîchit non seulement au contact des œufs, mais d'objets extérieurement semblables : les fermières le savent fort bien. Un naturaliste, M. Flourens, je crois, apprit de sa cuisinière l'art de faire d'un chapon une excellente couveuse. La méthode consiste simplement à communiquer la fièvre nécessaire à l'infortuné bipède, et, pour cela, il suffit de lui plumer le ventre et de le frotter de vinaigre. Ah ! que la science connaît peu la poésie !

Une foule d'animaux aiment à reproduire certains mouvements dont ils sont témoins. Peut-être faut-il reconnaître comme première cause de ce phénomène une sorte d'automatisme. L'homme lui-même en ressent les effets. S'il entend chanter, il se sent poussé à chanter ; à courir, s'il voit courir; à danser, s'il voit danser. Il y a comme un frémissement dans les organes de ces diverses actions, comme un mouvement dessiné, commencé, auquel il faut faire effort pour résister. L'animal, qui ne peut résister, imite fatalement ce qu'il est vivement incliné à imiter. Quand un chien commence à se faire entendre, quel vacarme dans tout le quartier; hélas! qui n'a eu l'occasion d'en faire la fâcheuse expérience? Quand un âne élève la voix au marché, quel épouvantable concert éclate aussitôt sur tous les points! Heureusement l'imitation, toujours agréable à l'imitateur, l'est quelquefois à ceux qui en ont le spectacle. Il est des animaux qui reproduisent les chants et les cris de tous les autres: tel le moqueur. Le perroquet parvient, on le sait, du moins avec le secours de l'oiseleur, à imiter la parole de l'homme. La pie et le corbeau ont presque la même faculté. Le merle apprend à siffler des airs qui n'ont pas été composés pour sa race. Il est évident que l'éducation de ces animaux s'appuie sur une disposition naturelle, qui ne saurait être que le plaisir d'imiter.

Mais l'imitateur par excellence, c'est le singe. Le verbe *imiter* a même dans notre langue une sorte de synonyme grotesque dérivé du nom de cet imitateur: *singer*, c'est imiter à la manière des singes, c'est-à-dire dans le genre de la caricature. L'orang-outang, paraît-il, l'emporte encore sur tous ses congénères. Écoutons à ce sujet une historiette racontée gravement par M. Flourens: « Nous avons eu, dans ces dernières années, un jeune orang-outang au jardin des Plantes... Je fus un jour le visiter avec un illustre vieillard, observateur fin et profond. Un costume un peu singulier, une démarche lente et débile, un corps voûté, fixèrent, dès notre arrivée, l'attention du jeune animal. Il se prêta avec complaisance à tout ce qu'on exigea de lui, l'œil toujours attaché sur l'objet de sa curiosité. Nous allions nous retirer lorsqu'il s'approcha de son nouveau visiteur, prit, avec douceur et malice, la canne qu'il tenait à la main, et, feignant de s'appuyer dessus, courbant son dos, ralentissant son pas, il fit ainsi le tour de la pièce où nous étions, imitant la pose et la marche de mon vieil ami. Il rapporta ensuite la canne de lui-même, et nous le quittâmes, convaincus que lui aussi savait observer (1). » Ce *lui aussi* me semble avoir son prix. — Mais quoi ! l'orang n'observait-il pas ? — Oh ! pardon, mais seulement comme un singe, et point du tout à la manière du savant et de « son vieil ami ». Rappelez-vous ce que vous éprouvez, lorsque, livré à une occupation sérieuse, une mélodie agréable et facile vient frapper votre oreille. Y a-t-il observation ici ? Sans doute, mais sensible seulement et non intelligente. Le sens recueille avec l'expansion qui lui est propre une série de sensations, et, à cette observation très improprement dite, succède un véritable attrait à reproduire les mouvements qui ont été la cause première de ces sensations. Il n'en est pas autrement pour le singe de M. Flourens : il s'est arrêté pour recueillir des sensations qui le frappaient parce qu'elles étaient nouvelles ; après quoi, sans dire d'aucune façon : Ce monsieur m'a l'air passablement drôle, je m'en vais le lui faire voir ; il a obéi à l'impulsion de ces sensations et reproduit, sans l'ombre de « malice », les mouvements associés à ces mêmes sensations. J'in-

(1). *De l'instinct et de l'intelligence des animaux.*

cline même à penser que si les illustres visiteurs avaient tout à coup disparu aux yeux de l'orang, celui-ci n'en aurait pas moins achevé sa mimique, preuve qu'il n'avait pas du tout l'intention de faire « une malice ». Je vous prie de ne pas oublier que le besoin d'imiter est l'instinct caractéristique de tous les simiens. Là se trouve l'explication de la plupart des actes raisonnables que les naturalistes s'imaginent rencontrer dans les singes, et qui sont la base principale de leur singulière psychologie zoologique.

S'il fallait démontrer par quelque raison qu'il y a vraiment du plaisir à imiter, la chose ne serait probablement pas très difficile. D'après les données les plus sûres de la psychologie et de la physiologie, tout mouvement régulier d'un organe est une cause de plaisir. Or, l'imitation qu'est-elle? l'exercice régulier d'un ou de plusieurs organes, à la suite d'une excitation extérieure, de la sollicitation douce que produit le spectacle d'un même mouvement dans un être distinct. Elle doit donc être un principe de plaisir. Que cela nous suffise pour le moment.

Le plaisir de l'exercice des organes montre comment est mis en jeu l'instinct de construction. Il est, vous le savez, une foule d'animaux qui exécutent d'admirables travaux très divers d'une espèce à l'autre, mais toujours les mêmes dans l'espèce. Je ne crois pas m'avancer beaucoup en disant que l'homme, avec toutes les ressources de son intelligence, ne les imiterait que très imparfaitement. Un rayon de miel, le nid de la guêpe cartonnière, une toile d'araignée, un simple cocon de ver à soie est au-dessus de notre savoir-faire. On est ravi quand on observe avec quelle précision la nature obtient ses fins par ces divers travaux, c'est-à-dire tantôt le bien de l'individu, tantôt celui de sa postérité, et tantôt celui de l'un et de l'autre. C'est pour approvisionner son garde-manger que le fourmi-lion creuse sa fosse conique, véritable précipice dont aucun petit insecte ne peut approcher sans rouler au fond, entre les crocs du terrible fouisseur. C'est pour se loger que la mygale ouvre dans le sol une sorte de chambre cylindrique, la tapisse de soie, et la ferme avec un couvercle à charnière. C'est pour préparer un berceau à leurs petits qu'une foule d'insectes construisent sous terre des galeries diversement compliquées et diversement aménagées ; et c'est afin de pourvoir à l'alimentation d'une jeune famille qui n'est pas encore qu'ils déposent à côte de leurs œufs, les uns une brochette de douze chenilles de la même espèce, les autres des abeilles, d'autres des araignées, d'autres des diptères, d'autres des buprestes, enfin justement la pâtée qui conviendra le mieux à l'insecte naissant, et, chose étonnante, celle qui ne convient plus du tout à l'approvisionneur, puisque celui-ci, depuis qu'il a quitté le souterrain où il vint au monde, ne se nourrit plus que de substances végétales (1). C'est dans l'intérêt de toute la génération des jeunes et des adultes que les abeilles façonnent leurs rayons géométriques et les garnissent de miel, et que les fourmis

---

(1). V. Rendu, *Mœur pitt. des insect.*, passim. — On sait que ces insectes n'ont pas attendu les expériences de M. Cl. Bernard sur le curare pour mettre en œuvre l'art de frapper d'immobilité, sans leur ôter la vie, les malheureuses victimes qui doivent servir de proie à leurs petits. Ils se servent pour cela d'un stylet empoisonné, qu'ils plongent, avec une précision épouvantable, dans un point central du système nerveux.

construisent leurs labyrinthes aux couloirs et aux salles innombrables.

Mais il est facile de voir que, dans aucun cas, ces admirables petits animaux ne savent ce qu'ils font. Nous en avons indiqué les raisons ailleurs. Ajoutons que ceux qui travaillent pour leurs petits ne les verront jamais, de même qu'ils n'ont jamais vu leurs propres parents. Personne n'a donc pu leur enseigner leur art, et ils ne peuvent en connaître l'utilité. Mais ne pouvons-nous rien comprendre nous-mêmes au mobile qui les fait agir ?

Les naturalistes observent que les animaux constructeurs sont tous armés par la nature d'instruments exactement adaptés aux travaux qu'ils doivent accomplir. Ils ont des ciseaux, des tarières, des pioches, des grattoirs, des filières, des peignes, des brosses, des pompes, des stylets. Ces instruments ne sont pas des pièces surajoutées, mais bien des modifications variées de membres communs à tout l'ordre et même à l'embranchement. Or, nous l'avons dit, les psychologues et les physiologistes sont d'accord pour constater que l'exercice régulier d'un organe, du moins extérieur, est une cause de plaisir. Ceci posé, on conçoit très bien que l'animal a du plaisir, non pas à employer ses instruments à l'aventure, ce ne serait pas un exercice régulier, mais à les appliquer convenablement à l'exécution des travaux propres à son espèce. Ainsi l'araignée des jardins, qui, sur un plan vertical, mène des rayons de soie à partir d'un centre commun et qui enroule autour de ce centre, en l'appliquant sur les rayons, une longue et fine volute, portait déjà dans les filières de son abdomen, dans les peignes de ses longs doigts, dans les ressorts, dans les muscles, dans toutes les dispositions de sa machine, une sorte de toile virtuelle, dont le réseau à larges mailles, suspendu maintenant aux rameaux de vos allées ou de vos arbres fruitiers, n'est que la réalisation. Il est incontestable que les mille mouvements subordonnés, dont le jeu, déterminé par l'afflux des sensations et réglé par la nature, a produit la toile, ont procuré à la petite tisseuse un nombre correspondant de petites jouissances. Qu'a-t-il fallu pour porter cet animal à la recherche de ce plaisir ? Ce vague pressentiment qui, nous le savons par nous-mêmes, accompagne ou peut-être constitue toute passion.

Mais pourquoi l'araignée ne poursuit-elle pas toujours le plaisir d'agir? pourquoi ne tisse-t-elle pas toujours? L'attrait est réglé par un modérateur qu'il nous faut examiner maintenant.

CHAPITRE VI

INFLUENCE COMBINÉE ET RÉCIPROQUE DU PLAISIR ET DE LA DOULEUR

Alternative de l'action et du repos, du plaisir et de la douleur. — Excitation physique. — Disposition de l'organe. — Comment l'araignée fait sa toile. — Excitation factice. — Le plaisir et la peine dans un état permanent : — bonne et mauvaise humeur, caractère. — Le singe, les canards, les grues et les pinsons.

Notre vie se partage entre le sommeil et la veille, ou, ce qui revient au même, entre le travail et le repos. Le Bonhomme qui de son temps deux parts avait faites, « dont il soulait passer l'une à dormir et l'autre à ne rien faire, » était une exception. Il nous est impossible d'agir toujours, et de nous reposer toujours. Après le repos, l'action est un plaisir nécessaire; mais ce plaisir, en se prolongeant, s'affaiblit peu à peu, se change en douleur; et la douleur appelle impérieusement le repos, qui passe, à son tour, par les mêmes phases. Lorsqu'on a touché la limite de chacun de ces deux états, le besoin de changement se traduit par des frémissements dans les organes, par des sensations sourdes, des désirs vagues, un malaise général : l'état contraire peut seul calmer ce tourbillon de sollicitations inquiètes.

Or ce qui est vrai pour tout l'être organisé sensible, est également vrai pour chacun de ses organes en particulier : il n'en est point qui ne soit soumis à la loi d'alternative de l'action et du repos. La tension continue de n'importe quel membre est physiologiquement impossible : tout effort de l'organe vivant, est, pour ainsi dire, rhythmé, offrant une succession de plus grande et de moindre intensité. Le phénomène de la respiration en présente un exemple bien sensible. Mais le va-et-vient n'est pas toujours aussi rapide : pour certains organes, la seconde le mesure ; pour d'autres, il faut des jours et même des mois. Agir, c'est dépenser, c'est s'user ; se reposer, c'est gagner, c'est se réparer : par là, on voit très bien que la durée du repos doit varier suivant la quantité des pertes éprouvées dans l'action, et suivant la plus ou moins grande énergie de la force réparatrice.

Le repos est la réparation même de l'organe, et cette réparation est un véritable travail. Mais ce travail n'a rien de commun avec la fatigue ; il est spontané, inaperçu, et par conséquent soustrait à l'activité consciente. Sentez-vous la fatigue des mouvements de votre cœur, de l'œuvre d'assimilation et de désassimilation qui s'accomplit dans tous les tissus de votre corps ? Et cependant ce double phénomène est un vrai travail, et cependant il y a peut-être déjà bien des années qu'il se continue sans relâche. La plupart des mouvements qui ont lieu au dedans de nous se rapportent à la vie végétative : ils ne sont pas sentis, et ne font éprouver aucune fatigue : au contraire, ils fortifient, et par conséquent reposent. Tel est ce travail, encore imparfaitement connu, que la nature opère spontanément dans toutes les parties d'un membre d'un organe en repos. (1)

Maintenant, qu'on se rappelle les phénomènes que nous avons analysés dans notre cas physiologique : les mêmes phénomènes se répètent toutes les fois qu'un organe se trouve dans des conditions analogues ou contraires, c'est-à-dire prêt à l'action ou au repos. Lorsque, par exemple, la nature, par son influence secrète, lui a donné ou rendu tous les éléments nécessaires à son exercice, une sorte d'inquiétude, de malaise s'empare de l'être vivant : l'imagination, en vertu d'une loi encore inexpliquée, se remplit de fantômes plus ou moins vagues, plus ou moins distincts, images indécises des objets sur lesquels l'organe pourrait s'exercer ; les désirs, encore informes, se présentent en foule et ne s'arrêtent nulle part ; l'organe entre dans une sorte d'excitation physique appelée *éréthisme* par la science, et éprouve comme une impulsion qui le porte à commencer les mouvements convenables. Si, en ce moment, non plus l'imagination, mais quelqu'un des sens, révèle la présence d'un objet réel, capable de satisfaire le besoin, aussitôt un afflux de certains liquides

---

(1) «... Fonctionnellement parlant, tout organe se repose pendant une durée variable, et il n'entre en fonction que sous l'influence de son excitant spécial : le cœur se repose trente fois par minute ; le poumon se repose en moyenne dix-huit fois dans le même temps ; l'estomac, le foie, tous les organes enfin ont un repos nécessaire dont la durée est variable... Si la fonction s'exerce trop souvent ou pendant trop longtemps..., il arrive un moment où la vie organique n'a pas eu le temps de fournir son produit, et la fonction n'est pas efficace ou ne s'accomplit pas du tout... La fatigue se développe par l'absence ou par l'insuffisance des produits de la vie organique au point de vue fonctionnel. » (E. Fournié, *Physiologie du système nerveux*, p. 798.)

nécessaires à l'action envahissant l'organe, l'inquiétude fait place à un désir parfaitement déterminé et d'autant plus ardent; et l'action, commandée par ce désir, s'accomplit sous la direction des sens.

Dans tout cela, une seule chose pourra paraître étrange : cet afflux de liquides qui préparent immédiatement l'action de l'organe. Écoutez un de nos plus célèbres physiologistes racontant une observation faite par lui. « Prenant un cheval à jeun, dit M. Claude Bernard (1), on découvre sur le côté de la mâchoire le canal excréteur de la glande parotide ; on divise ce conduit, et rien n'en sort : la glande est au repos. Si alors on fait voir au cheval de l'avoine, ou mieux, si, sans rien lui montrer, on exécute un mouvement qui indique à l'animal qu'on va lui donner son repas, aussitôt un jet continu de salive s'écoule du conduit parotidien, en même temps que le tissu de la glande s'injecte et devient le siège d'une circulation plus active. » La salive est nécessaire à la manducation. Nous savons tous, par expérience, que, lorsque nous avons faim, à la présence d'un aliment la salive devient plus abondante, *l'eau nous vient à la bouche*. Il était bon de constater qu'il en est de même pour le cheval, et par conséquent, toute proportion gardée, pour tous les animaux. L'observation de M. Claude Bernard le montre : pendant que la salive s'écoule, la glande s'injecte de sang. L'action des organes appelle quelquefois un liquide spécial, mais toujours un afflux sanguin : c'est une loi qui ne connaît pas d'exception (2). L'article auquel j'ai emprunté les paroles citées

---

(1) *Revue des Deux Mondes*. 15 mars 1872.
(2) « C'est toujours l'activité circulatoire qui caractérise l'état fonctionnel. » Cl. Bernard, *Cours scientif*.. (18 mai 1872.) — Ceci veut dire

plus haut est tout entier consacré à établir ce fait.

Il est temps de revenir à notre araignée des jardins. Je ne sais si je me flatte, mais il me semble qu'il est facile de comprendre maintenant pourquoi elle se met à filer, et pourquoi, après avoir commencé, elle ne continue pas toujours. Nous nous sommes arrêtés devant cette difficulté: si l'araignée file par plaisir, il semblerait qu'elle devrait se donner constamment ce plaisir; ce qui, en vérité n'est pas conforme à l'expérience. L'araignée est une petite machine à filer et à tisser vivante et d'une perfection achevée; mais, pour filer et tisser, il faut d'abord que ce petit système de pièces diversement façonnées, de muscles déliés et de nerfs imperceptibles soit, comme les plus grands organismes, convenablement préparé par le travail secret de la nature; il faut, en particulier, que les glandes qui alimentent les filières aient sécrété en abondance le liquide soyeux. Telle est la première condition. Quand elle est remplie, la bestiole doit certainement éprouver cette inquiétude, ces désirs vagues qui appellent l'action. Qui nous dira les fantômes de rameaux, de feuilles, de cachettes qui voltigent alors dans son rudiment d'imagination? Sollicitée par toutes ces impressions, elle s'avance sur le feuillage serré, tantôt marchant, tantôt s'élançant sur un fil. Tout à coup elle voit les rameaux s'ouvrir devant elle, présentant de tous côtés des points d'attache convenables; aussitôt cette sensation, parfaitement conforme aux besoins qu'elle éprouve, précise et

---

en d'autres termes: l'exercice d'un organe est toujours caractérisé par une plus grande rapidité et une plus grande abondance du courant sanguin qui en baigne « les éléments anatomiques ». Le sang est un liquide qui se rencontre dans tous animaux, seulement il n'est pas rouge partout.

fixe ses désirs : la petite ouvrière s'arrête et commence sans délai son réseau. Qu'on me dispense d'en décrire les détails. J'en ai été témoin ; mais comment discerner la multitude de petites sensations, de petits désirs, de petits mouvements, de petits plaisirs qui constituent l'action totale dont la toile est le résultat ! La loi de toute activité sensible a été formulée par Virgile dans un hémistiche non moins admirable de précision que de vérité : *Trahit sua quemque voluptas.* C'est le plaisir qui *guide* tout animal agissant, c'est le plaisir qui *guide* notre araignée tissant sa toile. Il s'ensuit que cet agréable principe de mouvement, tout en conservant la même direction générale, doit à chaque instant varier, suivant la variété même des éléments de l'ouvrage qu'il sagit de réaliser.

Si le plaisir est un principe d'action, en vertu de la loi des contraires la douleur doit l'être aussi, dans un ordre inverse : le plaisir attire, et la douleur repousse. Ce sont deux forces, hélas ! étroitement associées, mais en proportions infiniment variables, qui, attirant et repoussant tour à tour dans des directions opposées ou parallèles, diversifient sans fin les opérations de l'animal. Ainsi il n'est pas douteux que, lorsque l'araignée a fini son ouvrage, la douleur, sous forme de fatigue, ne l'oblige au repos. Les organes sont, en ce moment, épuisés de toutes les manières : il faut que l'inaction des puissances sensitives permette à la nature de réparer peu à peu les pertes éprouvées. Mais l'animal ne voit pas si loin : il sent maintenant la peine qui est dans l'action, et le plaisir qui est dans le repos, jusqu'à ce que, les circonstances changeant, les rôles soient de nouveau intervertis.

Pour être complet, je dois dire un mot des phénomènes

qui peuvent se produire lorsque l'organe est en équilibre, c'est-à-dire n'éprouve pas encore le besoin du travail ou le besoin du repos. Il est d'abord évident que le *statu quo* pourra se continuer ou s'interrompre avec une extrême facilité. Supposons l'organe en repos ; voici comment il peut en sortir. C'est à la sensation où à l'imagination qu'il appartient de réveiller la passion, et par la passion l'organe. Sous cette influence, la nature précipite, sans l'achever, son œuvre de réparation : les liqueurs indispensables à l'exercice de l'organe en remplissent les tissus, et l'action recommence ; elle continuera jusqu'à ce que l'excitation ait produit tout son effet, ou que du moins toute l'énergie des muscles et des nerfs soit épuisée. Que n'obtenons-nous pas de nos animaux domestiques par des sensations ménagées à propos : des caresses, des cris, des coups de fouet ? Nous savons ce que l'imagination peut sur nous en ce genre. Il y a toute une morale fondée sur ce grand fait : régler son imagination, c'est régler ses désirs et ses actions. L'animal ne connaît point cette règle ; mais il éprouve, dans une certaine mesure, les effets analogues de son imagination. Un cheval fatigué retrouve de l'ardeur quand il reprend le chemin de l'écurie, c'est-à-dire quand certaines images de foin, d'avoine, de litière, reviennent dans sa cervelle..

Ainsi, même lorsque les organes sont dans leur équilibre, c'est encore le plaisir et la peine qui, réveillés à propos, peuvent le rompre et provoquent l'action. Ces deux émotions proviennent alors d'une excitation extérieure ; elles dépendent non moins souvent de l'état des organes.

Le plaisir et la peine peuvent prendre certaines formes

sourdes et permanentes qui résultent de l'état général des organes et qui donnent à chaque animal son *cachet particulier :* nous voulons parler de la bonne et de la mauvaise humeur, du tempérament et du caractère.

L'aimable évêque de Genève, obligé de loger un jour dans la chambre d'un portier, disait gaiement « qu'il n'était jamais mieux que quand il n'était guère bien ». C'est un saint ou, si l'on veut, au moins un homme qui parle. L'homme, parce qu'il est homme, peut se plaire dans le malaise de la sensibilité et s'y ménager une joie réelle d'un ordre supérieur ; mais l'animal qui est dans l'homme et celui qui est au-dessous de l'homme se montrent infailliblement gais si l'affection générale ou dominante de leurs organes est agréable, et c'est la bonne humeur ; ils se montrent infailliblement tristes si, au contraire, leurs organes les font souffrir, et c'est la mauvaise humeur. Un mal de dents, une migraine, un changement dans l'atmosphère, l'état de l'estomac, une foule de causes en apparence insignifiantes font varier l'humeur.

On a dit, avec beaucoup de vérité, qu'il n'est pas indifférent au succès d'une requête de la présenter avant ou après le repas du patron. Napoléon 1er, suivant Boucher de Perthes, n'était pas abordable quand il avait chaussé des bottes trop étroites. A chaque instant l'on assiste à des dialogues tels que celui-ci : « Qu'a donc monsieur un tel ? Il n'est pas reconnaissable aujourd'hui. — Ah ! il a mal dormi, » ou bien : « Le temps est à l'orage. » Un des héros de Dickens se met continuellement en garde contre le vent d'est : c'est d'un effet comique, mais pris dans la nature. Les personnes qui observent les lois de l'Église savent très bien, par expérience, hélas ! que le jeûne et les aliments maigres prédisposent à la tristesse. Les pharisiens, d'après l'Évangile, tiraient vanité de cet effet naturel et en exagéraient les signes extérieurs : *Exterminant facies suas*. Notre-Seigneur recommandait aux siens de fuir cette ostentation ridicule et leur conseillait, les jours de jeûne, l'usage d'un antidote bien connu, l'usage des parfums, qui disposent à la joie.

On sait ce que produit sur le simple animal l'état de son estomac, la faim, la satiété, le genre de nourriture, la santé, la maladie, l'état de l'atmosphère. Le singe se grise volontiers, et se livre alors aux grimaces les plus divertissantes. On lisait récemment, dans les journaux, qu'un naturaliste était parvenu à donner à des poulets la passion de l'eau-de-vie et de l'absinthe. Les animaux les plus doux deviennent intraitables quand ils sont affamés et en présence de leur nourriture. Qui n'a vu les canards s'abattre sur les étangs, au milieu du concert des grenouilles, lorsque le temps tourne à la pluie? Mais il est une saison de l'année où l'état des organes pousse l'animal à donner des signes plus manifestes de joie ou de colère : c'est l'époque où l'art de l'oiseleur se trouve en défaut. L'oiseau le mieux apprivoisé cesse d'être familier; il revient à ses mœurs sauvages; il faut l'enfermer, si l'on ne veut qu'il disparaisse. Les naturalistes nous apprennent que certaines espèces s'abandonnent alors à toute sorte d'ébats. La grue, par exemple, et le pinson exécutent les danses les plus grotesques; d'autres animaux, au contraire, choisissent ce temps pour faire la guerre à leurs semblables. Que de sang versé pour la propagation de la vie! Le grand naturaliste de l'Angleterre voit dans ces faits des tournois zoologiques où les

mâles luttent de force ou d'adresse, voire de beauté.
M. Darwin, très sérieux en tout cela, ne soupçonne pas
combien il est plaisant.

Outre ces dispositions accidentelles des organes, il en
est de natives dont les effets sont de même nature, et qui
constituent le *tempérament*. Le tempérament consiste
dans une proportion déterminée des éléments principaux
de l'organisme. Au tempérament de l'organisme correspond, dans la sensibilité, le *caractère*. Tout le monde sait
ce qu'on attend par caractère : c'est une disposition à ressentir et à manifester tout un genre d'émotions à l'exclusion des autres. Les caractères sont qualifiés suivant la
nature des impressions qu'ils font éprouver à autrui, et
ces impressions elles-mêmes sont *caractérisées* par analogie. Un caractère doux est celui qui fait une impression
analogue à celle du lait ; un caractère aigre, celui qui fait
une impression analogue à celle d'un acide ; un caractère
ardent, celui qui fait une impression analogue à celle
d'une chaleur vive, etc. Ceci soit dit en passant et pour
montrer combien la sensibilité est attachée à la matière.
Ce que je veux noter surtout, c'est qu'il en est du caractère
comme de l'humeur. Dépendant de l'état des organes, il
se révèle dans tout être sensible doué d'organes. Il est
bien vrai qu'il y a, dans une même espèce animale, des
individus méchants, des individus paisibles, des individus tristes, des individus gais ; mais toutes ces diversités
n'ont aucune cause supérieure à celles que nous avons
assignées à l'humeur. L'humeur est un caractère qui
passe, le caractère une humeur qui dure.

CHAPITRE VII

LA MACHINE ANIMALE

Ce que c'est qu'un organe. — Distribution générale et rôle du système nerveux. — Ce que les physiologistes entendent par *mouvements réflexes*. — Aperçu général de la machine vivante d'après le Dr Lereboullet. — Adaptation de l'organe par rapport à l'objet, — par rapport au principe moteur interne.

Un musicien, assis devant son piano, les yeux fixés sur une page notée, fait courir ses dix doigts sur le clavier : il les lève, les abaisse, les allonge, les raccourcit, les courbe, les contracte ; il appuie, il effleure, et tout cela avec une rapidité, une sûreté, une mesure qui étonnent l'imagination elle-même. Ces mouvements sont cependant ce qui l'occupe le moins : son attention est tout entière à exprimer et à goûter la beauté d'un morceau musical. Ce n'est pas le lieu d'expliquer ce phénomène étonnant ; contentons-nous de bien moins. Comment fait le pianiste pour lever un seul doigt ? Ne nous pressons pas de répondre que l'âme, immédiatement unie à toutes les parties du corps, agit immédiatement à son gré sur chacune d'elles. Non seulement l'âme n'agit pas sur chacune des parties du corps, il en est qu'il lui est absolument impossible de mouvoir: un instant de réflexion suffit pour en convaincre. Mais cela ne suffit pas à faire trouver la réponse à notre question. Ni la réflexion ni le raisonnement ne peuvent rien nous apprendre à ce sujet; nous avons besoin de recourir aux observations des physiologistes.

Un organe (1) est une véritable machine vivante composée quelquefois de parties solides et toujours de muscles et de nerfs. A cette machine, comme à celles que produit l'industrie humaine, le mouvement doit être communiqué. Quand l'organe s'agite, c'est toujours à cause de la contraction des muscles : on peut le constater à l'œil ; mais le muscle ne se contracte régulièrement que sous l'influence du nerf qui lui est propre. Cette influence nécessaire, qui ne se voit pas, se démontre bien facilement. La section ou la ligature du nerf paralyse le muscle; dans cette condition, le muscle reste immobile, malgré les efforts les plus énergiques de la volonté. Ainsi le rôle du nerf est de la plus grande importance. Quelques détails sont nécessaires.

Le système nerveux comprend l'encéphale, la moelle épinière et les nerfs proprement dits. Les nerfs sont de minces filets blancs qui, s'échappant en doubles faisceaux de la base de l'encéphale ou de la moelle épinière, se ramifient dans tout le corps. Ils sont de deux sortes, non à cause d'une différence de contexture, mais d'une différence de fonction : les uns servent au mouvement, les autres à la sensation. On constate, et cela se conçoit du reste, que l'action du nerf sensitif résulte d'une impres-

(1) Il va sans dire que nous ne parlons que des organes de la vie de relation.

sion périphérique, suivant l'expression reçue ; ce qui veut dire une impression produite sur l'extrémité du rameau nerveux. L'action du nerf moteur procède en sens inverse ; elle résulte d'une influence centrale. Les cordons nerveux du mouvement et ceux de la sensation sont appariés deux à deux; ils se divisent avant de pénétrer dans la moelle épinière, où ils s'insèrent par deux racines, l'une postérieure et sensible, l'autre antérieure et motrice. Là des cellules nerveuses mettent en rapport les deux racines et constituent ce qu'on appelle les centres nerveux secondaires. Toutes les cellules nerveuses de la moelle sont en rapport entre elles ; elles s'élèvent en colonnes jusqu'au centre nerveux principal, jusqu'au cerveau, qui est ainsi mis en rapport avec tout le système nerveux. Les centres nerveux, même secondaires, jouent un rôle digne de toute notre attention. Ce ne sera pas la moindre gloire de la physiologie contemporaine de l'avoir révélé.

Contentons-nous de rappeler les faits les plus simples.

Si l'on sépare un nerf de sensibilité du cerveau, l'excitation périphérique de ce nerf ne provoque plus de sensation : l'excitation centrale cependant produit le mouvement par le nerf moteur correspondant.

Si c'est à un nerf du mouvement qu'on fait subir cette opération, l'excitation du nerf sensitif correspondant continue à provoquer la sensation, mais l'excitation centrale du nerf moteur ne détermine aucun mouvement.

Si, interrompant la communication de deux cordons appariés avec le cerveau, on les laisse en rapport au moyen de leur centre nerveux secondaire, dans ce cas, l'excitation périphérique du nerf sensitif ne provoque aucune sensation, les excitations qui partent du cerveau ne déterminent plus aucun mouvement ; mais l'excitation périphérique du nerf de la sensibilité transmise au nerf moteur par leur centre nerveux commun devient cause de mouvements automatiques. Ce sont des phénomènes de cette sorte que l'on appelle *mouvements réflexes.*

Ces actions mécaniques ne sont pas des mouvements quelconques, le déplacement convulsif d'un membre, par exemple, des gestes désordonnés, mais, suivant le langage des physiologistes, des mouvements *coordonnés* ; c'est-à-dire, des mouvements compliqués, produits par le jeu régulier des muscles qui composent tout un organe ; c'est la marche, la course, le vol, la natation. Il y a seulement cette différence entre ces actions et les mêmes actions accomplies dans l'état normal, que, dans ce dernier état, elles sont adaptées par rapport à un but et qu'elles cessent dès que le but est atteint. Elles sont sous l'influence d'un pouvoir central qui les dirige. Soustraites à la direction du cerveau, elles deviennent automatiques, se continuent indéfiniment jusqu'à ce qu'elles rencontrent un obstacle extérieur qui les arrête. Les expériences célèbres de M. Flourens et celles plus récentes du docteur Onimus ont mis ces faits hors de toute contestation. Mais la plus curieuse est celle que ce dernier rapporte en ces termes : « Si l'on met une goutte de vinaigre sur une patte de grenouille dont la moelle est séparée de l'encéphale, la patte se retire d'abord, puis l'autre patte fait des mouvements *coordonnés* pour enlever la cause de l'irritation (1). »

(1) *Revue scientif.*, 9 mars 1872.

Ainsi, un animal incapable d'éprouver des sensations dans le tronc et les membres, puisque l'encéphale est séparé de la moelle épinière, fait avec une patte des mouvements coordonnés pour éloigner de l'autre la cause d'une irritation qui n'existe pas. Nous sommes en présence d'un cas parfait d'automatisme vivant. En rapprochant cette expérience d'autres expériences analogues, le docteur Lereboullet croit pouvoir formuler en ces termes une doctrine générale:

« La moelle est composée d'une série de centres *autonomes*... imprimant un mouvement *fatalement coordonné* à un même groupe de fibres motrices. L'impulsion volontaire arrive à l'un de ces groupes par l'intermédiaire des fibres encéphaliques... Selon que le mouvement doit être plus ou moins énergique ou étendu, un nombre plus ou moins grand d'éléments cellulaires sera impressionné; aussitôt le mouvement commencé, l'influence volontaire cesse de se manifester... Si rien d'anormal ne vient entraver le mouvement commencé, les fonctions encéphaliques pourront s'opérer sans que les facultés de la volition ou de l'attention soient sollicitées de nouveau (1). Qu'une impression anormale arrive au sensorium (vue, tact, etc.), et, tout aussitôt prévenu, l'encéphale modifie les qualités de l'impulsion volontaire primitive...

» Dans le cas où aucune impulsion volontaire ne pourra plus arriver aux centres autonomes de la moelle, les mouvements sollicités par des excitations périphériques (2) présenteront les caractères des mouvements

---

(1) C'est-à-dire on pourra penser à toute autre chose.
(2) Mouvements réflexes.

coordonnés, mais ils ne pourront plus être adaptés à un but déterminé (1). »

Suivant cette doctrine, qui paraît être vraie, le corps vivant serait constitué par l'arrangement harmonieux d'un certain nombre de petits automates vivants. Parmi ces automates, les plus considérables, ceux qui se rapportent à la vie de relation, sont placés sous la direction du cerveau, c'est-à-dire du principe supérieur qui agit par le cerveau. Les autres, tels que le cœur, les divers organes de sécrétion, et en général ceux dont les fonctions regardent la vie végétative, jouissent normalement de leur indépendance : ils sont le siège de mouvements réflexes réguliers. Le cerveau même n'a pas toujours besoin d'exercer une action continue dans son département. Il se contente de commander une fois et de surveiller vaguement l'exécution de ses volontés. La machine se met en mouvement et continue d'obéir jusqu'à ce qu'elle soit épuisée ou qu'un nouvel ordre l'arrête. S'il arrive que l'esprit, après un premier ordre donné, se laisse absorber par d'autres préoccupations, l'automate n'en continue pas moins d'exécuter ce qui lui a été d'abord demandé. De là ces phénomènes que l'on est convenu d'appeler du nom de distractions, ces mouvements innombrables que nous accomplissons sans y penser. Quand, par suite d'une maladie ou d'un accident, le cerveau n'a plus d'action sur le centre nerveux secondaire, l'automate est condamné à l'immobilité, à moins qu'une cause extérieure n'y détermine par hasard des mouvements réflexes.

Ces petites machines ont une double adaptation : l'une

(1) *Revue scientif.*, 6 avril 1872.

regarde l'objet sur lequel l'organe s'exerce; l'autre, le moteur intérieur dont il reçoit l'influence. Celle-ci est un mystère. Non seulement nous ignorons comment elle s'est produite, nous ne savons pas même comment nous faisons pour en profiter. Chose étrange! rien ne nous est soumis comme nos membres : nous les plions, nous les étendons, nous les roidissons, nous les modifions de toutes manières, sans avoir d'autre peine que de le vouloir. Par cet acte si simple de notre volonté, nous mettons en branle des mécanismes variés d'une complexité extrême, et cependant nous n'en connaissons ni la plus petite fibre, ni la capacité qu'ils ont de recevoir notre impulsion, ni cette impulsion et la manière dont elle s'imprime. Nous sommes dans l'ignorance complète de ce que nous possédons le plus parfaitement.

Quant à l'adaptation de ce qui regarde l'objet du mouvement, voici ce que nous pouvons en savoir: « Les mouvements d'ensemble, dit le docteur Onimus (1), qui se produisent au moyen des centres locomoteurs, en dehors de l'influence (immédiate) du cerveau, sont de deux ordres: les uns sont d'instinct ou d'hérédité, les autres sont d'habitude... Un canard qui n'a jamais été dans l'eau, si on lui enlève ses lobes cérébraux et si on le place dans l'eau, se met à nager régulièrement ; mais il n'aura pas, comme le canard âgé privé de son cerveau, certains mouvements habituels du cou. » L'adaptation héréditaire est certainement l'œuvre de la nature ; mais il y aurait quelque témérité à tâcher d'expliquer comment cette œuvre se réalise. Quand nous aurons parlé d'harmonie entre l'organe et son objet, entre les phénomènes psychologiques

(1) *Loc. cit.*

et l'organe, nous aurons tout dit. Comment, par exemple, la patte et la filière de l'araignée sont-elles en rapport avec son ouvrage? Comment un désir actuel, excité par la sensation visuelle d'un endroit favorable, dispose-t-elle la petite machine de la manière actuellement la plus convenable à la fabrication de la toile? Comment cette sensation visuelle a-t-elle précisément suscité le désir auquel l'organisme obéira précisément comme il le faut en ce moment? Je crois qu'il n'y a point de honte d'avouer qu'on n'en sait rien.

Dans l'adaptation qui résulte de l'habitude, une expérience personnelle nous apprend que nous devons d'abord décomposer le mouvement général en ses éléments, le produire volontairement et d'une manière consciente par parties, en appliquant successivement nos organes de la façon convenable. Peu à peu ces petits mouvements élémentaires se groupent, se coordonnent, les organes s'harmonisent avec l'ensemble, en prennent la forme, pour ainsi dire, et, la volonté et la conscience s'effaçant insensiblement, finissent par acquérir la faculté d'en dérouler spontanément toute la série, dès qu'un acte de l'âme a commencé le branle. N'est-ce pas ainsi que le musicien forme ses mains à courir sur le piano? Dieu me garde de penser un instant que l'animal puisse contracter des habitudes de cette sorte. Dans la brute, le mouvement habituel n'est qu'une dérivation inconsciente, quoique provoquée par le désir, du mouvement héréditaire ou instinctif. Mais ce que je veux faire remarquer maintenant, c'est que, de même que le pianiste n'a nul besoin de penser aux mouvements de ses mains pour leur faire exécuter des merveilles sur son instrument, de même les ouvrages les plus admirables de l'animal, les mouvements si bien coordonnés avec lesquels il les produit ne supposent pas en lui l'ombre d'une pensée. L'araignée ne songe pas le moins du monde à la manière dont elle promène sa filière sur sa trame étoilée, ni comment elle se sert de l'un de ses doigts pour attacher tour à tour son fil à chacun de ses rayons. Elle y trouve du plaisir, c'est déjà bien assez. Eh quoi ! le canard du docteur Onimus n'a pas même cette ressource, puisqu'il a perdu avec le cerveau tout pouvoir de sentir, et cependant il nage à merveille.

Ainsi la fameuse opinion de Descartes n'était pas fausse de tous points. L'animal n'est pas une machine sans doute : il faut reconnaître en lui un principe vivant, sensible et actif ; mais, suivant la physiologie moderne, son corps est en vérité un assemblage de machines vivantes et subordonnées entre elles, dont le jeu est presque entièrement indépendant et n'a pas même toujours besoin de l'impulsion initiale du principe intérieur.

CHAPITRE VIII

COMMENT SE PRODUIT L'ACTION DANS L'ANIMAL

Imagination. — Association des images. — Réveil des images associées. — Éducation des animaux. — Leurs habitudes acquises. — L'instinct et l'habitude dans l'animal. — Conclusion.

La sensation, la passion et l'organe sont les trois éléments de toute action animale ; mais ces trois éléments n'entrent pas isolément en exercice. Il est un lien qui les rattache les uns aux autres, une loi qui en règle le jeu.

Rien ne serait plus fugitif qu'une sensation, si l'existence en était mesurée par la durée de l'impression qui la cause : à peine aurait-elle commencé d'exister que souvent elle s'évanouirait. Mais la sensibilité, sous le nom d'*imagination*, a le pouvoir de recueillir les sensations à mesure qu'elles se produisent et de les conserver. Sans les déformer, elle en atténue la vivacité, elle les soustrait pour un temps à la conscience ; puis les remet sous son regard lorsque certaines conditions dont je parlerai plus bas, se trouvent réalisées. Ce retour d'images de sensations précédemment éprouvées est souvent désigné sous le nom de mémoire ; c'est à tort : il n'y a pas de mémoire sans idée du temps, et l'idée du temps est essentiellement étrangère à l'imagination (1).

Il ne faut pas croire que l'imagination emmagasine à l'aventure les images. Elle les distribue en groupes distincts, faisant comme une chaîne des éléments de chaque groupe. C'est ce que les philosophes écossais ont appelé très improprement encore *l'association des idées*. Ils auraient dû dire *des images*. Les idées ne suivent pas la même loi, tant s'en faut. Ce qui règle leur distribution dans l'intelligence, ce sont leurs innombrables rapports et la manière dont ces rapports sont aperçus par l'esprit. Rien n'est plus flexible que ce principe d'association. Il serait absolument impossible de prédire qu'à telle idée donnée une intelligence particulière rattachera telle autre idée en vertu d'un rapport bien connu. Je me garderai bien d'annoncer, par exemple, qu'à l'idée de sphère, si je la réveille en vous, vous attacherez infailliblement celle de la Terre ou de Saturne, parce que vous pouvez très bien faire attention à d'autres rapports et même les négliger tous. Il en est tout autrement quand il s'agit de l'imagination. Le principe qui dirige cette faculté dans l'association des images est unique et toujours le même : c'est la *simultanéité*. Toutes les fois que plusieurs sensations capables de réveiller *vivement* l'attention seront éprouvées *en même temps*, leurs images seront par le fait même associées, et il dépendra de moi de les faire revivre, si j'en connais l'existence. Ainsi, quiconque a été

---

(1) C'est en désignant par les mêmes noms des opérations tout à fait différentes qu'on a produit la confusion la plus déplorable en psychologie. On ne saurait trop répéter que cet abus est la cause principale des erreurs de nos naturalistes.

témoin d'une exécution capitale trouve infailliblement groupées dans son cerveau les images de l'exécuteur, du supplicié, de l'instrument de mort, des agents de la force publique, en un mot, des éléments principaux de ce drame saisissant.

Les groupes d'images se composent non seulement de vestiges de sensations causées par des objets extérieurs, mais de sensations de toutes sortes. Ainsi un désir, une aversion, les divers mouvements exécutés par l'animal sous l'influence de ces passions, sont accompagnés d'une émotion de la sensibilité dont l'image pourra parfaitement être recueillie et s'insérer dans un groupe. L'imagination associe de la sorte les phénomènes extérieurs et les phénomènes intérieurs, ceux de l'objet et ceux du sujet. Il faudra donc introduire dans le groupe qui vient de nous servir d'exemple, à coté de l'image du bourreau une image d'horreur ; une image de sympathie à côté de celle du supplicié ; d'effroi à côté de celle du couteau, et ainsi du reste.

Si c'est la simultanéité des sensations qui forme les groupes, c'est l'*apparition d'une sensation analogue* à l'une quelconque de celles du groupe qui fait revivre tout le groupe. La vue d'un grand couteau, d'un liquide rouge, d'un uniforme peut-être, ramènera dans l'imagination toute la scène sanglante avec toutes les émotions qui en ont accompagné le spectacle. J'ai connu une personne qui, longtemps après avoir assisté à une semblable exécution, ne pouvait voir sans horreur, presque sans défaillance, un homme décolleté : elle s'était évanouie quand le criminel avait paru sur la place publique.

Dans l'association des images par la simultanéité des sensations et dans le rappel de tout un groupe par la production actuelle de quelque sensation analogue, se trouve toute l'explication de l'habitude animale. Ceux qui s'occupent de dresser des animaux le savent bien. Leur art consiste uniquement à associer fortement dans le cerveau de leurs élèves telles images qu'il leur plaît de choisir. Et en vérité il n'est rien de plus facile, puisqu'il suffit de faire naître dans un même temps les sensations correspondantes. Ces sensations doivent être assez vives pour laisser leur empreinte dans l'imagination, ou bien il faudra les graver à force de les répéter. Cette opération terminée, il sera toujours possible de faire exécuter à l'animal l'action qui correspond à telle ou telle passion du groupe ; car il sera toujours possible de réveiller une sensation associée au moyen d'une nouvelle sensation analogue Il y a longtemps que le bon sens populaire a constaté ce fait. « Chat échaudé craint l'eau froide, » dit-on vulgairement. L'eau froide est-elle si désagréable? Non, sans doute ; mais pour l'œil elle ne diffère pas de l'eau chaude. Elle peut donc réveiller l'image d'une douleur cuisante, qui, par un concours regrettable de circonstances, se trouverait associée à la sensation visuelle de l'eau. C'est le retour de cette image pénible qui met le chat en fuite, quand il a été une première fois arrosé d'eau chaude. Un mouvement, un geste, un bruit, produirait le même effet, si on avait soin d'insérer l'image dans le groupe de l'eau, de la douleur cuisante et de la fuite. Les animaux savants ne sont pas autrement formés. En combinant d'une certaine façon la douleur et le plaisir, on arrive à combiner aussi leurs mouvements naturels de manière à leur faire exécuter un mouvement général qui plaît par sa singularité; puis on associe à l'image du plaisir et de la douleur celle de certains gestes ou de certains cris. Dès lors l'animal semblera obéir à la parole : il ne cèdera vraiment qu'à la passion réveillée par la parole. Et encore l'éleveur a-t-il besoin de temps en temps de raviver directement le plaisir par des flatteries et la douleur à coups de fouet; sans cette précaution, l'association s'affaiblirait et la docilité disparaîtrait bientôt.

Ajouterai-je que le phénomène de l'association nous fait comprendre que l'animal ne parvient jamais à interpréter un traître mot de la langue de l'homme, pas même le nom qui lui est imposé? Le nom n'est jamais pour l'animal autre chose qu'une sensation. Il réveille fatalement certaines passions, et, par les passions, détermine certains mouvements : voilà tout. Le résultat serait identiquement le même, si l'on excitait directement la passion.

L'animal contracte des habitudes, même dans l'indépendance de sa vie sauvage. Les naturalistes sont unanimes pour l'affirmer. Nous acceptons avec respect leur témoignage; mais nous ne pouvons avoir les mêmes égards pour la manière dont plusieurs interprètent ce fait. Ils y voient un des fruits de l'intelligence de l'animal, qui acquiert de l'*expérience*. Sans doute, l'animal acquiert de l'expérience, mais exactement comme le chat qui a été arrosé d'eau chaude, pas autrement. N'est-il pas vrai que maintes et maintes circonstances peuvent se rencontrer, où plusieurs sensations, se groupant fortuitement dans l'imagination de l'animal, le disposent à des opérations nouvelles? On dit que le renard devient avisé en vieillissant. Remarquons d'abord qu'en général les animaux sont timides dans leur premier âge ; mais ce n'est pas défaut de sagesse, c'est défaut de développement physiologique : les passions naturelles ne sont pas entièrement formées. On peut citer comme preuve, quoique dans un ordre inverse, les jeunes chats, qui restent tout interdits devant une souris ou un petit oiseau. Le renard adulte paraît en partie plus avisé ; non point parce qu'il s'est instruit à ses dépens, mais parce qu'il est arrivé à un âge où les mobiles particuliers à son espèce ont toute leur vertu. J'avoue cependant, et bien volontiers, que cette disposition peut s'accroître notablement par l'effet de quelque accident fortuit. Rien n'empêche, par exemple, que, poursuivi, traqué par les chiens et les chasseurs, son imagination n'associe, à l'horreur naturelle qu'il a pour ses ennemis, quelques-unes des sensations qu'il a éprouvées à leur présence : la vue de la trace de leurs pas, l'impression de certaines odeurs caractéristiques. Cela ne suffira-t-il pas pour que la terre foulée par le pied d'un homme auprès de son terrier, autour d'un piège, réveille en partie son horreur, détermine en lui une sorte d'inquiétude capable de simuler la prudence ?

Quand l'homme prend possession d'une nouvelle région, son voisinage rend de plus en plus farouches les animaux indigènes, d'abord assez doux et familiers. Qu'est-ce que cela veut dire? Que les animaux finissent par *reconnaître* leur plus redoutable ennemi? Point du tout : ils finissent par le *sentir*. En général, toutes les fois qu'un individu de notre espèce rencontre un animal, il essaie de le priver au moins un instant de sa liberté, employant pour cela les moyens mêmes les plus violents : l'homme est essentiellement et universellement chasseur. Ce fait, se répétant à chaque instant, associe vite, dans le cerveau de l'animal, l'image de l'homme à une crainte très vive. Ajoutez que les animaux, enclins naturellement à s'imiter les uns les autres, prennent la fuite dès qu'ils voient un de leurs semblables fuir. Est-il étonnant, après cela, que la présence de l'homme les effarouche ? L'expérience contraire n'est pas moins concluante. Dans les pays où l'homme domine depuis un temps immémorial, et où le règne animal, sauf le cas de servitude, est d'une sauvagerie achevée; dans notre Europe, il suffit de traiter un oiseau, par exemple, avec douceur, de ne jamais contrarier ses instincts, de les flatter quelquefois, pour le rendre d'une familiarité surprenante. J'en appelle aux moineaux des Tuileries. L'histoire d'Androclès est très vraisemblable ; celle de Jules Girard et de son jeune lion ne l'est pas moins.

Les animaux ont une foule d'habitudes bien faciles à constater. Les hirondelles, par exemple, reviennent tous les ans au même nid ; les abeilles, après avoir butiné fort loin dans la campagne, retournent sans se tromper à leur ruche ; la plupart des animaux semblent reconnaître leurs familles, leurs petits, d'autres individus auxquels le hasard les a réunis. Mais il n'est pas un de ces faits que la grande loi de l'association des images n'explique d'une manière aussi pleine que facile.

Pour être plus complet, j'ajoute ici que les dispositions acquises sont toujours fondées sur les dispositions naturelles : elles n'en sont que des modifications. Dans l'animal, les inclinations, les goûts, les passions restent à peu près les mêmes : leur tendance générale ne change pas. Ce qui peut changer, c'est l'objet. Si vous faites en sorte qu'un objet nouveau réveille les passions créées par la nature, vous obtiendrez un résultat nouveau ; et cependant la force originelle n'aura pas changé. Le cheval est admirablement disposé pour la course : il se pliera sans peine à tous les exercices du manège, mais à la condition que vous réveillerez à propos, par des moyens convenables, les passions qui commandent ses mouvements. Un objet ne fait naître un attrait ou une répugnance que s'il présente certains caractères sensibles analogues à d'autres objets pour lesquels l'animal éprouve déjà un attrait ou une répugnance naturels. Le cheval obéit à la musique, comme il obéit au pas cadencé de ses compagnons. Les chasseurs prennent les oiseaux à la pipée : on peut les défier d'obtenir le même succès au son du tambour. L'homme, en un mot, n'a qu'un moyen de se rendre l'animal docile : il doit le *tromper*. Il y a donc entre l'instinct et l'habitude plus encore qu'une ressemblance : l'habitude est une dérivation de l'instinct.

Il n'est point de mon sujet de rechercher par quel lien les images se rattachent les unes aux autres. Le rôle du cerveau ou du centre nerveux principal, surtout dans ce phénomène, est rempli d'obscurité ; mais il n'est pas douteux qu'il existe une dépendance naturelle entre l'imagination et le cerveau. Il n'est pas d'image sans modification du cerveau ; et, à telle modification du cerveau, correspond toujours une image. Ainsi la persévérance des actes de l'imagination est intimement liée à la persévérance des modifications correspondantes du centre nerveux : de là deux conséquences.

Il s'ensuit, premièrement, que certaines habitudes peuvent devenir héréditaires dans une race. La génération, personne ne l'ignore, transmet toutes les modifications profondes de l'organisme. Si donc l'un des parents porte dans son cerveau, par exemple, quelqu'une de ces modifications, la modification reparaîtra dans le descendant ; et, avec la modification organique, la disposition psychologique ou l'habitude. Ainsi s'explique la diversité des aptitudes dans les diverses races d'une même espèce. Voilà pourquoi le chien aboie à l'état domestique, et hurle à l'état sauvage ; voilà pourquoi il naît chasseur ou portier.

La seconde conséquence regarde les dispositions naturelles, appelées ordinairement instinctives. L'instinct semble différer de l'habitude seulement par son origine, et la preuve en est précisément dans ces habitudes qui se transmettent par hérédité comme les instincts. L'instinct serait donc, au point de vue psychologique, une association naturelle semblable aux associations accidentelles dont nous venons de nous entretenir. Il y aurait dans l'imagination de l'animal des sortes d'images virtuelles et natives associées par la nature à des passions, et par ces passions à des mouvements déterminés. Il serait déraisonnable de recourir à une connexion essentielle. Y a-t-il aucune ressemblance entre l'image de l'épervier qui frappe pour la première fois la rétine du jeune poussin, et l'épouvante qui excite aussitôt le petit volatile à se réfugier sous l'aile de sa mère ? Cette image n'est-elle pas la même dans l'œil du cheval ou du chien, dont elle ne trouble en aucune façon la placidité ? Mais si, au lieu d'un bec retors et d'une tranchante serre, le rayon lumineux peignait une tête puissante à la crinière hérissée, au regard flamboyant, à la gueule béante, comme les rôles seraient changés ! La sensation est donc sans force par elle-même : un ordonnateur souverain a dû librement intervenir pour subordonner l'un à l'autre des phénomènes indépendants. Mais peut-être le moyen employé par l'Auteur de la nature n'est-il qu'une disposition savante des centres nerveux, la même dans toute une espèce. Les associations spéciales d'images, de passions et de mouvements sont préparées dans le cerveau ; elles résident d'une façon en quelque sorte virtuelle dans l'organisme, prêtes à se réveiller lorsqu'un objet dont le type virtuel est dans le groupe virtuel viendra frapper les sens.

Les sensations, les images, les passions, les mouvements sont associés, groupés dans le cerveau de l'animal : quel est de ces éléments celui qui entraîne tous les autres après lui ? Les machines fabriquées par l'industrie humaine n'ont qu'une manière de se mettre en branle ; toute autre impulsion les détraque ou les brise, si elle ne les laisse immobiles. Les machines vivantes et sensibles, façonnées par le Créateur, ont plus de jeu, plus de souplesse. Le mouvement peut y avoir des origines multiples : il peut commencer avec la sensation, avec l'image, avec la passion ; il peut commencer même par l'organe. Quand le lion *fait fonctionner* énergiquement sa puissante mâchoire, il entre en fureur : c'est pour cela que les dompteurs ont soin de ne donner à leurs terribles élèves que de la viande divisée en petits morceaux. Inutile d'ajouter que les animaux féroces sont surexcités par la *vue* ou *l'odeur* d'une proie. Un mot, un cri auquel un chien est habitué, suscite en lui du plaisir, de la crainte, de la colère ; mais ce mot réveille d'abord une image dans son cerveau. J'ai vu un petit chien se mettre en rage toutes les fois qu'on prononçait devant lui le nom d'un autre chien qui l'avait battu. Mais, quelle qu'en soit l'origine, le mouvement se communique à tout le groupe, puis il se continue et s'achève dans un ordre constant : l'action externe est précédée d'un désir qui a son principe dans un plaisir ou une peine attachés à des images, et les images, à leur tour, ont été réveillées par des sensations. Les sensations sont la partie mobile et variable du système : elles dépendent de tant de causes imprévues ! La variété s'introduit ainsi dans les actions de l'animal, les sensations diverses suscitant tour à tour différents groupes d'impressions dont les effets se combinent et se modifient de mille façons, comme ces dessins qui changent brusquement au foyer du kaléidoscope lorsqu'on imprime la plus légère secousse à l'instrument. La variété qui en résulte est sans doute fort grande : voyez l'hirondelle qui poursuit des moucherons dans l'air, le chien qui prend ses ébats ; mais elle est contenue dans des limites qu'elle ne franchit jamais, car la sensation n'agit que par l'instinct ou par l'habitude, c'est-à-dire par les groupes d'impressions que la nature, l'éducation ou le hasard ont formés.

C'est ainsi que l'animal agit, n'ayant d'autre principe d'action que la sensibilité.

LIVRE TROISIÈME

CONTROVERSE

AU SUJET DES

OPÉRATIONS MENTALES DE LA BÊTE

CHAPITRE PREMIER

CORRESPONDANCE TOUCHANT LA RAISON DES BÊTES

Les pages qui précèdent ont été l'occasion d'une controverse où la question de l'animal est plus particulièrement envisagée par ses côtés métaphysiques. Il peut être utile d'en reproduire au moins les parties principales. Je n'ai jamais eu l'honneur de voir mon adversaire, M. le baron de Saint-Aignan, mort aujourd'hui, c'est la poste qui me transmettait son argumentation. J'ai vécu de la sorte dans la familiarité de son esprit, et je m'en féliciterai toujours : c'est celui d'un philosophe, d'un gentilhomme et d'un chrétien.

I

Voici ce qui, dans sa première lettre, se rapporte à la question présente :

« Comment nier qu'il y ait chez les animaux une certaine connaissance, une certaine faculté de juger, de comparer, de délibérer, de choisir et de se déterminer, de la pensée, en un mot, dans une certaine mesure et dans les limites où est renfermée cette intelligence de second ordre? Si on nie tout cela, quelle raison peut-on avoir de ne pas nier aussi chez eux la sensation? Car enfin, nous ne voyons pas ce qui se passe à l'intérieur des animaux; nous en jugeons seulement par ce que nous voyons de leurs actions extérieures. Mais si les cris d'un animal et l'altération de sa physionomie dénotent chez lui la souffrance, n'est-il pas vrai que l'ensemble de ses actions, son attitude, ses gestes, ses regards, dénotent tout aussi bien cette sorte d'intelligence dont je parlais tout à l'heure? Pour le contester il faudrait n'avoir jamais observé de près un de ces animaux qui sont en rapport avec nous, comme le chien, par exemple, dont l'œil est si expressif et qui prouve si bien par ses actes qu'il a l'intelligence de tout ce qui est à sa portée et rentre dans sa sphère. Si donc on ne veut pas admettre qu'il y ait chez les animaux aucune sorte de pensée, aucune espèce de raisonnement, il ne faut pas non plus leur accorder aucune sensation; car encore une fois ce qui prouve la sensation prouve également la pensée, et accepter l'une en rejetant l'autre, se serait un choix parfaitement arbitraire. Ou donc il faut reconnaître que l'instinct des animaux est en réalité une intelligence d'un ordre inférieur, ou il faut avec Descartes en faire de simples machines; mais véritablement ce serait faire trop de violence au bon sens... Je ne vois donc pas qu'il soit possible de refuser aux animaux une certaine dose d'intelligence.

« Mais en quoi leur sommes-nous supérieurs, et quel

est le vrai caractère de l'intelligence raisonnable ? C'est, je n'hésite pas à le dire, cette faculté de concevoir l'absolu qui est précisément ce que les positivistes ont pour principe de nier absolument. Connaître des faits particuliers, en saisir les rapports et jusqu'à un certain point raisonner sur ces faits et ces relations, délibérer, choisir et se déterminer dans l'ordre de ces faits particuliers, c'est ce qui n'est pas, selon moi, au-dessus de l'intelligence des animaux. Mais avoir l'idée de la vérité absolue, du beau absolu, du bien absolu, du devoir moral, par conséquent, voilà ce qui n'appartient qu'à l'homme et ce qui est l'essence même de la raison... L'idée de l'absolu, du vrai, du beau et du bien, ou, pour sortir enfin du vague, l'idée et la connaissance de Dieu, c'est cela, et cela seul, qui nous distingue des animaux et qui est l'attribut essentiel de la raison. Le philosophe positiviste, qui nie systématiquement et absolument cette conception de l'absolu, met ainsi l'homme au rang des animaux, et il est parfaitement logique en attribuant à ces derniers une intelligence de même genre que la nôtre. Les animaux, en effet, connaissent des faits particuliers et en tirent, par une sorte de raisonnement, des conséquences pratiques ; or la philosophie positiviste ne reconnaît pas que nous puissions aller au delà ; elle doit donc nécessairement conclure que l'intelligence n'est pas l'attribut spécial de l'homme, mais appartient également aux animaux. Il faut bien se garder, selon moi, de contester aux positivistes la légitimité de cette conclusion, qui est assurément la meilleure réfutation de leur absurde théorie. C'est en plaçant la raison humaine à son rang véritable, en montrant ce qu'est en réalité cette image du Verbe divin, qu'il convient de repousser les attaques de ces odieux contempteurs de l'humanité, et non pas en refusant d'admettre l'intelligence inférieure que la toute-puissance divine a départie aux animaux.

« A ce sujet, une personne de bon sens me faisait récemment une observation qui m'a paru bien juste et d'une grande portée en philosophie, c'est que les œuvres de Dieu sont toujours au-dessus de ce que nous les croyons, et que, si les animaux nous donnent des signes d'intelligence, non-seulement il ne faut pas croire que l'apparence soit au-dessus de la réalité, mais, sans attribuer aux animaux une intelligence raisonnable, il faut penser que, dans leur sphère et dans l'ordre de leurs connaissance, ils vont encore beaucoup plus loin que nous ne pouvons l'imaginer. »

. . . .

« Connaître Dieu, c'est toute la raison, c'est tout l'homme : *hoc est omnis homo.* »

C'est en interprétant les mouvements extérieurs de l'animal que nous arrivons à constater les phénomènes psychologiques dont il est le sujet. Or ces signes extérieurs sont des signes d'intelligence non moins que de sensibilité. Il faut donc accorder à l'animal, outre la sensibilité, l'intelligence ou leur refuser l'une et l'autre, et en faire des machines. Telle est en résumé l'argumentation de M. le baron de Saint-Aignan, où l'on voit d'abord que tout n'est pas incontestable. Il aurait fallu démontrer, ce qui n'a pas été fait, que les mouvements extérieurs de l'animal manifestent un pouvoir de comprendre aussi bien qu'un pouvoir de sentir. L'absence de la preuve, on le conçoit, rend la conclusion fort chancelante.

A côté du syllogisme se trouve la doctrine, qui se réduit à cette formule : l'intelligence de l'homme a pour objet essentiel *l'absolu*, et l'intelligence de l'animal, le *particulier*. La doctrine renverse le syllogisme. C'est ce que nous avons essayé d'établir dans notre réponse :

« J'admets avec vous que la raison de l'homme est *la faculté de l'absolu*, ou, ce qui revient au même, la faculté qui a pour objet la vérité *universelle* et *nécessaire*. Que la connaissance de cet objet soit intimement connexe à la connaissance de Dieu, il n'y a pas lieu d'en douter. Mais vous n'ignorez pas, Monsieur, qu'un très-grand nombre de philosophes orthodoxes enseignent que la première ne dérive pas de la seconde ; elle y conduit seulement. Sous cette réserve, la notion de la raison telle que vous la formulez est incontestable. Or c'est précisément ce qui m'empêche d'être aussi généreux que vous envers les animaux.

« Vous leur accordez « une certaine faculté de juger, de comparer, de délibérer, de choisir, de se déterminer, de la pensée, en un mot ». Sortons du vague. Qu'est-ce qu'une « certaine faculté de juger », sinon la faculté *d'affirmer une idée d'une autre ?* J'ignore ce que vous en pensez ; mais pour moi, d'accord en cela avec tous les philosophes du monde, je ne puis me définir autrement le jugement. Maintenant, essayez de produire une affirmation qui n'implique pas au moins une idée *universelle*. J'ose *affirmer* que vous n'y arriverez jamais. Mais l'idée *universelle* n'est-elle pas l'objet propre de la raison ? Si donc vous refusez à l'animal la raison, il faudra bien que vous lui refusiez également « une certaine faculté de juger », qui ne peut pas exister sans la raison. Et comme il n'y a ni comparaison, ni délibération, ni choix, ni détermination libre, ni pensée, en un mot, sans jugement, rien de tout cela ne saurait appartenir à l'animal qui n'a pas de jugement, parce qu'il n'a pas de raison. Donc, l'animal ne doit pas avoir, même d'après vous, ce que vous appelez « une certaine dose d'intelligence ».

« Quant au *criterium* que vous empruntez à une « personne de bon sens », pour apprécier les facultés internes de l'animal, permettez-moi de vous dire qu'il me semble trop élastique : il s'accorderait mal avec la précision rigoureuse de la vérité. Je doute qu'il se trouve un seul métaphysicien sur la terre qui approuve, sans de grandes restrictions, le principe que vous énoncez ainsi : « Les œuvres de Dieu sont toujours au-dessus de ce que nous les croyons. » Ce peut être là une source des plus étranges abus. Darwin, par exemple, s'en servirait avec avantage. »

II

« Mon révérend Père (1), je ne puis qu'être flatté de la réponse que vous avez bien voulu m'adresser, et je me sens fort honoré que vous ayez tenu assez de compte de mes observations pour vous donner la peine d'y répondre. Cela m'encourage à vous écrire de nouveau quelques mots, pour vous expliquer par quelle raison je ne suis pas encore convaincu du mal fondé de mes critiques précédentes.

(1) Fréville, ce 10 mai 1872.

« Je vous ferai observer d'abord, mon révérend Père, qu'en me faisant vous-même une objection, vous ne répondez pas à la mienne. Par quelle raison, vous avais-je dit, croyons-nous à la sensation de l'animal ? à cause des apparences, qui sont tellement fortes, qu'il nous est presque impossible de ne pas y croire. Mais, par la même raison, ne devons-nous pas croire aussi à une certaine pensée, à un certain raisonnement, chez le même animal, puisque les apparences sous ce rapport, ne sont ni moins fortes ni moins convaincantes. Mon chien crie si je lui marche sur la patte, et je crois qu'il souffre ; mais quand ce même chien, à qui j'ai défendu de me suivre, fait semblant de m'obéir, puis, sans se laisser voir, me suit à distance et se montre enfin quand je suis assez loin de la maison pour ne plus pouvoir le renvoyer, puis-je ne pas croire qu'il y a là dessein prémédité, réflexion, combinaison, en un mot, véritable raisonnement, dans les limites de cette intelligence bornée ? Vous n'ignorez pas, mon révérend Père, qu'on pourrait citer mille faits du même genre ; pour quiconque a étudié les animaux, il y a surabondance de preuves à cet égard. Je n'insiste pas, puisque vous n'avez pas touché à ce point dans votre réponse ; je me contente d'ajouter que mon argument me semble avoir toujours la même force. J'ai souvent réfléchi à cette question de l'âme des bêtes, dont on s'occupait beaucoup autrefois, et je l'ai entendu très souvent discuter ; mais je n'ai jamais trouvé de milieu rationnel entre l'opinion que je soutiens et le système de Descartes, qui en fait de simples machines.

» J'en viens à l'objection que vous me faites, mon révérend Père ; elle est très embarrassante, je n'en d'isconviens pas, et si on veut même insoluble, en ce sens que nous ne pourrons jamais expliquer suffisamment ce qu'est l'intelligence des animaux, et comment ils peuvent connaître, sans connaître comme nous *dans l'absolu;* mais une objection insoluble ne vaut pas une démonstration d'absurdité. Or, il faudrait, selon moi, une démonstration de cette nature pour nous obliger à croire que toutes les apparences nous trompent, et qu'il n'y a chez l'animal ni jugement, ni réflexion, ni raisonnement d'aucune espèce. Toute la question, pour moi, est donc de savoir s'il est démontré qu'il soit métaphysiquement impossible de former un jugement qui ne renferme pas une idée universelle, la notion de l'absolu. Essayez, me dites-vous, de former un pareil jugement, vous n'y parviendrez pas. Sans aucun doute, je n'y parviendrai jamais; car je suis homme, et ne puis penser qu'en homme, c'est-à-dire raisonnablement; et cela consiste précisément en ce que la notion de l'absolu m'est toujours présente. Mais suit-il de là qu'il soit impossible à Dieu de créer des êtres qui connaissent *individuellement,* et sans s'élever à l'idée universelle? Je ne vois point du tout que cela soit démontré, et, jusqu'à preuve contraire, je crois qu'une pareille création est possible et qu'elle existe en réalité, comme toutes les apparences me le persuadent.

» Vous vous appuyez, mon révérend Père, de deux autorités très imposantes assurément, saint Thomas et Bossuet... Saint Thomas, pour établir qu'il n'y a chez les animaux que des opérations sensitives, apporte seulement une raison qui a été rapportée bien des fois depuis, mais qui, je l'avoue, ne me paraît pas convaincante. Les animaux, dit-il, agissent toujours de même : une hirondelle fait son nid comme les hirondelles l'ont toujours fait, et toutes les araignées font leur toile de la même manière ; donc les animaux agissent sous l'impulsion de la nature, et non par un choix intelligent. Pour que cette raison fût démonstrative, il faudrait que cette uniformité fût absolue pour chaque espèce, et qu'elle s'étendit à toutes les espèces d'animaux. Or, je conteste formellement ces deux points. Il est vrai, chez les animaux sauvages, il y a, sous beaucoup de rapports, des habitudes invariables. Cela s'explique facilement quand on pense que leurs besoins restent les mêmes, et que nulle influence étrangère ne tend à modifier ces habitudes. Mais si on veut bien entrer dans le détail de leurs manières d'agir, on se convaincra facilement que cette uniformité générale cache une très grande variété, et qu'ils savent parfaitement modifier leurs agissements, suivant les circonstances. Un oiseau fait son nid toujours de même; aussi n'a-t-il pas de raison pour le faire autrement ; mais il sait fort bien le placer comme il le faut, dans le fourré le plus impénétrable aux yeux, et veiller ensuite pour protéger sa couvée. Les ruses employées par les renards et la manière dont ils s'y prennent pour chasser à *deux*, sont connues de tout le monde... Mais laissons les animaux sauvages, et venons aux animaux domestiques, dont l'observation nous est plus facile. Ici, la variété est plus apparente que l'uniformité, et la conduite de ces animaux se modifie sans cesse, suivant les circonstances. Mais, dira-t-on, c'est notre influence qui change ainsi leurs habitudes. Sans doute; mais le plus souvent ce n'est pas une influence physique, c'est une influence morale. Jamais, ni à force de coups, ni à force de caresses et de friandises, on ne dresserait un chien, si de quelque manière on lui faisait comprendre ce qu'on veut de lui. De plus, il est à remarquer que ces animaux ne retiennent pas seulement ce qu'on leur a appris, mais qu'ils se dirigent très souvent, d'après ce qu'ils ont observé eux-mêmes. Au surplus, toute cette discussion sur le plus ou moins d'uniformité dans les habitudes des animaux me semble inutile pour la solution du problème. Qu'on prenne l'action la moins réfléchie, un de ces mouvements que nous appelons instinctifs aussi bien chez l'homme que chez l'animal, on y trouvera toujours quelque chose de plus que la sensation.

» Par exemple, qu'un animal frappé une première fois se détourne en voyant le bâton se lever une seconde fois; quelque rapide, quelque peu réfléchie que soit cette action, il y a là pourtant *souvenir*, *prévision* et une certaine *combinaison d'idées*. La sensation seule n'explique rien, absolument rien; et si l'animal ne nous montrait pas autre chose, s'il ne nous marquait pas de la connaissance, nous ne lui attribuerions pas même la sensation. L'animal crie quand on le frappe, et nous disons qu'il souffre; mais le fer crie aussi sous la lime, et nous ne disons pas que le fer souffre. Pourquoi cette différence? parce que l'animal, dans tout l'ensemble de sa conduite, nous donne des preuves de connaissance que le métal ne nous donne pas. La sensation seule, et même la perception des objets sensibles, si elle n'est accompagnée ni de jugement, ni de comparaison, ni de réflexion ne saurait produire aucune action, à moins qu'on ne suppose qu'elle la produit mécaniquement; mais alors la sensation devient un rouage complètement inutile, car une impression physique non sentie peut produire une action mécanique tout aussi bien qu'une impression sentie, et nous retombons ainsi dans le système cartésien. Pourquoi, en effet, attribuer aux animaux des sensations et ce qu'on appelle une connaissance sensible, si cette connaissance est supposée telle qu'elle ne produit que des effets mécaniques et des actions absolument indélibérées. Autant vaut, encore une fois, dire que les animaux sont de simples machines...

» Excusez mon insistance, mon révérend Père; j'y ai été fortement encouragé par la manière toute bienveillante avec laquelle vous avez accueilli mes premières observations. Vous comprenez d'ailleurs, mieux que personne, je le crois, l'importance de ces questions métaphysiques, et à quel point il est essentiel que la raison et la vraisemblance soient toujours du côté des défenseurs de la vérité.

« Monsieur le Baron (1), j'ai lu avec un véritable intérêt votre lettre du 10. On est toujours heureux de converser avec un homme qui sait très bien observer et tirer parti de ses observations, cet homme fût-il un adversaire. Laissez-moi donc avant tout vous remercier de votre réponse.

« Il vous semble, Monsieur, que je n'ai pas résolu votre difficulté.

« Pour répondre directement à l'argument que vous

(1) Fourvière, 26 mai 1872.

tirez des apparences, il faut expliquer ces apparences mêmes. C'est la matière d'un long travail et non d'une lettre. Ce travail est, du reste, achevé en ce moment et prêt à paraître. Mais je pense que le raisonnement que j'ai eu l'honneur de vous soumettre peut indirectement aboutir au même résultat.

« Les apparences, dites-vous, montrent que l'animal *juge*, etc. Permettez-moi une question. Quelle idée mettez-vous sous ce mot *juge*? Un jugement sans idée universelle, vous en convenez, est pour l'homme quelque chose d'inintelligible. L'animal n'a pas d'idée universelle, vous en convenez aussi. Les apparences manifestent donc quelque chose d'inintelligible. Mais peut-on affirmer quoi que ce soit d'une chose que l'on ne comprend pas du tout? Existe-t-elle? Est-elle même seulement possible? On ne peut pas même en parler, à moins que l'on ne veuille se résigner à émettre des sons sans signification.

« Certains philosophes ont enseigné, avec beaucoup de vérité, que l'homme ne comprend le monde qu'en le comparant avec lui-même. Un objet qui n'est en rapport ni avec nos idées fondamentales ni avec nos impressions, disparaît totalement du champ de notre intelligence. L'animal n'a pas tout ce que nous avons, mais il n'a rien que nous n'ayons. Si donc le jugement sans idée universelle, que vous attribuez à l'animal, ne peut se ramener à quelqu'un des phénomènes qui se passent en nous, il est non pas incompris, mais inintelligible pour nous. Disons donc, Monsieur, que les *apparences* nous trompent, ou plutôt que nous ne savons pas les interpréter. Et n'est-il pas vrai que ces apparences vous portent à accorder à l'animal non pas un jugement sans idée universelle, mais un jugement tel que le nôtre? Quelle est donc la valeur de leur témoignage? Elle n'est pas nulle, sans doute, mais il faut la dégager de ce qui la fausse; c'est ce que j'espère avoir fait dans l'étude que j'ai pris la liberté de vous signaler. Si vous me faites encore l'honneur de me lire, peut-être y trouverez-vous l'explication des faits que vous opposez, avec un talent auquel je rends hommage, à la doctrine de saint Thomas sur les animaux.

« Je suis parfaitement d'accord avec vous, lorsque vous dites que l'on doit trouver dans l'animal quelque chose de plus que la sensation. Il y a de plus l'*imagination* et des *passions*. L'imagination comprend ce qu'on a nommé, fort mal à mon avis, la *mémoire sensible*. Mais, quant à des combinaisons d'*idées*, quant à des actions *délibérées*, il faut les refuser à l'animal, à quelque prix que ce soit, dussions-nous pour cela embrasser le pur cartésianisme. Il importe peu que les animaux soient des machines, mais il importe beaucoup qu'ils ne soient pas des hommes. Or toute différence est détruite si l'animal *combine des idées et délibère*. L'animal-machine est une curiosité de l'histoire de la philosophie, une opinion bizarre, à peine soutenable, mais fort innocente. L'opinion contraire n'est pas un jeu, et ce qui le prouve, c'est la coalition de la science impie dans toute l'Europe pour la faire triompher. La vérité est entre les deux. C'est celle que j'ai essayé de soutenir dans ce dessein, qui n'est pas précisément de spéculation. »

La seconde lettre du baron de Saint-Aignan soulève plusieurs difficultés dont nous croyons avoir donné la solution dans la première et la deuxième partie de notre ouvrage ; mais il est un point que nous ne pouvons laisser passer ici sans contrôle. Notre adversaire assimile la sensation pure à l'impulsion mécanique. Nous pensons que cette assimilation n'est pas fondée.

Constatons d'abord que la sensation se dégage très bien de la connaissance, et que par conséquent elle est tout autre chose. Une preuve entre mille : lorsqu'une douleur de dents s'élève peu à peu du simple malaise jusqu'à cet accès furieux qu'on ne craint pas de nommer rage, la connaissance qu'on a de cette sensation croît-elle suivant le même progrès? Est-elle modérée d'abord, furieuse à la fin? La connaissance, froide et impassible de sa nature, n'a pas de degré; elle est exacte ou inexacte, c'est-à-dire elle est ou elle n'est pas. Voilà tout.

La sensation, qui est tout autre chose que la connaissance, peut donc se considérer indépendamment de la connaissance. Or, à ce point de vue, elle ne peut aucunement être assimilée à une action mécanique. Il ne serait pas facile sans doute d'appliquer à la sensation le théorème de la conversion des forces; de déterminer, par exemple, dans quelles conditions le mal de dents devient mouvement local, lumière, chaleur ou électricité; mais ce n'est pas sur cette difficulté que repose notre assertion. La différence que nous invoquons saute aux yeux; elle est évidente comme le jour, et en même temps sépare les deux ordres de phénomènes par un abîme infranchissable; cette différence est la *vie* d'une part et la *mort* de l'autre. La sensation est essentiellement un phénomène de la vie, et ne peut être autre chose. Or la vie a pour caractère propre et incommunicable de porter en elle-même la source de ses évolutions. L'excitation peut lui venir du dehors, mais elle donne de son propre fonds à tous ses actes leur substance, si je puis ainsi dire, leur être. Elle commence, croit et disparait, enfermée dans des limites resserrées qu'elle ne saurait franchir. Elle est à elle-même la mesure de sa vigueur et de son intensité ; les divers phénomènes qui s'accomplissent en elle n'augmentent ni ne diminuent son énergie, qui semble persévérer à peu près la même, se manifestant avec plus ou moins de vivacité, suivant les circonstances. Si le concours des phénomènes externes est nécessaire à sa durée dans l'existence, cette influence a des bornes ; au delà elle est nulle ; car alors la vie se soustrait elle-même aux causes extérieures, et s'abandonne tranquille à son propre courant.

Il en est tout autrement des forces mécaniques. Ici tout est rigoureux, fatal, précis, mathématique ; tout est soumis au calcul exact, à la formule ; rien ne se perd, ne s'égare, ne s'éteint. Pour en connaître l'origine, il faut remonter à l'origine même du monde. En sortant des mains du Créateur, l'univers a reçu une somme de mouvement qui se distribue, suivant des lois inflexibles, à la molécule et au globe céleste. Il n'est pas de phénomène, de chute, de vibration, de rayonnement, qui ne soit l'expression fidèle d'une série de combinaisons de forces, remontant à travers d'autres combinaisons jusqu'aux premiers jours de la création. Mais, outre ces caractères si profondément distincts de ceux de la vie, le mouvement a cela de propre qu'il est toujours causé par une force située en dehors de l'élément matériel qu'il anime, et qu'il est comme un phénomène emprunté qui passe d'un corps à l'autre. En vérité, entre les phénomènes vitaux et les phénomènes mécaniques, le rapprochement même n'est pas possible; comment donc a-t-on pu les confondre?

La vie est en elle-même indépendante. Son indépendance lui donne une grande souplesse, une sorte de plasticité en vertu de laquelle elle s'accommode aux circonstances extérieures, se moule, pour ainsi dire, sur ce qui l'entoure, ou bien se retire en elle-même et jouit de son propre fonds. On comprend après cela que la sensation, phénomène vital, ne doit pas, ne peut pas être cause à la manière d'une force mécanique; car elle suit les lois de la vie, participe à son indépendance, n'étant elle-même qu'une manière d'être de la vie. On comprend aussi comment les actions extérieures de l'être vivant, même dépourvu de raison, venant à la suite des sensations, devront revêtir une grande variété dans les limites de l'espèce. Quoique l'*instinct* soit le même dans l'espèce, il n'agit cependant que par la sensation, et la sensation dépend, d'une part, de circonstances extérieures infiniment variées, et, d'autre part, de l'état intime de la vie elle-même. Ceci soit dit pour ne pas laisser sans réponse ce que M. le baron de Saint-Aignan avance au sujet de l'hirondelle et de l'araignée des jardins.

III

« Mon révérend Père (1), j'ai reçu avec beaucoup de plaisir la nouvelle réponse que vous avez pris la peine de m'adresser. Cette discussion sur une question secondaire en apparence, mais qui en réalité touche aux problèmes

---

(1) Fréville, 4 juin 1872.

les plus élevés de la métaphysique, cette discussion, dis-je, m'intéresse vivement. Je crains seulement d'être indiscret en la prolongeant outre mesure et d'abuser peut-être de vos moments. Encouragé pourtant par le bon accueil que vous avez fait à mes observations et par le soin que vous avez eu de les discuter de point en point, je vous demande la permission de répliquer en quelques mots.

« J'ai lu avec beaucoup d'attention et d'intérêt votre second article (1)... En montrant dans le jugement *à portée universelle*, comme vous le faites d'une manière parfaitement lucide, la faculté essentielle de la raison, vous donnez par là même une base solide à notre discussion. En effet, nous sommes d'accord sur ce point, et il s'agit seulement de savoir si tout jugement a nécessairement et essentiellement cette portée universelle. A cet égard, vous alléguez dans votre dernière lettre un aveu que je ne crois pas avoir fait ; du moins je n'ai pas eu l'intention de le faire. Je n'ai jamais entendu reconnaître qu'un jugement sans idée universelle fût quelque chose d'absolument inintelligible, mais j'ai voulu dire seulement que n'ayant pas en nous-mêmes l'expérience d'un jugement de cette espèce, il nous était difficile ou même impossible de décider *a priori* si ce mode de connaissance et de jugement restreint *aux choses particulières* était en réalité possible ou non. J'ai soutenu, du reste, et je le soutiens encore, que si la possibilité de cette hypothèse ne peut être démontrée *a priori*, on peut encore moins en prouver l'impossibilité. Quand je dis que les animaux connaissent des choses particulières et jugent de ces choses et de leurs rapports, ce n'est pas là une hypothèse inintelligible, et

(1) Première partie de ce volume.

les animaux n'ont pas en cela, comme vous me l'objectez, mon révérend Père, quelque chose que nous n'ayons pas. Nous connaissons aussi des choses particulières et nous en jugeons ; seulement notre jugement a une portée que la leur n'a pas, une portée universelle. Mais pourquoi cela ? car là est le nœud de la question. Notre jugement est universel, parce qu'il repose sur *la notion de l'absolu*. En définitive, c'est toujours à l'*idée*, à la *notion* qu'il faut en revenir. Le jugement s'appuie sur l'idée, sur la connaissance ; et tant vaut la connaissance, tant vaut le jugement. Pourquoi, par exemple, m'est-il impossible de ne pas juger que cette proposition deux et deux font quatre vaut pour tous les cas et tous les temps, et toutes les choses possibles ? Parce que je conçois ce rapport de chiffres comme existant absolument et indépendamment de toute condition particulière. Le jugement repose donc là uniquement sur l'*idée*, et il en est de même dans tous les autres cas. Si je juge *a priori* sur les *choses possibles*, c'est-à-dire sur ce qui n'existe pas, c'est évidemment que j'ai l'idée d'une loi *absolue* qui les régit. La notion de l'*absolu* est donc la seule base des jugements universels, et la question de l'*idée*, de la *notion* prime aussi celle du jugement. Notre jugement n'est pas universel parce qu'il est jugement, mais parce qu'il est fondé sur la notion de l'absolu, et je ne vois pas du tout qu'il soit démontré qu'il soit impossible de juger sans juger *absolument*, c'est-à-dire sans connaître la vérité absolue. Pour nous, il est vrai, la connaissance des choses particulières n'est jamais séparée de la notion de l'absolu qui domine tout ; mais si ces deux connaissances sont pour nous inséparables, elles ne sont nullement identiques. Si j'exprime ce fait: Il a plu hier, la connaissance de ce fait particulier, accidentel, qui n'existe même plus à l'heure qu'il est, entraîne nécessairement, pour moi, l'affirmation de cet autre fait absolu, éternel, indestructible : *il est vrai qu'il a plu hier.* La pluie d'hier a commencé et déjà elle n'est plus ; mais la vérité de ce *fait passager* encore une fois est éternelle ; elle n'a pas commencé, et ne finira pas ; car elle *est* absolument. Or peut-on dire que l'idée du fait soit identique à l'idée de la vérité absolue du même fait, et sommes-nous autorisés à penser qu'il est impossible à Dieu de créer un être qui connaisse le fait, et qui ne connaisse pas la vérité absolue du fait, qui connaisse certaines choses et ne connaisse pas la loi absolue des choses? Je ne crois pas qu'on puisse raisonnablement le soutenir. Que si on accorde aux animaux la connaissance des choses particulières et sensibles, leur refuser toute faculté de comparer et combiner leurs idées, c'est vraiment retirer d'une main ce qu'on donne de l'autre, et une connaissance de cette espèce est pour moi quelque chose d'inintelligible. Du reste, je ne puis admettre avec vous, mon révérend Père, qu'il y ait un si grave inconvénient à reconnaître aux animaux la faculté de comparer et combiner leurs idées ; tout dépend, selon moi, de la valeur qu'on attribue à leurs idées elles-mêmes. Si leurs idées ne sortent pas du *monde sensible*, jamais une combinaison n'en pourra rien tirer qui soit du domaine purement intellectuel, et jamais la combinaison de connaissances particulières ne produira la notion de l'absolu.

« Cette notion de l'absolu n'est pas du tout le résultat d'une combinaison d'idées; c'est, au contraire, une notion parfaitement simple, puisque l'absolu n'est autre chose que l'*être* simplement, *sine addito*, comme disait l'ancienne école, ce qui veut dire : *sine detracto* ; car tout ce qu'on ajoute au mot retranche à l'idée. Aucune addition d'aucun genre ne donne l'infini ; car le pouvoir d'ajouter n'a pas de limites, et par conséquent l'addition n'est jamais achevée. Au contraire, quand j'ai dit simplement et absolument : *Cela est*, tout est dit ; car j'ai exprimé l'infini véritable, auquel ne peuvent atteindre ni la série sans fin des choses possibles, ni la durée perpétuelle des choses du temps. Telle est la notion de l'absolu, fait aussi primitif qu'essentiel dans l'intelligence humaine, et que personne assurément n'attribue aux animaux. Les philosophes chrétiens comme vous et moi, mon Père, n'ont garde de confondre ainsi l'animal avec l'homme créé à l'image de Dieu ; et quant aux athées, ils nient dans l'homme lui-même cette sublime connaissance, ou ils en font une conception vaine et sans objet. Il me semble donc toujours que le danger n'est pas là où vous le voyez, mon révérend Père, et que le grand besoin du moment, c'est de relever la raison humaine et de lui montrer à elle-même sa véritable dignité. Sans doute, il est essentiel que l'animal ne soit pas assimilé à l'homme; mais pourquoi cette erreur présente-t-elle un immense danger ? C'est parce que, en réalité, il ne s'agit pas d'élever la brute au niveau de l'homme, mais bien de rabaisser l'homme au niveau de la brute. L'athée, en effet, nie dans l'homme tout ce qui fait l'essence même de la raison, et il n'a de choix qu'entre deux systèmes, l'abject positivisme, véritable philosophie des brutes, ou le nihilisme absolu, qui est la seule conséquence logique de l'athéisme... »

« Monsieur le baron (1), votre lettre m'a fait un double plaisir : elle me révèle mieux que les précédentes un métaphysicien sérieux, et elle me montre qu'entre ce métaphysicien et moi l'entente n'est pas loin de se produire.

« En résumé, si je comprends bien votre opinion, elle se réduirait à ces termes : l'animal connaît et juge, mais ces opérations portent sur des objets particuliers, sensibles. C'est une sphère dont il ne lui est pas possible de sortir, parce qu'il n'a pas l'idée de l'absolu. Quant à moi, mon opinion est qu'il y a dans l'animal des opérations qui imitent la connaissance et le jugement, mais qui ne sont ni la connaissance ni le jugement, ces deux dernières opérations n'étant aucunement possibles sans la notion de l'absolu. Ainsi nous convenons que l'animal n'a pas l'idée de l'absolu ; mais nous différons en ce que vous prétendez que la connaissance et le jugement sont possibles sans cette idée, si l'objet est particulier et sensible, et que de mon côté je ne crois pas pouvoir admettre cette assertion. Tel est, si je ne me trompe, le point précis de notre dissentiment. Voudriez-vous me permettre de vous dire pourquoi, même après votre savante argumentation, je persiste dans ma manière de voir ?

« Il est bien sûr qu'il y a des jugements particuliers distincts des jugements universels. Mais ce qui ne me semble pas devoir être nié, c'est qu'il n'y a pas de jugement particulier qui ne suppose quelque idée universelle. Ma proposition ne regarde pas le jugement *humain* seu-

(1) Fourvière, 11 juin 1872.

lement, je parle en toute hypothèse. Si elle est vraie, il en résulte, comme conséquence rigoureuse, qu'il est impossible de juger particulièrement, sans juger *universellement*; *relativement*, sans juger *absolument*. Or, voici ce qui me parait rendre ma proposition certaine. Il est entièrement impossible de juger sans *affirmer*. Et *affirmer* qu'est-ce autre chose, sinon assigner à un être réel ou possible une part dans l'*existence universelle*? De même qu'il n'est pas possible d'affirmer d'une chose qu'elle est *blanche, ronde, pesante*, sans avoir préalablement la notion universelle de blancheur, de rondeur, de pesanteur; de même il n'est pas possible de dire d'une chose qu'*elle est* (ce en quoi consiste essentiellement l'affirmation), sans avoir préalablement la notion universelle de l'existence. En outre, la notion universelle de l'existence n'étant pas possible sans la notion de l'absolu, il s'ensuit que le jugement même particulier n'est pas possible sans la notion de l'absolu. Ainsi, le jugement particulier est essentiellement une restriction et non un germe de jugement universel. Tout cela me parait incontestable, Monsieur, d'autant plus qu'il n'est pas de philosophe, en dehors de l'école sensualiste, qui n'admette que le jugement repose essentiellement sur des principes, ou, ce qui revient au même, sur des notions absolues.

» Mais s'il en est ainsi pour le jugement, la connaissance proprement dite ou intellectuelle n'est pas soumise à d'autres conditions. La connaissance intellectuelle, eût-elle un objet particulier et sensible, renferme toujours, du moins implicitement, une affirmation. On ne connaît pas avant que le verbe de l'intelligence, lequel n'est ni la parole extérieure ni son image, ait prononcé cette décision : *Cela est.* Donc, pas de connaissance proprement dite sans la notion de l'absolu.

» Si cependant vous pouvez concevoir un jugement, une connaissance où n'entre pas la notion de l'*être*, qui, à mon avis, est le fond et l'âme de tout acte d'intelligence, je vous rendrai les armes. Dans le cas contraire, laissez-moi croire que nous sommes maintenant d'accord. Peut-être ne différerions-nous plus que sur les mots.

» Ainsi vous dites, en parlant des animaux : Leurs *idées* ne sortent pas du *monde sensible.* Je me persuade que par ces *idées* vous entendez la même chose que les philosophes par le mot images (*phantasmata*). Car, pour eux, l'idée sort *essentiellement* du monde *sensible.* Il en résulte que ce que vous appelez connaissance et jugement dans l'animal, essentiellement dégagé de l'*idée* de l'*être*, n'est plus, comme toutes les autres opérations de la brute, qu'une série de phénomènes de sensibilité, sensations, associations d'images simples ou complexes. Ce n'est plus un germe de raison qui en est le principe, mais le sens externe, l'imagination et l'appétit inférieur... »

Ces considérations nous paraissaient péremptoires. Si elles avaient été publiées, peut-être nous eussent-elles privé d'une lettre qui nous fut sur ces entrefaites écrite de l'île de Malte, et dont nous croyons devoir ici donner la traduction.

« Je viens de lire avec attention, et non sans plaisir, les douze lettres (1) dans lesquelles vous démontrez, contre Darwin et ses disciples, ce qu'est l'animal et combien il

---

(1) Une partie de notre travail a été publié sous forme de lettres.

diffère de l'homme. A merveille! Car de l'homme à la brute, de l'être raisonnable à l'être irraisonnable, la distance est presque infinie; et, pour croire à la transformation de l'une de ces deux natures en l'autre, il faut avoir perdu le sens et fermer les yeux à la lumière du soleil; il faut être semblable *au cheval et au mulet, qui n'ont pas d'intelligence.*

» Mais, en combattant cette erreur, est-il nécessaire de tomber, avec Descartes, dans l'erreur opposée? A mon avis, on se rapproche de la théorie imaginée par ce philosophe, on l'embrasse en partie du moins, lorsqu'on n'affirme pas franchement toutes les propriétés de la nature animale et sensible. Qu'est-ce donc que l'animal? N'est-il pas un corps vivant et sensible, à qui les facultés plus ou moins parfaites de la nature animale et sensible doivent convenir? C'est une nature et un *suppôt* où se rencontrent les puissances appréhensives et cognitives s'exerçant sur les objets sensibles présents ou absents au moyen des sens externes et internes. Or, s'il n'est personne qui puisse nier ce point, qui pourra nier qu'une connaissance et qu'une mémoire vraies et proprement dites ne se rencontrent dans la brute vivante? Cette sorte de connaissance et de mémoire, pour n'être pas intellectuelle et accompagnée de l'idée abstraite du temps, faut-il nier qu'elle soit connaissance et mémoire proprement dite? Autant vaudrait dire que l'animal n'est pas animal parce qu'il n'a pas la raison. Donc, tous les philosophes et tous les docteurs de l'Église qui en ont parlé, ont parlé au sens rigoureux et proprement dit. Bien plus, l'Écriture emploie des locutions de cette sorte, parce qu'elles sont rigoureusement propres et vraies. Ainsi, par exemple, il est écrit dans Isaïe, c. i : *Le bœuf connait son maître* et, dans Jérémie, c. viii : *Le milan connait la saison qui lui convient*. Maintenant, veuillez examiner, mon révérend Père, si vous n'avez pas exagéré dans quelqu'une de vos lettres, s'il ne faudrait pas çà et là quelque correctif. — « V. R (1). »

Cet honorable adversaire, qui s'est élevé un instant contre nous du milieu de la Méditerranée, nous est profondément inconnu. Il cite en sa faveur l'Écriture sainte. Nous attendrons, pour admettre la conclusion qu'il voudrait en déduire, qu'il nous ait dit si, en vertu de ce texte : «*Sol cognovit occasum suum*, le soleil connait son couchant (Ps. ciii.) », il accorde au soleil une connaissance et une mémoire *vraies et proprement dites*. Jusque-là nous continuerons à penser que, dans l'interprétation des textes, on doit, quand il le faut, tenir compte des métaphores. Nous pensons aussi qu'en philosophie, non moins qu'en herméneutique, il n'est pas sans importance de savoir au juste quel sens on place sous les mots qu'on emploie. Dieu nous garde de supposer que notre Maltais n'a pas cette science; mais nous ne pouvons ne pas regretter qu'il ne nous en ait pas fait part. Faute de ce secours supplémentaire, nous ne pouvons vraiment pas user du *criterium* qu'il nous envoie si gracieusement pour procéder à la révision de notre travail. A lui et à quiconque vient nous répéter : « L'animal est doué d'une connaissance vraie et proprement dite; » nous n'avons d'abord qu'une demande à faire; « Messieurs, qu'entendez-vous par une *connaissance vraie et proprement dite?*» Sans cette

(1) « Malte, 5 novembre 1872. »

explication préalable on tombe inévitablement dans la logomachie, ce qui offre au moins l'inconvénient de faire perdre du temps et des paroles.

M. le baron de Saint-Aignan met ses soins à éviter cet écueil. Nous ne croyons pas qu'il ait bien réussi. Le lecteur en jugera par la lettre suivante :

IV

« Mon révérend Père (1), je vois que notre discussion métaphysique n'est pas sans intérêt pour vous ; et comme de mon côté elle m'intéresse vivement, je vous demande la permission de la continuer. Je me trouve particulièrement heureux, dans cette lutte intellectuelle, de rencontrer un adversaire comme vous, mon révérend Père, avec qui l'on peut toujours s'entendre, parce que la question n'est jamais déplacée, et qu'ainsi la discussion, maintenue sur son véritable terrain, avance toujours plus ou moins, au lieu de tourner dans un cercle perpétuel, comme cela arrive trop souvent. Dans votre dernière lettre, vous précisez admirablement le point qui nous divise, et je n'ai absolument rien à redire à la manière dont vous posez la question.

» La connaissance est-elle ou n'est-elle pas possible sans la notion de l'absolu ? C'est bien exactement cela qu'il s'agit d'examiner.

» Le raisonnement par lequel vous pensez avoir démontré l'impossibilité de cette connaissance purement individuelle que j'attribue aux animaux, a une grande apparence démonstrative, en effet, et pendant longtemps

---

(1) Fréville, 23 août 1872.

la difficulté m'a paru insoluble, ce qui alors me rejetait du côté du système cartésien. Mais, en y réfléchissant, on voit qu'il y a là une illusion qui provient de ce qu'au lieu de considérer d'une manière abstraite ce qu'est la connaissance en elle-même, nous sommes presque invinciblement portés à nous placer au point de vue de la *connaissance humaine*. Voici, en effet, en deux mots, votre argument : Affirmer une chose quelconque, c'est affirmer qu'elle *est;* mais cette affirmation de l'être n'est pas possible sans la notion de l'absolu; car le mot *être* a par lui-même et nécessairement un sens absolu.

» La démonstration est parfaitement rigoureuse; mais elle ne vaut que pour la connaissance humaine et raisonnable, et en réalité elle suppose la question; car elle suppose la notion de l'absolu. Si, en effet, pour nous, connaître une chose équivaut à savoir qu'elle *est*, dans le sens absolu du mot être, c'est que nous avons la notion de l'absolu, et que cette notion accompagne pour nous toute connaissance particulière. Mais il reste toujours à démontrer que la connaissance est impossible absolument et en elle-même sans cette notion. Il faudrait pour cela démontrer que *connaître* équivaut à *connaître l'absolu;* je dis connaître l'absolu, et non *connaître absolument*, parce que cette dernière expression ne me paraît pas aussi exacte. En effet, notre connaissance n'est absolue qu'objectivement; subjectivement et en elle-même elle est imparfaite, et par conséquent elle n'est pas absolue. Dieu seul connaît absolument, dans le véritable sens du mot, parce que lui seul connaît parfaitement. Notre connaissance à nous, imparfaite en elle-même, n'est dite absolu qu'en tant qu'elle a pour objet l'absolu. La question est donc de savoir si l'absolu est l'objet nécessaire et essentiel de la connaissance. Pour nous, hommes, cela est indubitable; mais on ne peut affirmer la même chose de tout être doué de connaissance, quel qu'il soit.

» En effet, dès lors qu'il est admis que l'absolu n'est pas le seul objet intelligible, ce qui serait une donnée absolument panthéiste, il n'y a plus aucune raison d'affirmer que toute connaissance a nécessairement pour objet l'absolu. Il suffit, en effet, pour que la connaissance existe, qu'il y ait un sujet connaissant et un objet connu; on ne peut pas dire que connaître soit nécessairement connaître tel ou tel objet. Dès lors donc que la distance est admise entre l'absolu et l'objet particulier, il n'y a rien d'absurde à supposer que l'un soit connu sans l'autre. Il est vrai qu'entre toute chose particulière et l'absolu il y a une liaison que nous concevons comme nécessaire, et qui, en effet, est absolument nécessaire en elle-même; mais de cette nécessité objective il n'est pas légitime de conclure à la nécessité objective de la connaissance. De ce qu'il y a entre deux choses un rapport nécessaire, il ne suit pas du tout que tout être qui connait l'un par là même connait l'autre et le rapport qui les unit. Nous connaissons par la raison naturelle Dieu et sa perfection absolue, et pourtant la Trinité de personnes, qui est en elle-même une condition nécessaire de la perfection divine, nous est naturellement inconnue. Pourquoi cela? Parce que nous ne connaissons qu'imparfaitement la nature divine; d'où il arrive que de ces deux vérités, qui pour Dieu n'en font qu'une, à savoir qu'il est infiniment parfait et qu'il est en trois personnes distinctes, la première nous est connue par la raison, et la seconde par la révélation seulement.

» De même, l'animal connaissant un être, ne le connaît pas en tant qu'être, dans le sens que nous attachons à ce mot, parce qu'il n'a pas la notion de l'absolu, ni par conséquent l'idée du rapport nécessaire qui rattache tout être particulier à l'absolu. Mais, dès lors que s'opère en lui cet acte par lequel un être se doublant en quelque sorte devient à lui-même un objet, et qui est proprement ce que nous appelons connaissance, dès lors il se connaît lui-même, et s'il est dans le même rapport de sujet à objet avec d'autres êtres, et qu'il les distingue de lui-même, il a ainsi tout ce que je lui attribue. De ce que l'animal se connaît, c'est-à-dire se pose lui-même comme objet, il ne suit pas du tout qu'il pose en même temps l'absolu, puisque pour moi-même, qui pose nécessairement l'absolu, l'absolu néanmoins n'est pas identique au moi. Cette connaissance de l'animal est tellement inférieure à la nôtre, qu'en comparaison de l'intelligence raisonnable, on peut dire qu'elle ne mérite pas le nom de connaissance, de même que l'Écriture sainte dit que l'existence des créatures est comme rien devant Dieu. On ne peut pas dire, avec les panthéistes, que les créatures ne sont rien, mais qu'elles sont *comme rien* devant Dieu : *Tanquam nihilum, quasi non sint*. Ainsi nous disons que les animaux ne sont pas intelligents, c'est-à-dire qu'ils n'ont pas la connaissance raisonnable ; mais nous disons aussi, sans nous contredire, qu'ils sont intelligents en ce sens qu'ils ont une connaissance réelle, quoique très imparfaite, et d'un ordre absolument inférieur à la nôtre.

» Il me semble avoir bien établi qu'il n'y a rien d'absurde dans mon hypothèse sur la connaissance des animaux ; mais permettez-moi, mon révérend Père, de ne pas rester toujours sur la défensive, et d'examiner à mon tour votre manière de résoudre la même question.

» Vous vous refusez à reconnaître dans l'animal une *vraie connaissance* : il y a seulement chez lui, dites-vous, des opérations qui imitent la connaissance. Si vous disiez la *connaissance humaine et raisonnable*, nous serions parfaitement d'accord. La connaissance animale imite, en effet, la connaissance humaine ; mais elle ne l'imite que parce qu'elle est, à un degré très inférieur, une véritable connaissance. Quelle est, en effet, la première chose qui distingue l'animal du végétal et le rapproche de l'homme ? Assurément, c'est la sensation. Or il est facile d'établir que la connaissance est un élément essentiel de la sensation.

» Il y a, en effet, dans la sensation deux éléments parfaitement distincts : un éléments passif, l'*impression*, et un élément actif, le *sentiment*. C'est ce dernier élément qui est le caractère distinctif de la sensation ; car l'impression seule appartient aussi bien à l'être inanimé qu'à l'animal, et ce qui distingue la sensation, c'est d'être une impression *sentie*. Mais j'ai dit que le sentiment était un élément actif : en effet, si on donne au mot *sentir* une acception passive, c'est qu'alors on entend par sentir éprouver une sensation ; mais dans le sens où j'ai pris le mot *sentir*, il est évident qu'il représente un élément actif ; car ce qu'il y a de passif dans la sensation, c'est l'impression, et dire que le *sentiment* de cette impression est passif aussi, ce serait confondre ce qu'on vient de distinguer. Qu'est-ce donc que le sentiment ? C'est tout simplement la connaissance sous la première forme, la connaissance directe que nous appelons aussi *intuition*. Le sentiment, en effet, ne se rapporte pas seulement aux impressions dites sensibles, mais il s'applique tout aussi bien aux faits intellectuels : je ne sens pas seulement la douleur et toutes les autres impressions corporelles ; je sens également mon intelligence, ma pensée, mon amour, ma volonté. Le sentiment n'est donc pas autre chose que la connaissance intime que j'ai de moi-même et de tout ce qui se passe en moi. Si quelqu'un niait cette proposition, je lui ferais simplement la question que voici : Comment, à votre avis, connaissons-nous nos propres sensations, nos pensées et tous nos phénomènes internes? N'est-ce pas par le sentiment même que nous en avons? Mais si ce sentiment n'est pas une connaissance, comment pouvons-nous dire que nous les connaissons? Je ne vois pas ce qu'on peut répondre à cela, ni comment on peut expliquer ce que c'est que le sentiment, si ce n'est pas la connaissance directe, et ce que c'est que l'intuition que nous avons de nous-même, si ce n'est pas le sentiment. Il résulte de là que dans la sensation il n'y a pas seulement un élément passif, l'impression, mais un élément actif, le sentiment ou connaissance de cette impression. Or quel est l'objet du sentiment comme de toute connaissance quelle qu'elle soit? C'est nécessairement l'être. Les sceptiques ont là-dessus une prétention qui me semble parfaitement ridicule, et je ne comprends pas trop pourquoi tous les philosophes semblent d'accord pour leur accorder ce point. Ils soutiennent que nous connaissons à la vérité par le sens intime toutes nos impressions, tous nos phénomènes internes ; mais que notre être lui-même ne nous est pas directement connu. Or, à mes yeux, cela est d'une complète absurdité. Le mode, précisément parce qu'il est mode, n'est rien en soi et par conséquent n'est pas susceptible d'être connu en soi. Connaître un mode, c'est connaître une chose en tant qu'elle est *telle ou telle ;* sentir une impression, c'est se sentir soi-même impressionné, c'est-à-dire se sentir modifié, c'est-à-dire se sentir autrement qu'on n'était. L'être est donc le seul objet du sentiment, et les différents modes ne sont que différentes formes de l'être. Ainsi la connaissance étant un élément essentiel de la sensation, le seul qui la distingue de l'impression d'un être inanimé, et la connaissance ayant nécessairement l'être pour objet, il devient aussi difficile d'expliquer chez l'animal la sensation que d'expliquer la pensée et le jugement, si on admet avec vous, mon révérend Père, que la connaissance de l'être n'est possible à aucun degré sans la notion de l'absolu.

» Ce que je viens de dire vous paraîtra sans doute étrange, car je sais que cela est contraire aux idées reçues. Réfléchissez-y cependant, et vous verrez que l'idée de sensibilité n'est pas une idée simple. La sensibilité n'est pas seulement l'*impressionnabilité*, c'est une impressionnabilité consciente. Si vous retirez de l'idée de sensation toute idée de connaissance, ce n'est plus alors qu'une impression *sans conscience* et rien ne distingue plus l'animal du végétal.

» Mais il y a plus : la sensation réduite à elle-même n'expliquerait en rien la vie animale. Pour rendre compte des actions des animaux, de ces désirs, de ces craintes, de ces aversions et de ces inclinations que vous leur reconnaissez, il ne suffit pas d'admettre chez eux la sensation, il faut admettre encore la connaissance de ce que nous appelons l'*objet sensible*. Or, pour cela, il ne faut pas seulement le *sens intime* ou conscience de soi-même et de ses impressions, il faut encore l'idée d'un objet extérieur. Voir, ce n'est pas seulement éprouver une impression dans les yeux, c'est concevoir l'idée d'un objet extérieur, et d'après cette impression *juger qu'il existe*. Les anciens philosophes avaient très bien vu cela, et je ne sais pourquoi ceux de nos jours ne paraissent plus le comprendre. Kant appuie toute sa théorie sur ce fait incontestable et incontesté alors, je crois, que nous ne percevons point l'*objet*, mais seulement l'impression, qui est un phénomène purement interne. Les conséquences qu'il en tire sont absurdes, il est vrai; mais le fait en lui-même est indiscutable. Le phénomène seul nous est donné par l'intuition; pour arriver à l'objet *extérieur*, il faut l'*idée* et le *jugement*. Le jugement nous est tellement naturel que nous ne l'apercevons même pas; mais il n'en existe pas moins; car l'arbre que je vois n'est pas dans mon œil; il n'y a dans mon œil que la sensation produite par l'impression de la lumière. C'est très improprement que nous appelons *sensibles* les objets de nos sens; nous ne sentons nullement les objets, mais uniquement les impressions que ces objets font sur nous, et la connaissance des objets eux-mêmes suppose à la fois l'idée d'un objet extérieur et le jugement par lequel nous affirmons son existence.

« La connaissance des animaux a donc les deux formes essentielles de la nôtre, l'intuition ou sens intime et l'idée; elle en diffère seulement parce que chez l'animal l'idée n'atteint pas l'absolu, mais se limite à l'objet particulier.

» Telle est toujours pour moi la seule manière de concevoir ce qui fait la différence spécifique entre le végétal et l'animal, et entre l'animal et l'homme. Si je ne reconnais pas chez l'animal la connaissance telle que je viens de la définir, je ne puis plus rien y voir qui le distingue de la plante ; car là où il n'y a point de connaissance, il n'y a pour moi ni volonté, ni désir, ni crainte, ni perception des objets sensibles, ni même une pure sensation.

« Voilà une bien longue épître, mon révérend Père, et je vous demande pardon de vous obliger à lire tant de pages d'une fort mauvaise écriture; mais je n'ai pu m'empêcher de profiter de cette occasion très rare pour moi ; quand on rencontre un adversaire comme vous, mon Père, et qu'il s'agit de traiter des questions aussi hautes et aussi intéressantes par elles-mêmes, la discussion a de grands charmes, et on se laisse facilement aller à la prolonger peut-être un peu trop. »

La lettre que nous venons de reproduire comprend deux parties bien distinctes. La première est une réponse au raisonnement par lequel nous avons essayé de démontrer que l'animal ne peut pas connaître d'une manière proprement dite. C'est une argumentation vigoureuse, digne d'un esprit habitué aux réflexions profondes et aux luttes de la pensée. Nous regrettons seulement que notre adversaire n'ait pas dirigé son effort sur ce qui, d'après nous, est le point essentiel, la base même de notre démonstration. Nous avons cru pouvoir avancer que *toute* connaissance repose sur la notion générale d'*être*. Évidemment, pour nous réfuter, il fallait démontrer que cela n'est pas. Est-ce bien ce qui a été fait ?

On nous dit : « Pour que la connaissance existe, il suffit qu'il y ait un sujet connaissant et un objet connu ; » on nous dit encore que la connaissance est proprement « l'acte par lequel un être se doublant en quelque sorte devient à lui-même objet », ou bien l'acte par lequel « il est dans le même rapport de sujet à objet avec d'autres êtres ». En d'autres termes, la connaissance comprend trois éléments, un sujet capable de connaître, un objet capable d'être connu, et un rapport en vertu duquel le sujet devient connaissant et l'objet connu. Il est évident que c'est le rapport qui constitue la connaissance, de même que c'est l'application des doigts du musicien sur son instrument qui produit les sons musicaux. Quel est donc ce rapport ? C'est là ce qu'il importe surtout d'examiner. Nous avons dit que c'est *en définitive* une affirmation d'*être*, reposant sur la notion générale d'*être*. — On l'accorde pour l'homme, on le nie pour l'animal. — Qu'est-il donc pour l'animal ? La discussion ne saurait avancer tant que la réponse à cette question ne sera pas donnée.

Il est parfaitement exact que la connaissance peut avoir, et de fait a très souvent, pour objet immédiat un objet individuel ; il est parfaitement exact que la connaissance d'un objet n'emporte pas avec elle la connaissance de tout ce qui est avec cet objet dans des rapports nécessaires. Mais là n'est pas la question. La question est de savoir s'il est possible de connaître cet objet individuel, cet objet partiel, sans affirmer qu'il *est*, sans passer par la notion générale de l'*être*. Nous disons : Non. Que disent nos adversaires ?... Rien. — Cette notion générale de l'*être*, que nous invoquons comme base de toute connaissance, n'est pas toute connaissance, de même que la connaissance des sept notes de la gamme n'est pas la connaissance de tous les morceaux de musique. Elle est seulement le point de départ, ou, comme parle Bossuet, a raison de toute connaissance, ce qui est fort différent.

Une seule porte nous semble ouverte à la contradiction efficace, la voici : démontrer que l'on peut affirmer d'un objet individuel qu'il existe ou qu'il a telle manière d'exister, sans passer par la notion générale d'existence, ou, ce qui revient exactement au même, sans savoir ce que l'on affirme quand on affirme une existence ou une manière d'exister. Car, on le *sait*, il n'y a pas de *savoir* sans notion générale. Ainsi, pour en revenir à nos animaux, quand on prétend qu'une poule, par exemple, en présence d'un grain de blé, a la connaissance individuelle de ce grain de blé, et rien que la connaissance individuelle sans rien connaître du tout de l'existence générale, c'est à peu près comme si l'on prétendait qu'avec sa connaissance de tout point individuelle touchant l'existence de son grain de blé, la pauvre bête ne sait absolument rien. En vérité, la voilà bien avancée.

Notre réplique fut conçue à un autre point de vue. En voici un extrait :

« Vous convenez que l'homme ne peut connaître même *les objets particuliers*, sans l'idée de l'absolu. « La démons-
» tration, dites-vous, est parfaitement rigoureuse, mais
» elle ne vaut que pour la connaissance humaine et rai-
» sonnable. » Ceci veut dire, dans votre pensée, que l'animal peut ce que l'homme ne peut pas. J'ignore, monsieur,

si vous admettez que l'homme est d'abord un animal, qu'il est doublé de raison sans doute, mais que la raison n'empêche pas la présence des opérations de l'ordre inférieur. Pour moi, je suis en cela de l'avis de toute l'école, comme on disait jadis, et par conséquent je me crois en droit d'en conclure : L'homme ne peut arriver à la connaissance par tels et tels procédés, à plus forte raison l'animal. J'avoue cependant bien volontiers que certaines opérations *vitales* d'un ordre inférieur mettent l'homme et l'animal en rapport avec les objets sensibles, que ces opérations sont désignées généralement sous le nom de *connaissances sensitives*. Mais je ne puis m'empêcher de penser que ce nom est mal choisi ; car entre une opération qui se traduit par cette formule : *cela est*, et une opération qui échappe à toute formule, il n'y a pas seulement une différence d'espèce à espèce, il y a une différence de genre à genre. »

M. le baron de Saint-Aignan expose, dans la seconde partie de sa lettre, une théorie de la sensation qui lui est personnelle. Cette théorie, on l'aura sans doute remarqué, consiste à supprimer la sensation, à donner, sous ce nom, la connaissance proprement dite à l'animal, et à lui restituer du même coup la raison. C'est ce que nous prîmes la liberté de faire observer :

« Vous identifiez la *sensation* d'abord avec la *connaissance directe* ou *intuition* puis avec le *sens intime*, et enfin avec la *conscience* (psychologique). J'ai quelque peine à bien saisir votre pensée ; car, pour moi qui aime à parler comme tout le monde, ces expressions ne sont pas synonymes et désignent des opérations de nature diverse. Ce que je crois voir de plus clair, c'est que vous supprimez la sensation et n'admettez plus que la connaissance. S'il en est ainsi, permettez-moi de vous faire remarquer que vous donnez une main à Descartes et l'autre à Condillac. La théorie de l'*animal-machine* a pour point de départ l'identification de la pensée et du sentiment, et le système des *sensations transformées* ne demande pas d'autre *postulatum* pour être pleinement logique. J'ajoute que votre opinion se soutiendrait difficilement. Une expérience journalière démontre que *sentir* n'est pas *connaître*: la vivacité de la sensation trouble l'intelligence ; la perfection de l'intelligence est rarement en rapport avec la perfection de la sensation ; etc., etc. J'ose donc penser que votre opinion offre quelques lacunes.

» Vous dites à la fin : « Pour rendre compte des actions » des animaux, il ne suffit pas d'admettre chez eux la » sensation, il faut admettre encore la connaissance de » ce que nous appelons l'objet *sensible*. » Il me semble que, d'après ce qui précède, ces paroles signifient : il ne suffit pas que l'animal se connaisse, il faut encore qu'il connaisse les objets extérieurs. Vous prouvez votre assertion en vous appuyant sur « ce fait incontestable... que » nous ne percevons point l'*objet*, mais seulement l'im- » pression, qui est un phénomène purement interne... Le » phénomène nous est donné par l'intuition; pour arriver » à l'objet *extérieur*, il faut l'*idée* et le *jugement*. » Vous concluez évidemment de l'homme à l'animal. J'ai perdu le droit, Monsieur, de vous en faire un reproche. Mais votre raisonnement est-il légitime ? Peut-être oubliez-vous que nous n'arrivons à l'objet extérieur qu'à l'aide d'une idée universelle, d'un principe. Est-ce ainsi que fait l'animal ? Le prétendre ce serait lui donner la raison, et en outre renoncer à la doctrine que vous défendez. Et cependant si l'animal *arrive à l'objet* extérieur par l'*idée*, il faut en passer par là. Les règles de la logique ne sont pas faites pour l'intelligence de l'homme, elles sont faites pour l'*intelligence*. Elles sont l'expression des rapports nécessaires de la vérité objective, et non un instrument adapté à la nature d'une intelligence spéciale. C'est en me plaçant à ce point de vue absolu que j'ai toujours eu l'honneur de discuter avec vous la question qui nous divise. Le chien ne peut en aucune hypothèse conclure du particulier au particulier, et cela uniquement parce que du particulier au particulier il n'y a aucun lien logique pour aucune intelligence. Dire que cette opération est conforme à sa nature de chien, c'est dire qu'un chien, parce qu'il est chien, peut légitimement raisonner de la sorte : Le soleil est lumineux, donc j'ai trois ans. Ainsi donc, Monsieur, il n'y a pas à hésiter, il faut refuser à l'animal le pouvoir de juger et de connaître, ce qui est la même chose, ou bien lui accorder des idées universelles, et en faire un être raisonnable, une espèce d'homme.

» Reste sans doute à expliquer comment l'animal est mis en rapport avec les objets extérieurs. Le problème n'est pas des plus faciles. J'ai tenté de le résoudre. Je ne me flatte pas d'avoir réussi de tout point ; je n'ai pas dissipé toutes les obscurités. Mais il est indubitable que l'animal n'a pas l'ombre de raison. Ceci est un point acquis : je ne m'en départirai pas, quoique tout ne soit pas fort clair dans le voisinage. »

Nous ne pouvons clore cette controverse sans dire encore un mot de la théorie qu'imagine M. le baron de Saint-Aignan pour expliquer la faculté de sentir. Deux éléments, d'après lui, constituent ce pouvoir : l'impression et la connaissance, l'impression qui est une modification de la pure matière, et la connaissance qui est un acte de l'esprit. Nous pensons que cette analyse est inexacte. Il est facile de s'en convaincre *a priori*. Les modifications suivent la nature de la substance modifiée : il y a des modifications matérielles, parce qu'il y a des substances purement matérielles ; il y a des modifications purement spirituelles, parce qu'il y a de purs esprits. La modification matérielle est l'impression, c'est-à-dire un changement de rapports de l'ensemble ou des parties d'un corps ; la modification spirituelle n'est rien d'analogue ; c'est la connaissance et la volonté. On démontre que l'esprit même de l'homme, quoiqu'il ne soit pas esprit pur, se dégage des opérations inférieures pour produire son acte propre qui est connaître et vouloir. Ce que nous en avons dit au sujet de la notion du nombre suffit pour l'établir. L'intelligence ne peut pas être engagée dans la matière.

Mais entre les esprits purs et la matière pure se trouvent des substances mixtes, composées à la fois de matière et d'un principe immatériel, celui-ci s'unissant à celle-là de manière à lui donner une manière d'être, ce n'est pas assez, une subsistance nouvelle. Ce tout, d'une nature profondément distincte, ne sera-t-il pas le siège de phénomènes d'une nature également distincte et sans analogue dans la création ? Le nier, c'est, croyons-nous, nier l'évidence. Appelons cette classe toute spéciale de phénomènes du nom de *sensations*. La sensation est l'impression reçue par une matière animée, ou, si l'on veut, par une substance mixte. Il est clair comme le jour qu'une impression doit changer de nature dès que le sujet sur lequel elle tombe n'est plus mort, mais *informé* par la vie ; mais il n'est pas moins évident que l'impression devenue sensation ne se transforme point, ne peut se transformer en connaissance, par la raison que la vie ne l'empêche pas d'être encore une modification de parties matérielles, et par conséquent d'une essence opposée à la connaissance.

On conçoit d'ailleurs assez bien comment doit apparaître la sensation. Le principe immatériel qui anime le corps vivant, qui communique la vie, qui l'*informe*, pour parler comme l'école, agit à la fois sur tous les éléments de l'organisme qu'il compénètre, et donne, par cette action, à ces éléments certaines positions relatives, des manières d'être déterminées, les maintenant dans ces rapports avec plus ou moins d'énergie. Mais il ne les soustrait pas ainsi à l'action externe des causes inanimées. Toutes les fois donc que quelqu'un de ces éléments deviendra le centre d'application d'une force matérielle, cet élément sera sollicité de s'écarter de la position ou de la direction qui lui est imposée par le principe de vie, ou bien il recevra une sollicitation dans le sens même de l'action vivifiante. L'influence de la vie sera donc contrariée ou secondée : elle se produira avec une difficulté ou avec une facilité plus grande ; la vie sera modifiée par une cause extérieure dans son effusion. Si maintenant l'on veut bien remarquer que le *sentir*, en tant que phénomène vivant *sui generis*, ne vient pas du dehors, que c'est le fond de la vie elle-même, que la sensation n'est qu'une forme accidentelle de la vie, comme à la surface d'un fleuve les ondes ne sont que des formes accidentelles du courant, on comprendra, pensons-nous, que la cause qui contrarie l'action vivifiante provoque la douleur, et celle qui la seconde, le plaisir.

Quoi qu'il en soit de cette explication, ce qu'il y a de bien certain, c'est que la nature mixte de l'homme suppose essentiellement en lui la faculté d'être le sujet de phénomènes mixtes, essentiellement distincts des phénomènes de la matière pure et des phénomènes de l'esprit pur. Ces phénomènes mixtes ne sont ni connaissance ni mouvement; ils sont eux-mêmes; de même que l'eau n'est ni l'oxygène ni l'hydrogène qui la composent, c'est-à-dire, elle n'a les propriétés ni de l'un ni de l'autre, elle a les siennes propres, elle est l'*eau*. Voilà ce que M. de Saint-Aignan semble n'avoir pas aperçu. Pour lui, tous les phénomènes se rangent en deux classes, l'impression ou mouvement, phénomène de la nature morte, et la connaissance, phénomène de la nature vivante. La logique demandait quelque chose de plus : il fallait ajouter que la création ne comprend que deux ordres de substances, l'ange et la matière inerte. Le vieil axiome de l'école : *Modus sequitur esse* (1), rend cette conclusion rigoureuse. M. le baron de Saint-Aignan ne se résignera pas volontiers, nous le croyons sans peine, à supprimer ainsi le genre humain et même tout le règne animal. Nous lui reconnaissons le droit de renoncer à la conséquence déduite de sa théorie par la logique. Mais la logique ne cède d'un côté qu'en retenant de l'autre. Si

---

(1) Le phénomène est de même nature que l'être où il se manifeste.

l'on abandonne la conséquence, il faut abandonner le principe, et reconnaître, à côté des phénomènes matériels et des phénomènes intellectuels, des phénomènes d'essence toute diverse, les phénomènes connus sous le nom général de *sensations*.

CHAPITRE II

LA RAISON CHEZ LE CHIEN

Les deux chasseurs. — Le caniche de bonne compagnie.

Le chien a été appelé, non sans esprit : un candidat à l'humanité. Il n'est pas douteux que sa manière d'agir a quelquefois un air de conduite raisonnable : si l'on s'en tient à la première impression, on est tenté de lui accorder quelque raison. L'illusion est si forte que le baron de Saint-Aignan, malgré sa rare intelligence, ne savait pas s'en défendre. Les partisans de la raison des bêtes, on le comprend, doivent en appeler avec une prédilection marquée au témoignage éloquent de ce muet. Aussi multiplient-ils les faits où de simples chiens leur semblent juger, raisonner, se décider à la manière des hommes et quelquefois mieux que ceux-ci ne le font. Nous avons donc le devoir de jeter au moins un coup d'œil sur cette partie de leur thèse et d'en mesurer la portée. Ils n'ont rien de plus spécieux : ce point éclairci, rien ne restera.

Commençons par citer quelques-uns de ces traits les plus embarrassants et les plus réfractaires à une interprétation correcte. Nous les demanderons au plus récent ouvrage de Romanes, intitulé : *L'Intelligence des animaux*, suivant la traduction française.

Le premier est emprunté à Dureau de la Malle ; Romanes n'en précise pas autrement l'origine. « J'avais à une époque, dit Dureau, un beau chien d'arrêt à poil lisse, d'une grande intelligence, et un épagneul à poil long et épais dressé à courir dans les bois après le gibier comme un chien courant. Mon château se trouve sur un terrain plat et fait face à un taillis abondant en lièvres et en lapins. Un jour que j'étais assis à ma fenêtre, je vis mes deux chiens, qui étaient en liberté dans la cour, s'approcher l'un de l'autre, échanger certains *signes*, puis, *s'assurant d'un coup d'œil qu'il n'y avait point d'opposition à craindre* de mon côté, s'éloigner d'abord doucement, puis plus rapidement, et enfin à toute vitesse lorsqu'ils *crurent* n'être plus en vue ou à portée de ma voix. Intrigué de cette manœuvre mystérieuse, je me mis à les suivre et voici le singulier spectacle qui s'offrit à mes yeux. Le chien d'arrêt, qui paraissait être le chef de l'expédition, *avait donné pour mission à l'épagneul* de battre les buissons en donnant de la voix à l'autre extrémité du bois. Quant à lui, il en faisait lentement le tour en suivant la lisière, et je le vis s'arrêter devant un passage très fréquenté des lapins et s'y mettre en arrêt. Continuant à suivre de loin les péripéties de l'intrigue, je finis par entendre la voix de l'épagneul, qui avait levé un lièvre et le chassait à grand bruit du côté où son camarade se trouvait embusqué. Au moment où le lièvre sortait du passage pour gagner les champs, le chien d'arrêt bondit sur lui et me l'apporta en triomphe. J'ai vu ces deux chiens répéter cette manœuvre plus de cent fois, et j'en conclus qu'elle n'est pas l'effet du hasard, mais bien le *résultat d'un plan combiné et consenti d'avance.* »

Faisons ici une première observation. Les historiens des animaux, comme tous les historiens, aiment à rendre leurs récits piquants. Il ne leur suffit pas de raconter les faits tels qu'ils les ont vus ; ils les racontent tels qu'ils les conçoivent, c'est-à-dire en comblant les lacunes, s'il s'en présente, de leurs appréciations et de leurs conjectures habilement mêlées au récit. Toute leur narration prend la couleur de leur jugement, pour ainsi dire, et le lecteur se trouve entraîné, s'il n'est sur ses gardes, à voir et à juger comme eux, c'est-à-dire à recevoir des jugements tout faits. M. Dureau de la Malle était un savant ; il n'ignorait pas que la description du phénomène et la critique de ce même phénomène doivent être soigneusement séparées : il n'en a pas moins été infidèle à la méthode scientifique au sujet de ses chiens, embellissant leur histoire suivant les procédés des narrateurs qui racontent pour imposer leur opinion ou simplement pour amuser. Nous avons cru devoir souligner ses additions plus que superflues.

L'anecdote suivante a été communiquée à Romanes par le R. F. J. Penky. On va voir que celui-ci ne la tenait que de seconde main : nous voulons croire qu'il avait bien retenu et qu'il a également bien rapporté. « Voici, dit M. Penky, un exemple de sagacité, on peut même dire de raison, de la part d'un caniche français appartenant au colonel Pearson ; je le tiens de mon ami, le chanoine ***, recteur de***, qui eut sa part dans l'incident, mais je ne sais s'il consentirait à ce que son nom fût publié. Étant un jour à déjeuner avec le propriétaire du caniche, il avait gratifié l'animal de quelques morceaux de bœuf. Mais apparemment la portion laissait à désirer, car, lorsqu'on eut quitté la table, le chien se dressa sur ses pattes de derrière, et, mettant une patte sur le bras du chanoine (cérémonie qu'on lui avait appris à pratiquer avec les dames pour les conduire à la salle à manger), le conduisit vers la porte. Curieux de voir ce qui allait suivre, mon ami se laissa faire. Mais au lieu de se diriger vers la salle à manger, l'intelligente bête le conduisit à travers un passage, lui fit descendre un escalier, etc..., et l'amena enfin au garde-manger, à proximité du rayon sur lequel se trouvait la pièce de bœuf. Pour récompenser sa sagacité, le chanoine lui donna un petit morceau de viande et s'en revint au salon. Le chien n'était pas encore satisfait ; il essaya bien encore du moyen qui lui avait si bien réussi, mais *voyant que mon ami ne voulait plus s'y prêter*, il courut à l'antichambre, prit sur la table le chapeau du chanoine, et s'en alla se cacher sous le rayon où se trouvait l'objet de sa convoitise. C'est là qu'on le trouva, chapeau à la bouche, *attendant* que mon ami vînt le chercher, et *comptant* sur un morceau de viande par la même occasion. »

La première pensée qui vient à l'esprit, quand on entend conter ces historiettes ou d'autres semblables, c'est que la raison s'y manifeste presque avec évidence, et l'on n'est pas sans éprouver quelque plaisir à la voir poindre dans de pauvres bêtes. Les savants, qui sont obligés à la précision par leurs méthodes, ne se comportent pas autrement que le commun des hommes : ils ne jugent que par à peu près, et n'en déclarent pas moins avec autorité que, dans de tels faits, la bête se conduit par raison. Mais, en se prononçant de la sorte, et les savants et ceux qui ne sont pas savants méconnaissent les conditions essentielles de la raison.

Nous avons deux manières d'opérer, qui sont profondément distinctes : nous opérons par *impulsion naturelle*, et nous opérons par *choix*. La première est propre à l'animal, et c'est parce que nous participons à sa nature qu'elle se trouve en nous. La seconde est propre aux êtres doués de raison : la raison, en effet, en est comme l'âme ; l'animal n'en a pas de vestige.

L'opération par choix comprend des éléments multiples tous pareillement soumis à la raison. Une fin à obtenir en est comme la partie principale ; des moyens ordonnés pour arriver efficacement à ce terme en sont les parties secondaires, mais non moins essentielles. C'est la raison qui choisit la fin, et c'est la raison qui choisit les moyens ; sans ce choix raisonnable l'opération ne s'accomplirait jamais. Pour faire ce choix et pour établir cette ordonnance, l'esprit est obligé de considérer non seulement les éléments qui la composent, la fin et les moyens choisis, mais une foule d'autres objets qui répondent ou qui répondraient aussi à son intention ou qui pourraient y faire obstacle. La moindre délibération de ce genre met en mouvement une foule prodigieuse d'idées, plus ou moins clairement rappelées à la pensée. Un simple coup d'œil sur ce qui passe en nous, quand nous voulons agir par raison, nous édifiera pleinement à ce sujet.

Si donc les héros à quatre pattes de nos histoires ont agi par raison, ils ont agi par choix ; ils ont délibéré ; ils ont raisonné pleinement leur cas. Assistons à ce conseil. Assurément, l'hypothèse supposée vraie, il a dû se passer quelque chose de semblable.

Les deux chasseurs de Dureau de la Malle se rencontrent dans la cour de son château et arrangent leur expédition. Comment se sont-ils parlé, c'est leur affaire ; mais il faut bien qu'ils se soient parlé, puisqu'ils s'entendent sur une entreprise passablement compliquée.
« Te voilà. — Mais oui. — C'est à merveille. — Qu'allons-nous faire aujourd'hui ? — Oui, faisons quelque chose, car le temps est bien beau. — Une idée. Toi, tu rabats le gibier ; moi, je l'arrête. Allons au bois, tu en feras le tour en aboyant ; moi, je me tiendrai en embuscade au bout du sentier par où les lièvres débouchent. Nous aurons bien peu de chance si pas un ne vient se jeter comme un fou dans ma gueule. — Bonne idée, partons. — Doucement. Tu sais, le patron est un brave homme ; il serait gentil à nous de lui apporter notre chasse ; il ne s'y attend, certes, pas ; mais pour que la surprise soit plus grande, partons en catimini. »

Le dialogue des deux chiens n'a pas eu lieu en ces termes, je le veux bien ; mais, s'il a eu lieu, c'est sous quelque forme approchante. Ce qui n'est pas moins merveilleux, c'est le procédé employé par les deux interlocuteurs. On sait comment se font les conversations entre les chiens de bonne compagnie. Quelques mouvements de queue, quelques frémissements du nez, quelques regards furtifs, quelques cris, quelques bonds, quelques morsures données et reçues par jeu, et c'est tout. Je laisse à de plus habiles le mérite de trouver dans ces symboles, du reste fort communs, toujours les mêmes parmi les chiens amis qui se rencontrent, l'expression du dialogue que nous venons de rapporter.

Le caniche de Romanes n'a pas eu besoin de s'entendre

avec un confrère : il opérait seul, sa pensée solitaire lui suffisait. Il réfléchissait, c'est-à-dire il se parlait à lui-même, et voici ce qu'il a dû se dire, si l'histoire est vraie au sens de l'historien. — Dans la salle à manger : « Tiens, ce monsieur fait attention à moi. Un... deux... trois morceaux de bœuf. J'en suis touché... Mais quoi ! j'ai beau le regarder, lui faire signe de la patte et de la queue, il ne me donne plus rien... Ah ! il n'est pas chez lui ; il a peur d'être indiscret... Peut-être aussi craint-il de ne pas en avoir assez pour lui. Que faire ?... Une idée. Je vais attendre. A la fin du déjeuner, sous prétexte de lui faire honneur comme j'en ai l'habitude avec les dames, je vais feindre de le ramener au salon, mais c'est au garde-manger que je le mènerai. Là, il y a du bœuf, et le monsieur est assez intelligent pour comprendre que j'en ai envie et pour me payer convenablement de ma peine. » — Au garde-manger : « Rien que ça ? Qu'est-ce que cela veut dire ? Ah ! j'y suis ; mon bout de conduite amuse le monsieur ; car il n'a pas souvent la rencontre de caniches aussi bien élevés que moi. Eh bien ! je vais le laisser retourner au salon, puis je le ramènerai : c'est ce qu'il attend. Je serais bien malheureux si, avec tout cela, je ne gagne pas la fin de mon déjeuner. » — Au salon : « Il ne veut plus ! J'en suis tout étonné. Essayons d'autre chose. Son chapeau est dans l'antichambre, je l'ai remarqué, il n'est pas fait comme les autres. Puis, au besoin, je le reconnaîtrai à l'odeur. Je vais le prendre, l'emporter avec moi sous l'armoire du garde-manger. Le monsieur ne partira pas sans son chapeau ; il le cherchera et finira par le trouver dans ma gueule. Quand il me verra en ce lieu, il comprendra bien pourquoi j'y suis revenu, et il me donnera ce qui me manque encore, ou je me trompe beaucoup. Seulement ne détériorons pas le chapeau ; gare aux dents et à la salive, sans quoi, au lieu d'un morceau de bœuf, je pourrais bien attraper un coup de fouet ou un coup de pied. »

En passant, remarquons que, chez nous, la pensée solitaire s'exerce au moyen des images du langage parlé. Quand nous réfléchissons, nous nous figurons prononcer ou entendre prononcer des mots qui ne diffèrent que par l'intensité et leur centre de production des mots de la conversation extérieure. Il serait même facile de montrer que nous ne pouvons réfléchir d'autre sorte : c'est une condition de notre nature mixte, spirituelle et organique. Serait-il téméraire de soutenir que les chiens ne sont pas mieux partagés que nous ? S'ils pensent, ils pensent à l'aide d'un langage imaginé, lequel n'est autre que celui dont ils se servent dans le commerce habituel de leur vie. Mais de quoi est formé ce langage ? est-ce de coups de gueule ou de gestes de la queue ? Est-ce qu'avec ces deux organes, les plus expressifs chez le chien, un linguiste se ferait fort de traduire en langue canine le monologue inspiré par les procédés du chanoine ?

Une autre difficulté non moins grave se trouve dans la condition essentielle de toute délibération de la pensée. Cette condition est la liberté de l'attention, qui passe à son gré d'un objet à un autre afin d'en considérer les rapports, les avantages, les inconvénients, la portée, l'efficacité, etc. Il n'y a pas de délibération sans ce libre examen de tout ce qui doit concourir de près ou de loin au succès de la résolution à prendre, ou peut le contrarier. Mais qui oserait attribuer à l'animal cette liberté d'attention, ce plein domaine de la pensée, qui au fond ne diffère pas du libre arbitre ? Il faut à ce pouvoir des principes de raisonnement, des principes de conduite, des connaissances acquises par l'observation et par l'étude, dont le nombre et la richesse ont de quoi surprendre quand on y réfléchit. Voyez tout ce qu'il y a d'exprimé et surtout de sous-entendu dans la conversation et la délibération de nos chiens. N'est-il pas plaisant de concevoir le chien comme une sorte de philosophe qui réfléchit sur lui-même, observe les mœurs de ses congénères et celles de ses maîtres, se rend compte des conséquences de ses actions et des motifs de celles des hommes, et qui se sert de tout cela pour régler sa propre conduite ?

On soutiendra peut-être que nous exagérons, que la pensée de la bête n'est pas explicite comme celle de l'homme, qu'elle n'entre pas dans les détails et qu'elle n'envisage les choses qu'en gros. Mais ce serait oublier que la pensée réfléchie, raisonnée, a précisément pour caractère propre d'envisager son objet par parties, d'en considérer les rapports réels ou possibles, et d'en ordonner les éléments suivant la vérité, ou du moins la vraisemblance. Nous convenons que l'animal n'entre point dans les détails de sa pensée, s'il a une pensée ; mais c'est justement pour cela qu'il ne raisonne pas. Non, ce n'est pas l'opération *par choix* qui lui appartient, c'est l'opération *par impulsion naturelle*.

L'opération par impulsion naturelle a pour caractère inaliénable de n'être jamais aperçue dans son ensemble et d'être réglée par *le plaisir*. Nous pouvons l'étudier en nous-mêmes, car, nous aussi, nous agissons suivant les lois de la nature animale. Le lièvre de La Fontaine, qui, comme on sait, est un homme, songe en son gîte aux inconvénients de sa timidité naturelle et il observe avec une rare sagesse que la peur ne *se raisonne pas*. On sait que les vrais « foudres de guerre » eux-mêmes, malgré la fermeté de leur courage et de leurs résolutions, ne peuvent s'empêcher de trembler aux premiers coups de canon. Que d'impulsions n'éprouvons-nous pas contre lesquelles la pensée est sans force? Le besoin de boire, de manger; le besoin du repos, du mouvement de nos membres, d'exercer nos organes ; le besoin de la société, de la conversation, tout cela se fait sentir en nous et malgré toutes nos industries pour y résister. Pourquoi les personnes qui ont le culte de la chasteté écartent-elles avec soin de leur esprit tout ce qui rappelle la volupté N'est-ce pas pour tenir engourdie une passion qui se rencontre en tous les hommes et qu'il est extrêmement difficile de diriger par la raison quand elle est éveillée? Pourquoi encore la meilleure volonté du monde échoue-t-elle souvent à réformer des habitudes vicieuses et invétérées? N'est-ce pas parce qu'il y a là une force active qui agit en sens inverse de la raison? Voilà bien des marques de la présence en nous de principes d'action où la raison n'a rien à voir, ou qui, en l'absence de la raison, n'en obtiendraient pas moins sûrement leurs effets.

Eh bien! l'animal est un être qui est toujours ce que nous sommes quelquefois, qui a seulement pour agir des principes d'action par impulsion. Ces principes ne sont pas identiquement les mêmes en tous les animaux : ils varient suivant les espèces, c'est-à-dire suivant leur destination.

La destination de l'animal et de son espèce s'accomplit en lui au moyen de fonctions qu'il tient de sa naissance et dont il ignore le but. Les fonctions sont préparées dans des organes conformés et arrangés pour cette fin. C'est l'animal qui remplit les fonctions en mettant les organes en exercice. Or, ce qui le détermine à ce rôle, c'est toujours le plaisir, le plaisir pressenti et désiré. Son intention s'arrête au plaisir, et au plaisir actuel. Que lui importe la fin de la nature? il ne s'en préoccupe jamais, et même, s'il y trouve par hasard un obstacle à la continuation de son plaisir, il détruit cet obstacle en dépit des intentions de la nature. Le plaisir, le plaisir réitéré, le plaisir qui dure, voilà ce qu'il veut, tant que ses organes sont orientés, si l'on peut ainsi dire, dans ce sens. La satiété vient avec l'indifférence, quand l'organisme retombe dans son atonie.

C'est la sensation qui donne au plaisir pleine carrière; mais il est une faculté voisine dont le rôle n'est peut-être pas moins considérable, qui simule même les allures de la raison; nous voulons parler de l'imagination, que l'on peut appeler aussi la mémoire animale. Les images, qui ne sont que des sensations affaiblies, mettent en jeu les diverses passions naturelles, cachées dans les instincts, aussi bien que le font les sensations; de là, suivent des mouvements ordonnés, qui semblent combinés par l'animal, et qui pourtant sont tout simplement préparés dans l'organisme et réglés par la passion de l'appétit. Qu'un chien, par exemple, voyant un lièvre en un certain endroit, y coure aussitôt, personne n'en sera surpris et personne ne le fera raisonner pour exécuter cette charge. Si son imagination le lui représentait en ce même lieu, il y courrait de même, sans y mettre plus de raison. Romanes nous parle d'un chien qui lance un lapin dans un sentier en forme d'arc, et qui suit lui-même la corde de l'arc pour aller l'attendre et le saisir au point d'intersection. Peu s'en faut qu'à cette vue le savant anglais ne fasse du quadrupède un géomètre. Il ne s'agit ici d'aucune ruse savante : le chien voit dans son imagination son lapin au bout du sentier, et il s'y précipite, comme il le ferait s'il le voyait de ses yeux. Le chien ne délibère pas plus en ce cas, qu'il ne délibère pour s'élancer sur un morceau de viande qu'on lui jette.

L'imagination de l'animal est susceptible d'éducation, ou plutôt du dressage. La variabilité et la perfectibilité de l'instinct ne sont pas autre chose. Ce sont des images nouvelles dont la mémoire de l'animal s'est enrichie, soit spontanément, ce qui est très rare, soit grâce à l'intervention de l'animal raisonnable. Mais, qu'on le remarque bien, ces associations accidentelles, pour être effectives, doivent se rattacher à l'instinct spécifique de l'animal, qui est le cadre naturel de son activité.

Le chien est l'un des animaux dont l'instinct a le plus d'étendue ; on peut caractériser cet instinct en deux mots : c'est celui de la chasse en compagnie. Tous les naturalistes conviennent que le chien est chasseur et sociable. Cette disposition native se révèle chez cet animal de bien des manières. Voyez-le dans la rue, surtout quand il est avec son maître ; de quoi s'occupe-t-il ? Il va le nez en terre, trottine en suivant une piste, en renouvelle soigneusement les propriétés organoleptiques comme pour aider aux investigations de ses confrères. Est-ce une proie qu'il cherche ? est-ce un compagnon dont il suit la trace ? qu'il appelle sur la sienne ? Assurément ce sont des traits de sa vie de chasseur.

Seul, presque toujours il passe indifférent, la queue basse, les oreilles pendantes : son maître, qui est maintenant le chef de sa troupe, n'est point là pour réveiller l'ardeur de son instinct.

Accroupi sur le ventre, s'il ne dort pas, il tient la tête droite, immobile, sans s'intéresser à rien : on dirait qu'il se replie sur lui-même avec un superbe égoïsme. Mais tout d'un coup il relève la tête, ses oreilles s'agitent, son œil brille. Suivez la direction de son regard, vous verrez qu'un autre chien s'est montré à quelque distance : est-ce un membre de sa troupe ? est-ce un étranger ? il n'est que temps de s'en assurer. Il part : en deux bonds il est arrivé. Il agite la queue comme pour caresser, mais avec quelque hésitation, car on ne sait pas à qui l'on a affaire. Même attitude de l'autre côté. On procède de part et d'autre à la reconnaissance, non sans précaution et sans retenir un grognement suspendu entre la colère et la satisfaction. Si l'opération tourne bien, on se sépare en remuant la queue ; sinon, tout se termine par un ou deux coups de gueule : ils ne chasseront pas ensemble.

C'est encore à son instinct de chasseur qu'on s'adresse quand on forme le chien à rapporter ou à porter. La pierre que son maître fait rouler devant lui, par ce mouvement lui donne la sensation d'une proie qui s'enfuit. Aussi la secoue-t-il en la saisissant, comme pour l'étourdir. Cette sorte d'exercice lui est si agréable qu'il recommence sans cesse avec la même ardeur, quoiqu'il soit bien inutile de rapporter sans cesse le même objet et un tel objet. Le chien qui porte un petit paquet dans la gueule, on sait avec quel air de fierté, celui qui va repêcher un bâton lancé sur l'eau, le terre-neuve lui-même, le chien du Saint-Bernard, tous obéissent à l'instinct qui les a fait chasseurs en troupe. La chasse en compagnie n'est possible que si le chasseur qui prend la bête en fait part à tous ses associés. Il éprouve donc, après l'avoir saisie, le besoin de rejoindre ses compagnons avec sa capture dans la gueule, non avec l'intention de la partager avec eux, mais parce qu'il lui est agréable de procéder ainsi. Quand il se sent en mesure de la dévorer devant ses amis, ceux-ci se hâtent de l'imiter et tirent de la proie ce qu'ils peuvent. Civilisé, il ne rapporte pas à ses camarades, il rapporte à son maître, qui est le premier de ses camarades, parce qu'il trouve auprès de lui, sous une autre forme, sa part de chasse et des caresses qu'il n'aime pas moins.

Il nous semble que ces observations contiennent l'explication de toutes les prétendues merveilles de raisonnement qu'on attribue au chien par des raisonnements inconsidérés. Les deux chiens de Dureau de la Malle faisaient tout bonnement ce qu'il était dans leur nature de faire. Leur maître s'était imaginé qu'en les dressant il leur avait donné des aptitudes : il avait seulement dégagé, en les modifiant légèrement, leurs aptitudes naturelles. Leur partie de chasse n'était pas plus concertée qu'elle ne l'aurait été dans les pampas de l'Amérique, pas plus concertée que les expéditions des fourmis guerrières. Les deux chasseurs se rencontrent, s'appellent de la voix, réveillent réciproquement leur passion pour la chasse. Ils partent, se rendent aux bons endroits, remplissent chacun leur rôle ; mais l'animal pris n'est pas dévoré par eux, il est rapporté à leur maître suivant la direction imprimée à leur instinct par le dressage. Le calcul n'est pour rien dans leur fait, le plaisir est tout, et le plaisir est rigoureusement mesuré sur les habitudes natives ou acquises des deux animaux.

Le caniche du colonel Pearson est dans la salle à manger, comme au dernier acte d'une partie de chasse. Il reçoit de la main du chanoine quelques morceaux de bœuf qui font sur lui l'effet de la curée et qui, du même coup, érigent le chanoine, à ses yeux, à la dignité de chef de meute. La curée étant insuffisante, le caniche, quand on quitte la salle, a l'imagination encore assiégée de représentations de victuailles. Celle du garde-manger, où sans doute il a fait d'heureuses expériences, occupe une des premières places et l'attire fortement. Il y conduit le chanoine comme les chiens de Dureau de la Malle se conduisent l'un l'autre au bois, content d'y aller, content d'y être accompagné. Là il reçoit encore quelque chose, mais pas assez pour être complètement repu et pour débarrasser son imagination de ce qui le met en appétit. Il veut y revenir, comme il avait voulu y venir. Ne pouvant entraîner avec lui son chef d'occasion, il y revient seul, mais emportant avec lui le chapeau du chanoine, l'ayant distingué par le flair, suivant son habitude. Le chapeau ne vaut pas son propriétaire, le voisinage du garde-manger ne vaut pas une bouchée de bœuf; mais c'est toujours quelque chose : la proie ou ce qui représente une proie étant serrée dans la gueule du chien, lui donne quelque sensation d'une curée prochaine, et par conséquent ne peut manquer de lui procurer, par cela seul qu'il la tient, un véritable plaisir.

Résumons-nous. Jamais l'animal n'a présents à la fois devant son imagination tous les détails d'une opération qu'il est sur le point d'accomplir. Ces détails sont associés à une succession de sensations préparée par l'évolution de l'organisme et provoquée par les circonstances extérieures. Chaque sensation suscite un attrait et l'attrait pousse l'animal à un mouvement approprié. L'adaptation de l'organe est d'abord un effet de l'instinct ou de l'habitude, exactement à la manière d'un pianiste dont la main est exercée ; l'adaptation immédiate, c'est-à-dire l'application, est seule le fait de l'activité consciente de l'animal ; encore est-elle un phénomène tout spontané. L'animal qui agit se comporte à peu près comme l'enfant qui joue, qui, par exemple, poursuit un papillon. Tout entier au plaisir de saisir cette fleur ailée, comme disent les poètes, il va, il vient, il court, il s'arrête, il guette, il repart, suivant les caprices de la petite proie. Ce sont ces caprices qui commandent tous les mouvements de l'enfant, et non sa volonté raisonnée. Ainsi l'animal obéit-il spontanément et sans ombre de calcul aux diverses sensations qu'il éprouve, lorsque ces sensations sont de nature à émouvoir ses inclinations naturelles. L'ordonnance des détails de son action ne dépend jamais de sa prévoyance, mais des lois mêmes de la nature et de leur cours. Son activité se trouve toujours tout entière dans chacun de ces détails sans les dépasser jamais ; il est lui-même tout entier à la sensation actuelle, à l'attrait actuel, au mouvement actuel, au plaisir actuel. Il se porte à l'objet actuellement présent, et n'a d'autre tendance que vers le plaisir promis actuellement par cet objet.

Telle est la carrière où l'animal se meut avec une vivacité qui donne presque l'illusion de la liberté. L'ordre est là, mais l'animal n'en est pas le principe; il ne le sent pas; il ne le connait même pas : il ne veut et ne sent que le plaisir. La raison, sans doute, règle cet ordre; car il n'y a pas d'ordre qui ne vienne de la raison. Mais elle se contente de le produire, elle n'y entre pas.

LIVRE QUATRIÈME

EXAMEN
DE
QUELQUES THÉORIES CONTEMPORAINES

CHAPITRE PREMIER
THÈSE DE M. DARWIN

Digression sur l'influence que nos sentiments exercent sur nos jugements. — L'instinct et l'intelligence d'après les naturalistes. — L'araignée de M. Flourens. — Les mouches ichneumons. — Triple série de faits imaginés par M. Darwin. — 1° Ceux qui prouvent autre chose.

On répète à chaque instant que Dieu fit l'homme à son image. A son tour, l'homme refait tout à la sienne. Sans le vouloir, sans y penser, nous nous répandons nous-mêmes sur les objets qui nous entourent. Sommes-nous tristes, tout s'assombrit autour de nous : le ciel est moins pur, la campagne moins belle, nos livres nous sont désagréables et quelquefois nos amis importuns. Mais la joie revient-elle, aussitôt tout change, tout prend un aspect riant; l'hiver même n'est pas sans charme : la neige revêt un air de fête que nous ne trouvions plus même dans les fleurs. Ce n'est point par hasard que nous reflétons au dehors nos dispositions intérieures ; c'est, on peut le dire, une condition de notre nature. Il est peut-être rare que les objets divers avec lesquels nous sommes en rapport nous laissent complètement indifférents : ils nous plaisent ou nous déplaisent. Mais, d'un ordre supérieur à toute la création, nous sommes, en un sens, incapables d'abaisser notre amour au-dessous de sa direction naturelle : nous ne pourrions nous intéresser aux êtres inférieurs, si nous ne les rendions en quelque façon semblables à nous, si nous ne savions nous retrouver nous-mêmes au-dessous de nous-mêmes. Un lis nous attire, parce qu'il semble nous présenter une image de l'innocence, de la délicatesse, de la candeur morales ; un morceau de bois informe nous repousse, parce que nous croyons y voir la grossièreté, la rudesse et l'inutilité. Les propriétés physiques, c'est-à-dire les propriétés réelles de ces objets, nous laissent insensibles. Cette inclination mystérieuse de notre esprit se manifeste avec d'autant plus de force que les êtres sont plus rapprochés de nous. Si nous n'y prenons garde, les animaux ne seront plus une simple image, ils seront un abrégé de l'homme. L'écrivain le moins enclin aux abus de langage ne peut s'empêcher de parler de la générosité du lion, de la cruauté du tigre, de la prudence du serpent, de l'innocence de la colombe, de la fatuité du dindon. Ces qualités, évidemment, ne peuvent trouver place qu'en un être raisonnable, puisqu'elles sont impossibles sans la raison. Les animaux les expriment comme une toile ou une statue; ils ne les possèdent pas. Mais si, par distraction, nous cédons à l'inclination naturelle, nous substituons très facilement, sans nous en apercevoir, à l'image la réalité. C'est là la pierre d'achoppement de la psychologie animale du genre humain et de plus d'un naturaliste.

Le naturaliste, qui semble mieux préparé pour observer, a cependant plus d'une fois le regard troublé par ses systèmes, surtout s'il cherche des preuves de son système dans les faits. De la meilleure foi du monde, il s'abuse lui-même et il trompe les autres. C'est donc avec la plus extrême circonspection qu'il faut accueillir ses récits, ceux mêmes dont il a constaté de ses yeux les détails. Deux exemples entre autres justifieront ce que nous avançons ici : le plus consciencieux des entomologistes, M. H. Fabre, va nous fournir à la fois les faits et la critique; il n'y en pas de plus autorisée que la sienne. Nous lisons dans ses *Souvenirs entomologiques*, page 124 :

« C'est ici le lieu d'intercaler certain passage que je puise dans l'introduction à l'*Entomologie* de Lacordaire, et contre lequel il me tarde de protester. Le voici :
« Darwin (1), qui a fait un livre exprès pour prouver
» l'identité du principe intellectuel qui fait agir l'homme
» et les animaux, se promenant un jour dans son jardin,
» aperçut à terre, dans une allée, un Sphex qui venait de
» s'emparer d'une mouche presque aussi grosse que lui-
» même. Darwin le vit couper avec ses mandibules la tête
» et l'abdomen de sa victime, en ne gardant que le
» thorax, auquel étaient restées attachées les ailes, après

---

(1) Il s'agit ici non de Ch. Darwin, le père du transformisme, mais d'Érasme Darwin, son grand-père.

» quoi il s'envola ; mais un souffle de vent ayant frappé
» dans les ailes de la mouche, fit tourbillonner le Sphex
» sur lui-même et l'empêchait d'avancer ; là-dessus, il se
» posa de nouveau dans l'allée, coupa une des ailes de la
» mouche ; puis l'autre, et, après avoir détruit la cause
» de son embarras, reprit son vol avec le reste de sa
» proie. Ce fait porte les signes manifestes du raisonne-
» ment. L'instinct pourrait avoir porté ce Sphex à couper
» les ailes de sa victime avant de la porter dans son nid,
» ainsi que le font quelques espèces du même genre ;
» mais ici il y eut une suite d'idées et de conséquences
» de ces idées, tout à fait inexplicables si l'on n'admet
» pas l'intervention de la raison. »

» Il ne manque à ce petit récit, qui si légèrement accorde la raison à un insecte, je ne dirai pas la vérité, mais même la simple vraisemblance, non dans l'acte lui-même, que j'admets sans réserve aucune, mais dans les mobiles de l'acte. Darwin a vu ce qu'il nous dit, seulement il s'est mépris sur le héros du drame, sur le drame lui-même et sur sa signification. Il s'est profondément mépris, et je le prouve. »

D'abord les Sphex (nous résumons les preuves de M. Fabre) ne chassent pas des dyptères, mais des orthoptères. Et les proies qu'ils enfouissent dans leurs nids ne sont jamais des morceaux de gibier, mais l'insecte entier, et qui plus est, tout vivant, quoique savamment paralysé.

Le chasseur de dyptères n'est pas le Sphex, mais la guêpe, laquelle nourrit ses larves en leur donnant la becquée avec une pâtée de mouches broyées. M. Fabre a eu l'ingénieuse idée de vérifier le fait, en se constituant nourrice bénévole d'un nid de jeunes guêpes, leur donnant à manger comme à une couvée de petits oiseaux. Il n'est plus douteux que M. Darwin s'est mépris sur l'objet de son observation. M. Fabre nous fait assister à une chasse où le vrai chasseur a pris son rôle, et qui a eu lieu sous ses yeux devant la porte de son cabinet de travail, par un temps de calme parfait.

Après un chassé-croisé qui dure quelque temps, la guêpe (*vespa vulgaris*), car c'est une guêpe que Darwin avait pris pour un Sphex, la guêpe parvient à saisir un éristale (grosse mouche) qui fuyait éperdu, et se laisse choir avec lui parmi le gazon. « A l'instant aussi, dit M. Fabre, de mon côté, je me couche à terre, écartant doucement des deux mains les feuilles mortes et les brins d'herbe qui pourraient gêner le regard, et voici le drame auquel j'assiste :

» C'est d'abord entre la guêpe et l'éristale, plus gros qu'elle, une lutte désordonnée dans le fouillis du gazon. Le diptère est sans armes, mais il est vigoureux ; un aigre piaulement d'ailes dénote sa résistance désespérée. La guêpe porte poignard ; mais elle ne connaît point le méthodique emploi de l'aiguillon ; peu lui importe la manière dont le gibier est tué. Le dard opère à l'aveugle. On le voit s'adresser au dos de la victime, aux flancs, à la tête, au thorax, au ventre, indifféremment, suivant les chances de la lutte corps à corps... La résistance de l'éristale est longue, et la mort est une suite plutôt de coups de ciseaux que de coups de dague. Ces ciseaux sont les mandibules de la guêpe, taillant, éventrant, dépeçant. Quand la pièce est bien garrottée, immobilisée entre les pattes du ravisseur, la tête tombe d'un coup de mandibule; puis les ailes sont tranchées à leur jonction avec l'épaule; les pattes suivent, coupées une à une; enfin le ventre est rejeté, mais vide des entrailles, que la guêpe paraît adjoindre au morceau préféré. Ce morceau est uniquement le thorax, plus riche en muscles que le reste de l'éristale. Sans tarder davantage, la guêpe l'emporte au vol, entre les pattes. Arrivée au nid, elle en fera marmelade, pour distribuer la becquée aux larves. Loin d'y voir (dans ce fait) le moindre indice de raisonnement, je n'y trouve qu'un acte d'instinct, si élémentaire qu'il ne vaut vraiment pas la peine de s'y arrêter. »

Le second fait que nous voulons citer est raconté par M. G. Pouchet en ces termes : « La femelle (du scarabée sacré), on le sait, enveloppe l'œuf qu'elle vient de pondre d'une boule de fumier, nourriture de la future larve. Il s'agit maintenant de transporter la boule en un lieu convenable, où elle sera enfouie. L'animal roule avec ses pattes de derrière, au besoin soulève avec sa tête ce petit monde où les Égyptiens ont vu l'emblème de leurs mythes. Quelquefois le trajet est assez long; la boule, hissée au sommet des taupinières, roule de l'autre côté, tout est au mieux; mais qu'il se rencontre une ornière, une crevasse, le précieux globe tombe au fond et serait perdu sans retour, si le scarabée n'avait, pour remonter les parois à pic, que ses propres forces. Vainement il s'évertue et recommence vingt fois; alors il semble abandonner son fardeau, il s'envole. Demeurez en observation; après quelque temps, vous verrez l'insecte revenir, mais non plus seul : il est suivi de deux, trois, quatre, cinq compagnons qui, s'abattant tous à l'endroit désigné, unissent leurs efforts, enlèvent le globe et le remettent dans la route... Il n'en faut pas davantage pour affirmer que l'insecte juge, voit et peut-être parle un langage dont nous ne connaissons encore ni les signes ni les organes (1). »

M. Émile Blanchard, l'éminent zoologiste, raconte le même fait et presque avec les mêmes termes dans ses *Métamorphoses des insectes*. Écoutons maintenant M. H. Fabre, qui a eu le soin de vérifier l'historiette : « J'ai vécu de longs jours, dit-il, en intimité avec le Scarabée sacré ; je me suis ingénié de toutes les manières pour voir clair, autant que possible, et je n'ai jamais rien surpris qui de près ou de loin fît songer à des compagnons appelés en aide. J'ai soumis le bousier à des épreuves bien autrement sérieuses que celles d'une cavité où la pilule aurait pu choir; je l'ai mis dans des embarras plus graves que celui d'une pente à remonter; jamais à mes yeux n'a paru quelque preuve de bons offices entre camarades. J'ai vu des pillés, j'ai vu des pillards, rien de plus. Si plusieurs bousiers entouraient la même pilule, c'est qu'il y avait bataille. »

Le même observateur constate que la boule du bousier n'est généralement qu'une provision de bouche pour son propre compte. C'est pour cela que ces petits brigands sont toujours prêts à se voler les uns les autres.

M. H. Fabre dit encore à ce sujet : « Ce n'est pas affaire de faible portée que d'accorder à un insecte une intelligence de la situation vraiment étonnante, et une facilité de communication entre individus de la même espèce plus surprenante encore. Comment! un Scarabée dans la détresse concevrait l'idée d'aller quérir de l'aide! Il s'en irait au vol, explorant le pays tout à la ronde, pour trou-

(1) *Instinct chez les insectes. Revue des Deux-Mondes*, fév. 1870.

ver des confrères à l'œuvre autour d'une bouse; et les trouvant, par une pantomime quelconque, par le geste des antennes en particulier, il leur tiendrait à peu près ce langage : « Dites donc, vous autres, ma charge a versé » là-bas dans un trou ; venez m'aider à la retirer. Je vous » revaudrai cela dans l'occasion. » Et les collègues comprendraient! Et, chose non moins forte, ils laisseraient aussitôt là leur travail, leur pilule commencée, leur chère pilule exposée aux convoitises des autres et certainement pillée en leur absence, pour s'en aller prêter secours au suppliant! Tant d'abnégation me laisse d'une profonde incrédulité, que corrobore tout ce que j'ai vu pendant des années et des années, non dans des boîtes à collection, mais sur les lieux mêmes du travail du Scarabée. En dehors des soins de la maternité, soins dans lesquels il est presque toujours admirable, l'insecte, à moins qu'il ne vive en société, comme les Abeilles, les Fourmis et les autres, ne se préoccupe que de lui-même (1). »

Quand il s'agit de bêtes, il est un homme surtout dont on ne peut se dispenser d'examiner les opinions. Nous voulons parler de Charles Darwin, le promoteur, nous ne disons pas l'inventeur du transformisme. Ce ne sont pas seulement les organes qui, suivant cette doctrine, donnent, en se transformant, naissance aux diverses espèces animales; mais les facultés mentales sont toutes en germe dans le premier animalcule, et elles vont en s'épanouissant peu à peu à travers tous les degrés de l'échelle zoologique jusqu'à leur pleine floraison au sein de nos savantes académies. Ch. Darwin a tenté d'établir la théorie de cette évolution intellectuelle sur des faits.

(1) *Op. cit.*, p. 14.

Il recueille tous ceux où les bêtes lui semblent donner quelque signe d'esprit. Dieu nous garde de penser qu'il n'a pas eu constamment le désir de la sincérité ; nous voulons même croire qu'il a tâché de maîtriser l'inclination qui porte le théoricien à solliciter plus ou moins les faits suivant les besoins de sa théorie. Mais, ce qui n'est pas douteux, c'est que les notions philosophiques, l'habitude du raisonnement précis, le soin des analyses exactes et complètes sont loin d'être les qualités dominantes de ce grand naturaliste. Il a, du reste, trop embrassé pour étreindre assez bien, comme dit le proverbe. La vie entière d'un homme suffit à peine pour explorer d'une manière satisfaisante le moindre coin de la nature; que peut-il, s'il est seul, en présence de l'immensité de la création? Cette impossibilité n'a pas effrayé Darwin; mais son audace a été châtiée fatalement : quoi qu'en disent ses admirateurs, il est superficiel.

Ce défaut éclate surtout, comme cela devait être, dans ses études sur la psychologie animale. Son procédé consiste à prêter ses idées, ses raisonnements, ses sentiments personnels aux bêtes, et à conclure de là l'identité *psychique* de la bête et de l'homme.

Le choix n'est pas toujours fort heureux ; l'interprète lui-même ne montre pas toujours un jugement bien pénétrant ni bien solide : mais enfin, dans cet amas d'observations et d'historiettes rapprochées sans art comme sans critique, le naturaliste anglais a donné place aux faits les plus propres, en apparence, à corroborer son opinion sur la distribution de l'intelligence. Mais, avant d'en venir à ses historiettes, qu'on nous permette encore une observation.

Les naturalistes modernes attribuent les opérations des animaux à un double principe : à l'instinct et à l'intelligence. Pour distribuer sous ces deux chefs les actions dont ils sont témoins, ils font usage d'une méthode que je me permets d'appeler originale. Lorsqu'ils sont en présence de quelqu'une de ces actions, ils se demandent si, avec leur intelligence et un organisme convenablement adapté, ils seraient bien capables de la produire eux-mêmes. Si la réponse est affirmative, l'action est inscrite dans la colonne de l'intelligence ; et dans celle de l'instinct si elle est négative. J'ajoute que la méthode est d'une application d'autant plus fréquente et plus efficace qu'on s'en sert spontanément, sans y penser, comme de la grammaire en parlant. Tel Flourens, qui « a vu bien souvent l'araignée des jardins, à peine éclose, se mettre à tisser sa toile, et la tisser aussi bien du premier coup qu'elle le fera jamais ». La bestiole, sans aucun doute, n'a pas eu le temps d'aller en apprentissage : elle est à peine éclose ! « Elle tisse sans l'avoir appris. » Quel homme, si intelligent fût-il, pourrait en faire autant ? Donc, c'est « l'*instinct* qui tisse ». Mais, continue Flourens, si je déchire sa toile, elle la répare, et la répare autant de fois que je la déchire. » Elle connait donc « l'endroit de la toile où il faut que son instinct tisse pour la réparer ». Or n'est-il pas évident que cet endroit m'est indiqué par mon intelligence ? Donc, « c'est son *intelligence* qui lui dit à elle quel est l'endroit de la toile où il faut que son instinct tisse (1). »

---

(1) *Psychologie comparée*, p. 14.
La manière dont parle ici le célèbre naturaliste ferait soupçonner qu'il a observé l'araignée en partie dans son imagination. L'araignée

Une telle méthode a du moins l'inconvénient d'être singulièrement élastique : elle doit faire flotter d'étrange sorte la ligne de démarcation entre l'instinct et l'intelligence. Nous sommes malheureusement portés à exagérer les qualités des êtres que nous aimons, à leur en prêter même ; les naturalistes ne font pas exception : ils finissent par s'attacher, je ne dis pas avec tendresse, mais bien

ne répare pas sa toile toutes les fois qu'elle est déchirée. Le réseau proprement dit, destiné à être successivement déchiré à mesure qu'une mouche nouvelle est prise, n'est jamais réparé, quel que soit l'accident qui le déchire. Ce sont seulement les fils qui servent à tendre le réseau, qui sont renoués ou remplacés, lorsqu'une cause ou l'autre vient à les rompre. L'animal, placé au centre de la toile et opérant une sorte de traction avec ses huit pattes dans toutes les directions, est instantanément averti, par la cessation de la résistance, de l'accident qui vient de se produire ; il éprouve alors tout naturellement par cette détente une sensation, et cette sensation provoque des mouvements déjà tout préparés dans les organes et dans l'instinct de l'araignée. Quand le dégât est considérable, l'araignée ne prend pas la peine d'une restauration au-dessus de son habileté, elle dévore la vieille toile et en fait une nouvelle.

Un fait observé sur un autre insecte peut jeter quelque jour sur la question présente. Il est des ichneumons qui attachent leurs œufs sur l'épiderme d'une chenille. Celle-ci s'enferme dans son cocon avec ce perfide dépôt. A peine est-elle chrysalide que les œufs éclosent et donnent naissance à des larves qui la dévorent. Cette œuvre achevée, les larves se construisent à elles-mêmes, dans le grand cocon de la chenille, des miniatures de cocons. Or si, prenant un de ces petits cocons, on enlève une partie de l'une des parois, on peut être sûr que le trou sera refermé le lendemain. La bestiole, qui a conservé toute sa vivacité dans sa prison, s'est empressée de réparer le désordre. Si l'on ouvre une seconde et troisième fois, la fenêtre à la fin reste béante, mais l'insecte meurt. Le contact de l'air extérieur serait donc une cause de malaise pour le petit animal ; c'est ce malaise qui met en œuvre son instinct de filateur, et, quand la soie vient à manquer, il finit par amener la mort. C'est à une excitation analogue qu'obéit l'araignée, lorsqu'elle répare sa toile : elle l'avait fabriquée d'abord sous une impulsion de même nature. Elle n'a pas manifesté plus d'intelligence dans un cas que dans l'autre.

réellement, aux objets de leurs études. « Dans toutes les accusations grosses ou petites qu'on porte contre les fourmis, ainsi parle M. Flourens, on devine bien quel est le parti que prend Réaumur. » Ceci me paraît délicieux ! Comment rester froid pour ce que l'on étudie avec tant de persévérance, et comment trouver des défauts à ce que l'on aime avec quelque vivacité ? Pourtant l'illustre historien des fourmis est trop honnête pour ne pas réagir contre les inclinations de son cœur lorsque le devoir l'exigera. « Je ne dois pas cacher, dit-il, le mal que je sais d'elles (il parle de ses fourmis). » Sans doute ; mais la difficulté consiste précisément à savoir.

M. Darwin n'est pas moins naïf que Réaumur ; mais de plus, et en disant cela je ne crois pas lui faire injure, il doit être sous l'influence d'une autre préoccupation également nuisible à la modération des jugements. Plein d'une bonté naturelle, comme ses compatriotes, pour les animaux, non-seulement il a consacré sa vie à apprendre ce qu'ils sont : il se trouve engagé, par les intérêts de sa réputation, à exagérer même ce qu'ils sont. Plus les animaux se rapprochent de l'homme, plus la théorie de M. Darwin se trouve vraie et sa gloire solide. Il y a là une influence à laquelle il est bien difficile de se soustraire. Comment résister au désir d'avoir raison le plus possible ? Pour s'en affranchir, il faudrait au moins des connaissances philosophiques et une habitude de raisonnement et d'analyse qui, on va le voir, font grandement défaut au savant anglais, comme en général à tous les naturalistes. Du reste, loin de résister il s'abandonne, et on en rencontre des preuves plaisantes : il se met perpétuellement à la place de ses bêtes.

Ainsi, par exemple, il nous parle de la *honte* ou plutôt de la *modestie* du chien lorsqu'il mendie *trop souvent* sa nourriture ; de la *magnanimité* avec laquelle le bouledogue *méprise* les grognements du roquet ; de la *fierté* du singe qui *n'aime certainement pas qu'on se moque de lui* et invente souvent *des offenses imaginaires.* Ecoutez. « J'ai vu au Zoological Garden, dit-il, un babouin qui se mettait toujours dans un état de rage furieuse lorsque le gardien sortait de sa poche une lettre ou un livre, et se mettait à lire à haute voix (1). » Évidemment le babouin, qui ne sait pas lire, s'apercevait que l'on commettait l'impolitesse de lui faire remarquer son ignorance par comparaison : de là sa fureur.

Les divers faits que M. Darwin a recueillis pour prouver que l'animal est intelligent peuvent se distribuer en trois groupes, suivant la différence des rapports qu'ils ont avec la thèse de l'auteur. Je ferai rentrer dans le premier ceux qui prouvent autre chose ; dans le second, ceux qui n'ont pas même l'air de prouver quelque chose ; et dans le troisième, enfin, ceux qui, sans prouver grand'chose, ont au moins quelque chose de spécieux. C'est une gradation qui peut avoir un mérite relatif.

Il est reçu, parmi certains naturalistes, d'appeler du nom d'intelligence tout ce qui n'est pas purement phénomène physique ou physiologique : mouvement de la matière brute ou de la matière vivante. La sensibilité et

---

(1) *Descendance de l'homme*, t. 1, p. 43. Paris, Reinwald, 1872.
C'est à cette traduction de l'ouvrage de M. Darwin que nous empruntons toutes nos citations. Le traducteur, M. Moulinié, ne se montre pas toujours respectueux envers la langue qu'il parle ; nous aimons à croire qu'il compense ce défaut, trop évident, par une fidélité digne de servir de modèle.

la raison sont pour eux une seule et même chose : une migraine ne diffère pas d'une affirmation. Ce sont cependant, en vérité, des facultés et des phénomènes qui appartiennent à deux ordres parfaitement irréductibles. Les philosophes n'hésitent pas à le reconnaître, ou plutôt ils le démontrent d'une manière invincible. Par conséquent, prouver que l'animal est sensible lorsqu'on prétend qu'il est intelligent, c'est prouver autre chose que ce que l'on se propose. C'est ce qu'a fait M. Darwin. Il lit, il observe, il voyage, il se donne toute sorte de peines pour nous apprendre, par documents authentiques, que l'animal est doué d'*instincts*, qu'il est capable d'*émotions*, de *plaisir*, de *peine*, d'*affections* diverses, qu'il a le *principe* de la *conservation* et celui de l'*imitation* : en vérité c'est, avec beaucoup d'efforts, enfoncer une porte ouverte depuis bien longtemps. On nous dispensera de détails inutiles. Il est cependant deux passages qui laissent voir ce qui a fait illusion au célèbre naturaliste : ils méritent, à ce titre, l'honneur d'une mention exceptionnelle.

« J'ai vu, dit Darwin (1), un chien très sauvage et ayant de l'aversion pour toute personne étrangère, dont j'ai exprès mis la mémoire à l'épreuve après une absence de cinq ans et deux jours (2). Je me rendis près de l'écurie où il se trouvait, et l'appelai suivant mon ancienne manière : le chien ne témoigna aucune joie, mais me suivit immédiatement, en m'obéissant, comme si je ne l'avais quitté que depuis un quart d'heure (3). » Il ajoute :

---

(1) P. 46.
(2) Les deux jours sont à noter.
(3) Le chien de M. Darwin ne témoigne aucune joie en revoyant son

« Une série d'associations qui avait sommeillé pendant cinq ans s'était instantanément éveillée dans son esprit. » M. Darwin conclut de ce fait que les animaux possèdent, la mémoire proprement dite. Ils « peuvent certainement dit-il, par quelques moyens, apprécier les intervalles de temps écoulés entre des événements qui se représentent ». La vérité est que les animaux, absolument incapables de connaître le temps, n'ont qu'une mémoire sensible. Le retour de certaines images ramène les mêmes émotions et les mêmes mouvements, comme nous l'avons dit; voilà tout : la sensibilité seule est en jeu ; l'intelligence n'y est pour rien. Mais j'avoue que M. Darwin raisonne ici d'une manière conforme à ses notions philosophiques.

Il écrit un peu plus bas : « Une des plus hautes prérogatives de l'homme est l'*imagination*, faculté à l'aide de laquelle il assemble, en dehors de la volonté, d'anciennes images et idées, et crée ainsi des résultats brillants et nouveaux. » Vous le voyez, pour M. Darwin, idée et image, acte de l'intelligence et acte de l'imagination sont identiquement la même chose. Mais la distinction de l'idée et de l'image est l'*a*, *b*, *c* de la philosophie. Quiconque ne peut s'élever jusque-là est radicalement incapable de rien comprendre à la raison : la question de l'intelligence lui est interdite comme à l'aveugle l'analyse des couleurs. L'équivoque des noms imposés à quelques-unes des facultés de l'homme l'exposera conti-

---

maître, parce que l'image du maître s'est oblitérée dans l'imagination de l'animal. Il obéit, parce que les images qui le déterminent à obéir sont suffisamment conservées ; images d'un nom, de gestes, il est tout à fait probable qu'en l'absence du naturaliste, la répétition du nom et des gestes ne les aura rendus que plus efficaces.

nuellement à des quiproquos fâcheux pour un savant. Ne comprenant pas que le même mot désigne quelquefois deux puissances d'ordre différent, il passera de l'une à l'autre avec une facilité qui n'aura d'égale que sa bonne foi ; et, à l'exemple de M. Darwin, voyant un chien obéir à un cri ou donner quelques signes de rêves, en vertu d'une simple association d'images, il se croira obligé d'accorder à cet animal « une excellente mémoire » intellectuelle et l'imagination créatrice même, sans remarquer peut-être que celle-ci ne serait plus l'une des plus hautes prérogatives de l'homme.

F. Cuvier a eu l'idée de graduer l'intelligence des mammifères. Flourens, résumant sa doctrine qu'il adopte, parle ainsi dans son ouvrage intitulé : *De l'Instinct et de l'Intelligence dans les animaux*: « Le *rongeur* ne distingue pas individuellement l'homme qui le soigne de tout autre homme. Le *ruminant* distingue son maître ; mais un simple changement d'habit suffit pour qu'il le méconnaisse. Un *bison* du jardin du Roi avait pour son gardien la soumission la plus complète ; ce gardien vint à changer d'habits, et le *bison*, ne le reconnaissant plus, se jeta sur lui. Le gardien reprit son habit ordinaire, et le *bison* le reconnut. Deux *béliers* accoutumés à vivre ensemble sont-ils tondus, on les voit aussitôt se précipiter l'un sur l'autre avec fureur. » F. Cuvier et Flourens ont commis le même quiproquo que M. Darwin. Il n'y a pas ici différence dans le *pouvoir de connaître*, mais seulement dans les *images* et les *émotions associées*. Le *rongeur* ne *voit* rien au delà de sa nourriture. Le *ruminant* associe en outre aux diverses émotions agréables qui se rapportent à la nourriture des *images de sensations visuelles*. Voilà pourquoi le *bison* ne paraît plus le même en présence de son gardien qui a changé d'habits. Le chien va plus loin : chez lui, des groupes plus nombreux d'*émotions* et d'*images* se forment par la *vue*, l'*ouïe* et surtout par l'*odorat*. L'exemple rapporté par M. Darwin nous fait voir que ces images peuvent s'oblitérer. Dans aucun cas et dans aucune espèce, l'animal ne *reconnaît*. Pour reconnaître, il faut juger, et pour juger il faut ce qui manque essentiellement à tout animal, des idées universelles.

CHAPITRE II

SUITE DU PRÉCÉDENT

2° Faits qui n'ont pas même l'air de prouver quelque chose. — Le singe et le chien. — Le vieux chien qui réfléchit. — Les tournois parmi les oiseaux. — Le chien religieux. — Bonté d'âme du perroquet et de la vache. — Les babouins pillards. — Encore une histoire de chien. — L'hirondelle en proie aux remords. — Le chien coupable.

Voici maintenant le résumé de ces faits qui, d'après moi, n'ont pas même l'air de prouver quelque chose :

M. Darwin veut attribuer à l'animal le *langage*, le *sentiment du beau*, la *conscience de soi*, la *réflexion*, le *sentiment religieux* et le *sens moral*. On ne saurait le blâmer d'avoir cette intention. C'est ici, en effet, le cœur de sa thèse ; car la raison se manifeste surtout par ces divers phénomènes. Les constater sûrement dans l'animal, c'est donc y constater sûrement la raison. Pour obtenir ce résultat capital, sans doute M. Darwin va mettre en œuvre toutes les ressources de sa puissance d'analyse. Peut-il ignorer que rien ne se passe dans l'être vivant qui ne soit fort complexe et qui ne dérive de principes multiples; que dans le langage, par exemple, tout n'est pas l'œuvre de la raison, que les sens et les organes y jouent un rôle fort important; enfin que la raison se reconnaît à un seul caractère, à savoir, au caractère d'universalité dont elle marque toutes ses œuvres? C'est à dégager ce caractère d'universalité, sans lequel rien ne serait prouvé, que M. Darwin va sans doute appliquer tous ses efforts. Il va montrer sans doute que l'animal distingue entre le signe et l'idée, car sans cela il n'y a pas de *langage;* qu'il distingue entre l'expression et le type, car sans cela il n'y a pas de *sentiment du beau;* qu'il se distingue lui-même d'avec le néant et tout autre être actuel ou possible, car sans cela il n'y a pas de *conscience raisonnable* (1); qu'il s'applique à distinguer les idées entre elles et chacune d'elles par l'analyse, car sans cela il n'y a pas de *réflexion;* qu'il distingue un être supérieur auquel tous les autres doivent se soumettre, car sans cela il n'y a pas de *sentiment religieux;* enfin qu'il distingue entre le bien et le mal moral, car sans cela il n'y a pas de *sens moral.* L'idée, le type, le néant, l'être actuel ou possible, la subordination, le bien et le mal sont, en effet, marqués de ce caractère d'universalité qui est le sceau de la raison. Hélas! je l'ai déjà dit, le célèbre naturaliste n'a pas même l'air de montrer quelque chose. Il ne soupçonne pas quelle est la portée de sa thèse. Après avoir énuméré les grands phénomènes qui doivent en faire la matière, il se contente de relever au pas de course quelques mouvements extérieurs qui s'y rapportent de plus ou moins loin, tout est dit. Vous allez en juger.

Langage. — « L'homme n'est pas le seul animal qui se serve du langage pour exprimer ce qui se passe dans son

---

(1) L'animal n'a pas la *conscience de soi*, mais une sorte de sens intime qui est la sensation continue de la vie sensible.

esprit. » Ainsi, par exemple, « le *cebus azaræ* peut faire entendre six sons *distincts*. — Depuis sa domestication, le chien a appris à aboyer dans quatre ou cinq tons *distincts* au moins. » On distingue de la sorte « l'aboiement d'impatience, celui de colère, le glapissement ou le hurlement du désespoir, celui de la joie lors du départ pour la promenade, et le cri très *distinct* et suppliant par lequel le chien demande qu'on lui ouvre la porte ou la fenêtre (1) ».

On le voit, M. Darwin *distingue* six sons dans la gueule du *cebus azaræ* et au moins autant dans celle du chien. Mais la question n'est pas de savoir si M. Darwin a cette puissance de *distinction*. Quelque grande qu'elle soit dans le célèbre naturaliste, il n'en est pas moins vrai qu'elle est aussi impuissante à faire naître le langage dans l'animal qu'à le faire naître en s'exerçant sur le bruit d'une cascade ou sur celui du vent à travers une forêt. C'est l'animal, et non M. Darwin, qui doit *distinguer* entre son cri et sa pensée : sans quoi pas de langage dans l'animal. Sur ce point essentiel, silence de M. Darwin. Je me trompe : voulant expliquer l'origine du langage de l'homme, il ouvre timidement une opinion. « Il ne semble pas bien incroyable, dit-il, que quelque animal simien plus sage (que ses congénères) ait eu l'idée d'imiter le hurlement d'un animal féroce pour avertir ses semblables

---

(1) P. 56. — Un *cri* que fait pousser l'impatience, la colère ou toute autre passion, n'est pas plus un *mot*, que les convulsions causées par la douleur, ou l'expansion déterminée par la joie. Pour parler, il faut une idée, un signe, et l'intention de se servir de ce signe dans le but de faire comprendre l'idée. Or le chien, même domestique, n'a ni l'idée, ni le signe proprement dit, ni l'intention. Nous en avons donné les preuves dans notre premier livre.

du genre de danger qui les menace (1). » Mais qu'importe à la thèse présente ce qui paraît vraisemblable ou invraisemblable à M. Darwin? Ce qu'il nous faut, ce sont des faits prouvant que l'animal *distingue* personnellement entre son cri et sa pensée ; et ces faits, hélas! brillent par leur absence (2).

Conscience de soi, individualité (réflexion). — Qu'on ne soit pas surpris que je réunisse ces deux titres. Je ne fais que copier M. Darwin. Je dois même ajouter, pour que ma copie soit complète : *Abstraction, idées générales, etc.* On dirait que l'écrivain anglais accumule à plaisir ici les actes de la raison, parce que, sûr de lui-même, il va, par un coup de théâtre imprévu, les montrer tous réunis dans la cervelle de ces clients. Le désenchantement ne se fait pas attendre. Le paragraphe où ces phénomènes d'ordre supérieur sont, je ne dis pas abordés, mais à peine salués de loin, contient quelques lignes et s'ouvre de la sorte : « Il serait inutile d'entreprendre la discussion de ces facultés élevées qui, suivant plusieurs auteurs récents, constituent la seule et la plus complète des distinctions entre l'homme et la bête; car il n'y a pas deux auteurs dont les définitions s'accordent (3). » Après cela, il fait cette question : « Pouvons-nous être sûrs qu'un vieux chien, ayant une excellente mémoire et quelque imagi-

---

(1) P. 59.

(2) Pour être exact, nous devons avouer que Pline rapporte un fait circonstancié à souhait : « Nous trouvons, dit-il, dans les Annales, que, sous le consulat de M. Lepidus et de Q. Catulus, dans la métairie de Galerius, au territoire d'Ariminum, un *coq parla*. » Le naturaliste ajoute aussitôt, avec une naïveté charmante : « C'est un fait unique, du moins que je sache; *semel, quod equidem sciam.* (*Hist. nat.* l. X, c. xxv.) Ce n'est vraiment pas assez.

(3) P. 65.

nation, comme le montrent ses rêves, ne réfléchisse jamais sur ses anciens plaisirs de la chasse (1)? » Il répond : « Ce serait là une forme de conscience de soi. » Puis il consacre quelques lignes à établir, tant bien que mal, un point qui est tout à fait en dehors de la thèse et qu'il énonce de la sorte : « Le fait que les animaux conservent leur individualité est au-dessus de toute contestation. » C'est ainsi que M. Darwin ferme cet important paragraphe, où il a réussi à montrer pleinement qu'il ne sait pas ce dont il a voulu parler. M. Darwin ne sera jamais sûr si son chien ne réfléchit pas à ses anciens plaisirs de chasse; M. Darwin est convaincu que les animaux conservent leur individualité; donc les animaux ont la *conscience de soi*, la *réflexion*, la *faculté d'abstraire*, des *idées générales*, etc.: comme si conserver son individualité était la même chose que se connaître individu, et ne pas savoir si un animal ne réfléchit jamais, la même chose que l'analyse de la pensée dans l'animal et par l'animal! Voilà un exemple de logique qui promet bien pour la suite.

Sentiment du beau. — « Les oiseaux mâles déployant laborieusement (?) devant leurs femelles leurs plumes aux splendides couleurs, » quand ils en ont; « les oiseaux ornant avec goût leurs passages de jeu (?) avec des objets de couleur gaie...; le chant des oiseaux; les douces mélodies qu'exhalent les mâles » pendant la belle saison, et qui « sont certainement l'objet de l'admiration des femel-

(1) En effet, si le vieux chien de chasse réfléchit sur ses plaisirs passés, il a vraiment « la conscience de soi », aussi bien que l'homme. Malheureusement il ne réfléchit pas du tout. La réflexion ne va pas sans le pouvoir de réfléchir, et le pouvoir de réfléchir entraîne après lui un enchaînement d'actions réfléchies dont on ne voit pas l'ombre même dans les vieux chiens.

les (1) », tout cela prouve avec évidence, à M. Darwin, qu'au moins les oiseaux femelles ont le sentiment du beau ; car, s'il en était autrement, « toute la peine et les soucis que » les mâles « se donnent pour déployer leurs charmes aux regards des premières seraient inutiles, ce qui est impossible à admettre (1) ». Et cela nous prouve, à nous, que M. Darwin ne connaît pas le premier mot de l'esthétique. Il y a de beaux animaux, sans doute; mais ils ne sont beaux que pour l'homme, jamais pour eux, jamais même pour les femelles. La nature leur accorde de jouir de l'*agrément*, jamais de goûter la *beauté*. La femelle de la fauvette se plaît au chant de la fauvette mâle : pourquoi pas à celui du rossignol ? La dinde trouve du plaisir à voir la roue du dindon : pourquoi pas celle du paon? L'animal est fixé à ses sens, et ses sens le fixent à des objets déterminés. La raison seule est indépendante, parce qu'elle est universelle; seule aussi elle perçoit la beauté, parce que la beauté n'est point sans un rapport intime avec l'universalité.

Sentiment religieux. — On ne pouvait traiter plus légèrement un sujet aussi grave. Après avoir dit qu'il ne s'agit point ici de la croyance au « créateur et directeur de l'univers », mais qu'il comprend « sous le terme religion la croyance à des agents invisibles ou spirituels », M. Darwin met en scène un chien qui « m'appartenait », dit-il, pour montrer en lui le *sentiment religieux*. « Cet animal, adulte

---

(1) P. 63. — M. Darwin, naturellement porté à favoriser les singes, serait heureux de leur accorder le *sentiment du beau* : « Quelques singes, écrit-il page 111, déclareraient probablement (s'ils en étaient priés sans doute) qu'ils peuvent admirer, et qu'ils le font, la beauté de coloration de la peau et de la fourrure de leurs compagnes. » Mais feraient-ils preuve d'un goût très sûr?

et très sensible, se trouvait couché sur le gazon, par un temps très chaud, à une certaine distance d'un parasol ouvert, auquel il n'aurait fait aucune attention si quelqu'un se fût trouvé à côté. Mais une légère brise, en soufflant, agitant de temps en temps le parasol, le chien en accompagnait chaque mouvement de grognements et d'aboiements. Il doit donc, à ce que je crois, avoir, d'une manière rapide et inconsciente, estimé que ce mouvement, sans cause apparente, indiquait la présence de quelque agent vivant étranger, n'ayant aucun droit d'être sur son territoire (1). » Cet agent était-il réputé, par l'intelligent quadrupède, « invisible et spirituel ? » M. Darwin ne le dit pas, mais le suppose : car, sans cela, que prouverait son historiette ? Toutefois les « aboiements » et les grognements » pourraient faire croire que, malgré un certain fonds de religion, ce chien ne laissait pas d'être un peu esprit fort. Heureusement il n'en est pas toujours ainsi. « Le professeur Braubach, c'est M. Darwin qui invoque son témoignage, le professeur Braubach va jusqu'à admettre que le chien regarde son maître comme un dieu. » Et il n'a pas tort. « La conduite du chien, lorsqu'il retrouve son maître après une absence, ou celle du singe vis-à-vis de son gardien qu'il adore (?!), sont fort différentes de celles qu'ils ont pour leurs camarades. » Il y a là « un amour profond », une « soumission complète, un peu de crainte et peut-être d'autres sentiments ». Or, ce sont précisément les éléments dont M. Darwin compose « la dévotion religieuse (2) ». N'insistons pas : on ne discute pas le ridicule.

(1) P. 70.
(2) P. 71. — Les poules de Pline l'Ancien, plus fortes que le chien de

Sens moral. — Les développements que M. Darwin donne à cette partie de sa thèse nous obligent nous-même à moins de brièveté. « Le sens moral ou la conscience », ce sens qui « se résume dans ce mot court, mais impérieux, le *devoir*, dont la signification est si élevée, » mérite bien les honneurs de quelques considérations préliminaires. M. Darwin donne d'abord son avis sur la genèse de la morale. « La proposition suivante, dit-il, me paraît avoir un haut degré de probabilité, à savoir, qu'un animal quelconque, doué d'instincts sociaux prononcés, acquerrait inévitablement un sens moral ou conscience, aussitôt que les facultés intellectuelles se seraient développées aussi ou presque aussi bien que chez l'homme (1). » Gardez-vous de regarder cette proposition comme digne de figurer parmi celles de M. de la Palisse. Malgré les apparences, elle ne revient pas du tout à celle-ci : Si l'animal était un homme, il serait un homme. Ces « instincts sociaux prononcés » sont gros de choses. D'abord, ils contiennent le germe et la forme de la morale, qui n'en est que le développement, d'après M. Darwin. La forme des instincts changeant, la morale changerait aussi. « Si, par exemple, pour prendre un cas extrême, les hommes se produisaient dans des conditions identiques à celles des abeilles, » ce serait fort drôle ; mais de

M. Darwin et que le singe du professeur Braubach, s'élevaient jusqu'à la pratique de certains rites religieux. « Les poules de basse-cour, dit le naturaliste latin, ont aussi de la religion. Lorsqu'elles ont pondu, elle se hérissent, se secouent, se purifient en tournant, et accomplissent des lustrations, sur elles et sur les œufs, avec des brins de paille. (*Hist. nat.*, lib. X, c. 41.) Ces observances sont à peu près tombées en désuétude de nos jours. Sous le rapport religieux, nos gallinacés modernes sont de vrais positivistes, à la manière de M. Littré.

(1) P. 73, 74.

plus « il n'est pas douteux que « les jeunes personnes » considéreraient comme un devoir sacré de tuer leurs frères, et les mères chercheraient à détruire leurs filles..., sans que personne songeât à intervenir (1), » si celles-ci s'avisaient de songer au mariage. Et quand on pense qu'il a tenu à un hasard insignifiant, à un rien, que les « conditions » fussent « identiques », le sexe fort peut se flatter de l'avoir échappé belle (2)! Telle est la vertu de ces instincts sur la morale. En d'autres termes, toujours suivant M. Darwin, la morale n'est qu'un groupe d'instincts dans un être dont les facultés intellectuelles sont parfaitement développées. Mais ce n'est pas tout. Ces instincts contiennent dans l'animal des éléments de morale dignes de beaucoup de considération ; ils sont vraiment plus que des germes. La suite va le démontrer.

Un premier élément du sens moral consiste dans « l'intérêt qu'on prend au bien de ses semblables. — M. Buxton a... pu constater que les perroquets vivant librement dans le Norfolk, prenant un intérêt considérable à une paire ayant un nid, entouraient la femelle en troupe, poussant d'effroyables cris pour l'acclamer toutes les fois qu'elle quittait son nid. » Les perroquets ont une singulière façon de marquer leur intérêt. Les vaches, qui ne sont pas moins sensibles, ne sont pas à ce point communicatives; car « qui peut dire ce que ressentent les vaches lorsqu'elles entourent et fixent du regard une de leurs camarades morte ou mourante » ? Le chien, au contraire, ne sait pas dissimuler ses bons sentiments. « J'ai

---

(1) P. 76.
(2) Voir dans un art. de M. G. Pouchet : *De l'Instinct chez les insectes* (*Revue des Deux-Mondes*, t. LXXXV, p. 696), quelle est cette « chance » qui pouvait si facilement nous perdre.

moi-même vu un chien, dit M. Darwin, qui ne passait jamais à côté d'un de ses grands amis, un chat malade dans un panier, sans le lécher en passant, le signe le plus certain d'un bon sentiment chez le chien. » Néanmoins, il faut en convenir, « l'absence de toute sympathie chez les animaux est quelquefois parfaitement certaine, car on les voit expulser du troupeau un animal blessé ou le poursuivre et le persécuter jusqu'à la mort. C'est le trait le plus noir de l'histoire naturelle. » Mais si cela prouve contre leur moralité, cela prouve en faveur de l'existence de la morale. Après tout, « leur conduite ne *serait pas bien plus coupable* que celle des Indiens de l'Amérique du Nord, qui laissent périr sur la plaine leurs camarades faibles, ou les Fuégiens qui enterrent vivants leurs parents âgés ou malades (1). »

Le pouvoir de se commander est un autre élément de la morale. Et le chien « a certainement quelque puissance de commandement sur lui-même... : il s'abstient de voler de la nourriture en l'absence de son maître ». C'est de la loyauté. Le singe n'est peut-être pas moins supérieur à ses instincts. « Lorsque les babouins vont piller un jardin en Abyssinie, ils suivent leur chef en silence. Si un jeune animal imprudent fait du bruit, il reçoit une claque des autres pour lui apprendre le silence et l'obéissance (2) », claque, du reste, aussi mesurée que fraternelle : tous frappent sans bruit.

(1) P. 80, 81. — Pour que l'*intérêt* entre dans la morale, il ne suffit pas qu'il soit synonyme d'attachement purement sensible; car l'attachement purement sensible a tout juste la valeur morale de l'affection du mouton pour l'herbe verte ou du tigre pour sa proie. L'*intérêt* moral est volontaire, conscient, libre, et avant tout *désintéressé*.

(2) P. 82. — Le fait du chien est certain, quoique l'interprétation en soit bizarre. Des personnes de ma connaissance partent pour un

Un troisième élément du sens moral, c'est le pouvoir de ressentir « cette espèce de mécontentement intérieur que, faible, nous appelons regret, et quand il est sévère, remords ». Ici, la théorie est plus curieuse que les faits. Suivant M. Darwin, l'être vivant est plein de désirs commandés par l'instinct ou la nature. Parmi ces désirs, il en est qui ont des tendances opposées, et il arrive que, de deux désirs opposés, l'un l'emporte par la vivacité, l'autre par la durée. Tels sont la faim, par exemple, et le besoin de conserver ce qu'on possède. D'autre part, un désir satisfait cesse de se faire sentir. Que résultera-t-il de ces diverses conditions ? Il en résultera que le désir le plus vif fera oublier le désir moins intense, qu'il sera satisfait tout d'abord et tombera aussitôt ; alors le désir opposé, ne rencontrant plus d'obstacle, fera sentir sa pointe et se convertira en regret par la raison que le regret n'est pas autre chose qu'un désir contrarié. Voilà quelle est, sous une forme précise, la théorie du remords imaginée par M. Darwin. J'avoue que si elle était conforme à la vérité, il ne serait peut-être pas impossible de reconnaître le remords dans l'animal. Mais le remords n'aurait absolument rien de moral.

voyage. Elles laissent, par mégarde, un grand épagneul noir enfermé dans une salle à manger, dont la table porte encore des restes du dernier repas. Au bout de quelques jours, les domestiques, attirés par les cris de l'animal, enfoncent la porte de la salle. Le chien, qui était affamé, comme bien l'on pense, n'avait touché à rien. Quelle abstinence héroïque, s'écrierait M. Darwin ! Quelle sottise plutôt, si cette bête avait l'ombre d'intelligence ! L'explication, du reste, est fournie un peu plus bas par le naturaliste anglais lui-même, lorsqu'il nous parle d'instincts neutralisés par d'autres instincts dont l'influence est en ce moment beaucoup plus énergique. L'horreur de l'isolement empêchait notre épagneul d'éprouver les effets ordinaires de ses autres instincts ou habitudes.

C'est bien au contraire comme sentiment moral que M. Darwin attribue le remords à l'hirondelle. « Lorsque la saison est arrivée, dit-il, ces oiseaux paraissent tout le le jour préoccupés du désir d'émigrer. » Il n'est point sans exemple qu'à ce moment quelque mère hirondelle, dont les petits sont encore au berceau, cesse de sentir l'instinct de la maternité à cause de la violence de l'instinct de migration. Sans doute il faudra pour cela, que « les petits ne soient pas en vue ». Hélas ! il est indispensable qu'elle s'en éloigne de temps en temps, et, par conséquent, les perde de vue. Elle les abandonnera donc. Mais, « à la fin de son long voyage, l'instinct migrateur cessant d'agir, quel remords ne ressentirait pas l'oiseau, si, doué d'une grande activité mentale, il ne pouvait s'empêcher de voir repasser constamment dans son esprit l'image des petits oiseaux qu'il a laissés dans le Nord périr de faim et de froid (1)? » Toute la différence qu'il y a de l'homme à l'animal, en fait de remords, est dans cette « grande activité mentale » dont il est spécialement doué pour son malheur, quand il est coupable. L'animal, s'il avait l'imagination plus active, lui ressemblerait presque en tous points ; car il est à peu près également soumis à la loi morale, comme M. Darwin l'affirme quelques lignes plus loin.

Inutile de redresser ces théories originales. Ni la *sympathie*, ni aucun autre sentiment n'est élément de la morale. La morale règle le sentiment dans l'être intelligent et sensible, voilà tout. Le *pouvoir de se commander*, sans être la morale, est la condition *sine qua non*, essentielle, de son action sur l'homme ; c'est, en termes ordinaires,

(1) P. 93.

le *libre arbitre*. Mais que dire du libre arbitre accordé si gracieusement par le naturaliste anglais au chien et au babouin? Le chien et le babouin n'ont pas deux manières de faire; la preuve en est précisément dans les deux faits rapportés. Est-ce le libre arbitre qui agit toujours de la même façon? Quant au *remords*, il est, sinon un élément, du moins un signe de la violation de la morale. Mais M. Darwin se fait singulièrement illusion, lorsqu'il s'imagine pouvoir tirer ce sentiment du conflit de deux instincts, dont l'un se réveille après la satisfaction de l'autre. Opposition, satisfaction, réveil, refoulement d'instincts, rien de tout cela n'est capable de faire sentir cet aiguillon *sui generis* qu'on appelle le remords; une chose seule en est capable, la *conscience du devoir violé*. Du reste, la morale est toute dans ce mot, le *devoir*. L'animal connaît-il le devoir? Après bien des tergiversations inutiles, M. Darwin répond à cette question, et voici comment.

« Le mot impérieux *devoir*, dit-il, ne semble impliquer que la conscience de l'existence d'un intérêt persistant, inné ou en partie acquis, servant de guide, bien que pouvant être méconnu et désobéi. » Cette notion du *devoir* est passablement fantaisiste : elle justifie les vices naturels et les mauvaises habitudes, à moins que, dans ces mots: « servant de guide », M. Darwin ne renferme les sources mêmes du devoir, qui sont la nature, la volonté de Dieu et la conscience. Mais alors ce qui suit ne prouve en vérité plus rien. « Nous nous servons du terme *devoir*, continue M. Darwin, à peine dans un sens métaphorique, lorsque nous disons que les chiens courants doivent chasser à courre, que les chiens d'arrêt doivent arrêter et les chiens rapporteurs doivent rapporter le gibier. S'ils ne font pas

ainsi, ils ont tort et manquent à leur devoir. » Si
M. Darwin se sert du terme *devoir*, à peine dans
un sens métaphorique », en parlant de son chien,
il est trois choses dont l'une au moins est imparfaitement
connue de lui ; ces trois choses sont : sa personne, son
chien et la nature du devoir. M. Darwin peut être honnête, nous sommes persuadé qu'il l'est sans métaphore
et il l'est par la pratique du devoir ; son chien, eût-il
toujours chassé conformément aux instincts de sa race,
ne le sera jamais, même par métaphore.

Notre analyse est complète. On voit que la matière
n'est pas dépourvue d'un certain intérêt. Le langage,
les réflexions, la piété, la conscience, la moralité du
chien, avec le sentiment esthétique de la poule d'Inde,
la galanterie du perroquet, les remords de l'hirondelle
et la profonde religiosité du singe, sont assurément la
partie la plus amusante de l'histoire naturelle... de
M. Darwin. On voudrait croire à une plaisanterie : ce respectable savant ne se déride jamais. Il est clair comme le
jour qu'il s'est proposé d'établir solidement sa thèse.
A-t-il seulement l'air de prouver quelque chose ?

CHAPITRE III

SUITE DU PRÉCÉDENT

3° Faits qui ne prouvent pas grand'chose. — Chien de M. Colquhoun. Chien de M. Hutchinson. — Histoires de singes. — Le babouin de le Vaillant.

Le troisième groupe, grâce à Dieu, quoique le moins riche, ne se dérobe pas à toute critique. Il contient trois ou quatre faits seulement; mais ces faits sont de telle nature, qu'à moins d'avoir l'habitude de l'analyse psychologique; on peut s'y laisser tromper.

M. Darwin veut prouver que tous les animaux raisonnent. C'est une manière légitime de prouver qu'ils ont tous la raison, non pas que le raisonnement soit la raison, comme le croit l'illustre naturaliste, mais sans raison il n'y a pas de raisonnement; cela suffit.

« M. Colquhoun (1), dit-il, ayant blessé à l'aile deux canards sauvages, ceux-ci étaient tombés sur la rive opposée d'un ruisseau, où son chien chercha à les rapporter tous deux ensemble sans pouvoir y parvenir. L'animal, qui avant n'avait jamais froissé une plume, se décida

(1) C'est un personnage connu de M. Darwin.

à tuer un des oiseaux, apporta celui qui était vivant et retourna pour chercher le mort(1). »

En France, les chasseurs ne jouissent pas d'une grande réputation de sincérité. Je veux bien croire que les chasseurs anglais en général et M. Colquhoun en particulier méritent mieux ; j'accepte le fait tel qu'il est donné. Un chien essaye d'abord de rapporter en même temps deux canards blessés et encore vivants ; puis il en tue un, rapporte l'autre et enfin va chercher le mort. Voilà le fait, tel qu'il s'est passé sous les yeux du chasseur, encore pur de toute interprétation. Suppose-t-il en réalité un raisonnement ? Le naturaliste, qui a l'habitude de se substituer à l'animal, le fait discourir ainsi : « Mon maître n'a pas souvent la chance d'emporter des canards vivants dans sa gibecière : il l'aura aujourd'hui. Tâchons de lui faire ce plaisir... Mais quoi ? j'ai la gueule trop petite... Je ne puis aujourd'hui emporter à la fois deux bêtes de cette grosseur. Bah ! je ferai double voyage, que deviendra l'autre canard ! Il s'échappera ! Bon, je vais l'en empêcher de la bonne manière ! » Il peut paraitre ridicule de prêter ce monologue au chien de M. Colquhoun ; mais il nous semble impossible de le faire raisonner sans le faire parler à peu près de cette façon. Or M. Darwin affirme que « de pareils faits suffisent pour convaincre que l'animal peut raisonner ». Il admet donc que le chien a dû *tenir à peu près ce langage*, avec cette différence pourtant qu'il n'a pas employé des mots français, ni même anglais peut-être. Eh bien, cela nous paraît un peu fort. Nous aurions quelque peine à l'admettre, même dans l'impossibilité de l'expliquer sans

(1) P. 49.

le concours du raisonnement. Nous aimerions mieux avouer notre ignorance que de faire à ce point violence au bon sens et à la philosophie. Mais l'explication existe, et c'est M. Darwin qui, sans s'en douter, nous a mis sur la voie de la découvrir, en citant immédiatement après une autre aventure de chasse.

« Le colonel Hutchinson raconte le cas de deux perdrix atteintes d'un même coup de feu, dont l'une fut tuée et l'autre blessée ; cette dernière se sauva et fut rattrapée par le chien, qui, en revenant sur ses pas, rencontra l'oiseau mort : « il s'arrêta, évidemment très embarrassé, » et, après deux tentatives, voyant qu'il ne pouvait pas » relever le mort sans risquer de lâcher le vivant, il tua » résolûment ce dernier et les rapporta tous les deux. Ce » fut le seul cas connu où ce chien eût volontairement » détruit le gibier (1). » M. Darwin continue : « Nous avons ici de la raison, bien qu'imparfaite ; car le chien aurait pu rapporter d'abord l'oiseau blessé, puis retourner pour chercher le mort. » C'est beaucoup de sévérité pour le chien de M. Hutchinson, après beaucoup d'indulgence pour celui de M. Colquhoun. Celui-ci s'est-il avisé qu'un canard blessé à l'aile lui donnerait bien le temps de traverser un ruisseau avant de s'échapper ? La vérité est qu'en tuant, ni l'un ni l'autre n'a fait preuve de sagesse, ni de raison. Cette identité de conduite doit faire soupçonner la présence d'un instinct ; nous allons le dégager.

Le chien de chasse, personne ne l'ignore, obéit à deux forces, à l'instinct et à l'éducation, à une disposition na-

---

(1) Ces guillemets indiquent, dans l'ouvrage de M. Darwin, le texte authentique du chasseur. Du moins je le suppose.

tive et à une disposition acquise. Quelle est la disposition native ? Peut-être ne serait-il pas facile de la déterminer par l'observation même de l'espèce du chien ; on la reconnaît sans peine dans les espèces voisines que la nature a formées pour la chasse. Écoutons Buffon parlant du renard : « S'il peut franchir les clôtures, dit-il, ou passer par-dessous, il ne perd pas un instant, il ravage la basse-cour, *il y met tout à mort*, se retire ensuite lentement, en emportant sa proie qu'il cache sous la mousse ou porte à son terrier ; il revient quelques moments après en chercher une autre, qu'il emporte et cache de même, mais dans un autre endroit ; ensuite une troisième, une quatrième, etc., jusqu'à ce que le jour ou le mouvement de la maison l'avertisse qu'il faut se retirer et ne plus revenir. » Le loup a des mœurs assez analogues. Quand, pendant la nuit, il attaque « les bergeries, dit le même écrivain, il gratte et creuse la terre sous les portes, entre furieux, met tout à mort avant de choisir et d'emporter sa proie. » Tel serait le chien à l'état sauvage, l'induction et l'expérience le prouvent. Buffon avait enfermé dans un même lieu un jeune chien et une jeune louve. Il les tint ensemble pendant trois ans. Au bout de ce temps, le chien, rendu à la liberté, « fait un grand dégât en se lançant avec fureur sur les volailles, sur les chiens et même sur les hommes (1). » L'instinct féroce subsiste donc dans la race. Le chien chasseur agirait comme le renard et le loup, si la raison de l'homme n'avait pas façonné, modelé d'autre sorte ses dispositions naturelles. C'est par suite de cet effet de l'éducation, c'est

---

(1) *Œuvres*, t. V, p. 85.

en vertu d'images arbitraires et de passions naturelles associées par l'art humain, que le chien rapporte à son maître au lieu de rapporter à son terrier, qu'au lieu de tuer, il rapporte « sans froisser une plume ». Que faudra-t-il pour que l'instinct primitif éclate ? une simple occasion que l'art n'a pas prévue. C'est un point sur lequel l'instinct conserve sa tendance première ; rien ne l'ayant modifié, il agit tout naturellement ; il est à découvert, il faut qu'il paraisse. Le chien à qui vous n'avez pas appris à ne jamais tuer tuera par occasion, comme il aurait toujours tué dans l'état sauvage. Le canard et la perdrix, qui faisaient effort pour s'échapper, ont réveillé l'instinct primordial, c'est là ce qui a causé leur mort et point du tout un raisonnement. M. Darwin a donc mal raisonné quand il affirme « du cas » des deux chiens, qu'il « ne peut guère dépendre de la modification d'aucun instinct ».

Le singe a été aussi l'objet d'observations également concluantes. Rengger, amateur de singes américains, avait en sa possession quelques-uns de ces quadrumanes. « On leur donnait souvent, dit M. Darwin, des morceaux de sucre enveloppés dans du papier, et Rengger y ayant quelquefois substitué une guêpe vivante, ils avaient été piqués en le déployant à la hâte ; mais ensuite ils eurent le soin de toujours porter le paquet à l'oreille *pour savoir si quelque bruit se produisait dedans* (1). » Ce fait est rapporté sous la rubrique *raison*. Il en est un autre cité ailleurs et non moins fort. M. Darwin l'emprunte aux mémoires d'un autre amateur de singes, africains cette fois,

(1) P. 49.

aux mémoires de Brehm. « Une femelle de babouin, remarquable par sa *bonté*, *adoptait* non-seulement de jeunes singes d'autres espèces, mais encore *volait* de jeunes chiens et chats, qu'elle emportait partout avec elle... Un petit chat ayant égratigné le singe, sa mère adoptive, celle-ci, *très-étonnée* du fait, fit preuve d'intelligence en examinant les pattes du chat, dont elle coupa aussitôt les griffes avec ses dents (1). »

Les livres d'histoire naturelle renferment une foule de traits où le singe semble donner des marques d'intelligence. Buffon, F. Cuvier, Flourens en rapportent qui sont assurément fort curieux. M. Darwin les connaît sans doute. Il les passe sous silence, et il a parfaitement raison. L'intelligence que manifeste le singe dans la plupart de ces faits n'est point la sienne, mais celle de l'homme, dont il *imite* les actions. Il lui faut pour cela tout juste autant d'esprit qu'il en faut au perroquet pour répéter

---

(1). P. 42. — La chèvre n'est pas admise à l'honneur de fournir des arguments à nos modernes naturalistes. Les anciens lui rendaient plus de justice. Voici un fait devant lequel pâlit, croyons-nous, l'histoire de la femelle de babouin. On y reconnaîtra le sujet d'une fable de la Fontaine: « Mucien (c'est Pline l'Ancien qui parle) rapporte, comme témoin oculaire, un trait convaincant de l'intelligence de cet animal. Deux chèvres se rencontrent tête à tête sur un pont fort étroit. L'espace ne leur permet pas de se retourner; elles ne peuvent non plus reculer : la planche, d'une étroitesse extrême, est invisible derrière elles, et un torrent impétueux qui coule au-dessous menace de les engloutir. Que faire alors ? L'une des deux se couche sur le ventre, et l'autre lui passe sur le corps. » (Hist. nat, l. VIII, c. L.) Les deux chèvres qui montrent tant d'habileté au milieu du pont, auraient bien dû en montrer un peu aux deux extrémités. Il aurait été plus sage de ne point s'engager en même temps sur l'étroite passerelle, ainsi qu'auraient certainement fait les deux hommes les plus sots de la terre. La sottise incontestable dont font preuve d'abord les deux voyageuses, est un signe manifeste que Mucien, s'il a vu quelque chose, n'a vu qu'un acte de pur instinct.

des mots, c'est-à-dire, point; il ne lui faut qu'un *instinct d'imitation* largement développé. Mais les singes de Rengger et celui de Brehm n'*imitent* pas, cela est évident. S'ensuit-il qu'ils raisonnent? M. Darwin en est profondément convaincu. « Si de pareils faits, dit-il, ne suffisent pas pour convaincre que l'animal peut raisonner, je n'en saurais ajouter d'autres plus convaincants. » Ce désarroi est bien fâcheux, car assurément ils *ne suffisent pas*. L'illustre naturaliste a oublié que l'*imitation* ne résume pas tous les instincts des simiens. Lui-même fournit les preuves du contraire.

« Brehm assure, dit-il, que lorsqu'une bande de Cercopithicus (sic) *griseo viridis* a traversé une fougère épineuse, chaque singe s'étend sur une branche, est aussitôt visité par un de ses camarades, qui examine *consciencieusement* sa fourrure et en extrait toutes les épines (1). » Évidemment il s'agit ici d'un fait général, d'une habitude héréditaire, c'est-à-dire d'un instinct. Car il n'est pas probable que toutes les guenons de l'Afrique (le *cercopith. gris. viridis* est une guenon) soient convenues ensemble de s'arracher mutuellement leurs épines, le cas échéant, et encore moins que l'unanimité soit un effet du hasard. Il n'y a donc pas ici ombre d'intelligence, mais seulement concours de sensations, de passions et de mouvements. Eh bien! la mère adoptive du petit chat, quoique appartenant à un autre genre, ne s'est pas conduite autrement que la guenon; elle a opéré sur les ongles du chat comme elle aurait fait sur des épines. Le coup de griffe a réveillé un instinct

(1) P. 78.

endormi, voilà tout le mystère. Si vous la faites raisonner, vous devez lui donner pour but ou de se défendre, ou de rendre service à son pupille. Elle ne se défend pas, puisqu'elle ne manifeste aucune colère, malgré le caractère violent de son espèce, et, loin de rendre service au petit chat, elle lui nuit en réalité. Brehm n'a donc observé qu'un instinct : il faut en dire autant de Rengger.

Imaginez un homme à qui l'on donnerait, enveloppée dans du papier, une guêpe pour un morceau de sucre. Ne serait-ce pas le traiter comme un imbécile? Et s'il ne s'apercevait pas de la supercherie au moment même où il reçoit dans la main le prétendu cadeau; si la légèreté, si le peu de résistance du paquet ne lui indiquaient rien, ne mériterait-il pas de tous points d'être traité de la sorte? Ainsi, l'intelligence que M. Darwin accorde aux plus avancés de ses animaux suffit tout juste pour constituer un imbécile dans l'espèce humaine. Ce n'est pas assez. Un singe condamné à user d'un tel principe de conduite serait condamné à se tromper à chaque instant, c'est-à-dire à périr bientôt. Le principe auquel il obéit n'est pas si élevé, mais il est sûr; ce n'est que par accident qu'il dévie du but.

Le singe doit reconnaître (1) ses ennemis : les sens lui ont été donnés pour cela. Il en est qu'il reconnaît par la vue, d'autres par l'odorat, d'autres par l'ouïe. M. Darwin nous parle de l'horreur que la *vue* du serpent produit sur le singe; un serpent empaillé, un innocent lézard

---

(1) Je me sers de ce mot *reconnaître*, faute d'un autre plus propre. L'animal ne *reconnaît* pas, il *ressent*, c'est-à-dire il *sent de nouveau*, d'une manière qui correspond à une passion d'instinct ou d'habitude.

et la non moins inoffensive grenouille ont la même vertu (1). Preuve que la sensation fait tout ici, et la raison, rien. Le toucher ne doit pas avoir la même destination, ce serait un moyen trop dangereux ; c'est pour cela que le singe de Rengger ne reconnaît rien en touchant le perfide paquet. L'ouïe, au contraire, est parfaitement propre à prémunir contre tout ennemi bruyant, tel que la guêpe, par exemple. Ceci posé, je puis aborder l'explication de tout le phénomène.

L'image d'un papier plié d'une certaine façon s'est associée dans l'imagination du singe à l'image agréable d'un morceau de sucre et à l'image désagréable d'une guêpe. Naturellement, l'image du sucre réveille un attrait, l'image de la guêpe réveille une aversion. Que fera l'animal ? Restera-t-il immobile entre les deux sollicitations ? Vous avez sans doute observé comment tout animal, même pressé par la faim, commence toujours par explorer, pour ainsi dire, la nourriture qui lui est présentée, par l'application immédiate de l'un de ses sens, de l'odorat, par exemple. A l'exercice de ce sens est attachée la passion qui détermine le mouvement définitif, un attrait ou une aversion efficace. Ainsi donc, il faut reconnaître une sorte de passion intermédiaire entre celles qui s'élèvent d'abord à la suite de la sensation et celle qui finit par triompher, grâce à l'intervention d'une sensation plus précise. L'image du sucre et celle de la guêpe ont éveillé, avec un premier désir et

---

(1) Le naturaliste ajoute avec un sérieux imperturbable : « Il semblerait que les singes ont presque quelques notions sur les affinités zoologiques. » N'y aurait-il pas là un moyen précieux de vérification pour les classifications de nos savants ?

une première répugnance, indécis précisément parce qu'ils sont opposés, un désir dont l'effet immédiat est d'appliquer convenablement un sens à l'exploration de l'objet qui sollicite d'une double façon. Ici c'est l'ouïe qui fera cet office, parce que l'image de la guêpe se confondait avec une image sonore lorsqu'elle s'est gravée dans l'imagination. Le reste va de soi. Ainsi l'action où M. Darwin admire une manifestation de la raison n'est qu'un ensemble de sensations, d'images, de passions et de mouvements extérieurs harmonieusement préparé par la nature et par les circonstances. Le singe de Rengger, qui finit par croquer son morceau de sucre, ne fait pas plus preuve d'intelligence que le cheval qui mange du foin. C'est le même phénomène dont les éléments sont en saillie dans un cas et confus dans l'autre.

Avant de finir ce chapitre, ajoutons une remarque au sujet de la tribu des quadrumanes, qui a le privilège de fournir aux avocats des animaux leurs meilleurs arguments. Les sens, dans le singe, sont d'une excessive mobilité. A chaque instant, ils changent de direction, pour ainsi dire, entraînant à leur suite un cortège très varié de passions et d'instincts. L'analyse les suit difficilement, et l'on est porté à prendre pour de la raison ce qui n'est qu'une complication de phénomènes de la sensibilité, dont on a de la peine à se débrouiller. Mais ce qui prouve que la raison n'a rien à voir là-dedans, c'est un fait universel constaté par Flourens en ces termes : « L'*orang-outang*, lorsqu'il est jeune, nous étonne par sa pénétration, par sa ruse, par son adresse ; l'*orang-outang*, devenu adulte, n'est plus qu'un animal grossier brutal, intraitable. Et il en est de tous les *singes* comme de l'*orang-outang* (1). » La raison a précisément pour caractère de croître toujours, tant que l'état normal du cerveau n'est pas troublé : elle croît en puissance, elle croît en richesse : aux connaissances acquises s'ajoutent sans cesse de nouvelles connaissances, et chaque connaissance qui survient augmente l'énergie de la faculté. Que serait-ce donc qu'une faculté qui s'anéantirait dans le développement régulier de l'organisme ? Ne serait-ce pas plutôt quelque chose d'analogue à la vivacité de l'enfant, à cette forme de la sensibilité qui s'affaiblit à mesure que la raison se fortifie ?

Du reste, le singe fait éclater sa *stupidité* même à l'époque où il semble marquer le plus d'intelligence. Le trait suivant le prouve; nous l'empruntons à le Vaillant (2).

« Dans une de mes courses, nous avions tué un singe roux, de l'espèce à laquelle les naturalistes ont donné le nom d'allouate, et que, dans le pays, on nomme baboen. C'était une femelle : elle portait sur son dos un petit qui n'avait point été blessé; nous les enlevâmes tous les deux. De retour à la plantation, mon singe n'avait point encore désemparé les épaules de sa mère ; il s'y cramponnait si fortement, que je fus obligé de me faire aider par un nègre pour l'en détacher; mais à peine séparé, il s'élança comme un oiseau sur une tête de bois qui portait une perruque de mon père ; il l'embrassa de toutes ses pattes, et ne voulut absolument plus la quitter; son instinct le servait en le trompant; il se croyait sur le dos et

---

(1) *De l'Instinct et de l'Intelligence dans les animaux.*
(2) *Voyage en Afrique*, de 1780 à 1785. Préface.

sous la protection de sa mère : il était tranquille sur cette perruque ; je pris le parti de l'y laisser et de le nourrir avec du lait de chèvre ; son erreur dura environ trois semaines : après quoi, s'émancipant de sa propre autorité, il abandonna la perruque nourricière, et devint par ses gentillesses l'ami et le commensal de la maison.

» Je venais d'établir, sans m'en douter, le loup dans la bergerie. Un matin que je rentrais dans ma chambre, dont j'avais eu l'imprudence de laisser la porte ouverte, je vis mon indigne élève qui faisait son déjeuner de ma superbe collection (collection d'insectes réunis par l'auteur alors encore enfant) : mon premier transport fut de l'étouffer dans mes bras ; mais le dépit et la colère firent bientôt place à la pitié, quand je m'aperçus qu'il s'était livré lui-même, par sa propre gourmandise, au plus cruel supplice : il avait, en croquant les scarabées, avalé les épingles qui les enfilaient : c'est en vain qu'il faisait mille efforts pour les rendre. Les tourments me firent oublier le dégât qu'il me causait : je ne songeai plus qu'à le secourir ; et mes pleurs et tout l'art des esclaves de mon père, que j'appelais de tous côtés à grands cris, ne purent le rendre à la vie. »

M. A. Mangin, quoique dévoué à la cause des animaux en général et des singes en particulier, écrit cependant : « Dans l'humeur farouche et mélancolique du gorille, du chimpanzé et de l'orang-outang, dans leurs habitudes solitaires, dans la fureur violente ou la sombre tristesse qu'inspire aux individus adultes la perte de leur liberté, on est tenté de voir la notion confuse de l'espèce d'ostracisme dont la nature les a frappés. Ces êtres hybrides et bizarres nous apparaissent comme des déclassés qui se sentent mal à l'aise en ce monde et souffrent de leur isolement. Ni hommes ni bêtes, ils n'ont leur place nulle part. Retirés dans les forêts les plus épaisses, on dirait qu'ils ont pris en aversion tous les êtres qui, de leur côté, les fuient, les repoussent ou les persécutent, et qu'ils évitent même de communiquer entre eux, n'ayant rien à échanger que l'idée confuse, mais toujours présente, de leur commune disgrâce. Ils font penser... aux malheureux qui, par leur difformité, leur laideur ou leur faiblesse intellectuelle, sont voués au dédain ou à la risée. Ils produisent sur nous l'impression d'une caricature de l'homme, mais d'une caricature qui ne donne point envie de rire ; ils font horreur s'ils ne font pas pitié (1). »

Tels sont les proches cousins que certains naturalistes se sont donnés. La mélancolie rêveuse que leur prête M. Mangin est assurément très amusante ; mais ce n'est qu'une plaisanterie. Sur les traits du singe, qui rappellent ceux de l'homme, la nature a placé le masque évident de la bestialité, traduction spontanée de ses facultés mentales ; c'est ce contraste qui excite l'horreur ou une sorte de sympathie amère, suivant qu'en le voyant on pense vaguement à la bête ou à l'homme dégradé malgré lui.

(1) *L'Homme et la Bête,* p. 165.

CHAPITRE IV

THÈSE DES POSITIVISTES (¹)

M. A. Sanson. — Son syllogisme. — Attention du chien, du lièvre. — Mémoire du cheval. — Raisonnement chez l'abeille. — Le cheval de M. Sanson. — Le chamois qui saute par calcul. — Réfutation du syllogisme de M. Sanson. — M. Alexandre Dumas en parallèle avec le chamois de M. Simonot. — En quelle langue l'animal pense-t-il ? — Digression sur ce sujet.

Un disciple de M. Comte, adversaire déclaré des théories transformistes, M. André Sanson, s'accorde cependant de tout point avec M. Darwin pour faire aux animaux une large part d'intelligence. D'après cet éleveur distingué, ce *zootechniste*, comme il s'intitule lui-même, rien ne prouve que la bête ne doive pas rester jusqu'à la fin des siècles ce qu'elle est ; mais ce qu'elle est n'est déjà pas si peu de chose : elle n'a, pour ainsi dire, rien à envier à l'homme. Si M. Sanson ne le dit pas, il l'insinue clairement. Les positivistes sont malheureusement trop en évidence aujourd'hui parmi les demi-savants pour que nous puissions nous dispenser de les écouter un instant sur la question qui nous occupe.

(1) *L'Instinct et l'Intelligence*, par M. A. Sanson. *La Philosophie positive*, mai-juin 1870.

Avant tout, je dois rendre hommage à la manière dont M. Sanson procède. Rompant sur ce point avec le positivisme, il est aussi méthodique qu'un logicien du moyen âge. Son article est un véritable syllogisme, dont la majeure est une définition jusqu'à un certain point dans les formes, et la mineure l'application de la majeure à l'espèce en question. Un vieux docteur de Sorbonne n'eût pas fait autrement. Mais, M. Sanson le dit très bien lui-même, « le syllogisme le plus irréprochable comme construction conduit à l'erreur nécessairement, quelque logiquement qu'en soient enchaînées les diverses parties, si la proposition majeure en est fausse. » Que sera-ce donc, si la proposition mineure est également dénuée de vérité ? Nous allons voir si l'une et l'autre nous « conduisent nécessairement » à la vérité touchant l'intelligence des animaux. Mettons d'abord en relief le syllogisme qui s'est égaré dans un écrit positiviste.

I

Voici la majeure : « En somme, l'être vivant se montre doué d'intelligence, lorsqu'il est capable d'*attention*, de *mémoire*, de *raisonnement*, actes successifs qui constituent le discernement et qui sont suivis d'un *jugement* ayant pour conséquence une détermination volontaire, manifestée par un autre acte qui en est l'expression (1). » Cette majeure serait irréprochable, si elle n'était pas un peu trop arbitraire et un peu trop obscure. On com-

---

(1) P. 438.

prendra combien cette lacune est regrettable par les définitions des phénomènes qui sont donnés comme constituant l'exercice de l'intelligence. « L'attention est cette
faculté en vertu de laquelle les organes des sens, chargés
de recevoir l'impression, peuvent être appliqués d'une
façon soutenue à un objet déterminé (2). » La mémoire
n'est pas définie par l'auteur ; mais en la comparant « aux
plaques daguerriennes impressionnées par la lumière »,
il montre qu'elle n'est pour lui qu'une affection de « la
substance cérébrale sensibilisée (3) ». Le « raisonnement
est une association d'idées... c'est-à-dire une relation de
deux idées au moins (4) ». Enfin le jugement est la « faculté intellectuelle... en vertu de laquelle le raisonnement aboutit toujours à une conclusion juste ou vraie,
conforme à la réalité des choses (5) ».

On n'accusera pas M. Sanson de copier ses définitions.
Puisqu'il a le courage de faire des emprunts à la
méthode scolastique, il aurait bien dû étendre la main
sur un précepte fort utile dans le genre où il s'est
engagé. Ce précepte consiste à laisser aux mots leur
sens ordinaire. C'est dans les discussions le seul moyen
d'éviter la logomachie. La pensée de notre auteur
peut, je crois, se rétablir de la sorte. — La nature
intime de l'animal échappe à la conscience et au sens :
on ne peut l'étudier que dans ses actes extérieurs.
Si l'on veut s'assurer qu'elle est intelligente, il faudra
de toute nécessité comparer ses actes extérieurs aux
actes analogues d'une espèce à laquelle personne ne
refuse l'intelligence, par exemple, à ceux de l'homme.
Or, comment se comporte un homme quand il agit

(2) P. 444. — (3) P. 447. — (4) P. 451. — (5) P. 459.

en connaissance de cause? Les sens, la mémoire, la pensée lui offrent divers partis à choisir; il observe, il pèse les chances favorables ou défavorables; enfin il prononce qu'il fera telle action déterminée à l'exclusion de toutes les autres. C'est après cette décision (1) qu'il se détermine. — L'intelligence s'est exercée ici de bien des façons. M. Sanson ne distingue que l'attention, la mémoire, la délibération, qu'il appelle raisonnement, et une sorte de décision intellectuelle qu'il appelle jugement. Est-ce suffisant? Contentons-nous pour le moment de comprendre ce qu'on a voulu dire. Il est bien évident que si l'intelligence est toute dans cela, et que les animaux aient cela, les animaux ont l'intelligence. C'est ce qui reste à démontrer.

Les animaux ont l'intelligence. En effet, ils ont:

1º L'attention, car « il est incontestable que l'homme n'est pas celui qui s'en montre capable au plus haut degré. Citerait-on beaucoup d'hommes qui donnent la preuve d'une dose d'attention supérieure à celle que déploie l'animal qui guette sa proie, l'œil invariablement fixé, durant des journées entières, sur le point d'où elle doit venir? Le chien qui vous regarde d'un œil si attentif, se tenant prêt à happer la bouchée de pain que vous lui avez montrée, observant les moindres mouvements et les suivant de son regard si expressif; le lièvre, si peu intelligent d'ailleurs et si craintif, qui s'arrête au moindre bruit insolite, dressant l'oreille pour le mieux percevoir et le mieux appécier; ne voilà-t-il pas, dans leurs extrêmes, des exemples certains de la faculté d'atten-

---

(1) Dans l'école on dirait : ce jugement pratique.

tion commandée par l'instinct (1) ? » Ce terme d'instinct ne doit point troubler le lecteur ; car même sous l'influence de ce mobile si peu intellectuel, une « notion agit toujours d'abord sur l'attention (2) ». Et même, très souvent, la notion agit toute seule : « le chien d'arrêt, qui reste ferme, observant attentivement le gibier qu'il a devant lui et le fascinant en quelque sorte du regard (3) », est seulement sous l'influence d'une idée. M. Sanson nous en donne sa parole. Donc les animaux sont attentifs.

2° La mémoire. Peut-on le contester ? « Le chien et le cheval, nos plus intimes compagnons (4), nous donnent de si fréquentes preuves de mémoire, qu'il pourrait, à la rigueur, suffire de les nommer sans entrer dans aucun détail. Le cheval qui se venge si cruellement du palefrenier brutal dont il a reçu de mauvais traitements, celui qui garde rancune aux hommes, en général, d'une offense de ce genre remontant à sa jeunesse, et que l'on qualifie de méchant ou de vicieux pour ce motif (5); le cheval du colporteur ou du meunier qui parcourt librement les chemins et les rues des villages, s'arrêtant de lui-même à la porte de chacune des pratiques de son maître (6)...; tous ces faits et tant d'autres, que tout le monde a pu observer, ne prouvent-ils pas jusqu'à l'évi-

---

(1). P. 445
(2) *Ibid.*
(3) *Ibid.*
(4) M. Sanson flatte ses amis.
(5) O injustice humaine !
(6) Et les coucous de la forêt Noire qui se montrent, ouvrent les ailes toujours aux mêmes heures, et poussent un nombre de cris exactement le même que la veille! Quelle mémoire! — Un retour périodique de phénomènes n'est pas même un signe d'opérations sensitives : comment serait-il un signe de la raison ?

dence une mémoire parfaitement déterminée (1) ? » Tout lecteur non prévenu par des opinions philosophiques ne pourra manquer d'admettre maintenant, avec M. Sanson, « qu'en ce qui concerne la mémoire, les animaux ne nous le cèdent en rien, si même ils n'en sont pas doués plus généralement que nous et d'une façon plus intense ». Que serait-ce surtout s'il avait connu le chien que M. Sanson a possédé dans sa famille ? Ce chien, perdu un jour, dans une forêt, à la chasse, a su retrouver le chemin du logis ; le fait est sûr.

3° Le raisonnement. Voyez les abeilles, ces « petites bêtes dépourvues de cerveau proprement dit, qui nous donnent l'exemple d'une société admirablement ordonnée, où tout est prévu... en vue de la pérennité de cette société même... Dans la ruche, tout est raisonné, voulu, exactement approprié à son but... » On a dit que les abeilles sont condamnées à construire des cellules invariablement hexagonales. « On l'affirme, mais en l'affirmant on ne prouve qu'une chose : c'est qu'on n'a point observé les ruches. Il suffit d'y jeter un simple coup d'œil pour s'assurer que rien n'est moins exact. D'abord, on voit que, sur le contour des rayons ou gâteaux de cellules, il y a une série de celles-ci servant à établir l'adhérence du rayon au local qu'il occupe, et dont la plupart ne sont point hexagonales. Il y en a de triangulaires, de trapézoïdes, de pentagonales, régulières ou irrégulières, suivant l'espace qu'il s'agissait de remplir, entre la paroi du local et la cellule la plus voisine, devant servir au développement d'une larve ou à recevoir la provision de miel. » Ne doit-on pas reconnaître ici une

(1) P. 410.

« prévoyance raisonnée ? Cette prévoyance raisonnée se montre dans tous les actes de la vie des abeilles, avec une évidence éclatante ». Elle est surtout remarquable dans l'abeille mère qui « dépose ses œufs au fond des alvéoles avec une infaillible précision, sans jamais se tromper, sans jamais pondre, dans les conditions normales, un œuf « femelle » dans une grande cellule, ni un œuf « mâle » dans une petite... Si la population est faible, la mère ne pond que des œufs d'ouvrières qui devront la renforcer (1) ; si elle est forte et qu'un prochain essaimage doive se produire pour éviter l'encombrement de la ruche, « pour compléter la petite république qui va rester dans la ruche », elle se met en devoir de pondre des œufs de mâles ; et, s'il n'y a pas à sa disposition des alvéoles propices, les ouvrières, de leur côté, s'empressent de lui en construire, à moins que la place ne leur fasse défaut. » Ce n'est pas tout. Les ouvrières elles-mêmes, qui ne sont que des femelles inachevées, de quelle force de raisonnement ne font-elles pas preuve ? Si leur mère vient « à périr accidentellement », et qu'alors il y ait « des œufs fraîchement pondus, ou de jeunes larves âgées de moins de six jours, ce qui ne manque jamais lors de l'essaimage, la chose ayant été prévue, les ouvrières s'empressent de construire, autour de plusieurs de ces œufs ou de ces larves, des cellules maternelles (?) et de les pourvoir de la nourriture appropriée au développement des femelles complètes... » Quelques-unes d'entre elles vont jusqu'à usurper une partie des prérogatives de la mère. Mais il faut convenir qu'il y a un peu de sottise dans leur fait ; car, dans l'état où l'éducation les a

(1) La mère sans doute.

réduites, elles ne peuvent aboutir « à donner naissance qu'à des mâles », dont on n'a vraiment que faire. « Mais enfin, ce qu'on vient de voir suffit amplement, je pense, pour qu'il ne paraisse pas possible de contester à ces insectes la faculté de raisonnement poussée à son plus haut point, qui est la prévoyance ou la notion de l'avenir. »

Que si, cependant, il se trouvait encore quelque incrédule, on le prie d'écouter l'histoire suivante. « J'ai possédé », c'est M. Sanson qui parle, « j'ai possédé, durant quelques années, un cheval fort intelligent, qui, pour satisfaire sans doute une vieille rancune, avait la déplorable coutume de mordre cruellement ceux qui l'approchaient sans précaution. Tant qu'il vous voyait attentif à ses mouvements, il prenait l'air le plus innocent du monde, en se tenant coi. On n'avait pas plutôt le regard tourné qu'il vous happait sournoisement. Il rachetait ce vice grave par une énergie, une solidité et une adresse rares sous le cavalier. Entre autres preuves de son adresse, il me donna bien des fois celle de se débarrasser de son licol pendant la nuit, quelque soin qu'on prît pour le fixer solidement à sa tête. Ce n'était point par pur caprice qu'il se détachait ainsi. Le coffre à avoine était dans son écurie, et il lui plaisait d'aller y manger quelque peu. Il n'en prenait point chaque fois de quoi se donner une indigestion. Pas si bête ! Ce coffre était fermé par un couvercle. Mon cheval soulevait le couvercle avec le bout de son nez. On y mit un cadenas ; il brisa le cadenas avec ses dents. On mit sur le couvercle une pierre pesant plus de vingt kilogrammes : le lendemain matin, la pierre était sur le sol devant le coffre. On prit le parti de retourner le coffre, de manière à ce que les charnières du couvercle fussent en face et son ouverture du côté du mur près duquel le coffre était appliqué ; la pierre fut remise dessus. Celle-ci se trouva encore par terre; le coffre avait été éloigné de la muraille par un de ses coins, juste de la quantité nécessaire pour que le couvercle pût être soulevé avec les dents. Ces dernières avaient laissé, du côté des charnières, des traces de tentatives préalables. Il fallut en arriver à l'enlèvement du coffre de l'écurie, tous les moyens de mettre en défaut la perspicacité de l'animal rusé ayant été épuisés(1). Est-il besoin d'analyser ce fait, pour y rechercher les marques de la faculté de raisonnement qu'il indique ?... Pour satisfaire sa gourmandise, mon cheval s'est ingénié à déjouer tous mes calculs, il a compris tous mes artifices, et il a eu le dernier mot dans la lutte engagée contre son intelligence(2). » Si M. Sanson est vaincu par son cheval, qui parmi les bipèdes pourra prétendre à la victoire ? Preuve sans réplique que l'homme n'est pas au premier rang quand il est question de raisonner.

4° Enfin, le jugement. En effet, M. Simonot l'affirme, et, qui plus est, le prouve. Écoutez ses paroles rapportées par M. Sanson. « Un chamois, dit M. Simonot, se repose sur une pointe de rocher; tout à coup, sans que rien soit venu troubler sa tranquillité, il redresse la tête, fixe pendant un certain temps son regard sur le rocher voisin, regarde tout autour de lui, s'incline vers l'espace

---

(1) M. Sanson ne connaît donc pas le moyen employé par un autre homme d'esprit, dans des circonstances analogues ? Il avait soin d'occuper les loisirs de sa bête, et, pour cela, lui passait son journal.

(2) P. 452 et seq.

qui l'en sépare, revient prendre son attitude première, recommence son examen, puis, à un moment donné, se ramassant sur lui-même, essayant à plusieurs reprises son élan, il s'élance et arrive avec une précision remarquable sur un point à peine suffisant pour y placer ses quatre pieds réunis : malgré cela cependant il s'y maintient en acquérant par les oscillations de son corps les conditions d'équilibre qui lui sont nécessaires. Que, pour ce chamois, le changement de place soit dicté par un instinct, c'est posssible ; mais dans le regard scrutateur préalablement fixé sur le point où il veut arriver, dans cet examen de l'intervalle qui l'en sépare, nous ne pouvons méconnaître l'attention ; dans cette accommodation de tout son corps pour mesurer ses mouvements à l'étendue qu'il lui faut franchir, nous retrouvons le raisonnement ; et la précision avec laquelle il arrive à son but dénote bien certainement du jugement (1). » Cet exemple, on le voit, est on ne peut plus heureux. Il prouve le dernier point et récapitule le tout. Il ne reste plus qu'à conclure. Mais, après tout ce que nous avons vu, n'y a-t-il pas une excessive modération à dire : « L'intelligence n'est donc point l'attribut de l'humanité seulement ; mais bien celui de l'animalité tout entière (2) ? » Je crains bien que M. Sanson n'ait, lui aussi, cédé à quelque légère révolte de « l'orgueil de notre race (3) » ; car sa

---

(1) P. 461.
(2) P. 462.
(3) « Entre les manifestations intellectuelles, il n'y a, du plus infime au plus élevé sur l'échelle de l'organisation, que des différences de quantité. Et de cette conclusion, l'orgueil de notre race ne doit, en réalité, point avoir à souffrir, bien qu'il lui soit arrivé tant de fois de s'en révolter. » P. 437.

thèse appelle évidemment cette conclusion : En fait d'intelligence, l'homme n'occupe pas le premier rang.

II

Deux mots d'abord, au nom de la logique.

M. Sanson estime beaucoup la nature animale. Il estime moins la nature humaine ; à mon avis, il l'estime trop encore. Ainsi il fait à ses lecteurs, qui à coup sûr appartiennent à cette espèce digraciée, l'honneur de croire que pour leur faire voir clair dans sa démonstration, il suffit de leur dire : Messieurs, voyez mes animaux, voyez comme ils agissent. Il est évident qu'ils sont plus raisonnables que vous. — Non, ses lecteurs ne sont pas assez perspicaces pour cela, et, s'il en est qui lui aient affirmé le contraire, la charité me fait un devoir de l'en prévenir, ils se flattent ou du moins ils le flattent. Ce qui peut faire illusion, c'est que rien ne ressemble à l'évidence comme la pétition de principe, et de fait rien n'en est plus loin.

Or, M. Sanson a émaillé ses preuves de ce perfide et funeste parasite. Exemple. Dès le début de la thèse qui doit prouver l'intelligence des abeilles, nous lisons que, dans la société de ces bestioles, « tout est prévu *en vue* de la pérennité de cette société. » Si tout est *prévu en vue*, il n'y a vraiment qu'à se rendre ; car il est indubitable que l'intelligence seule peut *prévoir en vue*. Mais il s'agit précisément de prouver cela même, à savoir, que les abeilles *prévoient en vue*. Qu'on relise nos citations, et l'on verra que c'est là le procédé ordinaire de notre zoophile.

Seconde protestation respectueuse. Voici le raisonnement de M. Sanson ramené tout entier à sa forme pure. L'intelligence a quatre éléments, qui sont : l'attention, etc. Or le chat, le chien et le lièvre sont attentifs ; le cheval et le chien se souviennent ; l'abeille et le cheval raisonnent ; les renards, les loups, les vieux cerfs et surtout les chamois jugent. Donc tous les animaux sont intelligents. C'est, pardon de l'audace, c'est un sophisme. Ce sophisme a un nom dans les vieux livres de logique, on l'appelle le dénombrement imparfait. M. Sanson a eu la fortune assez rare de le commettre deux fois dans un seul syllogisme. Il y avait un moyen fort simple de l'éviter : il fallait démontrer que les opérations de l'intelligence sont essentiellement connexes, et que ce qui se passe dans un animal se passe nécessairement dans tous. Or cette précaution n'a pas été prise ; on ne nous autorise pas même à nous rattacher à un sous-entendu, et, pour nous convaincre que le lien que réclame la logique n'existe pas, on nous montre le lièvre, « *si peu intelligent d'ailleurs*, dressant l'oreille au moindre bruit insolite », et manifestant ainsi sa grande puissance d'*attention*. C'est clair.

M. Sanson domine la logique de haut et néglige les petits détails. Mais, pour un positiviste, ce sont là des peccadilles : arrivons au cœur de la démonstration.

Nous ne troublerons pas M. Sanson dans l'opinion qu'il s'est formée de l'intelligence. Elle est inexacte et fort incomplète ; toutefois, pour être généreux, nous consentons volontiers lui attribuer l'autorité même d'un principe. Nous espérons, malgré cela, que nous pourrons rassurer suffisamment « l'orgueil de notre race ». Les positivistes sont vraiment les adversaires les plus gracieux du monde : ils ont la politesse de donner prise de toutes parts, on ne sait pas par où ne pas les prendre. Contentons-nous donc de suivre les évolutions de la mineure.

M. Sanson a d'abord invoqué le fait de l'attention dont, suivant lui, certains animaux donnent l'exemple. Savant comme on l'est dans son école, cet écrivain affiche un superbe dédain pour la psychologie. C'est fâcheux. Ce dédain a évidemment nui à ses études philosophiques. On le voit à la manière dont il parle des opérations de l'intelligence et de l'attention en particulier. On n'est pas intelligent pour être attentif. On peut être fort attentif et ne rien comprendre du tout ; c'est un fait journalier. L'attention est un instrument et non un acte de l'intelligence, et même, ce qui est capital ici, l'intelligence n'a pas de cet instrument l'usage exclusif. Il y a l'attention de l'intelligence et l'attention de la sensibilité ; il y a l'attention de l'homme qui veut comprendre, et l'attention de l'animal qui tend à jouir ; il y a l'attention du savant qui scrute la nature, et l'attention du chien de M. Sanson, qui fixe ses regards ardents sur un morceau de pain. Ces deux sortes d'attention se rencontrent dans l'homme lui-même, et nous en avons un exemple vulgaire dans le gourmet qui savoure et dans le connaisseur qui déguste un verre de bon vin. Les résultats montrent la différence. Le premier éprouve une sensation agréable, et c'est tout ; le second ne se contente pas de goûter, il analyse la sensation complexe qu'il éprouve, et, grâce à cette analyse, il voit tour à tour, suivant la direction qu'il donne à sa pensée, un terroir, un climat, un cépage particuliers ; il voit peut-être un sol semé de silex, un ciel pur, un soleil ardent, des pampres, des grappes de forme et de couleur déterminées. Entre ces deux attentions, il n'est pas difficile de voir laquelle est signe d'intelligence. Est-ce celle du chat, du chien et du lièvre de M. Sanson? Eh quoi! nous l'avons déjà remarqué, ce lièvre est un prodige d'attention, et cependant il est d'ailleurs « peu intelligent » ! Il y a donc une attention qui n'est pas celle de l'intelligence. M. Sanson est peut-être au fond de notre avis; mais alors que prouve-t-il ?

La mémoire n'a pas été mieux analysée que l'attention. La plaque daguerrienne n'en est que la minime partie. C'est se méprendre que de faire consister l'exercice de cette faculté uniquement dans le retour d'images déjà perçues, des sensations déjà éprouvées. Cette reviviscence d'impressions d'abord gravées, puis effacées dans le cerveau, peut se produire sans qu'il y ait proprement souvenir. Ignore-t-on qu'il arrive souvent aux écrivains d'insérer, en toute bonne foi, dans leurs périodes, des bouts de phrase, des expressions dont ils croient être les auteurs, et qui sont en vérité un bien étranger? Ce sont des réminiscences de lectures antérieures; ce sont des images imprimées jadis par les yeux. Elles se dissimulent dans les replis du cerveau; puis, à un moment donné, revêtant un faux air de famille, elles se montrent tout à coup, s'imposent et préparent, hélas! les accusations les plus désagréables et les plus imméritées. Il est tel professeur de ma connaissance qui volait ainsi sans s'en douter des démonstrations entières. C'était le fruit de ses recherches et de ses labeurs, disait-il ingénument, et cependant ses élèves suivaient mot à mot sa leçon dans un livre imprimé.

L'élément principal, essentiel de la mémoire, est le

souvenir. Il n'y a pas de mémoire, si l'on ne *reconnaît* pas l'image qui se représente, si on ne la reporte pas dans le passé. Tant que cet acte n'a pas lieu, il y a seulement sensation, idée renouvelée. La mémoire proprement dite suppose avant tout la notion du temps. Cet élément seul est intellectuel, le reste ne l'est pas. Point n'est besoin de le prouver; il suffit pour l'heure que la mémoire de l'homme offre ce caractère, ce que l'on ne saurait contester. Les exemples fournis par M. Sanson prouvent qu'il y a dans la cervelle de l'animal un retour de sensations déjà éprouvées; prouvent-ils qu'il y ait souvenir, rapport dans le passé, notion du temps? L'auteur attribue à ses bêtes peut-être une connaissance au moins confuse du calendrier, c'est probable ; mais il est bien sûr que rien dans ses paroles ne nous oblige à embrasser sa conviction. Que le cheval du colporteur s'arrête avec exactitude à la porte des clients, que le cheval de l'ivrogne en fasse autant à la porte du cabaret, ce sont là des faits dont nous avons donné l'explication, d'ailleurs vulgaire en philosophie. Ils sont purement le résultat d'une association d'images, et cette association est ici le résultat d'une sorte d'éducation. Personne n'ignore que dans la nature sensible les mêmes impressions ramènent les mêmes déterminations. Non seulement l'intelligence, mais la sensation est quelquefois un rouage inutile. Il suffira de nommer à notre physiologiste les mouvements réflexes, pour qu'il nous comprenne parfaitement.

Nous avons déjà dit qu'il ne faut pas confondre le « raisonnement » de M. Sanson avec ce que tout le monde entend par ce mot. C'est ici la délibération solitaire à laquelle se livre tout agent raisonnable avant de se déterminer. Dans l'espèce humaine, cette sorte de « raisonnement » offre un aspect bien remarquable. « Un philosophe spiritualiste » nommerait sur-le-champ le libre arbitre. Nous sommes trop poli pour en faire autant en parlant à un positiviste. Car, si pour lui le libre arbitre n'est pas tout bonnement « une illusion », à coup sûr, il « n'est point, quand à présent du moins, du domaine scientifique (1) ». Mais, ce qu'il n'est pas prudent de contester, c'est qu'il est impossible de prévoir le résultat de la délibération d'un membre quelconque de l'espèce humaine, pourvu qu'il jouisse de son bon sens. En est-il de même quand il s'agit des animaux ? M. Sanson a l'attention délicate de mettre sous nos yeux pour la dixième fois la description des mœurs des abeilles, dans le dessein sans doute de faire voltiger devant nous comme un essaim de raisonnements. Cette description est-elle spéciale à une ruche de son jardin ? On peut penser, sans trop se compromettre, je crois, qu'elle s'applique à toutes les abeilles du monde, à celles du pasteur Aristée, comme à celles de Virgile ou de tel autre apiculteur que l'on voudra. M. Sanson, avec une science à laquelle je me plais à rendre hommage, nous a vraiment fait connaître avec certitude les agissements des petites républiques ailées qu'élevait le poète latin, et pourtant il ne les a jamais visitées ; on ne lui en a même jamais parlé, je crois. Oserait-il aborder avec la même confiance l'histoire des bimanes qui vivaient

---

(1) Dans la langue positiviste, cela veut dire que le libre arbitre ne peut ni être touché, ni être vu, ni être goûté, etc. La science n'a d'autre objet que l'objet même des sens extérieurs. Les sciences exactes, la géométrie, l'arithmétique, etc., ne font pas exception ; au moins les disciples de M. Comte se l'imaginent. Ce que l'on peut dire de plus modéré d'une telle théorie, c'est qu'elle est puérile.

à la même époque dans la grande ruche appelée Mantoue ? Sur les actions de l'homme la science n'a plus de prise, et le plus habile physiologiste serait fort empêché de prédire, non seulement ce que fera son voisin ou telle autre personne de sa connaissance, mais ce qu'il fera lui-même à une époque et dans des circonstances déterminées. Si donc les animaux délibèrent, d'abord ils perdent leur temps, puisqu'ils n'ont qu'un parti à prendre; et ensuite il faut convenir qu'ils ont une manière de délibérer qui n'est pas la nôtre. Il serait bon de réfléchir sur cette différence, qui n'est pas petite. On trouverait peut-être que la raison en est dans la présence de l'intelligence d'un seul côté.

Il est vrai que les abeilles de M. Sanson sont d'une force peu commune. Sa mère abeille en particulier est un prodige qui dépasse de beaucoup les meilleures têtes de l'Académie des sciences, voire du cénacle positiviste. L'embryogénie est un vrai jeu pour elle: elle pond des œufs mâles, femelles, neutres, *à volonté*, suivant les besoins connus et appréciés de la colonie. M. Coste pourrait-il lui expliquer comment elle s'y prend ? Et pourtant elle le sait, elle, toute dépourvue de cerveau qu'elle est. Que dire des neutres qui possèdent l'art de créer des organes à leur gré en administrant aux larves une pâtée dont elles connaissent le secret! Après cela, on peut ne pas tenir compte de leur étonnante science géométrique ; « ce qu'on vient de voir suffit amplement, je pense, pour qu'il ne paraisse pas possible de contester à ces insectes la faculté de raisonnement poussée à son plus haut point. » Au raisonnement poussé au plus haut point, M. Sanson devrait ajouter un désintéressement poussé non moins haut. Il y a bien longtemps, en effet, trop longtemps que l'homme s'attribue presque tous les profits de la république, que dis-je ! véritable brigand, c'est peu qu'il accapare les revenus, il emporte jusqu'aux murs de la cité. Il revient toutes les années à ses déprédations sauvages, et « ces merveilleuses petites bêtes », qui ne peuvent l'ignorer, puisqu'elles sont si savantes, ces admirables bestioles recommencent toutes les années une nouvelle cité, de nouvelles provisions pour un être qui ne leur est rien : elles vont jusqu'à sacrifier pour lui le plus cher espoir de la république, la naissante génération. Elles ne peuvent faire autrement, dira-t-on, elles le savent bien. Eh quoi ! leurs ailes ne leur assurent-elles pas un moyen facile et rapide de trouver un asile inviolable au fond des forêts ? Oui, il faut reconnaître là le dévouement, et, avouons-le, l'histoire de l'humanité n'en offre pas de plus complet, de plus constant et de moins raisonnable.

Le cheval de M. Sanson a eu le dernier mot dans un conflit d'intelligence avec son maître. Ce n'est pas une petite gloire. Pourtant, auprès de ses abeilles, il ne fait pas brillante figure. Nous n'en disons pas plus long.

Enfin, il nous reste une dernière opération à examiner, celle qui porte le nom de jugement dans le dictionnaire de notre auteur. La précision avec laquelle le chamois mesure son élan, M. Sanson en fait le résultat d'un savant calcul. Il semble faire raisonner ainsi son quadrupède : L'espace qui sépare ces deux roches a tant de fois la longueur de mon corps ou toute autre unité de longueur en usage parmi les chamois; pour franchir cette distance, il me faut plier les jarrets de telle façon et m'élancer sur le point qui est en face de moi avec telle impulsion;

donc..., et il bondit. Avant de répondre, je me permets de faire un emprunt à l'auteur des *Impressions de voyages*.

« Je regagnais le chemin, raconte cet auteur, lorsqu'un oiseau, que je ne connaissais pas, partit à mes pieds. Je n'étais pas sur mes gardes; il était donc déjà à une cinquantaine de pas lorsque je lui envoyai mon coup de fusil. Je vis, malgré la distance, qu'il en tenait ; mon guide me criait, de son côté, que la bête était blessée. L'oiseau continua son vol, et je me mis à courir après l'oiseau. Il n'y a qu'un chasseur qui puisse comprendre par quels chemins on passe lorsqu'on court après une pièce de gibier qui emporte son coup... Je descendais à grande course une montagne aussi rapide qu'un toit, embarrassée de buissons que j'enjambais, de rochers du haut desquels je sautais, emmenant avec moi un régiment de pierres qui avaient toutes les peines du monde à me suivre, et, de plus, ne jetant pas un regard à mes pieds, tant mes yeux étaient fixés sur les courbes que décrivait en voletant la bête inconnue que je poursuivais. Elle tomba enfin de l'autre côté du torrent ; emporté par mon élan, je sautai par-dessus sans même calculer la largeur, et je mis la main sur mon rôti. C'était une magnifique gelinotte blanche... Il s'agissait de regagner la route, chose peu facile pour plusieurs raisons : la première était le torrent. Je m'approchai, et m'aperçus seulement alors qu'il avait quatorze à quinze pieds de large, espace que j'avais franchi, il n'y avait qu'un instant, sans y regarder, mais qui, maintenant que je l'examinais, me paraissait fort respectable. Je pris deux fois mon élan, deux fois je m'arrêtai au bord..., et je me décidai à... remonter la cascade jusqu'à ce que je trouvasse un pont ou que son lit devînt plus étroit(1). »

S'il nous était permis d'établir un parallèle entre M. A. Dumas et le chamois emprunté par M. Sanson à M. Simonot, le célèbre romancier n'aurait pas tous les avantages. Celui-ci se trouve deux fois en présence d'un large torrent ; la première, il n'*y pense pas* et le franchit avec assurance : la seconde, il *calcule, observe, réfléchit*, il essaye de sauter, mais il a le bon sens de s'arrêter, s'épargnant ainsi une chute aussi sûre que désagréable. Le chamois, au contraire, est de loisir, il prend son temps et franchit avec une précision parfaite l'espace considérable qui sépare deux pointes de rocher. M. Simonot ne nous dit pas ce que sa bête aurait fait si elle avait été lancée par les chiens ; mais il n'est pas douteux qu'elle aurait sauté avec une égale précision ; seulement elle aurait mis à ce mouvement plus de légèreté et surtout plus de promptitude. Pourquoi cette différence entre l'homme et l'animal ? Quand M. A. Dumas ne voit que son oiseau, que toutes les facultés de son âme, son intelligence et sa volonté sont entraînées, absorbées, pour ainsi dire, par cet objet, sa raison, comme captive, ne peut apprécier les obstacles, ni en tenir compte ; une autre force énergique et infaillible le dirige au milieu des difficultés ; et cette force est celle-là même dont M. Simonot admire les effets dans son chamois. Mais le chamois n'en a pas d'autre à son service ; c'est uniquement à celle-là qu'il obéit, et quand il est laissé à lui-même et quand il est pourchassé. Il n'est point exact qu'il calcule ; ces raisonnements sont un don purement gratuit de M. Simonot. Ce

(1) T. I, p. 37.

que cet observateur a pris pour des essais et des tâtonnements raisonnés n'est autre chose qu'un ensemble de petits mouvements par lesquels la force mystérieuse se prépare et se tend ; les cris du chasseur et les aboiements des chiens produiraient incontestablement le même résultat. Si le chamois avait le malheur de réfléchir, il serait tout aussi embarrassé que M. A. Dumas le fut quand il put apprécier la largeur de son torrent. Il n'est rien d'aussi maladroit qu'un homme qui raisonne ses mouvements : les bêtes seraient-elles mieux partagées? S'il est un fait d'expérience, c'est que l'adresse physique est toujours une impulsion naturelle ou une habitude acquise, c'est-à-dire une imitation artificielle des dispositions natives. La précision des mouvements, bien loin de prouver que les animaux raisonnent, prouve, au contraire, qu'ils ne raisonnent jamais. Il n'y a que l'intelligence qui puisse se tromper. Les animaux ne se trompent pas, nous le voulons bien : mais en essayant d'appuyer le fait de leur intelligence sur la précision infaillible de leurs mouvements, M. Sanson ne met qu'une chose en évidence, c'est qu'il est lui-même intelligent.

Si, malgré tout ce que nous venons de dire, M. Sanson se croit encore en droit d'admettre que les bêtes « pensent (1) », nous le prions de faire un essai qui ne lui coûtera pas beaucoup de peine : nous le prions de tâcher de « penser » pendant cinq minutes seulement sans le secours des mots. Cinq minutes, ce n'est pas long, et puis, quoi qu'en dise M. Taine, son ami, les mots ne sont pas les pensées. Libre à lui de choisir les jugements

(1) « Si nous admettons que les animaux pensent, ce qui ne saurait être contesté. » P. 410.

les plus simples, les raisonnements les moins compliqués. L'expérience lui prouvera peut-être que la chose est à peu près naturellement impossible. Dans ce cas, il voudra bien pousser la complaisance jusqu'à nous apprendre dans quelle langue « l'animalité » exerce sa pensée. Car évidemment les animaux ne sont pas mieux partagés que lui ; ils sont, au moins autant que lui, condamnés à revêtir d'images de sons articulés les actes de leur intelligence. Qu'il nous dise donc s'il y a une langue spéciale pour chaque famille, pour chaque espèce, pour chaque région. En particulier, nous serions enchanté d'avoir quelques détails sur celle des poissons et des polypes. S'il nous éclaire convenablement sur ce point, nous prenons l'engagement de « penser » comme lui sur les hommes et les bêtes (1).

En attendant, pourrais-je offrir un conseil, du moins à titre de reconnaissance? M. Sanson, positiviste, fait

---

(1) Notre demande est plus sérieuse qu'elle n'en a l'air. La plupart de ceux qui font penser les animaux leur prêtent involontairement leurs propres pensées, et revêtent ces pensées de leur propre langage. Pour le Français l'animal pense en français; pour l'Anglais, en anglais; pour l'Allemand, en allemand, comme il a pensé en grec pour les compatriotes de Périclès, et en sanscrit pour les compatriotes de Çakia-Mouni. Le fait est que si l'animal pense, il ne pense qu'à l'aide de sa langue à lui; le chien se contente d'aboyer dans son imagination, le renard de glapir, le bœuf de beugler et le mouton de bêler. Quant aux mollusqués, aux zoophytes, et en général à toute cette immense catégorie d'animaux que la nature a privés de tout appareil vocal, ils s'en tirent comme ils peuvent. Il doit résulter de ces conditions une pensée singulièrement monotone et obscure. Pour résoudre la difficulté, il est absolument indispensable de doter l'animal de la pensée pure, c'est-à-dire dégagée de tout symbole sensible. Mais c'est tout d'un coup l'élever au-dessus de l'homme et le placer à côté de l'ange. Nous espérons que les partisans les plus dévoués de la bête hésiteront avant d'en venir à cette extrémité.

reposer son argumentation sur le principe des causes finales, oui, sur le principe des causes finales. Il le sait bien, puisqu'il a écrit ces mots : « Nous constatons l'existence de la faculté de jugement par la proportion entre le but et les moyens employés pour y parvenir (1). » But et cause finale, c'est tout un ; et la proportion des moyens à la fin démontrant l'intelligence, ce n'est pas autre chose que la formule du fameux principe que je viens d'indiquer. M. Sanson ne l'ignore pas. On peut être surpris que ce positiviste commette une aussi grande infidélité à son école, que de faire usage d'un principe dont la négation est précisément un des fondements du positivisme. Mais je n'ai pas la force de lui en faire un reproche. Seulement je lui ferai remarquer que l'arme qu'il emprunte aux spiritualistes étant pour lui nouvelle, il n'en connaît pas la portée précise et il s'en sert un peu de travers. Que la proportion des moyens à la fin prouve l'intelligence, rien de plus sûr ; mais pour le siège de cette intelligence, un semblable raisonnement ne suffit pas à l'indiquer : il faut faire appel à d'autres opérations de l'esprit. Ce point oublié frappe radicalement d'impuissance la thèse la plus laborieusement construite. La proportion qui existe entre le mécanisme d'une montre et l'indication juste de l'heure est un signe incontestable d'intelligence... dans la montre, ou dans l'horloger ? Celui qui conclurait pour la montre raisonnerait exactement comme M. Sanson. « Ceux qui trouvent, dit Bossuet (2), que les animaux ont de la raison, parce qu'ils prennent pour se nourrir et se bien porter les moyens convenables,

---

(1) P. 459.
(2) *Connaissance de Dieu et de soi-même*, c. v.

devraient dire aussi que c'est par raisonnement que se fait la digestion... Toute la nature est pleine de convenances et de disconvenances, de proportions et de disproportions selon lesquelles les choses ou s'ajustent ensemble, ou se repoussent l'une l'autre ; ce qui montre, à la vérité, que tout est fait par intelligence, mais non pas que tout soit intelligent. » Je demande pardon des mots qui suivent : « Une secrète raison dirige tous ces mouvements, mais cette raison est en Dieu..., qui, parce qu'il est toute raison, ne peut rien faire qui ne soit suivi. » Le principe des causes finales va jusque-là.

LIVRE CINQUIÈME

LA REINE DES INVERTÉBRÉS (¹)

Si nous en croyons plusieurs naturalistes contemporains, l'homme n'a plus seul le privilège d'être un animal parfaitement raisonnable; une autre créature, en dépit de la petitesse de son corps et du peu d'égards qu'elle a obtenus jusqu'ici, partage cet honneur avec lui : cette créature est un insecte, *la fourmi*. Oui, on nous l'assure, la fourmi raisonne fort bien; oui, par ses qualités mentales, la fourmi est un animal très raisonnable; et, comme l'homme est à la tête des « vertébrés », la fourmi est à la tête des « invertébrés » : la création a maintenant deux rois. Qu'on ne voie pas dans nos paroles une plaisanterie; rien n'est plus sérieux de la part des naturalistes auxquels nous faisons allusion. Le docteur Büchner, le ma-

---

(1) Büchner : *la Vie psychique des bêtes*, traduit de l'allemand, par le docteur Ch. Letourneau. Paris. C. Reinwald. — Alfred Espinas : *des Sociétés animales, étude de psychologie comparée*. Paris, Germer-Baillière. — Charlton Bastian : *le Cerveau organe de la pensée*, t. 1 : *les Animaux*, Paris, Germer-Baillière. — J.-H. Fabre : *Nouveaux Souvenirs entomologiques, études sur l'instinct et les mœurs des insectes*. Paris, Ch. Delagrave.

térialiste bien connu, a recueilli là-dessus plusieurs témoignages significatifs.

Leuret, notre célèbre anatomiste, aurait dit, d'après Büchner : « que les fourmis occupent le rang suprême dans la série des invertébrés, et que, même parmi les vertébrés, à l'exception pourtant des singes et des éléphants et, sans doute, aussi de l'homme, aucun ne saurait être placé au-dessus d'elles ». Ce sont presque les expressions dont nous venons de nous servir. Leuret met le comble à tout par ces paroles : « L'histoire de la fourmi est celle de l'homme ! » Il s'agit, du moins nous le pensons, seulement de l'histoire naturelle.

Le docteur Gruber (1) « appelle les fourmis les coryphées ou les *primates* du monde des arthropodes, et cela autant à cause de leur intelligence si développée qu'à cause de leur nombre immense et de leur devise : *Viribus impar* ». Le docteur Gruber a eu l'attention de traduire pour nous en latin. On sait que l'homme est *primate* dans sa série, celle des mamifères : le rapprochement est complet.

Le docteur A. Forel, poursuivant l'œuvre de son illustre compatriote P. Huber, a repris l'histoire des républiques de fourmis qui se sont établies sur le territoire des républiques humaines des Cantons, et il faut convenir qu'il n'a point travaillé sans succès. Il écrivait en 1874 : « Il est hors de doute que les fourmis sont les plus intelligents des insectes... Ce qui place les fourmis au-dessus de tous les autres animaux, c'est leur instinct social, qui s'élève jusqu'à une espèce de raison collective et fait involontairement songer aux petites communautés humaines des temps préhistoriques, isolées les unes des

(1) *Les Insectes*, Munich, 1872.

autres et hostiles les unes aux autres... Aucun animal n'a fourni de preuves aussi merveilleuses du penchant à la sociabilité que la fourmi. Déjà Swammerdan compare les sociétés des fourmis aux premières communautés chrétiennes... Le travail est chez elles complètement libre, émancipé de toute contrainte. Elles n'ont ni chefs ni supérieurs. Chaque fourmi est prête à tout moment à sacrifier sa vie à la communauté, et cela de son plein gré. » Si cet honnête naturaliste ne se trompe pas, nous devrons plutôt convenir qu'il n'y a pas de communauté semblable parmi les hommes; car chez eux, on le sait, l'héroïsme est l'exception. Forel continue : « La ressemblance des sociétés des fourmis avec celles des hommes est surtout frappante en ce qui touche aux relations des colonies entre elles. Guerres, armistices, pillages, enlèvements, surprises, tactiques, ruses de guerre, rien de ce que nous sommes habitués à voir parmi nous n'y manque. » M. Forel ne veut pas ici parler des armes. « Les conclusions des alliances et les exécutions des prisonniers sont surtout remarquables, de même que les traités de paix conclus parfois entre deux colonies ennemies, à la suite de luttes souvent renouvelées. » La raison est là, ou elle n'est nulle part.

Mais entendons le docteur Büchner lui-même. « Par certains traits de leur caractère moral, dit-il, les fourmis présentent plus d'un point de ressemblance avec l'homme. L'attachement dévoué, allant jusqu'à l'abnégation (!), de tous les membres d'une communauté pour le groupe social et pour chaque individu, s'unit à un tempérament (!) ardent et à une haine invincible contre tout ce qui est étranger. On peut aussi observer, dans les cas isolés, le combat qui se livre dans ces petites âmes entre la haine pour un ennemi acharné et l'amitié pour d'anciens compagnons, entre la pusillanimité et le dévouement pour la communauté. » Certes, rien ne prouve mieux la présence de la raison que la lutte entre la passion et le devoir, que la pratique du désintéressement. Ailleurs, le docteur Büchner, émerveillé de l'habileté avec laquelle les fourmis découvrent les friandises, qu'elles aiment à la folie, s'écrie : « C'est de la raison pure ! »

Avant d'aller plus loin, nous devons répondre à certains scrupules qui peuvent s'élever dans l'esprit du lecteur. Le docteur Büchner offre-t-il bien toutes les garanties scientifiques désirables? car c'est à lui principalement que nous allons emprunter les témoignages qui déposent en faveur de l'*insecte raisonnable*. Nous sommes loin de suspecter sa bonne foi, mais a-t-il ces qualités de l'intelligence sans lesquelles la probité même ne confère à la parole d'un homme qu'une autorité chancelante?

Nous devons avouer que son livre présente, dès les premières pages, des signes inquiétants. Ainsi, par exemple, il attribue à Socrate d'avoir défini l'homme : « un bel animal », et à Platon, d'avoir inventé cette autre définition plus originale encore : « l'homme est un animal domestiqué »! La moindre connaissance de l'histoire de la philosophie grecque ne permet pas de penser que le docteur Büchner se soit exactement rendu compte des théories de Socrate et de celles de Platon sur l'homme. Par qui l'homme aurait-il été domestiqué? par les chevaux, comme dans les contes de Swift?

En vérité, on est tenté de se demander si le docteur Büchner sait lire. Le Père Bougeant se transforme sous ses yeux en « jésuite Bonjean », et son *Amusement philosophique sur le langage des bêtes* devient une thèse, où l'auteur, « admirateur convaincu de l'intelligence des bêtes, ne sait trouver d'autre explication » à ce fait, qu'en donnant aux animaux des diables pour âmes. L'écrivain allemand a pris au sérieux le badinage bien connu du jésuite breton. Il faut en somme quelque finesse pour comprendre une plaisanterie d'une centaine de pages, mais en faut-il pour distinguer un homme d'un autre homme?

Après avoir parlé du « jésuite Bonjean » et de l'inspecteur des forêts Leroy, le docteur écrit : « Après Leroy, vient le grand naturaliste F. Cuvier. » Il veut évidemment parler de Frédéric Cuvier : car il rappelle aussitôt des études faites sur un orang-outang, gardé captif au *Jardin des Plantes*. Or, ces études, personne ne l'ignore parmi les naturalistes, appartiennent à Frédéric Cuvier. C'est donc Frédéric Cuvier que M. Büchner appelle « le grand naturaliste ». Malheureusement, Frédéric Cuvier a été un naturaliste très ordinaire. Le grand naturaliste, c'est l'auteur du *Discours sur les révolutions du globe*, c'est Georges Cuvier, qui, en effet, a été pour l'histoire naturelle ce que Newton a été pour l'astronomie. Un docteur devrait savoir cela.

Faut-il maintenant parler de savoir chronologique? Le docteur Büchner écrit : « L'excellent Plutarque, né cinquante ans après l'ère chrétienne, dans son *Traité sur l'intelligence des bêtes* (1)... » Et un peu plus loin : « Celse

---

(1) Le titre exact de l'opuscule de Plutarque est celui-ci : « Quels sont les animaux les plus intelligents, les terrestres ou les aquatiques? » Ce n'est pas un traité, mais un dialogue entre un chasseur et un pêcheur.

est le premier écrivain de l'ère chrétienne qui se soit préoccupé des bêtes. » Entre Plutarque et Celse, il n'en place pas moins Galien, « qui s'est aussi préoccupé des bêtes ». Celse et Galien ont probablement écrit vers la même époque; mais, à coup sûr, ils sont postérieurs à Plutarque, « né cinquante ans après l'ère chrétienne » : comment alors Celse est-il « le premier écrivain de l'ère chrétienne qui, » etc. ?

Voilà quelques exemples qui semblent ne pas démontrer une pensée bien vigilante, sinon bien sûre d'elle-même. Mais, loin d'être un signe de faiblesse, n'est-ce pas plutôt l'effet d'une attention délicate de galanterie ? M. Büchner, entreprenant de démontrer que la fourmi égale et même dépasse l'homme en intelligence, aura, dans l'intérêt de sa cliente, de propos délibéré, abaissé en lui-même de quelques degrés la puissance de connaître qui a été départie à son espèce.

Après tout, quelle que soit la cause des lacunes que présente l'autorité du docteur Büchner, nous sommes du moins assuré qu'il ne dissimulera rien de favorable à la cause des fourmis, et que, s'il lui arrive d'exagérer en ce sens, jamais il n'atténuera. Ce procédé ne nous déplaît ni ne nous gêne : car le peu de solidité de sa thèse en deviendra plus frappant. Du reste, il cite beaucoup, et ses citations, dont nous userons largement, ont une autorité qui leur vient du dehors.

CHAPITRE PREMIER

SIGNES DE RAISON CHEZ LA FOURMI

Exposons d'abord la plaidoirie des avocats des fourmis.

La suprématie de la fourmi sur les insectes, ce qui fait d'elle un insecte raisonnable au même titre que l'homme dans la série des vertébrés, a pour base un ensemble de propriétés du premier ordre : cette bestiole vit en société; elle connaît l'architecture, possède l'art de l'ingénieur, élève des bestiaux, se livre à l'agriculture; elle a la passion et la science de la guerre, ses prisonniers deviennent ses esclaves et ses serviteurs; elle donne la preuve des sentiments les plus nobles; enfin, pour tout dire en un mot, elle parle. Insistons un peu sur chacun de ces points intéressants.

Mais une remarque est d'abord nécessaire. Ce serait se tromper lourdement de croire qu'il n'y a qu'une espèce de fourmi, comme il n'y a qu'une espèce d'homme, du moins suivant l'opinion la plus commune. La fourmi, dont tout le monde connaît la forme modeste, vive et sérieuse à la fois, appartient à l'ordre des *hyménoptères*, dont les représentants les plus familiers sont l'abeille et la guêpe. Elle constitue, dans ce groupe, une famille immense, que les savants ont divisée en six genres, les désignant par les noms de *Formica, Ponera, Myrmica, Atta, Eciton, Cryptorus*. Ces six genres comprennent des centaines d'espèces ayant chacune un nom imposé par la science, mais que nous croyons inutile de rappeler ici. Dans tout ce petit peuple, il y a des mœurs, depuis longtemps le fait est connu ; mais, s'il y a des mœurs communes à tous les genres, il y en a qui caractérisent les espèces et n'en dépassent pas les limites. Quant aux individus, la science n'a point encore jugé opportun de s'en occuper, et nous ignorons complètement ce qu'ils sont *par eux-mêmes*.

§ 1.

Le caractère le plus commun, le plus général parmi les fourmis, c'est la vie sociale : on dit ordinairement qu'elles vivent en république. Le docteur Büchner, qui est de cet avis, écrit : « Dans le fait, les fourmis vivent en république au sens le plus large du mot, c'est-à-dire, dans un état reposant sur de larges bases démocratiques. » Et tout aussitôt il se lance dans des considérations dont les républicains hommes ne manqueront pas d'être flattés. « C'est certainement, ajoute-t-il, un fait des plus significatifs que ce soit précisément la famille la plus intelligente de tous les insectes vivant en société, qui ait *adopté* une organisation sociale considérée aussi par les hommes comme étant relativement l'idéal le plus élevé (1), tandis qu'à un échelon plus bas nous trouvons, chez l'abeille, un

(1) Passe pour l'idéal; mais, dans la pratique, la république est le gouvernement de la multitude, et la multitude brille peu par l'intelligence.

penchant prononcé pour la monarchie constitutionnelle. »
Un peu plus loin, nous lisons encore : « Les fourmis ont réalisé l'idéal rêvé par nos réformateurs les plus hardis, atteint le but suprême que s'est proposé le progrès humain, mis en pratique les utopies de Platon et de Thomas Morus (1). »

La république des fourmis, toute parfaite qu'elle est, n'exclut pas les castes; bien au contraire, la caste est à la base de sa constitution. S'il y a chez elles quelque charte écrite, ce que l'on ne sait pas encore, assurément aucun article ne vaut cette distinction fondamentale posée par la nature elle-même d'une manière inébranlable. Toute fourmilière contient au moins trois classes de citoyens, avec des propriétés physiques et morales très différentes, en vertu même de leur naissance : ce sont les femelles, les mâles et les neutres. Celles-ci sont aussi appelées les *ouvrières*, car c'est à elles qu'incombent les travaux pénibles de la communauté. Bâtir les maisons, les tenir dans un état convenable, aller aux provisions, veiller sur les jeunes et les nourrir, défendre l'État contre les agressions du dehors, voilà un aperçu de leur lourde besogne. Il paraît qu'à l'origine (ainsi l'enseigne Darwin) elles avaient des ailes aussi bien que les membres des autres castes ; on conçoit qu'elles aient fini par s'en défaire comme d'un ornement plus gênant que gracieux, afin d'être en quelque sorte en manches de chemise. Les deux autres groupes constituent bestialement des haras; et, anomalie curieuse,

---

(1) On sait que Platon fonde sa république sur la justice, la prudence, la force et la tempérance, en un mot, sur la vertu. Évidemment, d'après M. Büchner, c'est précisément ce qui se constate dans les républiques des fourmis.

les mâles paraissent bien mal doués sous le rapport de l'intelligence : on dirait des idiots.

Dans certaines espèces, les neutres sont exclusivement vouées à la guerre. Nous dirons plus loin par quelle industrie elles procurent à leur république les soins dont elle ne peut se passer, et dont elles-mêmes sont incapables de s'acquitter.

C'est ici le lieu de parler de la manière dont la population de la république se maintient et s'accroît. La formation de nouvelles générations en est le moyen le plus ordinaire. Mais cette éducation est une œuvre des plus laborieuses ; et, cela va sans dire, ce sont les ouvrières, les neutres qui en sont chargées. La fourmi passe successivement par l'état d'œuf, de larve, de chrysalide, avant d'atteindre l'âge adulte. Ses besoins varient dans chacune de ces conditions et sont de tous les instants ; et les neutres sont toujours en mouvement pour y pourvoir, léchant, donnant la pâtée, portant au soleil, à l'ombre, au sec, ouvrant les langes soyeuses des nymphes, dressant les jeunes aux travaux publics.

« Rien n'est aussi intéressant, dit Émile Blanchard, que de suivre les fourmis dans les soins infatigables qu'elles prodiguent à leurs larves : elles les essuient en les frottant, en les brossant de leurs lèvres ; le matin elles les portent dans les étages supérieurs du nid, afin de les faire jouir d'une douce chaleur, et plus tard elles les font redescendre dans les chambres d'en bas, pour les préserver des rayons brûlants du soleil de midi. Ces déplacements se répètent plus ou moins souvent, selon les variations atmosphériques. On est étonné de voir la tendre sollicitude avec laquelle elles tiennent le corps fragile et mou des larves dans leurs mâchoires robustes. Jamais il n'arrive aux larves aucun accident dans ces longs parcours; on ne les voit jamais ni blessées, ni écrasées contre les murs solides de l'habitation. »

La fourmi qui est encore à l'état de larve, n'est pas capable de manger toute seule. A sa nourrice de lui donner la becquée, devoir auquel celle-ci ne manque jamais. Elle prend, pour cela, sur sa propre nourriture, mais après l'avoir mystérieusement préparée dans l'intérieur de son corps, comme les mammifères préparent leur lait.

Ces soins, avec ceux que reçoivent les femelles, constituent à peu près toute la vie intérieure de la république. La vie politique y est absolument nulle, du moins les plus fins observateurs n'en ont encore constaté aucun vestige. Là, personne ne commande et tout le monde obéit; c'est la réalisation de l'idéal de Proudhon : l'ordre dans l'an-archie. « La supériorité naturelle, dit Büchner, que l'âge, la force, l'expérience, assurent aux fourmis plus âgées sur leurs compagnes, semble constituer l'unique privilège de l'individu dans cette république où règnent la liberté et l'égalité. Les observateurs les plus véridiques sont obligés de souscrire à l'opinion de Salomon, savoir : que les fourmis, de même que les sociétés de guêpes, d'abeilles, etc., n'ont ni chefs, ni grands, ni directeurs, et qu'en somme elles n'en vont pas plus mal. Le *sentiment du devoir* suffit à les maintenir dans l'ordre et à leur faire accomplir leur tâche. »

§ 2.

Aux citoyens il faut une cité : la république des fourmis a la sienne construite par ses citoyens-ouvriers. Il ne paraît pas que ces petits architectes aient beaucoup d'imagination ; ils ont, ce qui vaut mieux, beaucoup de bon sens : ce n'est pas le beau qu'ils se proposent d'exprimer, ils ne visent qu'à l'utile. Est-il rien d'aspect plus informe, de moins agréable à la vue que ces monticules grossièrement arrondis où toute la république est logée? Il est vrai que les fourmis ont la vue très basse, et qu'elles sont incapables de juger à quelque distance de l'ensemble d'un édifice. L'intérieur, qui se bâtit à tâtons, semble encore moins régulier. C'est un labyrinthe de galeries, de salles, d'étages superposés. Forel, cependant, a su distinguer chez les fourmis des genres divers dans les manières de bâtir : il en compte jusqu'à six, qu'il appelle, avec un peu d'emphase, des genres d'architecture.

Quelques mots de P. Huber, qui a observé principalement la fourmi des jardins, feront comprendre tout ce que l'architecture de ces bestioles permet de leur supposer d'intelligence. « D'après ces observations et mille autres semblables, je me suis assuré que chaque fourmi agit indépendamment de ses compagnes. La première qui *conçoit* un plan d'une exécution facile, en trace aussitôt l'esquisse ; les autres n'ont plus qu'à continuer ce qu'elle a commencé : celles-ci *jugent par l'inspection* des premiers travaux de ceux qu'elles doivent entreprendre ; elles savent toutes ébaucher, continuer, polir ou retoucher leur ouvrage, selon l'occasion ; l'eau leur fournit le ciment dont elles ont besoin ; le soleil et l'air durcissent la matière de leurs édifices ; elles n'ont d'autre ciseau que leurs dents, d'autre compas que leurs antennes, et de truelles que leurs pattes de devant, dont elles se servent d'une manière admirable pour appuyer et consolider leur terre mouillée. »

Les fourmis élèvent, en travaillant de la sorte, des chefs-d'œuvre d'irrégularité. Or, Huber voit précisément dans cette irrégularité un effet que l'instinct est incapable d'expliquer : « Pour élever ces dômes irréguliers, composés de tant d'étages; pour distribuer d'une manière commode et variée les appartements qu'ils contiennent et saisir les temps les plus favorables à leurs travaux; mais surtout pour savoir se conduire selon les circonstances, profiter des points d'appui qui se présentent et juger de l'avantage de telles ou telles opérations, ne fallait-il pas qu'elles fussent douées de facultés assez rapprochées de l'intelligence, et que, loin de les traiter en automates, la nature leur laissât entrevoir le but des travaux auxquels elles sont destinées ? »

Büchner, de son côté, voit des preuves d'intelligence dans ce fait qu'une même espèce de fourmis emploie tour à tour « divers genres de construction, selon les diverses circonstances », et il cite Forel à son appui : « Beaucoup de nids ou de portions de nids, dit celui-ci, ne sont que provisoires, tandis que d'autres sont destinés à durer des années. Dans plusieurs, les diverses parties se distinguent par une architecture différente. Le plan de l'édifice subit des modifications, selon que le nid est destiné à une grande ou à une petite population. L'aspect extérieur du nid présente de même des formes variées, selon qu'il est clos, n'ayant qu'une seule issue cachée, ou qu'il y a beaucoup d'ouvertures extérieures; et ceci ne s'applique pas seulement aux diverses espèces, mais aussi à la même espèce, selon le chiffre de la population. »

§ 3.

L'art de l'ingénieur touche de fort près, chez les fourmis, à l'art de l'architecte. Leurs voies de communication ne sont le plus souvent que les galeries prolongées de leurs fourmilières. Le docteur Büchner se sent transporté d'admiration à la pensée des merveilles enfantées par ces ingénieurs à six pattes. Qu'on nous permette de citer la page où il décrit leurs travaux de grande voirie, en faisant toutefois observer au lecteur que, par une ruse littéraire que nous nous abstenons de qualifier, le narrateur attribue en bloc à *la fourmi* ce qui appartient par parties aux diverses espèces, et qui de fait ne se trouve réuni en totalité nulle part.

« C'est dans la construction de leurs routes plus encore que dans celle des habitations, que les fourmis déploient le plus d'habileté, de prévoyance, de perspicacité, et savent utiliser, avec une rare présence d'esprit, les circonstances favorables, ou détourner les obstacles naturels (1). A cause des occupations multiples qui les appellent au dehors, ces routes sont pour elles de la plus haute importance. Elles consistent tantôt en canaux souterrains, tantôt en sentiers ou chaussées à découvert, tantôt en galeries ou tunnels couverts; le tracé de ces routes, loin d'être partout le même, comme tel eût été le cas si ces animaux suivaient simplement leur instinct, est au contraire fort divers et fort varié, selon les besoins de la situation et des circons-

---

(1) Il serait injuste d'attribuer au docteur Büchner les défaillances de style dont le lecteur ne manquera pas d'être maintes fois frappé dans nos citations. Le traducteur de *la Vie psychique des bêtes*, le docteur Ch. Letourneau, nous semble en devoir porter seul la responsabilité.

tances. Les canaux souterrains servent tantôt de moyens de communication entre les diverses colonies des fourmis, tantôt à déguiser l'entrée du nid, tantôt à relier entre elles les diverses parties d'une habitation très étendue, tantôt simplement de route vers un endroit où se trouve la nourriture, par exemple, des plantes au suc sucré ou les feuilles préférées par les pucerons, qui servent aux fourmis de vaches laitières. Les fourmis s'entendent à merveille pour choisir la voie la plus courte, ainsi que la manière la plus commode et la mieux adaptée à l'accomplissement de leurs projets. Trouvent-elles à leur portée un terrain tout préparé, où elles puissent circuler à une assez grande distance sans être dérangées, par exemple, le pied d'un mur, d'une palissade, ou le rebord d'une allée, vite elles l'utilisent et ne cherchent plus à se frayer une autre route. Si tel n'est point le cas, elles tracent une voie bien dessinée, qu'elles débarrassent de tous les obstacles, en particulier des feuilles sèches. C'est ainsi qu'elles construisent, dans les clairières des bois, de vraies chaussées, conduisant d'un nid à un autre, et pour cela elles commencent avant tout par couper ras les tiges bulbeuses. Ensuite elles durcissent le sol à l'aide de sable et de ciment, élèvent dessus une chaussée exhaussée et se mettent à circuler. Dans les bois (1), où la construction d'une route est plus

---

(1) Notre docteur veut sans doute parler ici d'une grosse fourmi de l'Amérique méridionale, qu'on appelle au Brésil *Sa-Uba*. Cette fourmi voyage par troupes, et dévaste en quelques heures un arbre, en le dépouillant totalement de ses feuilles. Un témoin oculaire écrit : « Au commencement de la belle saison, commencent les invasions de ces petits animaux dans les plantations de café. Il leur eût été impossible de se frayer un passage à travers l'herbe, quelque courte qu'elle fût, avec un fardeau sur la tête. C'est pourquoi de leurs mâchoires tranchantes elles coupent l'herbe au ras du sol sur une largeur de cinq pouces, et la rejet

facile par elle-même, mais où la chute continuelle des feuilles et d'autres obstacles du même genre viennent obstruer fréquemment la voie, les fourmis donnent à celle-ci une largeur considérable, parfois de deux décimètres, mais une profondeur (?) moins prononcée que pour celles tracées dans les prairies : car si le percement de ces dernières présente, comme nous venons de le dire, de plus grandes difficultés, elles sont en revanche plus solides, et, comme telles, n'ont qu'une largeur de quatre à six centimètres. Ce n'est point, comme on pourrait le croire, de l'ouverture de leurs nids que les fourmis font partir leurs routes. Voici comment elles s'y prennent : à la construction d'un nouveau nid, par exemple, elles se disséminent sur toutes les lignes où elles veulent tracer des routes, et commencent le travail sur différents points simultanément, ni plus ni moins que le font les hommes pour le tracé d'une voie ferrée, d'une chaussée, etc. Ces routes se prolongent parfois à quatre-vingts et cent pas du nid, et il y en a quelquefois huit à dix qui partent d'un grand nid. Les fourmis perce-bois ne tracent point généralement de route, la traversée d'un arbre à un autre n'offrant aucune difficulté (1). »

§ 4.

Se loger, assurer ses voies de communications, c'est bien ; mais, avant tout, il faut vivre, il faut se procurer des moyens de subsistance. C'est par là, on le sait, que l'ani-

tent sur les deux bords. Une route se forme de cette manière, route qui, à force d'être sillonnée nuit et jour par des millions et des millions de fourmis, devient tout unie et plane. »
(1) Comprenne qui pourra. Tout le passage du reste présente plus d'un hiéroglyphe.

mal se distingue de la plante. Celle-ci, fixée au sol, trouve sa nourriture sur place, ou meurt. L'animal est obligé d'être son propre pourvoyeur, et c'est pour cela qu'il a des jambes, des ailes, des nageoires, la faculté de se transporter d'un lieu à un autre. La fourmi cherche sa nourriture, comme tout animal ; mais elle a des procédés qui lui sont propres.

Tantôt elle va consommer sur place, et tantôt elle rapporte au logis ce qu'elle a trouvé, elle fait des approvisionnements. Les substances sucrées, dont elle est très friande et qui ne sont pas toujours d'un transport facile, servent à ses repas champêtres. Il n'est pas rare que tel ou tel membre de la république se promène à l'aventure dans l'immensité d'une campagne de cent ou deux cents mètres de large, en quête de bonnes fortunes. Une trouvaille est-elle faite, on en profite d'abord pour son propre compte ; puis, bien repue, on songe à ses amies, on va les avertir, et, l'avis passant d'amies en amies, il n'est pas rare que la république tout entière se porte, sous forme de corps expéditionnaire, où la provende a été signalée.

C'est alors surtout que ces bestioles se montrent ingénieuses à tourner les difficultés. « Le docteur Franklin, dit Büchner, voulant mettre à l'épreuve l'intelligence des fourmis, plaça un pot de confitures dans une chambre écartée. Les fourmis y apparurent immédiatement en masse, et se gorgèrent de confitures. Franklin les chassa, et, à l'aide d'un cordon, suspendit le pot au plafond de la chambre, de manière, croyait-il, à ce qu'aucune fourmi ne pût y atteindre. Une d'entre elles était restée par hasard dans le vase. Après s'être suffisamment repue de miel, elle chercha à s'évader. Ce ne fut qu'après de longs efforts qu'elle réussit à trouver le cordon à l'aide duquel elle effectua heureusement son retour. Ensuite, courant sur le plafond et le mur, elle atteignit le sol. A peine une heure s'était écoulée depuis sa descente, qu'on vit apparaître une masse de fourmis; toutes se mirent en devoir de grimper sur le mur et le long du plafond, dans la direction du cordon, qui les conduisit droit au pot de confitures. Elles répétèrent cette manœuvre jusqu'à ce que le pot fût à sec. »

Une histoire racontée par Karl Vogt témoigne encore de plus d'habileté. Des fourmis allaient fourrager dans une ruche. Pour leur en couper le chemin, les quatre pieds de la ruche furent placés dans des écuelles remplies d'eau : les fourmis grimpèrent le long d'un mur voisin, et arrivèrent au miel au moyen d'un barreau de fer qui fixait la ruche au mur. On enlève le barreau : les fourmis montent sur un tilleul qui domine la ruche, et de là se laissent choir sur la ruche. On coupe les branches du tilleul : les fourmis reviennent aux écuelles; il se trouve que l'une est à sec, mais le pied de la ruche est suspendu au-dessus du fond de l'écuelle à la hauteur d'un demi-pouce : une fourmi plus grosse se dresse sur les pattes de derrière, atteint le pied de la ruche et fait la courte échelle à ses compagnes, qui s'empressent d'en profiter. Après avoir rappelé ce fait, le docteur Büchner ne peut s'empêcher de s'écrier : « En vérité, c'est de la raison pure et simple, arrivant parfois jusqu'à vaincre et à déjouer les finesses de l'esprit humain, qui cherche inutilement à se défendre contre leurs entreprises. »

Toutes les espèces n'ont pas le talent de faire des provisions. Quelques-unes seulement emmagasinent des grains, dont l'amidon leur sert de nourriture lorsqu'il a été converti par la germination en substance sucrée. Moggridge, naturaliste anglais, a eu le plaisir d'assister à la cueillette opérée par une fourmilière de Menton, et voici ce qu'il en raconte : « J'avais à peine mis le pied sur la *garrigue*, que je rencontrai une longue colonne de fourmis formée de deux files, dont chacune suivait une direction opposée. Les unes avaient la gueule chargée, les autres ne portaient rien. Il n'était pas difficile de trouver le nid auquel devaient appartenir ces deux courants ascendant et descendant. La longueur de la file était de vingt-quatre aunes à peu près. Des centaines de fourmis étaient déjà disséminées, parmi les plantes, sur la terrasse vers laquelle se dirigeait la file, et occupées à assortir les matériaux, tandis que d'autres étaient retenues par les soins domestiques au fond du nid.

» Mais ce qui est vraiment étonnant, c'est de voir les fourmis s'emparer, non seulement des grains déjà mûrs, mais aussi rechercher les capsules encore vertes, dont l'enveloppe crevée annonce que les grains vont se détacher de la plante mère. Voici comment elles s'y prennent : une fourmi monte sur la tige d'une plante chargée de fruits, de la *capsella bursa pastoris*, par exemple, et cherche une silique encore verte, mais bien pleine, placée au milieu de la tige, tandis que celles des côtés sont prêtes, à la moindre secousse, à laisser tomber leurs graines. Alors, la saisissant de ses fortes mandibules, et se servant de ses pattes postérieures comme de point d'appui solide et de pivot, elle se met à en tirer et tordre le pédoncule jusqu'à ce qu'elle l'ait cassé. Après quoi, elle descend à grand'peine, chargée de son lourd fardeau, dont le poids considérable l'écrase, et rejoint ses compagnes sur la route du nid. J'ai vu encore plus souvent qu'après avoir détaché les capsules à graines, les fourmis les faisaient tomber à terre, où leurs compagnes s'en emparaient et les emportaient.

» Ce ne sont pas seulement les graines, mais encore quantité d'objets, tels que des insectes morts, des fragments de coquilles, des corolles, des morceaux de bois, ou des feuilles déchiquetées, qui sont charriés ainsi dans les nids... Pendant qu'une légion d'ouvrières est occupée à se procurer et à apporter les objets nécessaires, d'autres sont employées à classer et à trier ces matériaux, à éplucher les gousses, et, une fois celles-ci vidées, à en débarrasser le nid. Aussi ces amas de débris atteignent-ils parfois, dans les endroits écartés, des proportions considérables. »

Ici se pose un problème intéressant. Les graines emmagasinées par les fourmis doivent germer pour leur fournir la forme d'alimentation qui leur est indispensable ; mais elles ne doivent germer ni trop tôt ni toutes ensemble, car l'amidon doit être consommé au jour le jour. Comment les fourmis traitent-elles leurs provisions pour obtenir ce résultat ? On a supposé qu'elles rongent le germe. Mais on voit que la supposition n'est pas sage.

Il y a là un petit mystère. Peut-être tout se réduit-il à faire comme parmi nous, à garder les graines au sec, puis à les mettre en un lieu humide. Büchner trouve que cette germination provoquée est « un procédé tout à fait identique à celui dont se sert le brasseur pour obtenir la drèche ou *malter* l'orge et le blé ». Puis il ajoute ces paroles, qui nous semblent un peu naïves : « Il n'est donc pas douteux que les fourmis ne soient versées dans une des branches les plus importantes du savoir ou de l'industrie humaine, qu'elles ne l'aient connue et pratiquée, selon toute vraisemblance, bien avant que l'homme soit apparu sur la surface terrestre (1). Ce n'est certes pas l'instinct, mais l'expérience, qui a pu leur enseigner quelque chose de semblable. »

§ 3.

Il y a plus merveilleux que cela, du moins au Mexique. Là se trouve une fourmi qui a reconnu qu'il est, sinon plus commode, du moins plus sûr de cultiver son blé que d'en faire des provisions à l'aventure. La *fourmi agricole* ensemence et moissonne. On a là-dessus le témoignage du docteur Lincecum, du Texas, et les observations de sa fille. Voici quelques extraits de la lettre du docteur à la *Société linnéenne* de Londres :

« L'espèce que j'appelle *agricole*, est une grosse fourmi brune. Quand elle a choisi l'emplacement de son domicile, elle creuse un trou, autour duquel (?) elle entasse de la terre à la hauteur de trois à six pouces, et construit un remblai circulaire, bas, qui monte en pente douce. La fourmi sarcle le terrain autour du remblai, en enlève tout ce qui pourrait l'encombrer, en aplanit et nivelle la surface à la distance de trois ou quatre pieds de la porte de la cité, et cela lui donne l'apparence d'une belle place pavée, ce qu'il est en réalité. Aucune végétation, à l'excep-

---

(1) Elles en seraient encore, si M. Büchner a raison, à leurs procédés préhistoriques, c'est-à-dire inventés par leurs ancêtres il y a des milliards d'années. Voilà une raison bien peu progressive.

tion d'une seule espèce de graminée, n'est tolérée dans l'intérieur de cette cour pavée. Après avoir secoué (?) cette plante tout autour, à la distance de deux ou trois pieds du milieu du remblai, l'insecte la cultive et la soigne avec la plus grande sollicitude, en rongeant toutes les plantes qui poussent par hasard dans l'enceinte ou à la distance d'un à deux pieds en dehors de ce rayon cultivé. La graminée ensemencée s'épanouit toute luxuriante, et donne une riche moisson de petites semences blanches, dures comme le caillou, qui au microscope ressemblent beaucoup au riz ordinaire. On la récolte soigneusement, quand elle est mûre, et les ouvriers l'emportent en bottes (?) dans les greniers, où on la sépare de la paille et où on l'emmagasine. Quant à la paille, elle est rejetée par dessus les confins de la cour pavée. »

§ 6.

Ces mœurs agricoles de la fourmi mexicaine sont en vérité on ne peut plus curieuses. Nous avons en Europe des espèces qui pratiquent d'autre façon les industries de la ferme : elles s'adonnent à l'élevage des bestiaux.

Le puceron secrète des gouttelettes limpides et probablement sucrées, dont la fourmi est très friande. Qu'elle prenne les moyens de satisfaire sa gourmandise en se mettant à la chasse des pucerons, il n'y a rien là qui soit au-dessus du savoir-faire de tout insecte en quête de sa nourriture. Sa manière de « traire » le puceron, qui consiste à lui frotter doucement l'abdomen avec les antennes, ne suppose pas non plus une « culture » fort extraordinaire, quoique M. Darwin avoue (*Origine des espèces*) qu'il n'a pas réussi en imitant sur un puceron les manèges de la fourmi. Mais ce qui est fait pour frapper d'étonnement, c'est que la fourmi élève des pucerons à domicile, afin d'avoir à portée leurs produits alimentaires.

« Une colonie de fourmis, dit Huber, est d'autant plus riche qu'elle possède plus de pucerons. C'est là son bétail de bœufs (?), de vaches et de chèvres. Qui aurait pu supposer que les fourmis fussent un peuple pasteur? » Toutes les espèces ne procèdent pas de la même manière à l'élevage de leur bétail. Les plus avisées se contentent de parquer, au moyen de constructions artificielles, les pucerons sur la plante où ceux-ci paissent, c'est-à-dire pompent le suc végétal. D'autres fois, la fourmilière est elle-même construite au pied d'un arbre ; et, dans ce cas, ce sont les racines de l'arbre qui fournissent au puceron sa pâture.

Les pucerons ne sont pas les seuls insectes que les fourmis gardent chez elles pour avoir leur laitage toujours à proximité ; d'autres bestioles à liqueur sucrée remplissent quelquefois le même rôle. On a remarqué, par exemple, que le staphylin est directement nourri par la fourmi, qui emploie à son égard le même procédé que pour les larves de sa race. Mais rien pour rien : la fourmi reprend son cadeau sous une forme plus exquise ; le staphylin est son confiseur, seulement ce confiseur ne fournit jamais la matière première.

On ne dit pas comment les pucerons sont nourris, lorsque l'étable est loin de tout végétal : la science est encore à faire sur ce point. Il paraît que certaines espèces, plus avisées, vont jusqu'à recueillir en automne les œufs de pucerons, afin d'avoir des jeunes au printemps, et l'on assure qu'elles soignent ces œufs comme ceux de la colonie. Büchner ajoute (est-ce avec assez de prudence?) un détail épouvantable. « L'amour, dit-il, qu'elles portent à leurs enfants adoptifs, ne les empêche pourtant point de les dévorer avec la peau et les poils en temps de disette, à défaut de toute autre alimentation. » Ne nous récrions pas trop : ne dévorons-nous pas, nous qui sommes hommes, nos vaches laitières, sans y être poussés par la disette? Et Ugolin !

§ 7.

Tous les animaux que la nature a pourvus d'armes sont guerriers : la fourmi a ses fortes mandibules, son aiguillon et du venin. Vivant en société, elle se bat en société ; elle forme par conséquent des armées, ce qui donne à ses combats un caractère très curieux. « Les combats des fourmis, dit Büchner, ressemblent d'une manière si frappante aux guerres et aux luttes des hommes, qu'on se demande si ce sont les fourmis qui imitent les hommes, ou les hommes qui imitent les fourmis. Pour le philosophe, placé au-dessus des luttes des partis, embrassant le monde dans son ensemble, cet état de choses, de quelque côté qu'il se manifeste, semble également digne de blâme et de pitié. L'animal a pourtant vis-à-vis de l'homme le mérite de ne combattre que dans l'intérêt de sa conservation ; c'est, au contraire, le plus souvent par ses passions inférieures que l'homme se laisse entraîner à ces luttes meurtrières et éternelles qui mettent sans cesse en péril la vie, le travail et la prospérité (1). »

(1) Ah ! comme le bon docteur regrette d'appartenir à l'humanité, et combien, pour n'avoir pas à rougir de ces guerres meurtrières qui mettent en péril la vie, ne serait-il pas heureux d'être né fourmi !

L'histoire militaire des fourmis a trouvé bien des historiens ; mais il n'est pas facile de se reconnaître au milieu de leurs récits. Ce sont, en somme, des descriptions de combats dont ils ont été témoins ; des marches, des rencontres, des mêlées, des luttes corps à corps, des coups de mâchoires ; des pattes, des antennes arrachées, des têtes coupées, des abdomens transpercés. Quant à ce qui fait la vie de l'histoire, l'investigation des causes et des effets, on dirait, à voir le décousu des narrations, que les conseils de ces petites républiques guerrières ne laissent transpirer aucun de leurs secrets. Qu'on nous permette néanmoins de reproduire ici le compte rendu d'une bataille dont Haubart (de Bâle) fut témoin dans son jardin. Les armées étaient composées, d'un côté, de fourmis noires, et, de l'autre, de fourmis noir cendré, vraie guerre de races.

« L'espèce noir cendré possédait deux édifices, et l'espèce noire en avait cinq petits du même genre, très rapprochés l'un de l'autre et à douze pas de distance des premiers. A la Pentecôte, vers dix heures du matin, un mouvement extraordinaire se produisit parmi les fourmis noir cendré. Elles marchèrent contre les noires, se rangèrent en longues lignes de bataille obliques, formant deux réserves sur l'aile gauche et trois autres à quelque distance de là sur l'aile droite. L'innombrable armée des fourmis noires forma des lignes plus serrées, ayant, elles aussi, deux ailes de chaque côté. Les corps d'armée s'attaquèrent, combattirent pendant quelque temps en files alignées, finirent par se mêler, en sorte que la lutte se concentra sur deux points, tandis que les ailes se tenaient inactives en face l'une de l'autre, sans prendre part à la lutte. Le combat était des plus acharnés : les pattes et antennes pendaient arrachées, les combattants se mordant sans miséricorde. Les fourmis noires se montrèrent dans cette occasion fort secourables les unes à l'égard des autres, enlevant ou protégeant leurs blessés, tandis que les noir cendré abandonnaient les leurs à leur destinée. Quand, au bout de deux heures, l'observateur revint visiter le champ de bataille, il trouva les noir cendré en pleine déroute : c'est à peine si on en voyait encore quelques-unes fuyant de divers cotés. Les noires s'étaient emparées du nid de leurs adversaires, et on les voyait circuler activement entre celui-ci et leurs propres fourmilières. Pendant la durée du combat, la fureur et la rage des combattants avaient été poussées à un tel degré, que, si on tirait une fourmi de la mêlée, elle courait sur la main sans même songer à mordre et ne touchait pas au sucre placé devant elle. » N'est-ce pas épouvantable?

C'est à M. Forel surtout que revient l'honneur d'avoir observé avec une rare persévérance l'humeur belliqueuse de la fourmi. Mais il est juste d'ajouter que cet observateur dévoué a trop souvent joué le role du *Dieu de la guerre* dans les combats dont il était le témoin. Ce n'est point en vertu de leur instinct ou de résolutions prises dans leurs assemblées politiques, que les fourmis en venaient aux mains, je veux dire aux mandibules. M. Forel mêlait artificiellement les fourmis de diverses fourmilières, tantôt d'espèce identique et tantôt d'espèce différente. Nous ne demandons pas si c'est loyal ; mais est-ce un moyen bien sûr pour arriver à connaître les mœurs guerrières vraiment propres aux fourmis?

Quoi qu'il en soit, voici comment M. Büchner croit

devoir raisonner et conclure d'après ces observations :
« Les *guerres* et les *massacres* des fourmis ont lieu tantôt
entre différents nids ou colonies de la même espèce,
tantôt entre différents genres ou espèces. Les conflits
sont en général aussi meurtriers que les chasses
à esclaves, faites dans un but d'utilité, le sont peu. Le
nombre des morts, des blessés et des mutilés de ces
guerres de fourmis n'est pas moins considérable que dans
les guerres et les batailles humaines. L'acharnement de
la lutte ne le cède pas à celui des luttes entre hommes, et
tous les instincts sauvages de la nature humaine, tels que
la volupté du carnage, la férocité, la soif du sang, éclatent
alors dans ces petites âmes de fourmis aussi violemment
que dans celles des « rois de la création ». Enivrés par
l'ardeur de la lutte, les combattants s'égarent au point
d'oublier toute prudence, et se laissent souvent immoler
et massacrer sans aucune nécessité. Une combattante,
arrivée à un tel accès de fureur, ne peut être calmée que
si plusieurs de ses camarades la saisissent par les pattes
et la contiennent fortement, tout en l'effleurant de leurs
antennes, jusqu'à l'apaisement du paroxysme. »

§ 8.

Ce caractère absolument sauvage ne se remarque pas,
M. Büchner vient de le dire, dans les expéditions de trois
espèces singulières, où la république compte des armées
permanentes proprement dites et distinctes des corps de
métier. Ces espèces ont été appelées par les naturalistes :
formica rufescens, formica sanguinea, et *formica strongylo-
gnatha.* Leurs soldats, à qui ces mêmes savants ont donné

le nom assez impropre d'*amazones*, ont une forte tête, armée de crochets redoutables, et ne savent que batailler ou flâner. Chose curieuse, ces deux occupations épuisent tout leur savoir-faire, et ces soldats terribles n'ont pas même l'adresse de porter leur pâtée à leur bouche. C'est précisément à cause de cela que leurs expéditions militaires sont pour eux d'une nécessité absolue. Il leur faut des serviteurs qui leur donnent à manger, et ces serviteurs sont le prix même de leurs victoires.

Ils envahissent les fourmilières d'espèces différentes, livrent combat aux habitants, les défont, s'emparent des œufs, des larves et des nymphes de la colonie vaincue, et les transportent dans leur propre nid. Là, des ouvrières reçoivent ces précieuses dépouilles, les soignent; une génération en sort qui ne connaît point d'autre patrie que celle de ses maîtres, s'y attache comme à la sienne propre, et qui, aux occupations de sa race, ajoute le soin assidu de porter dans la bouche de ses ravisseurs les aliments sans lesquels ils mourraient infailliblement. Les espèces qui ont des soldats de cette trempe, sont appelées *esclavagistes*. Écoutons ce que dit Büchner de cette étrange pratique : « Tout ce que nous venons de dire touchant la vie intellectuelle de ces animaux doit être relégué au second plan, si nous nous rappelons que les fourmis possèdent depuis un temps immémorial une institution politique et sociale, qui a joué et joue encore un rôle important dans l'histoire des hommes et de leur civilisation. A dire vrai, au premier coup d'œil, cette institution semble peu en harmonie avec les tendances sociales et démocratiques des fourmis. Mais rappelons-nous bien que l'esclavage a existé dans nos républiques de l'antiquité, et que non seulement il allait de pair avec leurs constitutions politiques, mais en formait même une des bases essentielles. Nous n'avons donc nullement le droit de reprocher aux fourmis l'existence de l'esclavage, comme contraire à l'esprit démocratique, d'autant moins que, chez elles, la forme de cette institution est plus douce encore qu'elle ne l'était dans la Grèce ou l'ancienne Rome. Jamais les fourmis ne se permettent de réduire en esclavage les adultes de leur espèce, des individus ayant atteint à la plénitude de leur conscience de fourmi, tandis que le marchand d'esclaves humains n'a jamais de tels scrupules. Les esclaves des fourmis ne semblent guère ressentir la perte de leur liberté : elles prennent part volontairement, sans la moindre contrainte, à tous les travaux jugés par leurs maîtres nécessaires au maintien de la colonie, tels que la construction des habitations, les soins donnés aux pucerons, la garde et l'appâtement des larves, etc., et, le cas échéant, elles marchent avec leurs ravisseurs contre les individus de leur espèce (1). » Qu'on s'écrie à cette vue que l'esclavage abaisse les caractères, même chez les fourmis, ce fait n'en prouve pas moins d'une manière incontestable l'attachement des esclaves fourmis pour leurs maîtres et la grande douceur de l'esclavage parmi ce petit peuple.

Lespès a pris soin de décrire une expédition d'amazones. Ces campagnes n'ont lieu qu'à la fin de l'été ou au commencement de l'automne. « Les brigands, dit Lespès, quittent leur camp vers les trois ou quatre heures de l'après-midi, par un temps pur et serein. D'abord il n'y a point

---

(1) M. Büchner oublie de dire que les adultes de l'espèce sont incapables de rendre les services dont les amazones ne peuvent se dispenser.

d'ordre dans leurs mouvements ; mais, du moment où les forces sont rassemblées, une colonne régulière se forme. Cette colonne avance avec rapidité, et, chaque jour, prend une direction nouvelle. Les rangs sont étroitement serrés, et les amazones qui marchent en tête, semblent chercher quelque chose à terre. Ce qu'elles cherchent, c'est la piste de l'espèce qu'elles se préparent à attaquer. Quand elles l'ont trouvée, elles s'avancent avec impétuosité, entraînant toute la colonne sur leurs pas.

» Après une marche qui dure quelquefois une heure entière, voici la colonne arrivée au nid de l'espèce esclave. Les amazones forcent facilement l'entrée du nid, d'où elles reparaissent au bout d'un moment, tandis que les assiégés en surgissent en masse. Ce sont les larves et les nymphes qui sont l'objet principal du conflit : les amazones cherchent à les enlever, et les autres essayent de les dérober à leurs poursuites, ou du moins d'en sauver le plus grand nombre possible. Pour cela, sachant parfaitement que les amazones ne grimpent point, elles gagnent avant tout, avec leur précieuse charge, les plantes et les buissons du voisinage, où elles sont à l'abri de leurs atteintes. Puis elles se mettent à poursuivre les ravisseurs ; ces derniers détalent au plus vite.

» Pour leur retour, les amazonnes ne prennent pas la voie la plus directe, mais invariablement celle qu'elles ont suivie en arrivant. Rentrées dans leurs foyers (!), elles abandonnent leurs captures aux esclaves et ne s'en préoccupent plus. Quelques jours après, les nymphes dépouillent leur enveloppe sans garder aucun souvenir de leur enfance, et se mettent incontinent à participer à tous les travaux, sans y être amenées par la contrainte. »

§ 9.

Mais la caractéristique par excellence de la raison, c'est la parole, les naturalistes sont unanimes sur ce point ; ce qui ne veut pas dire toutefois que plus on parle plus on est raisonnable. Or les fourmis parlent, M. Büchner nous l'affirme en termes catégoriques, et elles parlent dans une juste mesure. Leur langage n'est probablement pas un système de sons articulés. Un naturaliste, Landois, a bien constaté, chez les fourmis, « un organe de modulation, de vibration, placé sur l'abdomen ». Malheureusement, le son ainsi produit est tellement délié, que notre oreille grossière n'en perçoit absolument rien, et que Landois ne fait en somme là-dessus ques des conjectures. Un seul groupe produit une sorte de stridulation extrêmement faible. Bref, chercher la langue des fourmis dans cette voie, c'est courir à un échec inévitable.

Nous avons peut-être affaire à des sourds-muets. Du moins, de part et d'autre, on parle par signes ; et, comme les fourmis ont la vue extrêmement basse et qu'elles se feraient inutilement des signes à distance, elles en sont réduites à se tapoter réciproquement les antennes. Ces tapotements constituent des symboles, expriment peut-être des syllabes. Malheureusement, le Champollion qui doit déchiffrer ces hiéroglyphes, n'est pas encore né ; et, la vérité nous oblige de le confesser, toutes les conversations entre fourmis que les naturalistes nous rapportent, sont, comme les discours de Tite-Live, d'éloquentes suppositions. M. Büchner, cependant, n'hésite point à ce sujet : « On voit, dit-il, deux fourmis qui causent entre elles se tenir en face l'une de l'autre ; leurs têtes se touchent, et, de leurs antennes en mouvement, elles s'effleurent réciproquement, se donnent de petites tapes. » A quoi serviraient ces petites tapes, je vous le demande, sinon à parler ? Donc les fourmis parlent. « Qu'elles soient en état de se faire part, de cette manière, de mille et mille choses d'un caractère tout à fait précis, c'est là un fait qui se démontre par des exemples nombreux. » Et tout aussitôt, le docteur Büchner nous fait lire ce passage du naturaliste anglais Jesse (1) : « Plus d'une fois, il m'est arrivé de déposer une petite chenille verte dans le voisinage d'un nid de fourmis. A peine y était-elle, qu'une fourmi venait l'empoigner et faisait d'inutiles efforts pour la traîner vers le nid. Ne pouvant y parvenir, elle faisait appel à une de ses camarades, avec laquelle elle avait un colloque animé dont les antennes faisaient les principaux frais ; à la suite dudit colloque, toutes les deux s'acheminaient vers la chenille, et, réunissant leurs efforts, parvenaient à la transporter au nid. J'ai de même observé, plus d'une fois, deux fourmis se rencontrant sur la route de leur nid. Elles s'arrêtaient en face l'une de l'autre, se touchaient réciproquement le bout de leurs antennes, ayant tout l'air d'avoir une conversation dont le sujet, j'ai lieu de le croire, roulait sur la question suivante : quel était le meilleur endroit pour se procurer des provisions ? » Après un tel témoignage il faut de l'obstination pour ne pas être convaincu.

Un fait curieux tendrait à prouver qu'il y a une langue spéciale, ou du moins des mots de passe, dans chaque fourmilière. Les fourmis du même groupe se reconnaissent après une longue séparation. « Cette faculté a attiré

(1) *Gleanings*, t. I.

l'attention de Darwin, dit Büchner, qui a longuement
traité ce sujet dans beaucoup de ses ouvrages. Plus d'une
fois il a transporté des individus de la même espèce
d'une fourmilière à une autre, habitée, à ce qu'il lui semblait au moins, par une dizaine de milliers de fourmis, ce
qui n'empêchait pas les étrangères d'y être immédiatement reconnues et mises à mort. Il a essayé quelquefois
de les imprégner d'*assa fœtida :* elles n'en furent pas
moins immédiatement reconnues. Ce fait prouve que ce
n'est point l'odorat seul, mais encore autre chose, peut-
un signe ou *un mot de ralliement*. qui leur sert à se reconnaître. » Huber a vu des fourmis qui se reconnaissaient
après une séparation de quatre mois. Le mot de passe
ne change donc pas chaque soir. Lubbock a constaté
que la reconnaissance a lieu quelquefois au bout d'un
an.

Il est infiniment probable que la langue varie, sinon de
fourmilière à fourmilière, du moins d'espèce à espèce,
comme, parmi les hommes, de race à race. Toutes les
fourmis ne parlent pas également bien. Il y a, chez elles,
des langues polies, comme le français, l'italien ; des langues savantes, comme le sanscrit et le grec ; mais il
y a aussi des langues informes, comme le fuégien et le
petit nègre. « La langue, dit M. Büchner, est développée à
un degré divers chez les diverses espèces ou genres. » Il
y a même des espèces si lentes à saisir ce qu'on leur dit,
que les antennes ne suffisent plus : on ne parvient à se
faire comprendre que par les procédés les plus grossiers,
par le contact des objets. « A l'occasion, par exemple, d'un
changement de domicile, telle fourmi en prend une autre
entre ses mâchoires, et la transporte sur le lieu choisi

pour la nouvelle habitation. » La démonstration est ainsi sans réplique, mais elle n'est vraiment pas commode.

Tels sont, en somme, les faits sur lesquels on essaye d'appuyer les droits de la fourmi à prendre place parmi les êtres raisonnables, à être considérée comme un homme minuscule et à six pattes. Inutile de multiplier davantage les exemples : ils rentrent tous dans la catégorie de ceux que nous venons de passer en revue, et l'on n'y trouve pas d'autres chefs d'argument. Un naturaliste allemand écrivait en 1856, en parlant du *vaste océan de la vie animale :* « Partout l'observateur retrouve l'image de notre vie sociale, industrielle, artistique, scientifique et politique. » Le terme d' « image » est on ne peut plus heureusement choisi. Il n'est pas douteux que la vie de l'homme, j'entends sa vie même raisonnable, est représentée extérieurement et par traits détachés dans la nature animale. La ressemblance partielle est plus ou moins éloignée, plus ou moins exacte. Mais l'image n'est pas la réalité; entre un homme et son portrait l'identité de nature est loin d'être parfaite. Conclure de la ressemblance extérieure à l'identité intime ne peut être qu'un sophisme, et nous craignons bien que les avocats des animaux raisonnables n'aient pas d'autre manière de défendre leur cause. M. Büchner, après avoir cité les paroles de Trögel, que nous venons de rapporter, répond non sans quelque étourderie : « Il n'y a aucune exagération dans ces véridiques paroles. Tout ce qui nous semble être le propre de l'homme, depuis l'organisation de l'état ou de la société dans ses moindres détails, jusqu'à notre architecture, notre économie domestique, l'art de faire la guerre, l'esclavage, le langage, etc., etc., tout cela se reproduit à un degré incroyable dans le monde animal. » Tout est reproduit, surtout chez les fourmis, accordons-le, quoique ce soit faux d'une manière criante; mais est-ce extérieurement et par image, ou avec identité de nature, que tout est reproduit? Là est la vraie question, sans la solution de laquelle rien n'est sérieusement résolu, et les ressemblances les plus frappantes ne sont qu'un texte à déclamations.

C'est ce qui nous reste à examiner.

CHAPITRE II

LE CERVEAU DE LA FOURMI

Avant d'aller plus loin, qu'il nous soit permis de dire que la thèse soutenue par le docteur Büchner, au sujet de la raison des fourmis, est bien faite pour nous surprendre; car ce digne homme est matérialiste de profession et connu surtout à ce titre en Europe. Pour les matérialistes, la raison est une fonction du cerveau exactement comme la digestion est une fonction de l'estomac : c'est une propriété de la matière organisée. La pensée croît avec la quantité de cervelle, de même que la quantité de matière digérée croît avec l'amplitude de l'estomac. Les physiologistes ont prétendu établir une proportion rigoureuse entre ces deux termes, matière cérébrale et intelligence, de telle sorte que le poids de celle-là, exprimé en grammes, marquerait exactement la puissance de celle-ci (1).

Un certain poids de substance nerveuse pourrait devenir, si l'on se met au point de vue de ces physiologistes, l'équivalent organique de la raison. En d'autres termes, les

(1) Nous avons déjà dit un mot de cette opinion, mais il est bon d'y revenir.

animaux, et parmi les animaux, il faut compter l'homme, différeraient intellectuellement entre eux comme leurs cerveaux. Le tissu cérébral étant au fond le même dans tous les crânes, il s'ensuivrait que les fonctions de ce tissu seraient pareillement les mêmes dans tous les animaux, et qu'il n'y aurait de l'un à l'autre que des différences de degré, comme il n'y a que des différences de poids entre les cerveaux. Telle est la théorie de la science matérialiste : elle a du moins le mérite d'une grande simplicité, sauf qu'elle n'explique rien du tout.

Mais n'y a-t-il pas lieu d'être grandement surpris que le docteur Büchner n'ait pas vu que la haute raison de la fourmi est en contradiction ouverte avec ses principes de physiologie matérialiste ? Qu'un philosophe qui croit à l'immatérialité de la pensée et du principe pensant, accorde, à des bestioles aussi minuscules, de la raison et beaucoup de raison, on le comprend : la quantité de matière qui compose leur corps et surtout leur cerveau est à peine distincte du néant, et il s'en faut de presque rien qu'ils soient tout immatériels. Ces animalcules seraient presque des exemples visibles de la pensée immatérielle, si de fait ils pensaient.

Mais qu'un matérialiste, qui enfonce la pensée dans la matière, qui la fait croître et diminuer dans la même proportion que le poids du cerveau, laisse à la fourmi même une ombre d'intelligence, voilà un exemple de pensée bien mal dirigée dans le matérialiste. Le cerveau d'un homme pèse en moyenne 1350 grammes. Que pèse une fourmi ? Peut-être pas 1 décigramme ; mettons 2. Que pèse son cerveau ? Cinquante fois moins et nous sommes très loin d'exagérer, comme on le verra plus bas ; il pèse donc 4 milligrammes. La fourmi a donc une raison représentée par 4 milligrammes, tandis que celle de l'homme est représentée par 1350 grammes. Donc la fourmi devra, suivant la philosophie matérialiste, être trois cent trente-sept mille cinq cents fois moins raisonnable que l'homme. Ou nous nous trompons beaucoup, ou cette raison-là doit se confondre, à très peu de chose près, avec la stupidité la plus complète, avec celle de l'huître et avoisiner celle du caillou.

M. Büchner, qui a de l'intelligence pour 1350 grammes, a pressenti la difficulté, quoiqu'il n'en dise rien, et il tâche de l'écarter au moyen d'un échappatoire assez ingénieux. Il sait très bien que l'éléphant, que la baleine, que le dauphin surtout, a beaucoup plus de cervelle que l'homme, sans avoir, à beaucoup près, autant de raison. Si le cerveau est le principe de la pensée, et comment hésiter là-dessus lorsqu'on est matérialiste? il faut donc admettre que la fonction d'un cerveau puissant se trouve contrariée, gênée, toutes les fois que le rendement de cet organe ne répond pas à sa capacité radicale. Qu'est-ce donc qui gêne les opérations cérébrales dans les mammifères que nous venons de nommer? Évidemment, c'est la masse du corps. Donc, ce n'est pas le poids absolu du cerveau, mais le rapport de ce poids avec le poids de tout le corps qui sera l'indice de la capacité intellectuelle d'un animal donné. C'est à cette perche que M. Büchner se rattrape, afin de ne pas sombrer dans sa théorie.

« Que l'intelligence hors ligne des fourmis, dit-il, soit liée à un développement spécial du système nerveux et particulièrement de l'organe de la pensée, du cerveau, c'est là un fait qu'il est inutile de démontrer aux analomistes et aux physiologistes. Mais il ne sera pas sans intérêt pour les profanes d'apprendre que le cerveau des fourmis est *relativement* le plus développé dans la classe des insectes, sans en excepter les plus intelligents de tous, les abeilles. D'après les tableaux comparés, dressés par Vitus Graber, le volume du cerveau des abeilles par rapport au corps entier de l'animal serait de un deux-centième pour le cerveau tout entier de l'animal, et de un millième pour le cerveau antérieur ou « ganglion cérébroïde »; la même relation chez la fourmi serait de un deux-cent quatre-vingtième pour le cerveau et de un six-centième pour les ganglions antérieurs, tandis que le cerveau du hanneton, qui ne possède pas en général de ganglions antérieurs, ne représentera que la trois-millième partie de son corps. »

En principe, comme disent les philosophes, en droit, comme disent les jurisconsultes, quelle est la valeur de l'interprétation adoptée par le docteur Büchner? Il y a d'abord un fait assez curieux qui met son principe à vau-l'eau. L'homme, de l'aveu de tous, est l'animal le plus raisonnable, du moins dans la série des vertébrés. C'est un point acquis à la science, et l'on serait mal venu à le révoquer en doute. Or, si l'on fait attention au rapport du cerveau avec le reste du corps, l'homme n'occupe plus le premier rang; il vient après le ouistiti, que dis-je? après le moineau, la mésange et le serin. Un principe aussi carrément démenti est bien près de n'avoir qu'une valeur de fantaisie.

En outre, en vertu de ce principe, l'intelligence devrait diminuer à mesure que l'on prend de l'embonpoint, et augmenter à mesure que l'on maigrit. Il est au moins fort douteux que ce progrès en sens inverse se vérifie ; encore, s'il était vrai, faudrait-il le tenir soigneusement secret, car les maîtres de pension pourraient en abuser pour cultiver parmi leurs pensionnaires des fruits d'intelligence miraculeux, qui cependant à juger par le dehors, ressembleraient étrangement aux fruits secs.

Une autre singularité dont M. Büchner aura l'obligation de se débrouiller, c'est la croissance de l'intelligence chez un même individu en sens direct de son âge, et en sens inverse du rapport de son cerveau à son corps. En effet, le cerveau atteint fort rapidement toute sa croissance au point qu'à l'âge de sept ans, il est presque complet ; quant à la masse du corps, c'est tout autre chose. La différence est si grande que Tiedemann a pu écrire cette phrase significative : « Plus l'homme approche de sa croissance complète, plus le poids de son cerveau est petit « relativement à celui de son corps. » Donc, en vertu du principe, plus l'homme est loin de sa croissance complète, et plus il a d'intelligence ; donc les esprits les plus puissants sont tous en nourrice, et les plus faibles ont cet âge où d'ordinaire l'on est admis, sous certaines conditions qui ne sont pas des marques de stupidité, dans les sociétés savantes. On sait que l'observation oblige à des conclusions qui sont précisément le contre-pied de celle-là.

Encore une réflexion et ce sera la dernière. Le Darwinisme, qui l'ignore maintenant ? consiste à supposer que la génération conserve et transmet les accidents heureux d'un organisme vivant, lorsque ces accidents, grâce à certaines forces mystérieuses, ont réussi à s'y fixer d'une manière durable. L'accident qui a produit l'intelligence remonte à la plus haute antiquité, il remonte à l'origine même de la vie sensible ou animale, car il n'y a pas d'animal qui, aux yeux des Darwinistes, ne soit intelligent. De plus, l'intelligence a ce privilège qu'elle s'accroît toujours par cela seul qu'elle est, attendu qu'être intelligent c'est faire des actes de connaissance, et que les actes de connaissance s'ajoutant aux actes de connaissance sont l'évolution même de la puissance intellectuelle. En outre, l'accroissement de l'intelligence est, à coup sûr, une acquisition utile. Il suit de tout cela que l'intelligence n'a jamais cessé de croître depuis l'origine de la vie, c'est-à-dire depuis des milliards de siècles. Comme, d'autre part, l'intelligence ne peut croître que suivant le rapport du cerveau au reste de l'organisme, il suit encore de tout cela que les animaux ont dû d'abord avoir des corps aussi gros que des montagnes, et que les progrès des siècles atténueront de plus en plus cette partie des êtres animés jusqu'à l'époque où il n'y aura plus que des cerveaux sur la terre. Alors l'intelligence sera infinie, car l'expression c/C où c représente le cerveau et C le corps, sera devenue c/o, laquelle égale incontestablement ∞ l'infini. Sur cette voie, les fourmis nous devancent d'une manière notable. Concluons que, si le principe avait quelque valeur, les Darwinistes n'auraient pas le droit d'en faire usage. Or, les naturalistes qui accordent de la raison à la fourmi, sont à peu près tous des disciples de Darwin.

Voilà ce que nous avons à dire au sujet de la question de droit. Il est bien clair que le rôle du cerveau, dans les phénomènes psychologiques, est encore enveloppé de trop d'obscurités pour que l'on puisse en faire l'objet d'une loi exprimée avec quelque précision. Ni la quantité absolue, ni la quantité relative de la matière de cet organe n'est une mesure exacte de l'intelligence. Mais le contraire serait-il aussi incontestable qu'il est faux, l'application n'en serait pas moins désastreuse dans l'espèce pour la thèse de M. Büchner.

En effet, si nous supposons bénévolement que la fraction c/C est l'indice fidèle de l'intelligence, nous arrivons à des résultats que le bon docteur n'a certainement point en vue. Nous croyons que l'on peut soutenir sans trouver beaucoup de contradicteurs, cette proposition : « L'homme est raisonnable, c'est-à-dire doué de raison, » d'autant plus que démontrer le contraire, c'est la prouver. Or, la formule c/C appliquée à l'homme prend ces valeurs $1350/75000 = 0,018$, le poids moyen de son cerveau étant de 1360 grammes et celui de son corps de 75 kilogrammes. Si l'on ne tient compte que des hémisphères cérébraux, alors c/C devient $1000/75000 = 0,014$.

Quant à la fourmi, l'on n'a pu soumettre ni son corps ni surtout son cerveau à des pesées bien précises ; mais l'on a comparé du mieux qu'on a pu les volumes. Si nous supposons que les poids sont comme les volumes, ce qui doit être approximativement vrai, nous obtiendrons pour l'indice de la raison dans la fourmi, en nous en référant à la citation ci-dessus du docteur Büchner, $1/280$ pour tout le ganglion céphalique et $1/600$ pour le ganglion céphalique antérieur.

Tout le ganglion céphalique répond très probablement à l'encéphale entier des vertébrés, et le ganglion antérieur aux hémisphères cérébraux. Par conséquent, l'indice $1/280$ ou $0,004$ de la fourmi répondra à l'indice $1350/75000$

ou 0,018 de l'homme; à l'indice 1/600 de la fourmi, 1/75 ou 0,013 de l'homme. Dans le premier cas, le calcul le montre, la fourmi aurait les vingt-deux centièmes de la raison ; et, dans le second cas, seulement les douze centièmes. Il faudra donc que l'évolution lui apporte encore soixante-dix-huit degrés d'intelligence de plus ou même quatre-vingt-huit pour qu'elle jouisse de la raison complète, ou du moins pour s'élever aussi haut que l'homme. Elle n'est pas encore près d'arriver.

Dans son ouvrage intitulé : « Force et matière », le docteur Büchner, donnant la théorie de son matérialisme, soutient que l'âme et la pensée sont le résultat de la matière cérébrale, « de même que la machine à vapeur produit du mouvement ». Il dit en propres termes : « L'organisation compliquée de substances douées de forces du corps animal produit, d'une manière analogue » à la machine à vapeur, « un ensemble d'effets que nous appelons dans leur unité esprit, âme, pensée. » Il n'y a donc autre chose au monde que la matière et ses phénomènes, plus d'autres lois que les lois de la matière, les lois mécaniques. La mécanique règle l'évolution de la matière pensante comme l'évolution de la machine à vapeur. Or l'une des lois du mouvement le subordonne à la masse du mobile, de telle sorte que la quantité du mouvement reçu ou communiqué est en rapport direct des masses. Si donc, la raison est un mouvement, il s'ensuit que la quantité dont jouit la fourmi est fort peu de chose comparé à la raison de l'homme. Le cerveau de l'homme et celui de la fourmi sont deux machines construites de même façon, pour des fins absolument semblables, pour les opérations psychiques ; l'une, le cerveau de l'homme, représente une masse de 1350 grammes ; l'autre, le cerveau de la fourmi, ne peut plus s'évaluer que par des fractions de milligrammes ; la raison de la fourmi sera donc des milliers de fois au-dessous de celle de l'homme, et, comme l'homme a tout juste assez de raison pour n'être pas déraisonnable, il s'ensuit que la fourmi ne peut être qu'une petite bête. On n'est jamais dispensé d'être conséquent avec soi-même, pour soutenir des théories extravagantes.

On nous pardonnera d'avoir insisté sur ces considérations qui paraissent puériles. La physiologie, nous entendons la physiologie de mauvais aloi, n'a pas d'arguments plus forts, et ces arguments suffisent à persuader bien des gens qui sont aujourd'hui tout fiers de l'indépendance de leur pensée. Une forme sentencieuse et un faux air de science, voilà tout ce qu'il faut pour les abuser. Les penseurs qui se moquent de la liberté de penser, sont plus exigeants.

On a beau disséquer, analyser des ganglions céphaliques et des cerveaux : les plus profondes études de l'anatomiste et du physiologiste l'autorisent à faire des conjectures plus ou moins plausibles, elles ne lui apprennent rien de positif et de certain sur les rapports exacts du cerveau et de la pensée. Le ganglion céphalique de la fourmi prouve-t-il qu'elle soit douée de raison ? Assurément non, mais il ne prouve pas non plus qu'elle en soit privée. La raison, comme tout ce qui est immatériel, n'est point aperçue directement, ni dans ses organes : il n'y a qu'un moyen d'en constater la présence ; il faut observer des effets qu'elle est seule capable de produire. C'est par les phénomènes extérieurs de la vie d'une espèce animale, que l'on arrive à caractériser sa puissance psychologique : la description des mœurs des fourmis est en somme la meilleure source d'information pour résoudre le problème qui nous occupe, à une condition pourtant, laquelle est assez importante, c'est que l'on sache d'abord ce que l'on cherche.

CHAPITRE III

EXAMEN DES SIGNES DE RAISON CHEZ LA FOURMI

Nous ne voudrions assurément rien dire qui fût désagréable aux naturalistes. Le fait est cependant qu'ils parlent de la raison comme d'une chose qui leur est vaguement connue par ouï-dire, et dont ils ont une idée assez confuse. L'un d'eux, que nous citerons en exemple, écrit cette phrase : « Comment! des êtres doués de la faculté de sentir, de celle de se souvenir de leurs sensations, de les comparer, de les exprimer dans un langage plus ou moins développé, mais toujours d'accord avec leurs sensations de joie, de tristesse, de colère et de passion, ces êtres-là n'auraient pas d'intelligence? Pour Dieu! qu'on veuille donc bien me dire ce que c'est que l'intelligence ! »

Cette exclamation de M. Menault est plaisante. C'est à peu près comme si un dégustateur, présentant à un amateur de l'eau rougie, lui disait d'un air triomphant: « Goûtez-moi cela ; si ce n'est pas du madère, de grâce. dites-moi ce que c'est que du madère. » M. Menault met dans son énumération, sans avoir trop l'air de s'en douter, deux points qui se rapportent à la raison, à savoir la comparaison et le langage, dont les animaux sont loin d'offrir des indices. En mettant ces deux caractères sur la même ligne que d'autres d'ordre tout à fait inférieur, le naturaliste français a prouvé qu'il est en psychologie aussi fort que, dans la connaissance des vins, le dégustateur d'eau rougie.

Nous avouons cependant que l'on peut s'y méprendre. Dans la nature même, on rencontre fréquemment des sortes de contrefaçons, et il faut être avisé pour distinguer le vrai du vraisemblable. A côté du type, il y a l'image ; de l'original, il y a des copies, et souvent les copies sont bien plus nombreuses que les originaux. La raison en particulier a été copiée un nombre de fois incalculable, et, pour ajouter à la confusion, les copies n'ont pas de nom bien défini. On se sert quelquefois du mot d'*instinct*, lequel manque évidemment d'étendue ; on se sert aussi de celui de *sensibilité*, et cette expression ne réveille qu'une idée inexacte, parce qu'à des notions philosophiques on a mêlé de la sensiblerie, au lieu de désigner uniquement des phénomènes dont les sens sont l'origine et la mesure Laissons les noms, faisons comprendre la chose, si toutefois cela est nécessaire après ce que nous avons dit précédemment. Du moins, il ne sera pas sans utilité de nous résumer ici.

L'animal a des sens, un cerveau ; il est vivant avec un premier degré de conscience. Il peut recevoir des sensations, en conserver des images, en éprouver la réapparition sous certaines conditions. Ce sont là des phénomènes psychologiques, dont une certaine série d'actions est le terme ordonné. Entre la sensation ou l'image ressuscitée se place une émotion qui met plus ou moins immédiatement en jeu les organes instruments de l'action, c'est l'attrait ou l'aversion, c'est, en un seul mot, la passion. La passion prend des formes très diverses, non seulement dans les diverses espèces, mais dans le même individu, aux diverses périodes de son existence : une même sensation laisse un animal indifférent, inspire de la crainte à un autre, et à un autre de l'attrait. Il y a, entre l'organisation de tout animal et les opérations qui sont propres à son espèce ou à certaines circonstances de sa vie, une harmonie préétablie sans laquelle ces opérations seraient irréalisables. Cette disposition organique est la racine même de ce qu'on a appelé l'instinct ; et l'instinct n'est autre chose que l'ensemble des attraits et des aversions d'une espèce par rapport aux opérations qui lui sont propres. L'instinct est inné comme l'organisme, comme la capacité de sentir, sans laquelle ce ne serait qu'une machine sans force motrice.

Mais il est un point d'une importance extrême, qu'il faut bien comprendre si l'on veut se rendre compte de l'animal. Quand un objet est purement senti, s'il ne laisse pas l'animal indifférent, il détermine un attrait ou une aversion dont il épuise toute l'impétuosité. L'animal est porté à rechercher ou à fuir ce qu'il sent actuellement et rien au delà : son opération est essentiellement individuelle. Le cheval, par exemple, a le sentiment du foin qui est dans son râtelier ; il a de plus, quand il n'est pas rassasié, un attrait qui le porte à manger. Mais le foin qui est au grenier, celui qui est dans le pré, celui surtout qui pousse dans les pampas, qui poussera l'année prochaine ou les années suivantes, tout ce foin-là est pour le cheval un néant, ce n'est pas même une représentation imaginaire.

L'homme, qui est un animal, a des opérations animales, et beaucoup d'actions dont il se fait honneur sont accomplies avec une égale perfection par le pur animal. L'on aurait donc raison, s'il n'avait rien de plus, de confondre tout le monde zoologique dans une même catégorie. Mais il est toujours possible à l'homme de *comprendre* l'objet qu'il *sent*. *Comprendre*, c'est voir dans un objet *individuel* un élément de *l'espèce* proprement dite ; c'est voir dans Pierre ou Jacques *un homme*, et *un homme* par *l'homme*. Et, qu'on le remarque bien, il est absolument impossible de porter la moindre affirmation sur le moindre objet, sans placer derrière cet objet une idée universelle, une idée qui embrasse l'infini dans son extension. Que suit-il de là ? Il suit que l'homme, s'il opère non en animal mais en homme, ne peut pas être fixé par l'objet qu'il sent. Cet objet le met en présence d'autres objets sans nombre sur lesquels son activité pourra se porter ou dont elle pourra se détourner. C'est là le principe de son indépendance et le fondement de sa grandeur.

Cette doctrine n'est pas de notre invention ; elle appartient à l'*école*. On peut la lire résumée par saint Thomas en quelques mots dans son traité *de Anima*. Le saint docteur, après avoir défini la capacité intellectuelle, décrit ainsi la puissance sensitive de l'animal qu'il appelle *vis œstimativa*. « *Æstimativa autem non apprehendit aliquod individuum secundum quod est sub natura communi, sed solum secundum quod est terminus aut principium alicujus passionis vel actionis... unde alia individua ad quæ se non extendit ejus actio vel passio (animal) nullo modo apprehendit sua œstimativa naturali* (1). »

Ainsi l'attrait ou l'aversion de l'animal naît spontanément de la sensation et le détermine fatalement à l'opération ; c'est un phénomène inséré entre deux autres phénomènes, déterminé par le premier et déterminant le dernier, n'ayant, dans la conscience de l'animal, aucun prolongement au delà de ces deux termes, comme on en voit des exemples dans maintes opérations passionnelles, c'est-à-dire animales de l'homme. Un naturaliste anglais, le professeur Huxley, soutient que les animaux sont des *automates doués de conscience*. « Les modifications des nerfs de sensibilité déterminent des changements moléculaires dans leurs cerveaux, lesquels excitent des états de conscience correspondants. Chaque impression sensorielle laisse après elle un souvenir dans le tissu du cerveau, une molécule « idéogène », pour ainsi dire, qui peut, certaines conditions étant données, reproduire, à un degré plus faible, l'état de conscience qui correspondait à l'impression sensorielle. »

M Huxley n'admet pas que ces états de conscience puissent réciproquement causer des changements moléculaires d'où dérivent les mouvements des muscles. « Les états de conscience des animaux, dit-il, si on les rapproche du mécanisme de leurs corps, sont simplement des produits collatéraux, aussi incapables d'in-

---

(1) « Quant à la faculté *estimative*, elle ne saisit jamais l'individu en tant que sujet d'une nature commune (d'une idée générale, spécifique ou autre), mais seulement en tant qu'il est principe ou terme de quelque action ou passion (actuellement sentie)... C'est pourquoi les individus placés en dehors de la portée de cette action ou de cette passion restent absolument inaperçus pour l'animal en vertu de sa faculté estimative. »

fluer sur le jeu de la machine que le sifflet d'une locomotive sur la vitesse d'un train de chemin de fer. Leur volition, s'ils en ont, est une émotion qui est le signe et non la cause d'un changement physique. » Plus bas, parlant du chien de chasse, le professeur Huxley ajoute : « C'est une machine poussée à chasser et déterminée, en même temps, à avoir le désir de saisir sa proie par l'impression que les rayons lumineux partis du lièvre font sur ses yeux et par ses yeux sur son cerveau. » Nous sommes fort loin d'admettre cette théorie dans toute sa crudité, car la vie consciente n'est point telle que la suppose le savant anglais. L'on voit du moins ici comment, chez l'animal, elle se trouve liée par les organes et forcée d'évoluer suivant une ligne unique et tracée d'avance. Ajoutons seulement, pour éviter une erreur dangereuse, que les phénomènes de la vie consciente, même à son plus humble degré, sont *provoqués* et non *produits* par des phénomènes mécaniques : ils ne sont pas des mouvements et ne sauraient provenir de mouvements transformés ; ce sont des manières d'être d'un principe vivant qui se modifie lui-même et garde en lui-même sa modification : le phénomène vivant est immanent ; mais, parce qu'il est en un sujet complexe et en partie matériel, il peut être l'origine de phénomènes transitifs et mécaniques, qui sont d'abord les mouvements extérieurs de l'organisme.

Ce que nous venons de dire peut jeter quelque jour sur ces facultés mystérieuses et si variées qu'on appelle les instincts des animaux. On se figure volontiers l'instinct comme une sorte de mécanisme, un rouleau d'orgue de Barbarie, qui sous certaines conditions, se met à tourner, à dérouler son jeu avec une précision mathématique. Ainsi, par exemple, l'araignée des jardins, quand ses filières sont pleines, se mettrait à tisser sa toile spontanément de même que le métier de Jacquard mû par la vapeur. On oublie de tenir compte de la nature du tisseur qui est vivant et agit par sa vie. L'animal apporte en naissant, dans son organisation, dans ses membres, dans son cerveau, une disposition à exécuter certains travaux spéciaux ; c'est, si l'on veut, la partie mécanique de l'instinct, une vraie machine. Mais l'œuvre n'est pas tout entière préparée dans la machine ; la machine est en partie instrument, c'est-à-dire impuissante à rien produire sans l'action principale d'un ouvrier qui l'utilise. D'autre part, il est très probable que l'animal n'a jamais dans son imagination le plan de l'ouvrage auquel la nature l'a destiné. Un très habile observateur, dont nous aurons occasion de citer plus loin les observations, a constaté que l'animal s'attache successivement aux diverses parties de son œuvre, de telle sorte que, dans un moment donné, ce qui a précédé et ce qui doit suivre lui est totalement indifférent. Les sens, le désir, la volonté sensible, les mouvements ordonnés entrent tour à tour en exercice, jouant le rôle de cause et d'effet dans une mesure impossible à déterminer. Il est évident, par exemple, que l'araignée des jardins, pour fixer les rayons de sa toile et en marquer l'angle d'écartement, aussi bien que pour donner à ses fils la longueur nécessaire, suit l'impression sensible des points d'attache qu'elle rencontre. La mobilité et la variabilité extrême des sensations et des attraits qui en résultent doit imprimer aux effets de l'instinct une grande diversité dans les détails et, comme on dit, une sorte de plasticité. Mais il faut être bien nouveau en philosophie, pour confondre, suivant l'exemple donné par le torrent des naturalistes, cette plasticité avec la raison. L'instinct est toujours dominé par la sensation présente, c'est-à-dire fixé à un terme unique qui est l'objet même de la sensation actuelle ; la raison échappe toujours de tous côtés aux étreintes de la sensation.

Mais revenons aux fourmis.

Les mœurs des fourmis peuvent, en partie, s'expliquer par la raison et même sans trop de difficulté, nous en convenons volontiers. Nous convenons aussi que l'instinct, obscur en lui-même, laisse des obscurités dans ce qu'il explique. Pourquoi donc ne pas imiter le docteur Büchner, et ne pas faire des fourmis des animaux raisonnables, des hommes invertébrés et à six pattes ? Parce qu'il y a des signes indubitables que la raison est absente chez la fourmi, et qu'il n'y a rien qui explique aussi peu qu'un principe absent. Entrons dans le détail.

§ 1.

Les fourmis, dit-on, vivent en société. Donc elles sont raisonnables. C'est là le premier argument qu'on fait valoir.

Il serait sans réplique, s'il ne supposait pas un point qu'il faut prouver absolument, sous peine de raisonner en pure perte. Ce point est celui-ci, et l'on a quelque droit de s'étonner que les avocats des fourmis aient besoin qu'on le leur indique : « Il n'y a de société qu'entre des êtres raisonnables. » Malheureusement le bon sens en nous montrant que la société est une communauté habituelle d'efforts vers un même but, et l'histoire naturelle elle-même, en nous montrant ses polypiers et autres animaux inférieurs vivant dans un échange continu de bons procédés, protestent contre la vérité de cette proposition.

La société prouve la présence de la raison quand elle est fondée sur la raison. En d'autres termes, elle n'a de valeur démonstrative dans cet ordre qu'autant qu'on en pénètre la nature. La raison, nous l'avons dit et il faut le répéter sans cesse, la raison est la faculté de connaître qui a pour objet l'universel. Sous quelle forme entre-t-elle dans la société pour lui donner son propre caractère? Sous la forme de la loi, ou de l'obligation. L'obligation, en effet, est un terme universel. Sans nous étendre sur les conditions très nombreuses qui mettent la loi et le devoir au-dessus de l'espace et du temps, qu'il nous suffise de rappeler que toute loi proprement dite repose sur ce principe très général : Quiconque reçoit une injonction de l'autorité légitime est obligé en conscience de l'exécuter. Telle est la base vraie, nécessaire et indispensable de toute société raisonnable, de tout État proprement dit.

Y a-t-il des législateurs, des sujets, un code, une constitution consentie, l'ombre de quelque loi volontairement imposée et acceptée comme un devoir parmi les fourmis? Peut-être M. Büchner et d'autres naturalistes de même force sont assez naïfs pour le croire. Mais, à coup sûr, leur conviction n'est appuyée sur aucun document sérieux.

A ce propos, qu'on nous permette ici une réflexion en passant. Tout ce qui représente avec plus ou moins de fidélité la vie humaine a le don de nous intéresser, de nous plaire. Nous nous laissons aller à l'illusion qui peut en résulter, nous y aidons même ; nous aimons à être trompés, et le désenchantement nous est désagréable. C'est ce qui fait le charme des contes, des romans, des fables, du théâtre, des fictions les plus grossières, où des animaux, des caricatures rappellent de quelque manière nos manières d'agir, de nous conduire. Alors, par un travail inconscient de son esprit, le spectateur prête des pensées, des passions, des résolutions à des morceaux de bois; il s'émeut ou il rit à gorge déployée de scènes qui se passent presque en entier dans son imagination. C'est avec des dispositions semblables que l'on observe ordinairement la nature et en particulier les animaux. Les naturalistes se comportent volontiers en présence des héros de La Fontaine, comme l'amateur de marionnettes devant le théâtre de Guignol. Par une illusion de son regard intérieur, il exagère, il multiplie les traits de ressemblance de la vie animale avec la vie humaine. Seulement, pendant que le client de Guignol ne peut s'empêcher en riant de dire : quel enfantillage ! le naturaliste prend son enfantillage pour marque de raison. « Nous avons la manie, dit Maurice Girard, d'affubler les animaux de nos gouvernements. La ruche n'est ni une monarchie ni une république, c'est une communauté de trois sortes d'individus d'une utilité forcée pour la reproduction, et chez qui tous les instants de l'existence concourent à ce but avec la plus parfaite concordance harmonique. » On ne saurait parler avec plus d'exactitude.

Lorsque deux oiseaux bâtissent un nid, puis élèvent une jeune couvée, prenant tous les soins que demande une œuvre aussi intéressante, personne assurément ne voit dans cette association printanière, même après l'éclosion de la génération nouvelle, une ombre de société civile. Les prétendues républiques des fourmis ne sont pas autre chose qu'une famille agrandie. Le nombre des générateurs est plus considérable, il est vrai; en outre, le soin des jeunes n'appartient pas aux parents; ce sont les neutres, frères ou oncles (1) des nouveau-nés qui en sont chargés et qui s'en acquittent à merveille. Mais ce n'est ici qu'une distribution différente de l'instinct de la famille qui appartient à tous les animaux. Le besoin de soigner les jeunes, qui ailleurs se rencontre chez les parents, a été transporté, chez les fourmis, dans les neutres. De même que le moineau n'obéit à aucune loi civile pour porter la becquée à ses petits, de même la fourmi nourricière donne la pâtée à ses jeunes sœurs encore au maillot sans y être contrainte par une autre loi que par celle de la nature. Sa conduite à cet égard est tellement instinctive que, séparée de ses compagnes et mise en présence d'un œuf ou d'une nymphe, la fourmi neutre se dévoue au service de la petite créature avec non moins de zèle et d'assiduité que dans la fourmilière de sa propre race.

Telle est la loi fondamentale des républiques des fourmis : c'est un instinct. La désobéissance n'est pas possible de ce chef; mais la loi des vraies républiques, de celles qui sont formées par l'association d'êtres raisonnables, comporte essentiellement la possibilité de la

---

(1) Il serait mieux de dire *sœurs ou tantes*, car il paraît que les fourmis neutres sont des femelles non développées.

désobéissance. Les fourmis sont donc tout autrement républicaines que M. Büchner ne le prétend.

Non seulement elles n'ont ni lois, ni législateur ; elles n'ont de chef d'aucune sorte. C'est le bon docteur lui-même qui le constate, nous l'avons déjà dit, sans tirer toutefois de cet aveu la conséquence qu'il renferme. « Les observateurs les plus véridiques sont obligés de souscrire à l'opinion de Salomon, savoir que les fourmis, de même que les sociétés de guêpes, d'abeilles, etc., n'ont ni chefs, ni grands, ni directeurs, et qu'en somme elles n'en vont pas plus mal. » Il est vrai que M. Büchner ajoute : « Le sentiment du devoir suffit à les maintenir dans l'ordre et à leur faire accomplir leur tâche. » Mais, outre que le sentiment individuel du devoir, fût-il très énergique, ne fonde pas de société sans le concours indispensable d'un autre élément qui est la subordination des devoirs imposée par le pouvoir social, ce *sentiment du devoir* chez la fourmi m'a bien l'air d'être de même nature que la colère et les autres passions du morceau de bois qui, sur les théâtres d'enfants, porte le nom de M. Polichinelle. M. Forel écrit avec plus de sérieux : « Huber a déjà montré que les fourmis n'ont jamais de chefs, et que même les *Formica fusca*, auxiliaires des *Polyergus rufescens*, ne subissent pas la moindre contrainte. Je ne puis que confirmer son opinion ; je n'ai jamais vu une fourmi jouer envers ses semblables un rôle prééminent. » « Quant aux fourmis reines, dit Büchner, nous avons déjà observé qu'elles ne jouissent d'aucune espèce d'autorité. Leur titre est justifié seulement parce qu'elles ne prennent aucune part aux travaux exécutés par la société, n'ont d'autre fonction que de pondre des œufs et pour tout le reste vivent dans un *dolce far niente*, dans une oisiveté opulente, d'où la pensée et le travail sont bannis. »

Donc, en somme, les fourmis vivent en société ; cela n'est pas contestable ; mais cette société est fondée sur la raison et la démontre, voilà ce qui n'est pas du tout établi ; voilà ce qui ne peut l'être.

§ 2.

Les constructions les plus admirables pour la richesse et la beauté des formes, dans le règne animal, ce sont les tests qu'habitent certains rhizopodes après les avoir secrétés de leur substance. Il est infiniment probable que ces petits édifices se forment sans que la bestiole qui les produit en ait conscience. Mais supposez que chacun des points vivants par où s'échappe le test sente cette effusion, supposez qu'il ait la faculté de s'y prêter, de s'y adapter de quelque manière, ce sentiment, cette adaptation supposeront-ils la moindre intelligence ? Assurément non, pas plus que l'adaptation et le mouvement des lèvres chez le jeune mammifère qui tète sa mère pour la première fois. Or rien ne prouve que la fourmi, travaillant à sa fourmilière, obéisse à une impulsion d'ordre plus élevé.

Par où la raison se manifeste-t-elle en architecture ? C'est par la conception d'un plan nouveau et par l'entente de tous les ouvriers réglée sur ce plan. Y a-t-il un plan chez les fourmis ? A coup sûr, s'il existe, il n'est pas nouveau et il n'offre rien qui exige l'intervention d'une intelligence qui prévoit, combine et ordonne : l'impulsion instinctive, secondée par des sensations accidentelles, explique suffisamment l'origine de toutes les fourmilières, dont l'architecte ne se rencontre nulle part. Quant à l'entente des ouvriers, elle est incontestablement inconsciente, et par conséquent elle n'est ni intentionnelle ni raisonnable. Les observateurs les plus favorables à ces confréries de maçons constatent que chacun des ouvriers travaille à l'aventure, sans s'inquiéter de ses voisins, suivant les incitations individuelles du moment présent. « Chaque ouvrière, dit Forel, travaille pour son propre compte, en suivant un plan particulier. Naturellement, il se produit de fréquents conflits : l'une détruit ce que l'autre a érigé. Ceci nous donne la clef de la construction de leurs labyrinthes. » Huber avait déjà dit : « Je me suis assuré que chaque fourmi agit indépendamment de ses compagnes. »

La suite du passage de Huber doit être rapportée ici, parce qu'elle semble amener une conclusion tout autre que la nôtre. « La première qui *conçoit* un plan d'une exécution facile en trace aussitôt l'esquisse ; les autres n'ont plus qu'à continuer ce qu'elle a commencé : celles-ci *jugent*, par l'inspection des premiers travaux, de ceux qu'elles doivent entreprendre ; elles savent toutes ébaucher, continuer, polir ou retoucher leur ouvrage, selon l'occasion. » Une fourmi *conçoit* un plan, voilà bien l'architecte ; les autres *jugent*, complètent et exécutent ; voilà l'entente établie intellectuellement. Comment Huber n'a-t-il pas vu qu'il se contredisait ? Il n'a pas tout dit, Forel est plus explicite : « En général, dit-il, c'est la même ouvrière qui, après avoir trouvé le mode le plus profitable de construction ou montré le plus de persistance, réussit, non sans lutte et rivalité, à faire adopter *son idée* par la plupart de ses compagnes et finalement par la colonie entière. Mais à peine a-t-elle atteint son but, qu'une autre se présente et comme celle-ci traîne à sa suite ses partisans, la première se perd vite dans la foule. »

Laissons les contradictions de ce passage. Ce qui en ressort, c'est que chaque fourmi conçoit un plan pour son propre compte, et que, de tous ces plans, l'un finit par l'emporter à la suite de conflits multipliés, non dans un conseil, mais sur le chantier même. Chaque ouvrier commence par travailler à sa guise, et, contrarié par son voisin, il détruit l'œuvre de celui-ci pendant que le voisin détruit la sienne, et tous les deux de recommencer à nouveaux frais, jusqu'à ce que, soit fatigue, soit toute autre cause, l'un finit par céder et par entrer dans les vues de l'autre en lui prêtant son concours. Ainsi, au commencement, autant de plans conçus qu'il y a d'ouvriers, puis exécution ébauchée de tous ces plans, confusion, lutte et enfin entente.

Ni Huber ni Forel n'ont jamais eu communication d'aucun de ces plans, quoiqu'ils aient vécu des années dans la familiarité de millions de ces petits architectes : leur assertion n'est qu'une hypothèse, qui ne fait pas beaucoup d'honneur à la raison dont eux étaient incontestablement doués. Conçoit-on des ouvriers raisonnables qui, associés en nombre immense pour construire un édifice, commencent par imaginer chacun son plan particulier absolument comme s'il était seul au monde, et se mettent aussitôt à l'exécuter sans tenir compte de leurs voisins occupés à la même besogne ? Conçoit-on que ces ouvriers raisonnables commettent identiquement la même sottise en des millions de points du globe depuis des milliers d'années, sans s'être jamais doutés que leur procédé est un gaspillage ridicule d'esprit, de temps et de forces?

L'organisation des efforts d'un grand nombre d'individus pour l'exécution d'une œuvre commune est une chose évidemment inconnue dans les diverses sociétés de fourmis : les passages cités de Huber et de Forel prouvent surtout cela. Réciproquement et par une conséquence forcée, les fourmis ne savent pas non plus de quelle utilité une œuvre commune peut être à chacun des collaborateurs. Il n'y a dans leurs petites têtes ni analyse ni synthèse; donc, pas de raison.

Faut-il nous arrêter aux fourmis agricoles du docteur Lincecum? Son récit est loin de la précision que doit avoir une observation scientifique. Des bestioles qui « secouent des plantes » pour en semer la graine, qui font des gerbes, les emmagasinent dans leurs greniers, puis séparent la paille du grain, etc., me rendent tout rêveur, ou plutôt me donnent à penser que le narrateur rapporte non ce qu'il a vu, mais ce qu'il a rêvé. Romanes, l'un des savants les plus dévoués à la cause des fourmis, écrit ce qui suit à l'occasion de l'historiette du docteur Lincecum :

« Mac-Cook, tout en reconnaissant qu'il existe des plantations telles que les a décrites Lincecum, rapporte qu'il ne les a observées que dans quelques colonies, et s'étonne de ne pas en avoir trouvé partout (sur les nids de la fourmi dite *agricole*). Il confirme donc en partie les observations du docteur, mais il avoue son incrédulité à l'endroit des semis, et croit tout simplement que les fourmis ont pu reconnaître qu'elles avaient intérêt à épargner l'*Aristida* (la plante appelée vulgairement le *riz de fourmi*) dans le sarclage de leurs disques ; il admet du reste que l'hypothèse de l'ensemencement ne dépasse pas les bornes qu'il est permis d'assigner à la capacité intellectuelle des fourmis, et finit par conclure que le fait, selon la formule du verdict écossais, est *non prouvé* (1). »

§ 3.

Nous ne dirons rien de la construction des ponts et chaussées parmi les fourmis. Il y a là un savoir-faire qui rappelle leur habileté en architecture et qui est au même titre un signe de raison.

Leurs expéditions militaires appellent plus spécialement notre attention, parce qu'elles ont été le prétexte d'exagérations par trop fantaisistes.

Tout animal a deux instincts fondamentaux, celui de chercher sa nourriture et celui de se défendre. Ces deux instincts se traduisent fréquemment par des luttes : l'animal est guerrier, non pas de toute manière, mais suivant le genre d'armes qu'il a reçues de la nature. C'est déjà une forte présomption contre la présence de la raison. L'homme, qui est raisonnable, est maître de ses procédés de bataille, comme il est maître de ses armes. L'animal, au contraire, n'a ni le choix de ses armes, ni la faculté de varier et de perfectionner sa tactique.

Quand il est à la recherche d'une proie, si la proie résiste, la colère s'empare du chasseur déjà excité par la convoitise (2). Celui-ci se sert alors de ses armes pour

---

(1) *L'Intelligence des animaux*, t. I, c. 3.

(2) L'homme trouve la joie dans ses festins, auxquels il a donné le nom de ses fêtes. Presque toujours l'animal est intraitable, féroce

immobiliser ou pour donner la mort. Les convoitises ardentes de deux, trois, de plusieurs animaux se rencontrent-elles à la fois pour la possession d'un même objet, voilà la guerre proprement dite, la lutte entre rivaux. Ce phénomène en soi n'offre rien qui rappelle ou suppose de la raison. Deux chiens qui se disputent un os font preuve d'appétit, mais non d'intelligence des idées universelles. Les rivalités entre animaux n'attendent pas toujours pour éclater une occasion matérielle de dispute, une proie convoitée des deux côtés; l'on constate parmi eux des haines d'habitude et des haines de race, que la seule présence ou même le souvenir de l'ennemi, provoqué par une sensation actuelle, convertit en fureur. Les exemples en sont fréquents parmi nos animaux domestiques. A tout cela, la raison n'est pas plus nécessaire, qu'elle n'est indispensable pour secouer la main et pousser un cri quand on se brûle par un accident imprévu. Il ne faut pas autre chose pour expliquer les expéditions militaires des fourmis.

Une troupe d'ouvrières se promène dans la campagne, en quête de provisions, de pucerons, d'œufs, de larves d'autres fourmis. Tout d'un coup la tête des fourrageurs rencontre par hasard une fourmilière dont quelques habitants flânent dans les alentours. La bataille va s'engager, la chose n'est pas douteuse. Mais y a-t-il dessein prémédité, puis provocation? Les aventurières chercheront à s'emparer de ce qu'elles convoitent; les légitimes propriétaires, de leur côté, poussées exactement par le

---

même, quand il mange. Il est remarquable que les herbivores, généralement doux, font exception à cette règle; mais aussi les plantes se laissent manger sans résistance.

même instinct, feront effort pour ne pas être dessaisies. Il n'en faut pas plus pour engager le combat, d'abord sur un point, puis partout ou deux adversaires se rencontrent. C'est à peu près comme dans ces batailles commencées d'abord entre deux chiens et auxquelles tous les chiens du quartier prennent part en quelques minutes. La proie peut fort bien n'être qu'une première occasion ; une fois la lutte engagée, la colère suffit à la continuer et à la convertir en guerre d'extermination.

Les guerres des fourmis, même quand elles sont propres à la race, nous semblent n'éclater que par accident. C'est la rencontre fortuite des ennemis qui met le feu aux poudres. On n'a qu'à mêler ensemble les habitants de fourmilières diverses, qu'elles soient ou non de la même espèce, ils commenceront par où les rois finissent, par l'*ultima ratio regum*. M. Forel en a fait maintes et maintes fois l'expérience. Il est vrai qu'après la guerre à mort, on remarque souvent que la paix s'établit parmi les survivants. On a supposé, par une fiction assez ridicule, que la paix est alors l'application d'un traité en règle. Le traité est cette loi de la nature qui ordonne la lutte entre les animaux pour imposer à l'expansion de la vie des limites indispensables, et qui suspend la lutte pour conserver la vie.

Qu'on nous permette de montrer, par un fait très significatif, le peu d'intelligence que les fourmis expéditionnaires mettent à leur service. Nous en empruntons le récit à l'un des livres les plus instructifs, les plus intéressants et les plus solides qui aient été publiés de nos jours sur les mœurs des insectes. L'auteur a résumé en quelques pages des observations continuées avec une rare sagacité pendant quarante années de sa vie. C'est un tout petit coin de la création que M. J.-H. Fabre nous révèle, et nous devons dire que ce petit coin est plein de merveilles ravissantes. Laissons-lui la parole. Il s'agit d'une expédition d'amazones qui avaient établi domicile dans le jardin de M. J.-H. Fabre.

« La distance où se transporte la colonne voleuse de nymphes est variable, et dépend de l'abondance du voisinage en fourmis noires. Dix à vingt pas quelquefois suffisent; en d'autres moments, il en faut compter cinquante, cent et au delà. Une seule fois, j'ai vu l'expédition se faire hors du jardin. Les amazones escaladèrent le mur d'enceinte, élevé de quatre mètres en ce point, le franchirent et s'en allèrent un peu plus loin dans un champ de blé. Quant à la voie suivie, elle est indifférente à la colonne en marche. Le sol dénudé, le gazon épais, les amas de feuilles mortes, les tas de pierre, la maçonnerie, les massifs d'herbages, sont franchis sans préférence marquée pour une nature de chemin plutôt que pour une autre.

» Ce qu'il y a de rigoureusement déterminé, c'est la voie de retour, qui suit dans toutes ses sinuosités, dans tous ses passages, jusqu'aux plus difficiles, la piste de l'aller. Chargées de leur butin, les fourmis rousses reviennent au nid par le trajet, souvent fort compliqué, qu'ont fait adopter les éventualités de la chasse. Elles repassent par où elles ont d'abord passé; et c'est pour elles nécessité si impérieuse qu'un surcroît de fatigue, qu'un péril très grave même ne fait pas modifier la piste.

» Elles viennent, je suppose, de traverser un épais amas de feuilles mortes, pour elles passage plein d'abîmes, où des chutes à tout instant se répètent, où beaucoup s'exténuent pour rencontrer des bas-fonds, gagner les hauteurs sur des ponts branlants et se dégager enfin du dédale de ruelles. N'importe : à leur retour elles ne manqueront pas, bien qu'appesanties par leur charge, de traverser encore le pénible labyrinthe. Pour éviter tant de fatigue, que leur faudrait-il ? Se dévier un peu du premier trajet, car le bon chemin est là, tout uni, à peine à un pas de distance. Ce petit écart n'entre pas dans leurs vues. Je les surpris un jour allant en razzia et défilant sur le bord interne de la maçonnerie du bassin, où j'ai remplacé la vieille population batracienne par une population de poissons rouges. La bise soufflait très forte, et prenant en flanc la colonne, précipitait des rangs entiers dans les eaux. Les poissons étaient accourus ; ils faisaient galerie et gobaient les noyés. Le pas était difficile ; avant de l'avoir franchi, la colonne se trouvait diminuée. Je m'attendais à voir le retour s'effectuer par un autre chemin, qui contournait le fatal précipice. Il n'en fut rien. La bande chargée de nymphes reprit la périlleuse voie, et les poissons rouges eurent double chute de manne : les fourmis et leur prise. Plutôt que de modifier sa piste, la colonne fut décimée une seconde fois » (1).

La fourmi connaît *son* chemin, mais elle ne connaît pas *le* chemin ; elle ne sait pas qu'à côté de *son* chemin, il peut y avoir d'*autres* chemins, et les dangers les plus épouvantables pour elle que présente accidentellement *son* chemin ne suscitent pas dans son esprit, comme cela aurait infailliblement lieu pour l'homme, l'idée d'un chemin *possible* à côté. Preuve manifeste que cette idée

(1) *Nouveaux souvenirs entomologiques*, p. 141.

est absente, ou que la raison, faculté des idées de cette sorte, n'existe pas chez les fourmis. Sir John Lubbock a soumis des fourmis à des expériences méthodiques : il arrive aux mêmes conclusions que M. J.-H. Fabre.

« Il introduisit, dit Bastian, quelques fourmis dans un magasin de larves ; et, après qu'elles se furent occupées pendant quelque temps à les emporter, il souleva une portion du pont sur lequel elles étaient obligées de passer pour retourner aux larves, de sorte que cette portion du pont était élevée de huit millimètres au-dessus de celle qui restait en place. Le résultat de fréquentes expériences fut que, au bout d'un certain temps et de beaucoup de courses en avant et en arrière, elles s'en allèrent toutes, abandonnant leur prise (chasse), en dépit des efforts les plus empressés, parce qu'il ne leur vint pas à l'esprit de sauter de huit millimètres de haut. Au moment où la séparation du pont fut effectuée, il y avait une quinzaine de fourmis sur les larves. Elles (celles qui revenaient) auraient pu assurément rentrer si une se fût tenue tranquille et eût permis aux autres de monter sur son dos : ceci toutefois ne se présenta pas à leur esprit. Elles errèrent pendant longtemps de la manière la plus désorientée » (1).

(1) Romanes dit, au sujet des expériences de sir John Lubbock : « A prendre les observations de sir John Lubbock, il serait naturel d'en conclure que des fourmis qui manifestent des instincts aussi nombreux et aussi complexes, doivent être suffisamment douées d'intelligence pour savoir au moins s'adapter à des innovations d'une grande simplicité. L'expérience prouve cependant que, malgré l'étendue et le détail de leurs connaissances, quand il s'agit de complications habituelles, elles sont sans ressource pour parer à la moindre difficulté insolite. » (*L'intelligence des animaux*, t. I, c. III.) En d'autres termes, instinct admirable, intelligence nulle.

Cette expérience de Lubbock réduit à sa juste valeur l'observation qu'avait tant admirée Karl Vogt et que nous avons rapportée ci-dessus. On se rappelle cette historiette. Des fourmis trouvent leur chemin en se rendant à une ruche pleine de miel dont un pied est soulevé de quelques lignes au-dessus du sol, tandis que les autres sont plongées dans l'eau. Une fourmi fait la courte échelle et les autres utilisent ses services. Un accident quelconque avait retenu une ou plusieurs autres fourmis sous le pied soulevé ; une ou plusieurs autres fourmis montant par hasard sur les premières avaient atteint sans peine ce même pied ; dès ce moment, il suffisait d'un peu d'empressement pour faire passer le gros de la bande.

§ 4.

C'est ici le lieu de parler de ce que le docteur Büchner appelle une grande institution sociale, tant parmi les hommes que parmi les fourmis, en un mot de l'esclavage. M. Espinas est moins enthousiaste. « Ce ne sont pas, dit-il (1) des esclaves que s'adjoignent les fourmis *Poliergus rufescens* et *Formica sanguinea* (rousses et rouges). » Les fourmis rousses, d'après les observations de Forel, sont dans une dépendance absolue de celles qu'on a nommées leurs esclaves ; car elles sont incapables de bâtir, de soigner leurs propres larves et même de manger toutes seules. « S'il y a des tentatives de contrainte, dit encore M. Espinas, exercées par les unes sur les autres, c'est parmi les fourmis conquises sur leurs conquérantes et non par celles-ci sur celles-là. Nous avons vu nous-

(1) P. 378.

même certaines amazones rentrant à vide d'une expédition, mal accueillies et houspillées par des ouvrières noir cendré. » M. Forel a vu des auxiliaires « pendant des journées de grande sécheresse, importunées des sollicitations des amazones à qui elles n'avaient plus rien à dégorger, se jeter sur elles, les mordre et les tirailler vivement jusqu'à ce que celles-ci se servissent de leurs terribles mandibules. Rien de tout cela ne ressemble à la conduite d'esclaves. Il est donc fâcheux que l'on se soit servi, cette fois comme tant d'autres, d'un terme poétique (?) pour désigner le phénomène, au lieu de chercher un mot scientifique qui en exprime la véritable nature. En général, ces assimilations de faits présentés par l'animalité inférieure avec les faits présentés par la société humaine sont périlleuses. La distance entre les mobiles qui déterminent les uns et les autres est si énorme que, même lorsque les faits revêtent la même apparence, ils n'ont pas la même nature. A plus forte raison, doit-on se garder de réunir sous une même appellation des faits aussi dissemblables. La confusion des termes entraîne, dans de tels cas, une durable confusion d'idées. Il nous semble donc que cette métaphore qui fait de l'une des deux espèces cohabitant dans une fourmilière une esclave (?) de l'autre doit être soigneusement évitée. »

Le même auteur, se servant des observations de Forel, constate, dans un grand nombre d'espèces de fourmis, un penchant à s'associer lorsque les vicissitudes d'un combat acharné les ont réduites de part et d'autre à un petit nombre. Il y a donc des conditions où la sympathie succède à l'antipathie, par exemple, le calme qui suit une excitation anormale, l'habitude et surtout l'éclosion dans une même fourmilière. D'autre part, il ne paraît pas que les ouvrières s'occupent beaucoup de l'origine des œufs et des larves auxquels elles donnent tant de soins. Sont-ils de leur famille, de leur race, de leur espèce ? Ce sont des fruits de fourmilières, cela leur suffit, et elles les soignent... lorsqu'il ne leur prend pas envie de les manger ; car c'est un caprice qu'elles se passent assez volontiers. Ce n'est pas seulement aux jeunes larves qu'elles aiment à donner la pâtée : elles la donnent à quiconque les y provoque d'une certaine manière, elles la donnent même, nous l'avons vu, aux staphylins. « Toutes, dit M. Espinas, aussitôt réunies, obéissent à leur penchant maternel et se mettent à soigner les larves de la communauté avec une égale sollicitude, toutes s'empressent de dégorger de leur miel dans la bouche de leurs nouvelles compagnes ou de les porter sur leur dos, comme elles se portent entre elles. » En tout cela, qui ne le comprend, il n'y a que des manifestations d'instinct ou de facultés purement animales, pas l'ombre de considérations sociales ou politiques. Nous croyons qu'il ne faut pas autre chose pour expliquer la promiscuité des fourmilières.

Mais ce qui démontre surtout l'absence de raison, c'est la stupidité de ces pillards à qui l'on attribue de faire des razzias d'œufs, avec l'intention d'en tirer des troupeaux d'esclaves. On a parfaitement constaté que les amazones, incapables de tout ce qui n'est pas guerre ou pillage, se laissent mourir de faim à côté d'une provision de miel. Il leur est absolument indispensable qu'une ouvrière leur vienne porter les aliments à la bouche, ce qui est le comble de la stupidité. On dit qu'elles ne sont pas organisées pour manger toutes seules, que leurs fortes mandibules

les en empêchent. On oublie qu'elles portent fort bien leurs pattes antérieures entre leurs mandibules pour les nettoyer et les lisser. Rien ne leur serait donc plus facile que d'en user en guise de cuillers, si elles avaient l'ombre de raison. La raison est précisément une faculté qui, sous l'impulsion d'un besoin senti, supplée aux lacunes de la nature.

§ 3.

La marque la moins douteuse de la présence de la raison, c'est la parole. Parler, en effet, c'est penser à haute voix avec l'intention de communiquer sa pensée. Or, la pensée la plus humble étant impossible sans quelque affirmation, suppose essentiellement une ou plusieurs idées universelles, c'est-à-dire la raison. Il est donc incontestable que si les fourmis parlent, elles jouissent de la raison tout aussi bien que nous. Naturellement le langage articulé n'est point en cause ici ; un système de signes destinés à exprimer la pensée est tout ce que demande la thèse, et du reste, nous l'avons déjà dit, l'on ne prête pas aux fourmis d'autre langage que celui des sourds-muets : elles se communiqueraient leurs pensées au moyen de leurs antennes.

Il va sans dire que l'on n'a là-dessus aucun document sérieux, on se contente de conjectures hardies. Les hypothèses que d'autres font pour expliquer, sans le concours d'un langage, les actions des fourmis qui semblent avoir un caractère social, sont au moins aussi plausibles. Mais il faut remarquer d'abord qu'une sensation qui provoque une action dans l'être sentant n'est pas pour cela une parole ; le coup de fouet, la traction de la bride, le cri du cocher, ont exactement la même valeur pour le cheval ; ce sont des incitations, ce ne sont pas des paroles. La parole n'est parole que parce qu'elle est comprise entre deux jugements, née de l'un et faisant naître l'autre. Après cette explication, écoutons les jugements de M. Espinas sur le prétendu langage des fourmis.

« Il n'y a pas, dit-il, entre elles la moindre trace de consultation ni de résolution collective. La seule éloquence que ces animaux aient à leur service, c'est l'éloquence d'action ; je veux dire que quand un individu désire persuader (?) aux autres de l'aider dans quelque projet (?), il commence par exécuter lui-même ce projet sous leurs yeux après en avoir heurté le plus grand nombre possible pour attirer leur attention. Ce fameux langage antennal, sur lequel on a fait tant de conjectures, se réduit à des différences dans la manière dont se rencontrent deux corps délicats pourvus de nerfs nombreux. L'attouchement léger est une caresse ou une prière (?) : le battement est un avertissement d'autant plus grave qu'il est plus fort, plus pressé et plus rapide. Avec cela et le penchant à l'imitation, on peut expliquer toutes les démarches des fourmis. Nous avons nommé les principales : examinons-les. Une fourmi veut-elle émigrer ? l'habitude où elle est de vivre avec ses compagnes a engendré un besoin correspondant ; elle ne peut émigrer seule. Elle va donc auprès des autres fourmis, les frappe de ses antennes et part. Refuse-t-on de la suivre ? elle recommence son manège. La vue du mouvement entraîne le mouvement ; une ou deux la suivent ; puis celles-ci se joignent à la première pour déterminer les autres et peu à peu l'émigration devient générale. Au besoin, on porte les récalcitrantes, c'est un moyen simple à l'usage des intelligences obtuses. »

Les expéditions en troupe s'expliquent de la même sorte. « Comment comprendre que les explorateurs puissent avertir leurs compagnes qu'il y a une expédition à tenter ? N'est-il pas nécessaire d'admettre une résolution prise en commun ? Pas davantage. Ici encore une observation de M. Forel tranche la difficulté. Il suffit d'admettre une trépidation de quelques-unes accompagnée de coups d'antennes et suivie de départ pour expliquer l'irruption de l'armée hors du nid et son ébranlement. On peut, en effet, provoquer ce départ artificiellement en passant simplement le doigt au milieu des amazones qui errent sur le nid. L'émotion qui se répand de proche en proche est prise pour un signal d'expédition. » Le passage se termine par cette citation d'Huber jeune : « Le grand secret de l'harmonie qu'on admire dans ces républiques n'est point un mécanisme aussi compliqué qu'on le suppose : c'est dans leur affection réciproque qu'il faut le chercher. »

Si l'on substitue de pleins phénomènes de sensibilité aux lueurs de raison que M. Espinas prête çà et là aux fourmis très gratuitement et sans trop s'en rendre compte, son explication sera tout à fait plausible. La provocation artificielle des émigrations au moyen du doigt achève de ruiner l'hypothèse du langage. Une autre considération d'une portée générale nous semble sans réplique.

La vie des fourmis est en moyenne d'un an. Nous avons le droit de supposer que le langage n'est pas inné dans ces petites bêtes ; elles ne sont pas plus privilégiées que notre espèce sous ce rapport. Elles doivent donc apprendre à parler, c'est-à-dire à remuer leurs antennes de manière à signifier des pensées précises par des mouvements déterminés. Qu'elles aient des écoles ou non, il n'est pas douteux que leur éducation doit s'achever en un temps très court, la durée de leur existence même étant très courte. Or cette rapidité d'éducation suppose une vivacité d'intelligence et de conception dont nous n'avons pas d'idée, nous qui avons besoin de longues années pour user de notre raison d'une manière tolérable. Donc les fourmis, si elles parlent, conçoivent très vite, et par conséquent s'expriment et se font comprendre avec non moins de promptitude. Or, est-ce bien-là ce que l'observation permet d'admettre ?

Sans reprendre tous les faits que nous avons rapportés et qui contredisent cette conclusion, contentons-nous de rappeler la manière dont les fourmis travaillent en commun. On nous a répété qu'elles n'ont ni chefs, ni directeurs, qu'elles agissent chacune avec la plus grande indépendance. L'harmonie ne s'établit parmi elles que peu à peu, lentement, je ne dis pas après des tâtonnements sans nombre, mais des dépenses de temps et de forces en pure perte, les unes abattant ce que les autres ont élevé, pour voir leurs propres constructions renversées à leur tour. Que ce soit là un désordre et un désordre infiniment regrettable, des intelligences aussi vives le comprennent avec la rapidité de l'éclair. Avec la même rapidité, elles comprennent qu'il ne faudrait qu'un seul mot pour le faire cesser et pour rétablir l'ordre comme par enchantement. Or, depuis des milliers d'années, en des milliards de fourmilières, le même désordre se renouvelle des milliards de fois ; le même petit mot s'est trouvé sur le point d'être prononcé un nombre de fois égal, et il ne l'a jamais été. Évidemment, il y a un obstacle invincible à son émission. C'est qu'il n'y a pas de langage parmi les fourmis, parce que derrière le mouvement des antennes il n'y a pas de raison.

Nous avons quelque honte d'avoir insisté si longtemps sur un sujet qui semble si peu digne des lecteurs sérieux. Ce n'est pas entièrement notre faute : nos adversaires nous obligent de les suivre sur toute sorte de terrains. Ils tentent avec une confiance enfantine de se faire une arme contre la foi avec les mœurs de misérables insectes : notre devoir est de montrer que, s'ils ne se moquent pas de leurs lecteurs, ils méritent que leurs lecteurs se moquent d'eux. Du reste, il nous importerait assez peu, dans la question présente, qu'ils eussent raison pour le fond, s'ils n'avaient l'intention secrète de tourner le corollaire de leur thèse contre les destinées religieuses de l'humanité. Ils se trompent doublement, et non sans quelque bonne foi, car la bonne foi c'est de l'ignorance.

Ignorant complètement ce qu'est la raison, dès qu'ils voient le moindre signe d'activité consciente, ils s'écrient : « La voilà ! » Non, la vie en commun n'est pas une marque de raison, mais la vie en commun sous une loi librement imposée, acceptée et observée, et c'est ce qui ne se remarque pas chez les bêtes. Non, la construction d'un repaire quelconque n'est pas une marque de raison, mais la construction d'un édifice en vertu d'un plan conçu et tracé d'avance, puis exécuté parce qu'il est connu, et c'est ce qui ne se rencontre pas chez les bêtes. Non, la guerre n'est pas une marque de raison, mais la guerre entreprise, combinée et dirigée par des chefs et menée jusqu'au bout par des soldats qui accomplissent des ordres reçus et compris, et c'est ce qu'on ne constate nulle part chez les animaux. Non, le fait de l'esclavage n'est pas une marque de raison, mais le fait de l'esclavage imposé par la violence d'un être libre à d'autres êtres pareillement libres, et c'est ce qui ne se voit nulle part chez les animaux. Non, les impressions que des êtres vivants produisent les uns sur les autres ne sont point des marques de raison, mais seulement les impressions auxquelles on attache volontairement et sciemment la signification d'une pensée distincte, et c'est ce qui ne se remarque nulle part chez les animaux. Non, pour tout résumer en une proposition, non, les actions d'un agent doué du pouvoir de sentir ne sont pas des marques de raison, mais seulement les actions qui supposent, nécessairement, dans l'agent une idée universelle, et c'est ce que l'on ne constate nulle part chez les animaux. Toujours et partout les animaux vont d'une sensation à une sensation au moyen d'une passion, sensations et passions d'une grande variété à cause de la diversité de constitution de diverses espèces. C'est là tout l'horizon de leur activité. L'infini, qui est ouvert à l'homme, leur est essentiellement fermé, et c'est pour cela qu'ils ne sont que des bêtes. C'est se rapprocher d'eux que de ne pas comprendre cela.

LIVRE SIXIÈME

LA BÊTE JUGÉE PAR L'HOMME

CHAPITRE PREMIER

LA BÊTE RAISONNABLE

1° D'après les littérateurs. — George Sand. — Plutarque. — Montaigne. — Charron. — Ulysse et Gryllus. — Le raisonnement du chien de Chrysippe. — Le sorite du renard de Thrace. — L'éléphant au chaudron. — Les bœufs de Suze. — L'éléphant qui repasse sa leçon. — Les éléphants qui dînent en grande cérémonie. — Le lièvre qui se réfugie dans la gueule d'un lion. — Culte des morts chez les fourmis. — L'éléphant qui parle. — Le chien Capparus. — Les écrivains de la Renaissance : Rorarius, Et. Pasquier, Juste Lipse, etc.
2° D'après les philosophes. — Celse. — Porphyre. — Darwin dans Porphyre. — Théophraste, le transformisme dans Théophraste. — Pythagore. — Platon. — L'abbé de Villars. — Le P. Bougeant.

Il n'y a que trois manières de concevoir l'animal : on lui donne le mouvement seul ; ou, avec le mouvement, la sensibilité ; ou bien encore : avec le mouvement et la sensibilité, la raison ; on en fait un homme, ou une machine, ou on le laisse à sa place. Les opinions ont dû, par conséquent, se grouper autour de l'une ou de l'autre de ces trois *idées*. Examinons d'abord celles qui élèvent l'animal jusqu'à nous.

Parmi les écrivains qui prêtent bien gratuitement le raisonnement aux êtres sans raison, il faut distinguer les philosophes et les littérateurs. Ces derniers, plus attrayants, n'ont pas le moins de crédit. Ce n'est pas chez eux cependant que se rencontrent les arguments pressants, les convictions arrêtées. Les vraisemblances, les à peu près, les aperçus ingénieux, les sophismes, les caprices de la sensibilité suffisent pour établir une opinion affirmée avec d'autant plus d'assurance qu'elle est moins fondée en raison. Le littérateur n'a pas l'habitude de mettre sa plume au service d'une doctrine, c'est la doctrine qui sert sa plume ; il cherche d'abord matière à bien dire, le reste vient comme il peut. Sans doute il ne repousse pas la vérité, mais il la cherche mollement, négligemment ; c'est bien assez qu'il l'accueille quand elle se présente. Qu'importe, pourvu que la période soit arrondie, la figure expressive et régulière ? Il lui suffit de plaire, et facilement il se persuade que plaire c'est être vrai.

La série des littérateurs dévoués aux animaux s'étend de Plutarque à George Sand : « Il n'y a pas de bêtes, écrivait, il y a quelques années, le célèbre romancier... Ce pays que vous traversez et dont vous savez le nom, votre cheval le connaît mieux que vous. Il a des lassitudes morales à l'approche d'une rude montée dont il se souvient, des gaietés soudaines et des gonflements de naseaux expressifs au revers d'une colline d'où il découvre au loin un gîte connu... Il reconnaît dans la forêt une rangée d'arbres monotones, l'arbre qui lui a donné une seule fois l'ombre et le repos. Il connait si bien la figure, la couleur et la forme des choses et des êtres, qu'il retrouve son compagnon au milieu de mille autres.

» ... Le cheval, le bœuf, le chien, pleurent. Ils ont des larmes de désespoir comme le cerf aux abois ; mais ils ont aussi des pleurs de douleur et de tendresse. Mon frère a vu un cheval écraser par mégarde le pied de l'homme qui le soignait, et, en le voyant s'évanouir, se pencher vers lui, le lécher et le couvrir de larmes (!)... Si l'animal n'est pas perfectible comme nous, c'est qu'il n'a pas besoin de l'être. Pour satisfaire ses passions, ses affections et ses besoins, il sait tout ce que nous savons, et plus encore, car un sens mystérieux, des organes plus déliés, lui révèlent des choses que nous ignorons... Il ne faut pas dire qu'ils ont l'instinct à défaut de l'intelligence, de la mémoire, de l'observation et du raisonnement, car ils ont tout cela, et l'instinct en plus (1). » Le poète d'autrefois était un peu devin, celui d'aujourd'hui est surtout sensible. George Sand réunit le passé au présent. Mais cette conbinaison, revêtue même d'une phrase harmonieuse, suffit-elle pour supprimer efficacement les bêtes ailleurs que dans l'imagination du poète?

Plutarque n'est pas poète, il est rhéteur. Il a néanmoins sur George Sand un avantage auquel celui-ci n'atteindra probablement jamais, il a fait école au sujet du règne animal. Il a écrit deux dialogues qui sont le répertoire le plus abondant d'historiettes et de lieux communs sur l'esprit des bêtes. « Je ne pourrois pas tenir, dit l'un de ses interlocuteurs, que je ne vous recitasse des exemples et des preuves *inumerables*, tant de natu-

---

(1) Lettre d'un voyageur. (*Revue des Deux Mondes*, 15 mai 1864.)

relle subtilité que de docillité des bestes, que la belle cité de Rome nous bailleroit aisement à puiser *à seaux et à bacquets*, abondamment des jeux et des spectacles que font faire en plein theastre les empereurs. » Dans son réservoir, amis et ennemis ont tous puisé peu ou prou. Aujourd'hui encore on fait usage de la même eau, toutefois sans le dire toujours. Montaigne (1) et Charron (2) n'ont pas été loin de mettre la provision à sec. Ils citent à peu près tout Plutarque et ne citent presque pas autre chose. Nous pourrons donc étudier ces trois écrivains à la fois. Ils diffèrent seulement par l'intention. Charron, plus philosophe, veut connaître l'homme, et pour cela mesurer la distance qui le sépare de l'animal. Montaigne, moraliste à sa manière, s'est surtout proposé d'humilier la nature humaine pour la débarrasser de son enflure de vanité. « Il fault mettre aux pieds cette sotte vanité, et secouer vifvement et hardiment les fondements ridicules sur quoy ces faulses opinions se bastissent. Tant qu'il pourra avoir quelque moyen, et quelque force de soy, jamais l'homme ne recognoistra ce qu'il doit à son maistre : il fera toujours de ses œufs poules comme on

---

(1) *Essais*, l. II, c. xii. Apologie de Raymond de Sebonde.

(2) *La Sagesse*, l. 1, deuxième considération de l'homme. — Montaigne a lu Plutarque dans Amyot, et Charron dans Montaigne. L'auteur de *la Sagesse* n'est même souvent que copiste. Ainsi, par exemple, lorsque Montaigne écrit : « L'homme... se trie soy-mesme et separe de la presse des aultres creatures, taille les parts aux animaux ses confreres et compagnons, et leur distribue telle portion de facultés et de forces que bon luy semble; » Charron se contente d'abréger de la sorte : « Il leur taille les morceaux et leur distribue telle portion de facultés et de forces que bon luy semble. » On sait que cette servilité fut si agréable à messire Michel de Montaigne, qu'il permit à son abréviateur « de porter apres son decez les pleines armes de sa noble famille, parce qu'il ne laissoit aucuns enfans masles ». (*La Sagesse*, Paris, 1635.)

dict ; il le faut mettre en chemise. » Plutarque, bel esprit, a des visées moins hautes. Il soutient un paradoxe, parce qu'un paradoxe, avec son air étrange, pique la curiosité, et, quand il est soutenu d'une manière habile, prépare la réputation d'homme d'esprit. Son dialogue intitulé : *De l'usage de la raison dans les êtres déraisonnables*, n'a même aucune autre valeur que celle d'une bonne plaisanterie (1).

Le plus sage des Grecs, le favori de la déesse de l'intelligence, est mis aux prises par Circé avec Gryllus, Gryllus qui fut son compagnon, mais qui n'est plus maintenant que Gryllus, c'est-à-dire un animal immonde, innommé dans le langage poli. Pressé, acculé, étourdi par l'argumentation de son adversaire, Ulysse est réduit à dire piteusement : « Tu as, à ce que je voy, esté autrefois un grand orateur, veu que encore maintenant parlant en grouin de pourceau, tu as si vaillamment argué et disputé sur le subject proposé (2). » Après cela, il ne lui restait plus qu'à prier Circé de l'associer à Gryllus. Plutarque n'a pas été jusque-là. Mais, il faut bien le dire, son Ulysse n'est pas le véritable Ulysse. Jamais personne ne mérita moins le nom de sage. Il se laisse persuader que les bêtes sont plus chastes, plus généreuses, plus sobres, en un mot, plus vertueuses que l'homme. Elles sont plus chastes, dit Gryllus : les seules corneilles, qui gardent leur veuvage pendant neuf générations d'hommes, se moquent de la fidélité de Pénélope. Quant à la bravoure, vos poètes mêmes nous accordent le premier rang ; pour exalter un

---

(1) Ajoutons cependant qu'il a eu le mérite d'inspirer à La Fontaine une de ses plus jolies fables.
(2) Amyot.

héros, ils l'élèvent jusqu'à nous en disant : Il est courageux comme un loup, comme un lion, fort comme un sanglier. La meilleure terre ne produit-elle pas spontanément plus de fruits et les meilleurs ? Or « l'âme des animaux est mieux disposée et plus parfaite pour produire la vertu, attendu que sans estre poulsée, ny commandée, ny enseignée, qui est autant comme dire, sans estre labourée, ny ensemencée, elle produit et nourrit la vertu qui selon la nature convient à chascun (1). » A cela Ulysse ne trouve rien à répondre. Il ne répond rien non plus quand Gryllus en appelle à « la dragonne qui combattit teste à teste à l'encontre d'Apollo pour la seigneurie de l'oracle de Delphes (2) ». L'embarras d'Ulysse est assurément fort comique, mais par cela même ne prouve rien.

L'autre dialogue est plus sérieux. On lui donne souvent ce titre abrégé : *De l'industrie des animaux*. Il porte celui-ci dans le texte : *Quels sont les animaux les plus intelligents, les terrestres ou les aquatiques ?* C'est, en effet, une joute oratoire entre un chasseur et un pêcheur qui, devant un tribunal d'amis, défendent chacun les bêtes de sa connaissance. Voici la sentence :

« Si vous mettez l'un avec l'autre les arguments, preuves et raisons que vous avez déduites d'une part et d'autre, vous combattez à l'ensemble très bien à l'encontre de ceulx qui veulent priver les animaux de discours et de raison (3). » Révisons cet arrêt. Nous suivrons les débats dans Charron, parce que cet écrivain est méthodique ; Montaigne et Amyot nous fourniront la plupart des argu-

(1) Amyot.
(2) *Ibid.*
(3) Amyot.

ments et des faits. Nous serons un peu long une fois, pour avoir le droit d'être bref toujours.

Charron affirme d'abord qu'il y a « un grand voisinage et cousinage entre l'homme et les animaux. Ils ont plusieurs choses pareilles et communes ; et ont aussi des différences, mais non pas si fort eslongnées ny despareillées qu'elles ne se tiennent ; l'homme n'est du tout au dessus ny du tout au dessoubs. »

Les choses communes sont : « engendrer, nourrir, agir, mouvoir, vivre, mourir. » Point de doute là-dessus. N'en parlons que pour mémoire. Charron ajoute un point sur lequel nous reviendrons plus bas.

« Les advantages certains de l'homme sont les grandes facultés de l'ame, la subtilité, vivacité et suffisance d'esprit à inventer, juger, choisir ; la parole pour demander et offrir ayde et secours ; la main pour executer ce que l'esprit aura de soy inventé et apprins d'autruy. » Ces avantages seront bientôt ramenés tout près de l'égalité.

« Les advantages des bestes... sont, outre santé et vigueur de corps..., moderation d'appetits et d'actions ; innocence, seureté, repos et tranquillité de vie ; une liberté pleine et entiere sans honte, crainte, ny ceremonie aux choses naturelles et licites..., exemption de tant de vices et dereiglements, superstition, ambition, avarice, envie : les songes mesmes de nuict ne les travaillent point comme l'homme, ny tant de fantaisies et pensemens... ; la sufisance d'aucuns arts, comme de bastir aux arondelles et aultres oyseaux, tistre et coudre aux aragnées, musique aux roussignols ; les effects et proprietés merveilleuses inimitables, voire inimaginables, comme la propriété du poisson remora à arrester les plus grands vaisseaux de mer, comme il se lit de la galere capitanesse de Marc-Antoine...; les prognostiques, comme des oyseaux en leur passage de contrée en autre... En toutes ces choses, l'homme est de beaucoup inferieur et en plusieurs il n'y vaut rien du tout. » Nous avouons de bonne grâce que l'homme « ne vaut rien du tout », par exemple, « à arrester les grands vaisseaux de mer, » à la façon du rémora, ou à pronostiquer l'avenir à la façon des corneilles, quoique un grand homme, Bacon, n'ait pas désespéré (chose bien plus surprenante!) d'arriver à faire mûrir des nèfles par la force de l'imagination. Mais, quant à « bastir » et à « tistre », Saint-Pierre de Rome et les soieries de Lyon prouvent assez bien qu'il « n'est du tout novice en ces choses ». Sans doute il serait assez empêché de faire un nid d'hirondelle ou une toile d'araignée; pas plus cependant que de nager comme un dauphin ou de voler comme un aigle. Cela tient à des causes qui n'ont pas de quoi l'humilier. Il faut en dire autant de son infériorité pour la vertu. La vertu dont parle Charron, au nom de Plutarque et de Montaigne, est de telle nature qu'elle est encore plus parfaite dans la pierre et le bois.

« Les advantages que l'homme pretend sur les bestes, mais qui sont disputables et qui peut-estre sont au rebours pour les bestes contre les hommes, sont plusieurs. Premièrement les facultés raisonnables, discours, ratiocination, discipline, jugement, prudence... L'opinion qui tient qu'elles n'en sont pas privées, ainsi qu'elles les ont, est la plus authentique et la plus vraye. » Enfin nous voici au cœur de la question. Voyons sur quelles bases cette conclusion s'appuie.

La « ratiocination » de l'animal se prouve par un argument fameux dans les écoles; Chrysippe l'inventa; mais il est probable que « la colonne du Portique » ne soutenait pas une opinion contraire aux doctrines stoïciennes; c'était simplement un exercice de dialectique. Montaigne l'expose de la sorte : « Chrysippus... considérant les mouvements du chien qui se rencontrant en un carrefour à trois chemins, ou à la queste de son maistre qu'il a esgaré, ou à la poursuyte de quelque proie qui fuyt devant luy, va essayant un chemin après l'aultre, et après s'estre asseuré des deux, et n'y avoir trouvé la trace de ce qu'il cherche, s'eslance dans le troisiesme sans marchander; il est contrainct de confesser qu'en ce chien-là un tel discours se passe : « J'ay suyvy jusques à ce carrefour mon maistre » à la trace; il fault necessairement qu'il passe par l'un » de ces trois chemins : ce n'est ny par celtuy-ci, ny par » celuy-là; il fault doncques infailliblement qu'il passe » par cet aultre; » et que s'asseurant par cette conclusion et discours, il ne se sert plus, de son sentiment au troisiesme chemin, ny ne le sonde plus, ains s'y laisse emporter *par la force de la raison*. Ce traict purement dialecticien, et cet usage de propositions divisées et conjoinctes, et de la suffisante enumeration des parties, vaut-il pas autant que le chien le sçache de soy, que de Trapezonce? »

Montaigne avait oublié que Plutarque s'est chargé lui-même de répondre au chien de Chrysippe. « Le chien, dit-il, n'a que faire de ce tesmoignage des dialecticiens, car il est faulx et mensonger, parce que c'est l'odorement et sentiment du nez qui par la trace du pied, et par la fluxion de l'odeur issant de la beste, luy montre par où elle a fuy, sans se servir des propositions divisees ny con-

joinctes, ny de la suffisante enumeration des parties (1). »
On ne saurait rien dire de plus juste. Mais ce même Plutarque, après avoir refusé un simple syllogisme au plus intelligent des animaux, accorde l'usage du sorite au « regnard de quoy se servent les habitants de la Thrace, quand ils veulent entreprendre de passer par dessus la glace de quelque riviere gelee ; et laschent devant eux pour cet effect. » Tout le monde connait « cette ratiocination et consequence tiree du sens naturel : ce qui fait bruit se remue; ce qui remue n'est pas gelé; ce qui n'est pas gelé est liquide; et ce qui est liquide plie soubs le fais (2). » Mais si les Thraces ont souvent essayé de traverser la glace à la suite d'un tel dialecticien, il a dû s'en noyer un grand nombre. J'aime encore mieux le chien de Chrysippe : il n'appartient pas tout entier à l'histoire fabuleuse.

Garcia da Orta, médecin et voyageur portugais, a voulu l'emporter sur Chrysippe et sur Plutarque. « Aucuns, dit-il, ont affermé avoir veu un instrument public (qu'on appelle attestation) dans lequel estoit escrit qu'un elephant avoit autrefois parlé en ce pays-là (3), et avoit demandé à son gouverneur à manger; et que son gouverneur lui avoit respondu que le chauderon dans lequel il luy faisoit cuire du riz estoit pertuisé, toutesfois qu'il le portast à racoustrer au chauderonnier, et qu'il luy feroit puis après cuire du riz. L'elephant, ayant pris le chauderon avec sa trompe, le porte au chauderonnier, qui le racoustre, mais il y laisse à boucher une fente qu'il n'avoit pas veue. L'elephant

---

(1) Amyot.
(2) *Id.*
(3) Cochin.

remporte le chauderon, son gouverneur y met cuire du riz avec de l'eau ; mais voyant que l'eau s'espandoit par la fente, il le donne derechef à l'elephant pour le porter racoustrer. L'elephant l'ayant rapporté, le chauderonnier tout exprès, feignant de r'habiller le chauderon, eslargit davantage la fente. L'elephant ayant porté son chauderon à la mer, y puise de l'eau, et voyant qu'il ne tenoit pas l'eau, cognoist que son chauderon n'est pas racoustré : soudain il s'en retourne au chauderonnier avec un grand cry comme quasi se complaignant de la perfidie de l'ouvrier. Enfin le chauderonnier soude fort bien le chauderon. Mais l'elephant, ne se fiant de luy, retourne puiser de l'eau, et voyant qu'elle ne respandoit point, s'en retourne en la maison, et mangea du riz qui fut cuit dans iceluy. Il se trouve encore des hommes vivans qui asseurent d'avoir veu ce que nous avons dit cy dessus, n'osant toutefois affermer qu'il ait parlé (1). » Christophle Acosta, autre Portugais également médecin et voyageur, et de plus ami de Garcia, qu'il connut dans les Indes, raconte la même histoire en la rendant plus merveilleuse encore. Après cela, une seule chose m'étonne, c'est que la tribu des éléphants n'ait pas encore pris rang parmi les nations civilisées (2).

---

(1) *Histoire des drogues, espiceries, etc., de M. Garcie du Jardin et de M. Christophle de la Coste..., le tout fidèlement translaté en françois par Antoine Colin, maistre apoticaire juré de la ville de Lyon; par lui augmenté, etc.* Lyon, 1610, l. I, c. xiv.

(2) Pline aussi admire beaucoup la sagesse des éléphants, et justifie son admiration par des exemples. Citons ses paroles : « Mucien, dit-il, raconte qu'il a vu des éléphants qu'on forçait de sortir d'un vaisseau ; effrayés par la longueur du pont qu'il fallait traverser pour arriver à terre, ces animaux se mettaient à reculons, afin de se tromper eux-mêmes sur la grandeur du trajet. » (*Hist. nat.*, l. VIII, c. iii.) Le moyen

Si les chiens, les renards et les éléphants sont si habiles touchant les propositions « divisees et conjoinctes », sera-t-il surprenant que les bœufs ne soient pas étrangers à l'arithmétique? Ces gros quadrupèdes sont « natures capables d'entendre les nombres, voire de tenir compte... Les bœufs de Suze qui sont ordonnez à tirer de l'eau pour arroser les jardins du roy avec ces grandes roues et ces petits bacquets tournants... ont leur compte combien ils doivent tourner de tours; car ils en doivent tirer tous les jours jusqu'à cent chacun, et n'est possible de leur en faire tourner davantage, ny de gré, ny de force, pour ce que depuis qu'ils ont fait leur tasche ils s'arrestent tout court, et n'est pas possible de les faire passer oultre, ce que l'on a bien voulu essayer; mais il n'y a ordre, tant ils savent bien exactement compter et retenir leur compte, ainsi comme Ctisias le Gnidien a laissé par escript (1). » Sur ce point, les bœufs de Suze avaient tout juste l'intelligence d'un tournebroche. Montaigne les met au-dessus des adolescents de son époque. « Nous sommes en l'adolescence, dit-il, avant que nous sçachions compter jusqu'à cent. » Cela ne prouve pas en faveur des procédés pédagogiques employés de son temps.

Les bêtes sont à l'abri d'un semblable reproche. Elles instruisent leurs petits, et « employant du temps et du soing », donnent en cela un nouveau gage de leur intelligence. « L'enseigner monstre encore plus grand usage de la raison que ne fait pas l'apprendre. » Or, « Aristote

peut être bon pour n'avoir pas peur, du moins avant de quitter le navire, mais non pour ne pas tomber à l'eau. Il reste toujours à expliquer comment le sagace animal pouvait voir le rivage et s'y diriger. Peut-être son cornac le tirait-il par la queue.

(1) Amyot.

mesme tesmoigne qu'elles (les bêtes) monstrent et enseignent les unes aux autres; car il escrit qu'on a souvent veu des rossignols qui monstroient à chanter à leurs petits... Ceux qui sont nourris par les meres sont quant et quant enseignés et y apprennent non pour pris d'argent ny pour la gloire, mais pour ce qu'elles peuvent plaire à bien chanter (1). » Ce n'est pas là, selon Plutarque, une formation matérielle et mécanique, mais une véritable éducation de l'intelligence : il y a travail intellectuel de la part de l'élève, témoin certain éléphant resté célèbre. « Il n'y a pas longtemps, c'est encore Plutarque qui parle par la bouche d'Amyot, qu'à Rome, on en exercitoit un bon nombre à se remuer, aller, venir et arrester, de mouvements et arrest fort difficiles, estranges et malaisez à demesler : mais entre les autres, il y en avoit un plus grossier et plus tardif à comprendre et à retenir que les autres, à raison de quoy il en estoit à tout propos injurié, tencé et battu ordinairement : il fut quelquefois trouvé la nuict à part, repetant sa leçon à la lune et recordant ce qu'on luy avoit enseigné. » Il faut avouer que la nuit on peut voir des choses bien étranges.

Que les animaux, dans une certaine mesure, puissent se former les uns les autres, grâce à l'instinct d'imitation, il n'y a rien là qui ne soit conforme aux plus sérieuses observations, mais rien qui prouve l'action de l'intelligence. C'est surtout entre les mains de l'homme que cet instinct se modifie d'une façon curieuse. Les Romains étaient passés maitres dans l'art de dresser les animaux

---

(1) Amyot.

Pline, Élien et Plutarque en rapportent une foule d'exemples. Des éléphants danseurs, acrobates, mais assez habiles pour désespérer un Pylade ou un Batylle, des éléphants acteurs même, c'était un spectacle dont on pouvait fréquemment jouir au cirque. Élien raconte en particulier un dîner où douze éléphants, six mâles et six femelles, ceux-là revêtus de la toge, et celles-ci de la robe traînante, observèrent avec la plus comique exactitude tous les détails de l'étiquette alors en usage. Couchés sur des lits et servis par des esclaves, ces singuliers convives se conduisirent avec la plus grande urbanité. On les aurait pris, au dire d'Élien, pour des personnes honnêtes et bien élevées, se permettant, au moins par gestes, des plaisanteries de bon ton (1). On trouve dans Martial des faits moins amusants, mais qui supposent plus d'industrie. Ainsi, par exemple, on lâchait quelquefois dans l'arène un lièvre dressé. Ce pauvre animal arrivait tout tremblant au milieu des bêtes féroces, qui aussitôt lui donnaient la chasse. Où se réfugier? Le lion ouvrait sa gueule, et c'est là que le lièvre venait s'abriter, plus en sûreté que dans sa cage :

« Nec caveæ tanta conditur ille fide (2). »

Mais revenons à la thèse de nos rhéteurs. Intelligent comme il est à leurs yeux, l'animal doit posséder le langage. « Quant au parler, dit Charron…, il est commun à l'homme avec tous les animaux. Les bestes poussent des cris, font des gestes. Nous parlons à elles et elles à nous ; et si nous ne nous entr'entendons parfaitement, à qui

---

(1) Lib. II, c. xi.
(2) Lib. I, ep. xlix.

tient-il? à elles ou à nous? c'est à deviner. Elles nous peuvent bien estimer bestes par ceste raison comme nous elles : mais encore nous reprochent-elles que nous ne nous entendons pas nous-mesmes. Nous n'entendons pas les Basques, les Bretons, et elles s'entr'entendent bien toutes, non seulement de mesme espèce, mais qui plus est de diverses. » L'observation de « Cléanthes » vient ici fort à propos. « Il veit, dict-il, c'est Montaigne qui parle, des fourmis partir de leur fourmilliere, portants le corps d'un fourmy mort vers une autre fourmilliere de laquelle plusieurs aultres fourmis leur veindrent au devant, comme pour parler à eulx ; et aprez avoir esté ensemble quelque pièce, ceulx-cy s'en retournerent pour consulter, pensez, avecques leurs concitoyens ; et feirent ainsi deux ou trois voyages, pour la difficulté de la capitulation : enfin ces derniers venus apporterent aux premiers un ver de leur taniere, comme pour la rançon du mort ; lequel ver les premiers chargerent sur le dos, et emporterent chez eulx, laissant aux aultres le corps du trepassé. Voilà l'interprétation que Cleanthes y donna, témoignant par là que celles (les bêtes) qui n'ont pas de voix ne laissent pas d'avoir praticque et communication mutuelle. » Cleanthes était stoïcien, et, par conséquent, ne croyait pas à l'intelligence des bêtes. Il ne s'agit probablement ici que d'un cas embarrassant comme on en proposait dans son école.

Mais qu'aurait dit Montaigne, s'il avait connu les histoires que raconte Christophe Acosta? D'après ce médecin voyageur, dans le Malabar, on tient comme indubitable que les éléphants conversent entre eux. L'éléphant au chaudron essaya même une fois de causer avec les hommes.

« Il était employé, dit Acosta, aux travaux du port. Un jour, comme il était déjà fatigué, le gouverneur le pressait afin qu'il achevât de traîner jusqu'à la mer une grosse pièce qu'il venait de mettre en mouvement. Il refuse. Le gouverneur fait des instances, lui parle avec bonté et finit par le prier d'obéir pour l'amour du roi de Portugal. Touché par cette invitation, l'éléphant prononce distinctement ces deux mots : *Hoo, hoo,* qui signifient en langue malabare : *je le veux bien, je le veux bien,* et aussitôt il entraîne son fardeau à la mer. » Acosta ne manque pas d'ajouter que « cest éléphant estoit nay en ceste province malavarique » ; il parlait la langue de son pays (1).

De parler à écrire, il n'y a que la main. La main de l'éléphant, c'est sa trompe. Pline raconte que l'un de ces proboscidiens écrivait en grec la phrase suivante : « C'est moi qui écris ceci pour consacrer ces dépouilles remportées sur les Celtes (2). » Élien affirme qu'il a vu lui-même à Rome un éléphant tracer très proprement et très correctement des mots latins avec sa trompe. Le regard de la bête était fixé sur les lettres ; on aurait dit l'œil d'un écrivain. Mais Élien a soin d'ajouter une circonstance que certains admirateurs des bêtes ne manquent pas de passer sous silence en le citant. « Son maître, dit-il, plaçait la main de telle sorte que, jusqu'à la fin, il dirigeait l'animal dans la formation de chaque lettre (3). » C'est moins merveilleux, mais plus vraisemblable.

---

(1) *Op. cit.*, l. III, c. vii.
(2) L. VIII, c. iii.
(3) L. II, c. xii. — « On a fort exagéré l'intelligence de l'éléphant ; elle n'est pas supérieure à celle du chien, et les seules actions de ce grand quadrupède, que les chiens et les chevaux ne pourraient apprendre à exécuter, sont celles pour lesquelles il emploie sa trompe.

Si les animaux raisonnent, sont capables d'instruire et d'être instruits, évidemment ils ont des idées générales, ils ont le pouvoir « de despouiller de qualités mortelles et corporelles tout ce qui vient à eux par les sens », en d'autres termes, ils ont la faculté d'abstraire et de généraliser. Montaigne le prouve par induction en ces termes : « Un cheval, dit-il, accoustumé aux trompettes, aux arquebusades et aux combats, que nous veoyons tremousser et fraînir en dormant, estendu sur la litiere, comme s'il estoit en la meslée, il est certain qu'il conceoit en son ame un son de tembourin sans bruit, une armée sans armes et sans corps.

» ... Ce lievre, qu'un levrier imagine en songe, aprez lequel nous le veoyons haleter en dormant, allonger la queue, secouer les jarrets et representer parfaitement les mouvements de sa course, c'est un lievre sans poils et sans os... Les chiens de garde que nous veoyons souvent gronder en songeant, et puis japper tout-à-faict, et s'esveiller en sursauts, comme s'ils appercevoient quelque estrangier arriver ; cet estrangier que leur ame veoid, c'est un homme spirituel et imperceptible, sans dimension, sans couleur et sans estre. » Donc, conclut Charron, « quant à ceste faculté de l'esprit dont l'homme se glorifie tant, qui est de spiritualiser les choses corporelles et absentes..., les bestes en font de même. » Ni Charron ni Montaigne n'avaient la première idée de l'abstraction. Après tout cela, n'est-il pas insupportable d'entendre le premier déclarer magistralement « qu'il y a plus grande

organe sensible, robuste, mobile dans tous les sens, et terminé par une espèce de pince propre à saisir les corps les plus déliés... Les Indiens ont une idée exagérée des facultés de l'éléphant. » G. Cuvier, notes du L. VIII de Pline, édit. Panckoucke.

distance d'homme à homme que d'homme à beste »? Du moins, Plutarque s'était contenté d'avancer, par manière d'opinion, « qu'il y a moins de distance de bête à bête que d'homme à homme, sous le rapport de l'intelligence, de la raison et de la mémoire », ce qui, au fond, ne signifie rien du tout; et encore avait-il eu soin de placer cette belle sentence sur les lèvres de Gryllus.

Tout ce que nous avons vu jusqu'ici ne prouve rien et supporte mal la critique au point de vue des faits. L'exemple suivant, sans prouver davantage, peut passer pour authentique. On en trouve dans l'histoire vraie une foule d'analogues. Les lois ordinaires de l'instinct de la race canine suffisent pour l'expliquer. Montaigne en fait honneur à la vertu des animaux. « Un chien, dit-il, estant à la garde d'un temple à Athenes, ayant aperceu un larron sacrilege qui emportait les plus beaux joyaux, se meit à abbayer contre luy tant qu'il peut; mais les marguilliers ne s'estant point esveillez pour cela, il se meit à le suyvre, et le jour estant venu, se teint un peu plus esloingné de luy, sans le perdre jamais de vue : s'il luy offroit à manger, il n'en vouloit pas ; et aux aultres passans qu'il rencontroit en son chemin, il leur faisoit feste de la queue, et prenoit de leurs mains ce qu'ils luy donnoient à manger : si son larron s'arrestoit pour dormir, il s'arrestoit quand et quand au lieu mesme. La nouvelle de ce chien estant venue aux marguilliers de cette eglise, ils se meirent à le suyvre à la trace, s'enquerrants des nouvelles du poil de ce chien, et enfin le rencontrerent en la ville de Cromyon, et le larron aussi, qu'ils ramenerent en la ville d'Athenes, où il feut puny : et les juges, en reconnoissance de ce bon office, ordonnerent du publicque certaine mesure de bled pour nourrir le chien, et aux prestres d'en avoir soing. » Cet illustre animal s'appelait *Capparus*. Plutarque affirme que le fait s'est passé quelque temps avant que lui-même vint étudier à Athènes, où personne, du reste, ne le mettait en doute. Je suis surpris seulement que Montaigne emprunte à la Grèce des exemples de la fidélité du chien. La France, même de son temps, n'en manquait pas, témoin l'histoire si célèbre du chien de Montargis (1).

Nous n'avons plus qu'un mot à ajouter pour que notre analyse soit complète. « La composition du cerveau, dit Charron, partie de laquelle l'ame se sert pour ratiociner, est toute pareille et mesme aux bestes qu'aux hommes. » Il nous laisse le soin de tirer la conclusion. Ce soin, nous ne le prendrons pas; après tout ce que nous avons vu, rien en vérité ne nous y oblige.

D'autres littérateurs ont pris la thèse de Plutarque pour sujet de leurs exercices. Le plus remarquable sous ce rapport est un latiniste du XVIe siècle, Jérôme Rorarius, ambassadeur du Saint-Siège auprès de l'Empereur, et surtout admirateur passionné de Cicéron et de Charles-Quint. Dans un latin irréprochable, il nous dit, entre autres choses merveilleuses, par quelle recette on arrive à comprendre le langage des oiseaux. Rien de plus simple. D'aucuns prétendent qu'il faut, comme Apollonius de Tyane, dans son enfance, se faire lécher les oreilles par un dragon. La méthode de Démocrite d'Abdère est préférable : il est certains oiseaux dont le sang mêlé produit des serpents ; tâchez de goûter de cette

---

(1) Voir à l'Appendice cette histoire sous la note D.

mixture, et les peuples de l'air ne pourront plus vous cacher aucun secret. Il dit encore que les animaux connaissent l'astronomie et la magie, l'astronomie, comme le chant du coq le prouve ; la magie ; car le pivert n'a qu'à poser le bout de la patte sur un gros clou, un coin enfoncé profondément dans le tronc d'un arbre, pour le faire tomber avec fracas. « Il y en a, continue-t-il, qui attribuent ce prodige à l'emploi d'une certaine herbe ; mais la chose en serait-elle moins magique ? » L'occasion qui donna naissance à l'ouvrage montre encore mieux la valeur de l'écrivain. Quelqu'un s'étant un jour oublié en sa présence jusqu'à faire à Charles-Quint l'injure de le comparer avec les Othon et Frédéric Barberousse, transporté d'indignation, Rorarius prit la plume afin de démontrer que *souvent l'animal se sert de la raison mieux que l'homme* (1). Il a seulement démontré qu'il savait très bien le latin.

Etienne Pasquier est célèbre par sa haine contre les jésuites ; il mériterait de l'être pour le zèle avec lequel il défendait les animaux : « Hé vraiment, s'écrie-t-il, c'est en quoy je puis dire que nous sommes tous sans raison, quand nous disons qu'ils n'en ont point. » Et tout aussitôt il prouve son dire. « Qu'il y ait de l'ambition en eux, le seul exemple que l'on recite du roy Antiochus y est admirable. Car ayant une grande troupe d'elefans en son camp, qui tous avoient leur nom (comme nous donnons à noz chiens), et voulant passer son armee par une riviere, il commanda au capitaine de tous les autres elefans, nommé Ajax, de sonder le gué. A quoy se monstrant retif,

---

(1) *Quod animalia bruta sæpe ratione utantur melius homine, libri duo.*

le roy promeit la capitainerie à celui qui l'entreprendroit. Au moiien de quoy l'un d'entr'eux, nommé Patroclus, sous cette promesse, se meit à traverser la riviere. Et de retour, ayant esté honoré et caparassonné de haut appareil, comme capitaine de la troupe, l'autre en mourut de desplaisir. » La religion a mieux encore que l'ambition force démonstrative. Or « l'elefant estant malade se met quelquefois à la renverse, et jette des herbes au ciel, comme s'il lui vouloit faire offrande des biens de la terre pour obtenir guerison. » Est-il rien de plus concluant? Sans doute l'animal n'est pas absolument l'égal de l'homme, mais cela tient à une différence d'organisation, pas à autre chose : « L'ame d'un chien dans les organes d'Aristote ou de Ciceron, n'eust pas manqué d'acquerir toutes les lumieres de ces deux grands hommes (1). »

C'est surtout à l'époque de la Renaissance que le culte de l'animal est en honneur dans la littérature. On dirait que la fureur d'écrire ne donne pas le temps de la réflexion. Juste Lipse, ce prodige d'érudition, a perpétuellement sa plume à la main : il en laisse en courant tomber plus d'une affirmation téméraire, entre autres, que les éléphants, supérieurs à l'homme pour la mémoire, lui sont égaux pour l'intelligence, car ils apprennent à lire et à écrire (2). Laurent Valla nous dit en style cicéronien que les animaux nous valent bien ; ce qui ne l'empêche pas de jeter à la tête de ses adversaires, en forme d'injure, les noms de divers bipèdes et quadrupèdes (3). Sa controverse avec Poggio contient, dit-on, les plus infâmes li-

---

(1) Lettre à M. de Tournebus.
(2) Epist. L, cent. 1.
(3) L. IV, *Dialect*.

belles qui aient jamais paru. Comment le jugement peut-il conserver sa rectitude au milieu du trouble des passions? Isaac Vossius, cet étrange savant qui, suivant le mot de Charles II, croyait tout, excepté la Bible, exprime le vœu que les hommes renoncent au langage articulé et apprennent celui des animaux, qui est bien plus commode (1). Mais Saumaise, partisan lui aussi de la raison des bêtes (2), réduit, en parlant pour lui-même, toutes ces paroles à leur juste valeur : « Quant à ce qui est de mes opinions, écrit-il à Dupuy, elles ne me tiennent jamais. Je n'en épouse pas une, tellement qu'il m'est toujours libre de m'en séparer quand je veux. » N'aurions-nous pas tort de prendre ces écrivains plus au sérieux qu'ils ne se prenaient eux-mêmes ?

Nous avons d'abord divisé les partisans des animaux en deux classes, celle des littérateurs et celle des philosophes. Nous en avons quelque regret maintenant. Il y a vraiment autant de logique, de critique, de philosophie, en un mot, d'un côté que de l'autre. La composition du groupe des philosophes ne manque pas du moins de quelque intérêt. On peut y étudier les affinités, les sympathies qui enchaînent les doctrines aux doctrines. On y voit des sceptiques comme Ænésidème et Sextus Empiricus, des ennemis acharnés du christianisme comme Celse et Porphyre, des matérialistes comme Épicure et Hobbes, des sensualistes comme Bernardino Telesio, Campanella, Bacon, Locke, des médecins enfin comme J.-A. Cappella, Israël Conrad, de la Chambre. Ce sont les ancêtres authentiques de nos modernes avocats des bêtes.

(1) *De Viribus rhythmi.*
(2) *In Epictetum et Simplicium.*

Un mot peut résumer les opinions de ces divers auteurs : il n'y a pas de différence essentielle entre l'intelligence et la sensibilité; l'animal est sensible, donc raisonnable (1). Mais Bacon, Conrad et de la Chambre ont leur manière de penser propre. Conrad (2) donne aux bêtes la lumière pour âme, et à la lumière la faculté de raisonner. Bacon (3) substitue à cette lumière une sorte de gaz, qui a la propriété de sentir et de percevoir. Ce n'est pas trop accorder : qui ne sait que la perception « existe dans tous les corps naturels? » Si l'aimant, par exemple, attire le fer, c'est en vertu de la perception; si la flamme s'élance vers le naphte, c'est en vertu de la perception, etc. De la Chambre (4) mérite une place à part. Il ne reconnaît dans l'animal que des facultés inférieures, telles que la sensation et l'imagination; mais il prétend que, grâce à ces facultés, l'animal conçoit, juge, raisonne, parle, agit, en un mot, fait tout comme l'homme, avec cette seule différence que son objet est toujours particulier, jamais universel.

On nous permettra de jeter un coup d'œil rapide sur les développements donnés par Celse et Porphyre à la thèse soutenue en faveur de l'intelligence des animaux. Les modernes n'ont rien de plus fort. On pourra remarquer quelques idées de M. Darwin dans Porphyre, chez qui,

---

(1) Sextus Empiricus, *Pyrrhon. Hypot.*, l. I, sec. 62-78. — Épicure, V. D. Laerce, l. X. — Hobbes, *Leviathan*, c. I, II, III. — B. Telesio, *De rerum Natura*, l. V, c. x; l. VIII, c. xvi. — Campanella, *De Sensu rerum*, l. II, c. xxii. — Locke, *Essai sur l'entendement humain*, l. II, c. xi.

(2) *Cognitio sui ipsius philosophico-medica.*

(3) *De Augmentis scient.*, l. IV, c. III.

(4) *Op. cit.*

très probablement, le naturaliste anglais n'a pas été les chercher.

Nos savants positivistes ne peuvent entendre sans sourire de pitié cette proposition : Tout a été créé pour l'homme. Celse faisait mieux que de sourire, il essayait de démontrer le contraire. « Les bêtes créées pour l'homme ! dit-il. Quel motif a-t-on de parler ainsi ? Serait-ce parce que l'homme est le roi des animaux ? Bel empire, en vérité ! Il est des bêtes que nous prenons et nourrissons, mais il en est d'autres qui nous prennent et nous mangent. Pour les chasser, nous avons besoin d'armes empruntées, de meutes de chiens, de l'aide de nos semblables ; elles, de leur côté, se suffisent à elles-mêmes pour nous résister et nous attaquer. Avant qu'on eût bâti des villes, fondé des sociétés, inventé des engins de chasse, combien d'hommes n'ont pas été dévorés par leurs prétendus sujets, qui jouissaient d'une tranquillité parfaite ! L'animal était-il alors le roi de l'homme ?

« Pour régner sur les bêtes, nous devrions avoir au moins quelque supériorité. Tous les avantages dont nous nous prévalons, nous les devons à la société ; mais la société n'est-elle pas le bien de l'animal comme le nôtre ? Les abeilles ont un roi, qu'elles honorent et à qui elles font cortège ; elles connaissent l'art de la guerre, les droits de la victoire, massacrent les vaincus ; dans leurs villes entourées d'une banlieue, les fonctions sont distribuées avec ordre, la justice est sagement administrée, il y a des peines pour la paresse et d'autres vices. Les fourmis ne montrent pas moins de sagesse. Elles savent s'entr'aider, tenir une conversation, demander et indiquer le chemin.

Elles ont le culte des morts, l'usage des monuments funéraires. En un mot, il faut leur reconnaître *la plénitude de la raison, certaines idées universelles, la voix et le langage.* En vérité, si quelqu'un jetait du haut du ciel les yeux sur la terre, je ne crains pas de le dire, il ne trouverait pas beaucoup de différence entre nous et les fourmis.

« C'est peut-être par la connaissance de la Divinité que nous prétendons l'emporter? Ignore-t-on que la religion du serment n'est nulle part plus fidèlement observée que parmi les éléphants? Mais, que dis-je? est-il rien qui rapproche de la divinité plus que la prévision et l'annonce de l'avenir? Si nous savons quelque chose sous ce rapport, c'est aux animaux, aux oiseaux en particulier que nous le devons. Ils ont donc une âme divine, ils sentent la divinité (1). »

Telle est en résumé l'argumentation de Celse. Origène n'a point de peine à y répondre, on le comprend. Mais l'âme divine des animaux déride ce grave écrivain. « Si les animaux, dit-il, ont une âme divine, s'ils sentent la divinité, nous ne sommes pas moins bien partagés, nous, quoique nous ne soyons qu'hommes. Quand nous éternuons, c'est en vertu de quelque influence divine sur notre âme; car alors nous sommes devins, c'est l'opinion commune. Voilà pourquoi le poète a dit : « On éternua » pendant sa prière; » voilà aussi pourquoi il met sur les lèvres de Pénélope ces mots consolants : « Ne vois-tu pas » que mon fils a éternué à chacune de mes paroles? »

Porphyre veut réduire l'homme à se nourrir de végé-

---

(1) Origène, *Adv. Celsum*, l. IV, passim.

taux. Il lui en fait une obligation de conscience, car l'animal a non moins que l'homme le droit d'être respecté dans son existence. Partant de ce principe incontestable, que la vie de l'être raisonnable est chose sacrée, Porphyre s'efforce d'étendre la raison à tout le règne animal (1). Les animaux n'ont-ils pas la sensibilité ? Or la sensibilité implique la raison. Le physicien Straton l'a très bien dit, ce ne sont pas les yeux qui voient, les oreilles qui entendent; s'il n'y avait pas d'intelligence, tout serait aveugle et sourd.

« Il n'y a de l'animal à l'homme qu'une différence de degré. Sauf cette réserve, ils sont en tout semblables. Ils ont l'un et l'autre la parole extérieure et la parole intérieure. Oui, les animaux parlent. Parler en chien, en bœuf, c'est aussi bien une langue au fond que de parler en barbare ou même en grec. L'hyène des Indes, que les naturels du pays appellent *corocotta*, connaît leur langage. Habile jusqu'à la perfidie, elle choisit une victime, un homme assez faible pour se laisser manger sans trop de résistance, se rend près de sa demeure, et contrefaisant la voix d'un ami, l'appelle par son nom. L'imitation est si parfaite que toujours quelque Indien, quoique sur ses gardes, s'y laisse prendre. La murène de Crassus s'élançait vers son maître quand il l'appelait par son nom. Faut-il s'étonner après cela que ce fier Romain, qui avait vu d'un œil sec la mort de ses trois fils, ait arrosé de larmes les restes inanimés de sa murène? Ainsi les bêtes nous comprennent, et, qui plus est, elles comprennent les dieux ; c'est pour cela que chacun des immortels a un

---

(1) *De Abstinentia*, l. III, n. 2-18. Notre traduction, étant un résumé, ne peut souvent reproduire que le sens de l'auteur.

oiseau qui lui est consacré ; Jupiter a un aigle, Apollon un corbeau, Junon une cigogne, Minerve un hibou et Cérès une grive. Mais nous comprenons aussi les bêtes. Je ne veux pas parler d'une intelligence parfaite, telle qu'elle fut accordée par des moyens merveilleux à Mélampe, Tirésias et Apollonius. Le chasseur, aux divers cris du chien, reconnaît s'il est à la recherche du lièvre, s'il l'a trouvé, s'il l'a pris, s'il en a perdu la piste (1). A la manière dont la vache pousse son mugissement, le berger comprend qu'elle a faim ou soif, qu'elle est fatiguée, qu'elle demande son veau. Nous comprenons, nous sommes compris, donc tout est réciproque : sous ce rapport, il y a communauté d'intelligence.

» Voilà pour le discours extérieur. Quant au discours intérieur, qui est la pensée, s'il y a quelque différence, elle n'est que du plus au moins. Et ne voit-on pas que la ressemblance est déjà dans les sens, dans l'organisme ? Comment ! nous nous ressemblons jusque dans les maladies ? L'âne est sujet au catarrhe, qui, lui tombant sur le poumon, le tue comme un homme. Le cheval devient phtisique comme l'homme ; comme l'homme, il peut être emporté par le tétanos, la goutte, la fièvre, la rage. Il est une maladie du chien qui conserve son nom même lorsqu'elle prend l'homme, on l'appelle *cynangine* (1).

(1) Chez le chien domestique, nous avons l'aboiement d'impatience, comme à la chasse, celui de colère, le glapissement ou le hurlement du désespoir, comme lorsque l'animal est enfermé, celui de joie lors du départ pour la promenade. » (Darwin, *Descendance de l'homme*, Ire part., c. II).

(2) « L'homme peut prendre des animaux inférieurs, et leur communiquer certaines maladies, comme la rage, la variole, la morve, etc. fait qui prouve la grande similitude de leurs tissus et sang... Les singes sont sujets au catarrhe... se terminant, lorsqu'il se *répète* souvent, par

Inutile de poursuivre plus loin ce triste catalogue de nos communes misères. Serait-il possible, sans une identité organique?

» On ne niera pas que cette ressemblance des corps suppose la ressemblance des âmes (1). Non seulement les animaux voient, entendent, goûtent, ressentent le chaud et le froid comme l'homme ; à cet égard, ils l'emportent sur lui. Lynx lui-même avait-il la vue aussi perçante que le dragon, qui de son nom a fourni aux poètes le verbe δρχκεῖν (voir)? L'aigle du haut de l'air, aperçoit le daim caché dans la forêt. La grue entend à une distance où l'œil de l'homme arrive à peine. Quant à l'odorat, le mieux est d'avouer que nous occupons le dernier rang. Les animaux ont le sens du goût si délicat qu'ils distinguent du premier coup, avec une sûreté inconnue aux

---

la phtisie. Ces singes souffrent aussi d'apoplexie, d'inflammation d'entrailles et de la cataracte. Les jeunes périssent souvent par la fièvre en perdant leurs dents de lait. » (Darwin, *op. cit.*, part. I, c. 1).

(1) Pour comprendre ce passage, il faut ne pas oublier que, suivant Porphyre, les âmes sont toutes de même espèce, les mêmes dans les hommes et dans les animaux, passant tour à tour des uns dans les autres au moment de la mort et de la naissance. Il y a plus: ces âmes ne diffèrent pas, en substance, de l'âme du monde, qui anime directement tout ce qui vit, en s'introduisant dans chaque organisme. Jérôme Cardan, ce fou de génie, avait renouvelé cette opinion au xvie siècle. Seulement, d'après lui, l'intelligence universelle entre dans l'homme, l'illumine par dedans et le rend ainsi pleinement intelligent; mais elle ne fait qu'entourer l'animal et l'éclairer par dehors, à cause de l'imperfection de la matière. « Il s'ensuit, ajoute-t-il, que les bêtes ont en germe tout ce que les hommes ont en perfection. » C. Scaliger lui répondit en des termes que nous n'osons pas traduire: Linguam habet asinus; quare non loquitur? At intellectus ille tuus æque illi ac mihi præsto est. Loquitur tamen ille tuus brutus homo, qui quovis asino asinior est. Quare? Quia interna sunt principia intellectionum. non peregrina quibus a vobis hospitia parentur. » (*Exoter. Exercit. adv. Cardanum.* 309, c. xxx).

médecins, les plantes salutaires et les plantes nuisibles. Que penser donc de l'intelligence de l'animal, s'il est vrai, comme Aristote l'assure, que la perfection de cette faculté est en rapport avec la perfection des sens? Les différences organiques modifient l'exercice de la raison, mais n'en détruisent pas l'essence. Veut-on voir comment l'animal use de sa raison? S'il est faible, il se cache; s'il est fort, il se défend ou il attaque, le léopard avec ses dents, le lion avec ses dents et ses griffes, le cheval avec son sabot, le bœuf avec ses cornes, le coq avec son ergot, le scorpion avec son dard, le serpent de l'Égypte avec sa salive. Tous connaissent le climat qui leur convient et en changent suivant la saison.

» Ne dites pas que tous ces faits et mille autres que je pourrais ajouter sont une manifestation de la nature et non de la raison, ce serait dire que la raison n'est pas naturelle en nous. Elle est naturelle en nous comme dans l'animal. L'éducation la développe dans l'animal, comme en nous, avec cette différence qu'ils sont moins que nous sujets à contracter des vices honteux. Leurs vertus sont admirables. Quel zèle pour l'honneur conjugal dans les colombes! Quelle piété filiale dans les cigognes! Ils ne seraient jamais cruels, si la nécessité, la faim, ne les y contraignaient. Du moins, ils ne savent jamais trahir qui leur fait du bien.

» Ils apprennent les arts, les arts de l'homme, la danse, l'escrime; ils peuvent conduire un char, marcher sur la corde, lire, écrire, jouer de la flûte et de la lyre, tirer de l'arc, aller à cheval. — Mais, dit-on, ils font assez mal tout cela. — Tous les hommes font-ils mieux? — Ils n'ont ni conseils, ni assemblées délibérantes, ni tribunaux. —

Est-ce bien sûr? et puis est-il si rare que les hommes agissent sans délibérer ? — Ils sont sans villes. — Les Scythes n'ont que des charrettes, et les dieux n'ont pas même des charrettes. — Sans lois écrites. — Exactement comme les hommes au temps de l'âge d'or.

» Faut-il parler des services rendus par les bêtes aux dieux et aux hommes? Combien parmi les anciens se sont fait gloire d'avoir été élevés, l'un par une louve, l'autre par une biche, celui-ci par une chèvre, cet autre par une abeille! La colombe de Sémiramis, le chien de Cyrus, le cygne de Thrax sont restés célèbres. On fait honneur aux dieux en les appelant du nom de leur nourricier ; on dit : le Bacchus du chevreau, l'Apollon du loup, le Neptune du cheval. Hécate se laisse plus facilement toucher, quand on la prie en lui disant : Vache, chienne, lionne. Je serais infini si je voulais rappeler tous les rapports que les bêtes ont eus avec les dieux.

» Tout cela et ce que nous rapporterons dans la suite, d'après les écrits des anciens, montre que les animaux ont la raison, la plupart d'une manière imparfaite, sans en être jamais totalement privés (1). »

Porphyre cite ensuite Plutarque et Théophraste. Celui-ci semble avoir été le précurseur de Lamarck et de Darwin. Ses paroles sont trop remarquables pour ne pas trouver place ici : « Nous disons des hommes, quels qu'ils soient, qu'ils forment une même famille, une même race, pour l'une de ces deux raisons, ou bien parce que nous leur connaissons les mêmes ancêtres, ou bien parce que nous voyons qu'ils ont la même éducation, les mêmes mœurs, le même genre de vie... Or, pour

---

(1) *Lib. cit.*, n. 18.

tous les animaux, les principes de leurs corps sont exactement les mêmes. Et en parlant ainsi, ce ne sont pas les premiers éléments que j'ai en vue ; car ces éléments se rencontrent dans les végétaux, je parle de la première forme organique de la chair, des diverses humeurs propres aux animaux. Mais (l'identité d'origine se révèle) bien mieux encore par la ressemblance des âmes, c'est-à-dire par la similitude des désirs et des aversions, des raisonnements et surtout des sensations. Ainsi donc, comme les corps, les âmes de tous les animaux, tantôt plus parfaites, tantôt moins achevées, ont toutes les mêmes principes... Si cela est vrai, il est également vrai de tout point que le reste du règne animal est de notre famille et de notre parenté (1). »

Nous ne pouvons finir sans dire un mot de la métempsycose, et par conséquent de Pythagore et de Platon. On sait en quoi cette doctrine consiste. Ovide la résume ainsi :

(1)... Πάντας δὲ τοὺς ἀνθρώπους ἀλλήλοις φαμὲν οἰκείους τε καὶ συγγενεῖς εἶναι δυοῖν θάτερον, ἢ τῷ προγόνων εἶναι τῶν αὐτῶν, ἢ τῷ τροφῆς καὶ ἠθῶν καὶ ταὐτοῦ γένους κοινωνεῖν... καὶ μὴν πᾶσι τοῖς ζώοις αἵ γε τῶν σωμάτων ἀρχαὶ πεφύκασιν αἱ αὐταί. Λέγω δὲ οὐκ ἐπὶ τὰ στοιχεῖα ἀναφέρων τὰ πρῶτα. ἐκ τούτων μὲν γὰρ καὶ τὰ φυτά· ἀλλ' οἷον σπέρμα, σάρκας τῶν ὑγρῶν τοῖς ζώοις σύμφυτον γένος. Πολὺ δὲ μᾶλλον τῷ τὰς ἐν αὐτοῖς ψυχὰς ἀδιαφόρους πεφυκέναι, λέγω δὲ ταῖς ἐπιθυμίαις καὶ ταῖς ὀργαῖς, ἔτι δὲ τοῖς λογισμοῖς, κα μάλιστα πάντων ταῖς αἰσθήσεσιν. Ἀλλ' ὥσπερ τὰ σώματα, οὕτω καὶ τὰς ψυχὰς τὰ μὲν ἀπηκριβωμένας ἔχει τῶν ζώων, τὰ δὲ ἧττον τοιαύτας, πᾶσί γε μὴν αὐτοῖς αἱ αὐταὶ πεφύκασιν ἀρχαί... εἰ δὲ ἀληθές ἐστι τὸ λεγόμενον... παντάπασιν ἂν οἰκεῖον εἴη καὶ συγγενὲς ἡμῖν τὸ τῶν λοιπῶν ζώων γένος. (*Lib. cit.*, n. 25.) Le raisonnement de Théophraste est un peu obscur. En voici le fond, croyons-nous. Il a deux moyens de s'assurer que plusieurs rameaux appartiennent à la même souche : ou bien on les voit sortir du même tronc, ou bien on constate leur ressemblance et l'on conclut par induction. Or, si l'histoire se tait sur l'origine première de l'animal, sa ressemblance nous montre clairement qu'il est notre frère.

Omnia mutantur : nihil interit ; errat, et illinc
Huc venit, hinc illuc, et quoslibet occupat artus
Spiritus, eque feris humana in corpora transit,
Inque feras noster, nec tempore deperit ullo (1)

S'il en est ainsi, comment l'animal n'aurait-il pas la raison?

« Pythagore et Platon, dit Plutarque (2), enseignent que toutes les âmes, même celles des animaux, sont douées de raison. Mais celles-ci ne peuvent en faire usage empêchées qu'elles sont par la constitution défavorable des corps qu'elles habitent, et par l'absence de la parole. » Plutarque aurait dû ajouter que, suivant ces philosophes, les âmes des hommes vont se loger dans les corps des bêtes, précisément en punition de leurs fautes, ce qui suppose un état misérable. Dans le *Timée* de Platon, l'interlocuteur pythagoricien, qui a donné son nom au dialogue, assigne aux coupables leurs futures transformations. « Les oiseaux, dit-il, ces animaux qui ont des plumes au lieu de cheveux, se forment de ces hommes naïfs et légers, qui dissertent sur les choses du ciel et poussent la simplicité jusqu'à s'imaginer qu'à cela la vue suffit. Les animaux des champs proviennent des hommes qui, négligeant la philosophie et l'étude du ciel, ne font point usage de leur raison et suivent leurs passions. L'habitude les a penchés vers la terre, et leur tête allongée a pris toutes les formes, comprimée par le défaut d'exercice de l'âme. » En un mot, Timée descend

---

(1) « Tout change, rien n'est détruit ; errant, dans un perpétuel va-et-vient, l'esprit habite indifféremment tous les corps ; il passe de l'animal dans l'homme, et de l'homme dans l'animal, sans jamais périr. » (*Métam.*, l. XV.)

(2) *Opinions des philosophes*, l. V, c. xx.

toute la série, en plaçant au dernier degré, parmi les mollusques, ceux qui se sont eux-mêmes placés le plus bas dans l'échelle de la stupidité. Il est heureux pour nos modernes sensualistes, matérialistes, positivistes théoriques et pratiques, que la métempsycose pythagoricienne ne soit qu'une hypothèse.

J'incline à croire que Platon du moins faisait de cette hypothèse le symbole d'une doctrine plus sûre. Il est remarquable, en effet, qu'il n'en parle que dans ce qu'on a appelé ses mythes, c'est-à-dire des allégories, dont il n'est jamais permis d'adopter sérieusement le sens littéral. Comment croire, par exemple, que, suivant la véritable pensée de Platon, l'univers soit un immense fuseau, sur lequel les Parques filent le temps, ou que le juge souverain ait réellement eu besoin de dépouiller les hommes de leurs corps pour voir directement leurs âmes, et s'épargner ainsi la honte de juger au hasard?

Non, les mythes de Platon doivent être interprétés, et, si je le pouvais sans trop de témérité, je proposerais une explication de ce qu'il dit de la métempsycose. Remarquons d'abord que, lorsqu'il parle sans allégorie, il accorde à l'animal fort peu de chose. En effet, dans le *Philèbe*, il assimile l'homme qui serait réduit à la sensation agréable ou désagréable, à l'éponge et à l'huître, et il affirme que les bœufs, les chevaux, toutes les brutes sans exception sont uniquement poussés par l'instinct du plaisir. Proclus interprétant ce dialogue, prétend que Platon refuse à la brute non seulement la raison, mais toute espèce de connaissance (1). Comment un pa-

---

1) Οὐ τὴν λογικὴν μόνον ζωὴν, ἀλλὰ καὶ εἰς ἀλόγων τὴν γνωστικὴν πᾶσαν ἀφεῖλεν.

reil être serait-il un homme transformé? Non, l'animal n'est pas né de l'homme ; mais, et c'est ici notre interprétation, l'*idée* de l'homme, en se dédoublant, produit l'*idée* de l'animal. Le *Timée* est une étude, non-seulement de l'origine physique du monde, mais de son origine métaphysique. La génération des idées par les idées y est enseignée. Proclus le montre manifestement. Le Créateur a pris les traits les moins nobles dont il nous a formés, et les a répandus en proportions diverses dans le reste de la nature animée. Aucun animal n'est l'image de l'homme, mais chacun d'eux en reproduit quelque détail. Les uns rappellent tel ou tel de ses défauts ; les autres, quelques-unes de ses qualités. Dans le dixième livre de *la République*, Thersite devient singe, mais Agammenon est changé en aigle, et Ajax en lion. « Les animaux, dit Bossuet (1), nous sont un spectacle où nous voyons nos devoirs et nos manquements dépeints. Chaque animal est chargé de sa représentation. Il étale, comme un tableau, la ressemblance qu'on lui a donnée ; mais il n'ajoute, non plus qu'un tableau, rien à ses traits. » C'était là, si je ne me trompe, toute la pensée de Platon (2). Du moins, il est constant qu'il s'affranchissait de la métempsycose sous un rapport bien digne d'attention. Le vrai philosophe, disait-il, c'est-à-dire l'homme intelligent parfaitement vertueux, n'a plus rien de commun avec l'animal. « Ceux qui sont trouvés avoir vécu dans

---

(1) *Connais. de Dieu et de soi-même*.

(2) Parmi les disciples de Platon, suivant saint Grégoire de Nysse, « les uns prenaient au sens propre les paroles du maître, lorsqu'il parlait ainsi de lions, de loups, d'ânes ; les autres les interprétaient au sens figuré, comme l'explication d'une leçon de morale fournie par les animaux. » (*De Anima*.)

la sainteté la plus irréprochable sont délivrés de ces lieux terrestres comme d'une prison, se rendent dans ce séjour si pur et habitent cette terre qui est là-haut. Ceux d'entre eux qui ont été entièrement purifiés par la pratique de la sagesse vivent sans corps durant l'éternité, et se rendent dans des demeures encore plus belles que les autres (1).

L'âme des pythagoriciens nous remet en mémoire les systèmes imaginés, dans un but facile à comprendre, par deux écrivains modernes, l'abbé de Villars et le P. Bougeant. Nous ne pouvons les passer sous silence.

Le *Comte de Gabalis*, publié par l'abbé de Villars, en 1670, a été comparé aux *Provinciales*. C'est une critique plaisante des Rose-Croix. L'auteur a imaginé de peupler l'univers de sylphes, d'ondines et de gnomes. Les sylphes, répandus dans l'atmosphère, sont chargés de faire jouer « les machines emplumées que l'on appelle oiseaux ». Mais ce soin n'absorbe pas tous leurs loisirs. Les divers bruits de l'air sont leurs cris. On croit, par exemple, qu'un coup de fouet siffle ou éclate ; erreur, c'est le gémissement ou l'exclamation arrachée à quelque sylphe par la lanière qui le pince. Ses ondines, leur nom le dit, animent les habitants des ondes. Aux gnomes est réservée la noble tribu des quadrupèdes. D'autres lutins plus petits, plus déliés, se répartissent la direction des insectes et autres bestioles. Tous ces esprits n'entrent pas à l'aventure dans les animaux : ils se règlent sur leurs inclinations, leurs goûts personnels. Un sylphe rêveur et mélancolique, par exemple, se claquemure dans la machine d'un hibou ; un autre, d'humeur gaie, choisit celle d'un

(1) *Phédon*.

serin, d'un rossignol, d'une linotte. Un ondin qui se plait à nager à grande eau ne manque pas de se loger dans une baleine; un autre qui aime le grand air choisit pour séjour le corps d'un poisson volant. Les animaux n'ont pas tous la même valeur, il s'en faut. Mais l'esprit ne fait pas moins le plus grand cas de celui qu'il a choisi. Informe dans l'ours, il se croit aussi beau que la gazelle, et non moins intelligent dans le dindon que dans le singe. Il aime beaucoup ce qu'il estime à ce point : jour et nuit il travaille à le conserver, à lui faire jouer parfaitement son rôle dans l'univers. L'*instinct* n'est pas autre chose.

Le P. Bougeant, dans l'*Amusement philosophique sur le langage des bêtes,* opuscule publié en 1738, se rapproche de l'abbé de Villars. Il suppose que les démons ne seront renfermés dans l'enfer qu'après le jugement dernier. Il y a diverses raisons à cela, dont la principale c'est que les démons, dévorés par des douleurs intolérables, ne pourraient prendre sur eux de tenter les hommes. En attendant le dernier jour, « Dieu, dit notre auteur, pour ne pas laisser inutiles tant de légions d'esprits réprouvés, les a répandus dans les divers espaces du monde, pour servir aux desseins de sa Providence... Les uns, laissés dans leur état naturel, s'occupent à tenter les hommes, à les séduire, à les tourmenter... Des autres, Dieu a fait des millions de bêtes de toute espèce qui servent aux usages de l'homme et font admirer la sagesse et la puissance du Créateur.. Par ce moyen, je conçois sans peine comment les bêtes peuvent penser, connaître, sentir... Je ne suis plus étonné de leur voir de l'adresse, de la mémoire, du raisonnement. J'aurais plutôt lieu d'être surpris qu'elles n'en aient pas davantage, puisque vraisemblablement leur raison est plus parfaite que la nôtre; mais j'en découvre la raison : c'est que dans les bêtes, comme dans nous, les opérations de l'esprit sont assujetties aux organes matériels de la machine à laquelle il est uni, et ces organes étant dans les bêtes plus grossiers et moins parfaits que dans nous, il s'ensuit que la connaissance, les pensées et toutes les opérations spirituelles des bêtes doivent aussi être moins parfaites que les nôtres, et si ces esprits superbes connaissent leur état, quelle humiliation pour eux de se voir ainsi réduits à n'être que des bêtes! » Ce système est vraiment merveilleux, il dissipe toutes les difficultés. On comprend pourquoi les bêtes souffrent, pourquoi elles sont pleines de défauts, de malice, cruelles, défiantes, basses, etc. On comprend pourquoi elles se dévorent les unes les autres, pourquoi « les chats sont perfides et ingrats, les singes malfaisants et envieux ». On comprend enfin le droit de vie et de mort exercé par l'homme avec tant d'arbitraire et de *justice* sur cette partie de la création. Mais on comprend mieux que ce n'est là qu'une plaisanterie. Elle parut même assez déplacée, grâce surtout à des interprétations malveillantes, pour mériter à son auteur un exil à la Flèche. C'était y mettre trop de sérieux. Le P. Bougeant n'avait prétendu, c'est lui qui l'affirme dans une sorte d'amende honorable sous forme de lettre, « que de donner aux raisonnements un tour léger et propre à intéresser par une sorte de badinage. » L'abbé de Villars s'était réfugié derrière la même excuse.

La première partie de notre examen est terminée. Nous avons vu les faits succéder aux faits, les inductions aux inductions, les conjectures aux conjectures. Mais y a-t-il rien dans tout cela qui puisse fonder l'hypothèse de la raison animale? Il n'est peut-être guère possible d'apporter à l'étude d'une question plus de crédulité et moins de critique, plus de précipitation et moins de logique, plus de parti pris et moins de réflexion, que ne l'ont fait nos littérateurs et nos philosophes dévoués à la cause des bêtes. Ceux-là, fidèles à la méthode qui leur est propre, continuent à prendre pour la vérité ce qu'ils imaginent et ce qu'ils désirent, et ceux-ci empruntent aux premiers leur art de penser. Aussi les conclusions des uns et des autres ont tout juste la valeur du système du P. Bougeant ou de l'abbé de Villars, c'est-à-dire celle d'une plaisanterie. Que dis-je? ces deux écrivains savaient qu'ils plaisantaient; mais tous les autres, depuis Théophraste et Plutarque jusqu'à Locke et George Sand, manquent de tout sérieux et ne s'en doutent pas.

CHAPITRE II

LA BÊTE-MACHINE

La bête est un orgue. — Comment l'animal-machine est contenu dans la théorie de Descartes. — Hésitations de Descartes. — Les disciples de Descartes. — Gassendi. — Le P. Pardies. — Pereira. — Théorie curieuse de Barbieri.

La Fontaine disait à Mme de la Sablière :

. . . . . . Ne trouvez pas mauvais
Qu'en ces fables aussi j'entremêle des traits
    De certaine philosophie,
    Subtile, engageante et hardie.
On l'appelle nouvelle. En avez-vous ou non
    Ouï parler ? Ils disent donc
    Que la bête est une machine ;
Qu'en elle tout se fait sans choix et par ressorts :
Nul sentiment, point d'âme ; en elle tout est corps.
    Telle est la montre qui chemine
A pas toujours égaux, aveugle et sans dessein ;
    Ouvrez-là, lisez dans son sein,
Mainte roue y tient lieu de tout l'esprit du monde ;
    La première y meut la seconde ;
Une troisième suit ; elle sonne à la fin.
Au dire de ces gens, la bête est toute telle.

Ces *gens* sont les cartésiens. Le fabuliste ne pouvait pas les aimer : aimer des gens qui réduisaient ses héros à n'être que des machines ! Il en parle quelquefois, mais presque toujours avec aigreur, et, sauf un peu d'exagération permise en poésie, avec un rare bon sens.

La montre est un trait emprunté à la méthode de ces philosophes, qui procédaient par comparaisons. L'orgue était surtout pour eux une source inépuisable d'arguments.

Il y a dans un orgue « d'église, » disaient-ils, des soufflets, des porte-vent, des tuyaux sonores, un clavier. L'air, envoyé par les soufflets dans les porte-vent, se distribue dans tels ou tels tuyaux, suivant que telle ou telle touche du clavier, en s'abaissant, en ouvre le passage. Le tuyau force l'air à donner une note prévue. Ainsi en est-il dans l'animal. Le cœur et les artères sont les soufflets, le cerveau constitue les porte-vent, les nerfs qui se rendent de la tête aux membres remplacent les tuyaux, et les organes des sens le clavier. L'air est cette partie du sang subtile, éthérée, si célèbre au XVII° siècle sous le nom d'*esprits animaux*. Le cœur et les artères envoient les *esprits* dans la tête, où ces agents universels de la vie matérielle attendent que la porte des nerfs moteurs leur soit ouverte. C'est aux sens qu'est réservé le soin d'ouvrir, et ils s'en acquittent au moyen de certain mécanisme qui n'est pas bien expliqué. Mais les sens ne font qu'obéir aux impressions des objets extérieurs, de même que le clavier cède à la pression du doigt de l'organiste ; d'où il suit qu'en définitive les objets sont le principe fatal de toutes les actions des animaux ; ce sont les organistes du grand concert exécuté par le règne animal.

Je ne doute pas que les cartésiens n'eussent préféré

l'orgue de Barbarie à l'orgue des églises, si cet instrument eût été inventé à leur époque : leur comparaison y eût gagné en vérité. L'orgue de Barbarie, en effet, ne joue pas tous les airs, mais seulement ceux que le fabricant a préparés dans la construction du mécanisme. De même les animaux ne sont pas construits pour chanter tous à l'unisson, ni suivant le désir de l'organiste. Le *facteur* souverain a imprimé dans leurs machines un certain nombre d'airs qui diffèrent suivant les espèces et quelquefois suivant les individus ; ces airs, les objets les déroulent en touchant, comme des boutons, les organes des sens.

Ainsi, la présence instantanée du chasseur détermine dans la queue de son chien des mouvements qui semblent exprimer la flatterie, et provoque dans les jambes du lièvre des mouvements qui prennent le nom de fuite. La raison en est que le cerveau est tellement disposé dans ces bêtes, qu'une même impression, en y arrivant, est forcée d'aller ouvrir des portes différentes aux esprits animaux ; elle ouvre dans l'un les nerfs qui se rendent à la queue, et dans l'autre ceux qui se rendent aux jambes. Les esprits animaux, se coulant également de part et d'autre jusqu'aux muscles, font exécuter des mouvements qui ne se ressemblent guère, si grande est la vertu d'une simple différence de construction.

On le voit, action mécanique des objets sur les organes des sens, action mécanique des esprits animaux, par l'intermédiaire des nerfs, d'abord sur le cerveau, puis sur les muscles, et par les muscles sur les organes du mouvement, cette action se diversifiant à l'infini avec les objets, avec les organes des sens, avec la constitution intime et les états différents de l'animal, telle est en résumé la doctrine qui, peut-être plus que le doute méthodique et la théorie des tourbillons, a rendu célèbre le nom de Descartes. Pour bien des âmes simples, le cartésianisme n'est pas autre chose. Ce philosophe n'a jamais cependant formulé avec précision l'automatisme des bêtes. Il a posé des principes qui le contiennent tout entier, mais il hésitait à l'en faire sortir.

Descartes n'admettait que deux ordres de substances, la substance pensante et la substance étendue, l'esprit et la matière. La pensée, attribut essentiel de l'esprit, n'était pas seulement un acte d'intelligence ; « vouloir, disait le philosophe, vouloir, entendre, imaginer, sentir, etc., ne sont que diverses façons de pensées qui appartiennent toutes à l'âme(1). » Il ajoutait seulement que l'imagination et la sensation, qui « appartiennent à l'âme à cause qu'elles sont des espèces..., néanmoins ne lui appartiennent qu'en tant qu'elle est jointe à un corps (2). » Mais qu'importe ? Il n'en est pas moins vrai que si « l'on peut concevoir l'âme toute pure sans ces espèces de pensées », ces espèces de pensées, c'est-à-dire l'imagination et la sensation, ne peuvent, toujours suivant Descartes, se rencontrer que dans une âme intelligente. Or l'auteur du *Discours de la Méthode* prouvait fort bien que l'animal n'est pas intelligent (3). D'autre part, il ne pouvait souffrir que l'on donnât aux bêtes une âme raisonnable ; « car, disait-il avec beaucoup de sens, après l'erreur de ceux qui nient Dieu, il n'y en a point qui

---

(1) *OEuv.*, Edit. Aimé-Martin, lett. xx.
(2) *Op. cit.* lett. lix.
(3) Ve Part.

éloigne plus tôt les esprits faibles du droit chemin de la vertu que d'imaginer que l'âme des bêtes soit de même nature que la nôtre, et que par conséquent nous n'avons rien à craindre ni à espérer après cette vie, non plus que les mouches et les fourmis (1). » De tout cela il suit manifestement que l'animal est matière pure, dépourvue de toute sensation, de toute passion, de toute affection, en un mot, de toute vie autre que la vie végétative. Reste à expliquer ses mouvements. Ce fut la tâche des disciples (2). Le maître, d'ailleurs, l'avait rendue facile par la manière dont lui-même expliquait les mouvements du corps humain.

« Dans les grottes et les fontaines qui sont aux jardins de nos rois, la seule force dont l'eau se meut en sortant de la source est suffisante pour y mouvoir diverses machines et même pour les y faire jouer de quelques instruments ou prononcer quelques paroles, selon la diverse disposition des tuyaux qui la conduisent. Et véritablement l'on peut fort bien comparer les nerfs de la machine humaine aux tuyaux des machines de ces fontaines ; ses muscles et ses tendons, aux autres divers engins et ressorts qui servent à les mouvoir ; ses esprits animaux, à l'eau qui les remue, dont le cœur est la source et les concavités du cerveau sont les regards. De plus, la respiration et autres belles actions qui lui sont naturelles et ordinaires et qui dépendent du cours des esprits, sont comme les mouvements d'une horloge ou d'un moulin

---

(1) *Discours de la Méthode*, V^e partie.
(2) Sylvain Régis, op. cit. — Ant. Legrand, *De Carentia sensus et cognitionis in brutis*. — J. de Cordemoy, Œuvres, 6e discours. — A. d'Illy d'Ambrun, *Traité de l'âme et de la connaissance des bêtes*. — Joannet, *Les bêtes mieux connues*. — Guidi, *Ame des bêtes*, etc.

que le cours ordinaire de l'eau peut rendre continu. Les objets extérieurs qui, par la seule présence, agissent contre les organes de ses sens, et qui, par ce moyen, la déterminent à se mouvoir en plusieurs diverses façons, selon que les parties de son cerveau sont disposées, sont comme les étrangers, qui, entrant dans quelques-unes des grottes de ces fontaines, causent eux-mêmes sans y penser les mouvements qui s'y font en leur présence ; car ils n'y peuvent entrer qu'en marchant sur certains carreaux tellement disposés que, par exemple, s'ils approchent d'une Diane qui se baigne, il la feront cacher dans les roseaux, et s'ils passent outre pour la poursuivre, ils feront venir vers eux un Neptune qui les menacera de son trident ; ou s'ils vont de quelque autre côté, ils en feront sortir un monstre marin qui leur vomira de l'eau contre la face, ou choses semblables, selon le caprice des ingénieurs qui les ont faites ; quand l'*âme raisonnable* sera en cette machine, elle y aura son siège principal dans le cerveau, et sera là comme le fontainier qui doit être dans les regards où se vont rendre tous les tuyaux de ces machines, quand il veut exciter, ou empêcher, ou changer en quelque façon leurs mouvements (1). »

Que faudra-t-il pour que cette description s'applique à l'animal des cartésiens? Supprimer, dans la machine, l'intervention de l'âme raisonnable. Car, nous l'avons dit, il n'y a pas, suivant Descartes, d'autre âme que l'âme raisonnable. Sans cet élément il ne reste plus que de la matière organisée, une machine : l'instinct, la passion, le sentiment, la vie, ont disparu. La forme et les mouvements les rappellent encore, mais à la manière des auto-

---

(1) *Traité de l'homme.*

mates, comme une image son objet, et non comme un effet sa cause immanente.

Descartes, cependant, hésite en présence de conclusions aussi radicales. A M. Morus, qui l'accusait de cruauté, parce qu'il « arrachait la vie et le sentiment à tous les animaux », il répondait : « Je n'ôte la vie à aucun animal, ne la faisant consister que dans la seule chaleur du cœur. Je ne leur refuse pas même le sentiment, autant qu'il dépend des organes du corps. Ainsi mon opinion n'est pas si cruelle aux animaux (1). » Ces derniers mots ne signifient absolument rien, ou Descartes entend par la vie et le sentiment ce que l'on a coutume d'entendre. Il avait déjà dit, dans sa réponse aux *Sixièmes objections* : « Je ne leur ai jamais dénié ce que vulgairement on appelle une âme corporelle et un sens organique. » M. de Buitendiich lui avait attribué de donner pour âme aux bêtes le mouvement. Il s'en défend : « Je ne me souviens point d'avoir jamais écrit que le mouvement fût l'âme des brutes, et *je ne me suis pas encore expliqué là-dessus*. Mais d'autant plus que par le mot d'âme nous avons coutume d'entendre une substance, et que ma pensée est que le mouvement est seulement un mode du corps, je ne voudrais pas dire que le mouvement fût l'âme des brutes, mais plutôt, avec la sainte Écriture, au Deutéronome, chap. xii, verset 23, que *le sang est leur âme* (2). » Même au sujet de la pensée, il se

---

(1) Lett. cxlii.
(2) Lett. lxxv. — La langue sacrée admet des métaphores dont la hardiesse ferait frémir nos langues compassées. C'est ainsi qu'une victime offerte pour les péchés est appelée *péché*. Saint Paul a dit en ce sens (II Cor. v 21): *Eum, qui non noverat peccatum, pro nobis peccatum fecit.* Celui qui n'avait pas connu le péché, Dieu, pour nous, l'a

garde de rien conclure sans réserve ; il écrivait encore à M. Morus : « Quoique je regarde comme une chose démontrée qu'on ne saurait prouver qu'il y ait des pensées dans les bêtes, je ne crois pas qu'on puisse démontrer que le contraire ne soit pas... En examinant ce qu'il y a de plus probable là-dessus, je ne vois aucune raison qui prouve que les bêtes pensent, si ce n'est qu'ayant des yeux, des oreilles, une langue et les autres organes des sens tels que nous, il est vraisemblable qu'elles ont du sentiment comme nous, et que comme la pensée est enfermée dans le sentiment que nous avons, il faut attribuer au leur une pareille pensée. » Il ajoute qu'il y a un grand nombre de fortes raisons pour l'opinion contraire. Il s'était exprimé à peu près de la même sorte en écrivant à un gentilhomme (1) : « Bien que les bêtes ne fassent aucune action qui nous assure qu'elles pensent, toutefois, à cause que les organes de leur corps ne sont pas fort différents des nôtres, on peut conjecturer qu'il y a quelque pensée jointe à ces organes, ainsi que nous expérimentons en nous, bien que la leur soit beaucoup moins parfaite; à quoi je n'ai rien à répondre, sinon que, si elles pensaient ainsi que nous, elles auraient une âme immortelle aussi bien que nous, ce qui n'est pas vraisemblable. »

De ces divers passages, il résulte, et si je ne me trompe, que Descartes n'avait pas sur la nature de l'animal une opinion bien définie. Ses disciples, parce qu'ils étaient disciples, ont eu plus de décision. Quand on se résout à

---

fait péché. Les paroles que Descartes a interprétées dans leur sens propre doivent s'expliquer d'après le même principe. L'*âme* est prise pour la *vie animale*, et le *sang* est la *condition* indispensable de cette vie.

(1) Lett. CXXXIII.

jurer *in verba magistri*, quand on accepte des principes tout faits, sans avoir connu les douleurs de leur enfantement, on va résolument, brutalement même aux conséquences : les difficultés n'arrêtent pas un instant, on ne les soupçonne pas, ou du moins on les regarde de haut, supposé qu'on daigne les voir. Aussi, avec quelle aisance les Régis, les Legrand et tant d'autres ne faisaient-ils pas manœuvrer leurs automates? Ils avaient même trouvé le moyen d'y loger des sens, de l'imagination, de la mémoire, des passions ; mais en ayant soin d'ôter aux sens le pouvoir de sentir, à l'imagination celui d'imaginer, à la mémoire celui de se rappeler, aux passions celui d'aimer ou de haïr. Ils donnaient à l'impression organique le nom du phénomène vivant dont elle n'est que la condition, à peu près comme si on attribuait la vision à un instrument d'optique, à la chambre obscure, par exemple. C'est en ce sens que M. de Cordemoy disait (1) : « Je pourrais voir, ouïr, odorer, goûter et toucher, avoir faim, avoir soif et n'avoir que le corps ; mais il n'est pas possible que je sente (tout cela) sans avoir une âme. » D'Illy d'Ambrun disait, de son côté : « L'amour dans les animaux est un ébranlement du cerveau par les esprits animaux, à l'occasion d'un suc louable qui vient de l'estomac. La haine est une impression produite par le mouvement des esprits à l'occasion du mauvais chyle qui se mêle avec le sang (2). » Du reste on peut voir cette singulière psychologie animale développée tout au long dans l'ouvrage de Régis.

L'erreur des cartésiens, on l'a compris, provenait uni-

---

(1) Loc. cit.
(2) C. xx.

quement d'un défaut d'analyse de l'intelligence et de la sensibilité. Descartes avait écrit, précisément dans ses *Principes de la philosophie* (1) : « *L'imagination, le sentiment* et la volonté dépendent tellement d'une chose qui pense que nous ne les pouvons concevoir sans elle. » Ce principe admis, il est logiquement nécessaire de faire passer parmi les automates l'animal, qui, à coup sûr, n'a pas de raison. D'autres renversent l'argument : « L'animal est sensible, disent-ils, donc il a la raison, donc il est semblable à nous. » Tant il est vrai qu'un principe faux peut conduire à deux erreurs diamétralement opposées. Non, la sensibilité n'appelle pas essentiellement l'intelligence : nous avons, croyons-nous, rigoureusement établi le contraire. Les opérations de l'animal montrent aux moins clairvoyants que la raison n'y imprime aucun de ses caractères, et que par conséquent elle ne saurait, à aucun degré, en être le principe. Mais, d'autre part, l'animal nous est semblable par ses organes, surtout par le système nerveux. Dans les œuvres de Dieu, la similitude des instruments suppose la similitude des agents : cette pensée faisait hésiter Descartes. Serions-nous en présence d'une antinomie? Les antinomies ne sont que des noms derrière lesquels se cache l'ignorance. Le système nerveux joue dans l'homme et dans l'animal un même rôle ; il ne peut pas être dans celui-ci un organe de la raison, puisque la raison est sûrement absente ; donc il est dans l'un et dans l'autre un simple organe de la sensibilité, il n'est que cela. Les travaux des physiologistes ne permettent pas de conclure davantage. L'ancienne philosophie dégageait de toute immixtion des sens

---

(1) L. I, § 53.

l'essence des opérations supérieures de l'intelligence ; rien ne prouve encore qu'elle se soit trompée.

La théorie de Descartes ne pouvait manquer de soulever des contradictions. Les contradictions vinrent de divers côtés, mais ne furent pas toutes également sérieuses. Les *sixièmes objections faites par divers théologiens et philosophes* (1) contiennent cette étrange doctrine : « que la pensée se pouvait faire par des mouvements corporels », ce qui « se peut confirmer pas les pensées qu'ont les singes, les chiens et autres animaux ». Et cependant, « tant s'en faut que toutes leurs opérations puissent être suffisamment expliquées par le moyen de la mécanique. » Ces *théologiens et philosophes* savaient-ils ce qu'ils disaient ? Gassendi n'était guère plus raisonnable. L'automatisme l'indignait, et voici ce qu'il voulait mettre à la place : « Un morceau de chair, » par exemple, « envoie son image dans l'œil du chien, laquelle s'étant coulée jusqu'au cerveau, s'attache et s'unit à l'âme avec des crochets imperceptibles, après quoi l'âme même et tout le corps auquel elle est attachée comme par de secrètes et invisibles chaînes, sont emportés vers le morceau de chair. En même façon aussi la pierre dont on l'a menacé envoie son image, laquelle, comme une espèce de levier, enlève et porte l'âme, et avec elle le corps, à prendre la fuite (2). » Gassendi jouit encore d'un certain renom de philosophe. L'histoire a ses mystères.

Le P. Pardies fut un adversaire plus sérieux et plus digne. Jamais l'attaque n'a pris ailleurs une forme plus modérée, ne s'est tempérée de plus d'aménité, de bien-

---

(1) A la suite des *Méditations*.
(2) *Cinquièmes objections faites par M. Gassendi*.

veillance. Le *Discours de la connaissance des bêtes* offre cette particularité curieuse, que le système de Descartes y est exposé sous un jour plus favorable que dans aucun ouvrage cartésien. Le P. Daniel, polémiste d'une autre trempe, s'en étonne et semble s'en affliger. « Il n'y a rien de plus séduisant, dit-il, que les expositions que fait le P. Pardies dans son livre, où, mettant le cartésianisme dans toute sa force, il va presque jusqu'à convaincre les lecteurs que non seulement il n'est pas besoin d'âme pour marcher, pour boire, pour manger, pour se plaindre, mais encore pour parler et pour parler aussi longtemps que le fait un prédicateur ou un avocat (1). » Il nous semble inutile de montrer comment le P. Pardies et le P. Daniel réfutent l'automatisme des bêtes. C'est une théorie définitivement écroulée; on ne peut rien ajouter à cette ruine.

Qu'on nous permette cependant de citer un des arguments de la Fontaine contre les ennemis de ses bêtes :

> On abattit un pin pour son antiquité,
> Vieux palais d'un hibou, triste et sombre retraite
> De l'oiseau qu'Atropos prend pour son interprète.
> Dans son tronc caverneux et miné par le temps
> Logeaient, entre autres habitants,
> Force souris sans pieds, toutes rondes de graisse.
> L'oiseau les nourrissait parmi des tas de blé,
> Et de son bec avait leur troupeau mutilé.
> Cet oiseau raisonnait, il faut qu'on le confesse.
> En son temps, aux souris le compagnon chassa :
> Les premières qu'il prit, du logis échappées,
> Pour y remédier, le drôle estropia
> Tout ce qu'il prit ensuite, et leurs jambes coupées

---

(1) *Preuves de la connaissance des bêtes*, dans le *Voyage de Descartes*.

Firent qu'il les mangeait à sa commodité,
    Aujourd'hui l'une, et demain l'autre.
Tout manger à la fois, l'impossibilité
S'y trouvait, joint aussi le soin de sa santé.
Sa prévoyance allait aussi loin que la nôtre :
    Elle allait jusqu'à leur porter
    Vivres et grains pour subsister.
    Puis qu'un cartésien s'obstine
A traiter ce hibou de montre et de machine ;
    Quel ressort lui pouvait donner
Le conseil de tronquer un peuple mis en mue ?
    Si ce n'est pas là raisonner,
    La raison m'est chose inconnue.
    Voyez que d'arguments il fit :
    Quand ce peuple est pris, il s'enfuit ;
Donc il faut le croquer aussitôt qu'on le happe.
Tout ! il est impossible. Et puis pour le besoin
N'en dois-je point garder ? Donc il faut avoir soin
    De le nourrir sans qu'il s'échappe.
Mais comment ? Otons-lui les pieds. Or trouvez-moi
Chose par les humains à sa fin mieux conduite.

Une fable ne prouve rien. Mais la Fontaine écrivait en note : « Ceci n'est point une fable ; et la chose, quoique merveilleuse et presque incroyable, est véritablement arrivée. J'ai peut-être porté trop loin la prévoyance de ce hibou ; car je ne prétends pas établir dans les bêtes un progrès de raisonnement tel que celui-ci ; mais ces exagérations sont permises à la poésie, surtout dans la manière d'écrire dont je me sers. »

Dégagée des exagérations du bonhomme, l'histoire du hibou se réduirait à fort peu de chose, probablement à

    Quelques souris sans pieds. . . . .
    Dans *un* tronc caverneux et miné par le temps.

L'oiseau qui réfléchit, qui raisonne, qui découvre peu à peu, par l'effort de sa pensée, l'art d'élever des troupeaux, qui parque et nourrit soigneusement son bétail, qui ne le mange pas tout en une fois par prévoyance et pour le bien de sa santé, tout cela n'est qu'une interprétation bénévole d'un événement singulier. Le bonhomme lui-même y croyait peu. Il n'est pas sérieux quand il dit :

> Si ce n'est pas là raisonner,
> La raison m'est chose inconnue.

Ce bel exemple de raisonnement n'appartient pas à l'oiseau, mais au poète qui le prête, à bon escient ; car il dit ailleurs :

> J'ai le don de penser et je sais que je pense.
> Or, vous savez, Iris, de certaine science,
> Que, quand la bête penserait,
> La bête ne réfléchirait
> Sur l'objet ni sur sa pensée.

Qu'est-ce qu'un raisonnement sans réflexion? Le jour sans lumière. La Fontaine le savait bien. Aussi donnant plus loin toute sa pensée, il dit :

> Pour moi, si j'en étais le maître,
> . . . .
> J'attribuerais à l'animal
> Non point une raison selon notre manière,
> Mais beaucoup plus aussi qu'un aveugle ressort.
> . . . .
> . . . . Je rendrais mon ouvrage
> Capable de sentir, juger, rien davantage,
> Et juger imparfaitement,
> Sans qu'un *singe* jamais fît *le moindre argument*.

Le singe lui-même, d'après la Fontaine, est incapable de faire le moindre argument. L'argumentation du hibou est donc une pure fiction. Que prouve-t-elle contre les cartésiens? La Fontaine voyait juste ; mais, dans les questions philosophiques, il *argumentait* faiblement.

La vraie raison qui renverse l'automatisme des bêtes a été indiquée par nous ci-dessus. La bête ressemble à l'homme dans tout ce qui se rapporte aux appareils organiques de la sensation et de l'action extérieure; donc il y a, dans l'homme et dans la bête, sensation et action de nature analogue. Les lois sont universelles dans la création : la similitude des effets suppose la similitude des principes.

Un auteur italien, Barbieri, a fait des idées de Descartes sur les bêtes une application plaisante qui en est la meilleure réfutation par l'absurde. On sait que, d'après la théorie des *causes occasionnelles*, les mouvements du corps de l'homme ne sont pas produits par son âme, mais par Dieu à l'*occasion* des sentiments, des désirs et des résolutions de l'âme unie au corps. Mais, évidemment, ni cette union, ni la présence même de l'âme dans le corps n'est nécessaire. Pour mouvoir le corps en harmonie avec les dispositions de l'âme, Dieu peut parfaitement considérer ces dispositions dans l'âme séparée du corps, habitant les étoiles ou même plus loin, si c'est possible. Bien plus, il n'est même pas nécessaire que cette âme existe, il suffit qu'elle soit dans la région éternelle des êtres possibles avec toute la série de ses déterminations possibles; car, même là, elle ne peut échapper à la science infinie de Dieu, ni par conséquent l'empêcher de faire mouvoir un corps d'après ce qu'elle sentirait, penserait ou voudrait, si elle était dans l'existence. Ceci présupposé, Barbieri explique les bêtes d'une façon merveilleuse. Il admet avec Descartes qu'une âme purement sensible n'existera jamais, la sensibilité ne trouvant place que dans un sujet intelligent et raisonnable. Mais dans l'ordre des possibles, Barbieri observe que les âmes raisonnables purement possibles sont les sujets possibles de séries infiniment variées de phénomènes sensibles également possibles. Or il ne voit pas pourquoi Dieu ne choisirait pas, dans ces séries de phénomènes sensibles, celles qu'il juge conformes à l'ordre du monde, pour en faire la règle des mouvements réels et actuels, produits immédiatement par lui dans les machines animales. C'est ainsi que, d'après Barbieri, les bêtes que nous avons sous les yeux sont animées *bestialement*, quoique de fort loin, par des intelligences idéales. Il faut avouer que cette opinion peu vulgaire est conforme aux principes du cartésianisme (1).

Rappelons, avant de terminer ce chapitre, que Descartes n'a pas inventé l'animal-machine. L'honneur de cette hypothèse revient d'abord à un médecin portugais du XVIe siècle, nommé Gomez Pereira. « Ce n'est point un principe intérieur et vivant, disait-il, c'est l'impression des objets sur les organes qui produit les mouvements de l'animal. L'objet agit sur l'animal comme l'ambre sur les corps légers et l'aimant sur le fer. » Esprit singulier et ami du paradoxe, Pereira, on peut le croire, ne parlait ainsi que pour ne pas parler comme les autres. La bizarrerie de son caractère se traduit jusque dans le titre de son livre. Cet *ouvrage utile et nécessaire aux physiciens, aux médecins et aux théologiens*, il l'appela du nom de son père et de celui de sa mère *Antoniana Margarita* (2).

---

(1) V. l'abbé Joannet, *Les Bêtes mieux connues. Lettre du commandeur*.

(2) *Antoniana Margarita, opus physicis, medicis ac theologis utile ac necessarium*. Medinæ Campi, 1554.

CHAPITRE III

LA BÊTE TELLE QU'ELLE EST

Opinions des Pères de l'Église. — Saint Chrysostome. — Lactance. — Origène. — Saint Basile. — Saint Grégoire de Nysse. — Théodoret. — Rôle de l'animal dans la création par rapport à l'homme. — Opinions des philosophes. — Aristote. — Sénèque. — Les scolastiques. — Saint Thomas.

L'école dont il nous reste à parler comprend des philosophes, on ne peut en être surpris. Aristote et ses disciples chrétiens en font partie; ils y donnent la main aux partisans de Zénon. Toutes les opinions y ont de fort nombreux représentants (1). Mais, ce qui vaut beaucoup mieux, les docteurs de l'Église l'ont honorée de leur nom et de leur autorité.

On ne voudra pas sans doute que nous nous fassions l'écho de tous ceux qui ont jugé à propos de prendre la parole; ce serait une tâche au-dessus de nos forces, non moins que de la patience du lecteur. Nous devrons nous contenter de recueillir les principales pensées des principaux d'entre eux. Du reste, il ne faut rien de plus pour l'intelligence de la doctrine. Entendons d'abord les Pères de l'Église.

(1) On y voit même le rédacteur de l'article anonyme *Âme des bêtes*, dans l'*Encyclopédie*.

I

Il est un point sur lequel les saints docteurs sont unanimes, c'est à proclamer que *les bêtes sont privées de raison*. Pour soutenir le contraire, dit saint Chrysostome (1), il faut manquer de sens et obéir à une inspiration diabolique. — Le fait du reste ne devient-il pas évident par le contraste qui existe entre la condition de l'homme et celle de l'animal? L'homme a besoin de la raison, parce que sans la raison il serait privé de tout; l'animal n'a pas la raison, parce qu'en prévenant tous ses besoins la nature a rendu la raison superflue. C'est là un argument que les Pères aiment à développer. La nature entoure les animaux de soins, leur prépare des moyens de défense, leur ménage à propos tout ce que réclament leur existence et leur bien-être. — Quelle admirable profusion, rien que dans leurs vêtements, s'écrie Origène! Ce sont des toisons, des fourrures, des plumes, des cuirasses, des écailles (2).

Pour les défendre contre leurs ennemis, dit Lactance (3), le Créateur a muni les uns de cornes, les autres de sabots; à ceux-ci il a placé des épées dans la gueule, à ceux-là il a façonné les ongles en terribles crochets. Il met au service de l'animal, tantôt la force, tantôt l'agilité, tantôt la ruse. Par une disposition de sa Providence, il a voulu que plusieurs d'entre eux fussent la pâture des

---

(1) *In Acta Hom.* IV.
(2) *Adv. Celsum*, lib. IV
(3) *De opificio Dei*, c. ɪɪ.

autres ; mais en même temps il les a doués d'une fécondité qui assure la perpétuité de leur espèce et l'accomplissement de leur pénible destinée. Il en est autrement pour l'homme Les écrits de certains philosophes et de certains poètes sont pleins de lamentations sur les rigueurs de la nature envers le principal de ses ouvrages. Ce n'est pas une mère, disent-ils, c'est une marâtre. En venant au monde, l'homme est nu, désarmé, incapable de se tenir debout, de se mouvoir, de se défendre contre un ennemi, que dis-je? contre l'air qui l'enveloppe. Il ne peut qu'une chose, pleurer Les larmes du moins lui conviennent à merveille. C'est en des termes semblables que les épicuriens déclamaient sans cesse contre la Providence. Lactance s'en indignait. En se plaignant de la sorte, disait-il (1), ces philosophes croient faire preuve de grande sagesse, ils n'ont jamais fait preuve de plus de sottise (*illos numquam tam desipere contendo*). Dieu a donné à l'homme trois choses qui contiennent tout : la raison, la parole et la main. Ces trois dons résument et dépassent tous ceux que la nature a répartis entre les divers animaux. Les épicuriens ne sont pas assez privés de sens (*non tam pecudes sunt*) pour ne pas préférer à la stupidité bestiale, malgré tous les avantages qui l'accompagnent, la raison humaine, quoique unie à la faiblesse matérielle. Regretteraient-ils de n'avoir ni cornes, ni boutoirs, ni griffes, ni sabots, ni queue, ni poils aux couleurs variées ? Car c'est en choses semblables que consistent les prérogatives de l'animal. Ils auraient bien mauvais goût. Mais ils devraient ne pas ignorer que la raison, non moins que la beauté, ne saurait s'accommoder de ces diverses armes. Que deviendrait la raison ? Quel

---

(1) *Lib. cit.*, c. IV.

serait son emploi, son usage, si la nature avait prévu tous les besoins? L'intelligence, on le sait, ne se développe que par l'exercice; sa lumière *(lumen ingenii)* ne brillerait jamais, si elle n'était provoquée par le besoin.

Origène expose admirablement la même pensée (1). Celse, dit-il, ne comprend rien au dessein de Dieu, qui, voulant exercer l'intelligence humaine pour l'empêcher de s'engourdir dans la paresse, a créé l'homme dans l'indigence. Cette indigence force l'homme à demander à la science des arts sa nourriture et ses vêtements. Cette indigence a fait naître l'art de cultiver les champs, la vigne, les jardins, de façonner le bois, les métaux, de fabriquer des instruments de toute sorte, nécessaires à la préparation des aliments. Cette indigence a produit l'art de filer, d'ourdir et de tisser. Cette indigence a créé l'art du maçon, et, par des progrès successifs, toutes les merveilles de l'architecture. Nous devons encore à l'indigence le commerce et la navigation, l'art d'échanger les fruits de la terre et les œuvres de l'industrie. Comment donc ne pas admirer la Providence qui élève l'être raisonnable au-dessus de l'être sans raison, précisément en lui refusant les avantages qu'il accorde à ce dernier ! — Lactance ne craint pas d'affirmer qu'il y a incompatibilité absolue (*nihil est tam repugnans, tamque contrarium*) entre les dons de la nature à l'animal et les conditions de la raison. La raison, ajoute-t-il, est un tel honneur et une telle puissance, que Dieu ne pouvait accorder à l'homme rien de plus élevé ni de meilleur. C'est une grande ingratitude de ne pas apprécier à sa valeur un tel bienfait.

(1) *Loc. cit.*

Imitons plutôt Platon, qui remerciait la nature de l'avoir fait homme.

Ainsi la raison est le privilége incommunicable de l'homme. L'animal n'y participe pas, ne peut pas y participer. Nous venons d'entendre Lactance. Son langage est catégorique. Dans ses écrits on retrouve mainte et mainte fois la même affirmation. Il cite même et s'approprie un passage de Cicéron aussi positif que possible. « L'homme seul, parmi tant d'animaux d'espèce et de nature si divers, participe à la raison et à la pensée; tous les autres sans exception en sont dépourvus (1). » Faut-il donc voir une contradiction dans un autre endroit du même ouvrage (2)? « Le souverain bien réside uniquement dans la *religion ;* car tout le reste, même ce que l'on considère comme spécial à l'homme, se rencontre dans les autres animaux.... Pour moi, je pense que la raison a été donnée à tous les animaux; mais, dans les muets (c'est ainsi qu'il désigne les bêtes), elle n'a d'autre but que de conserver la vie; dans l'homme, elle a celui de la développer. Parfaite dans l'homme, elle s'appelle sagesse, et lui confère ce privilège éminent de comprendre les choses divines. » Lactance semblerait ainsi avoir été le précurseur de M. de Quatrefages. Le savant professeur du *Muséum d'histoire naturelle,* on ne l'a pas oublié, place la caractéristique de l'homme non pas dans la raison, mais dans le *sentiment religieux.* Il me paraît néanmoins fort probable qu'en assimilant l'animal à l'homme, Lactance n'a voulu parler que d'une certaine ressemblance extérieure, et nullement

(1) *Div. Instit.* l. II, c. xii.
(2) L. III, c. x.

d'une identité de principes. Il s'en explique ailleurs (1). « Jamais philosophe, dit-il, n'a osé affirmer que l'homme ne diffère en rien de la bête; il n'en est absolument aucun, pourvu qu'il ait eu quelque souci de sa réputation, qui ait identifié l'animal raisonnable avec les *muets* dépourvus de raison (*Nec omnino quisquam, modo qui sapiens videri vellet, rationale animal cum mutis et irrationabilibus coæ-quavit...*) L'homme seul a la sagesse, seul il comprend la *religion*; c'est là l'unique ou du moins la principale différence qui le sépare des *muets*. Tout le reste, qui semble propre à l'homme, se rencontre dans les *muets*, sinon d'une façon identique, du moins avec une certaine ressemblance (*si non sint talia in mutis, tamen similia videri possint*). Ainsi la parole est propre à l'homme; il y a dans l'animal une certaine imitation de la parole... Le rire est propre à l'homme; il y a dans l'animal une certaine manière d'exprimer la joie... De la religion seule, on ne trouve aucun vestige, aucune apparence dans les *muets* (2). »

Saint Basile, admettant comme fait le raisonnement que Chrysippe prêtait bien gratuitement au chien, l'expliquait en disant : « Le chien n'a pas de *raison*, mais il a une manière de *sentir* qui pour lui vaut la raison (3). » Il avait dit un peu plus haut : « Le Créateur supplée à l'ab-

---

(1) *De ira Dei*, c. vii.

(2) Il faut appliquer la même interprétation à une phrase du même chapitre, quoiqu'elle semble s'y prêter difficilement. Un auteur ne se contredit pas à quelques lignes de distance. Certains animaux se ménagent dans leurs terriers plusieurs issues, afin que, le danger survenant ils puissent facilement éviter d'être cernés et fuir. Or ils n'agiraient pas ainsi s'il n'y avait en eux *rien qui ressemblât* à l'intelligence et à la pensée (*quod non facerent, nisi inesset illis intelligentia et cogitatio*).

(3) *Hex.*, h m. IX.

sence de la raison (dans les bêtes) par une plus grande finesse de la sensibilité. » La promptitude et la sûreté des opérations de l'animal révèlent un ordre réglé par une raison extérieure et supérieure : elles sont l'image parfaite d'une raison intérieure mais ne peuvent en être l'effet. Voilà sans doute ce qu'a voulu dire Lactance. Seulement, plus littérateur que philosophe, le Cicéron chrétien ne trace pas toujours avec précision les contours de sa pensée, et l'on est exposé en le lisant à prendre pour des contrastes ce qui n'est qu'une sorte d'hésitation dans les traits.

Dire que l'animal n'a pas de raison, c'est dire ce qu'il n'est pas, ce n'est pas dire ce qu'il est. Les docteurs de l'Église, qui ne se proposent pas seulement de défendre la dignité de l'homme, mais aussi d'étudier les œuvres du Créateur, ont analysé les opérations de l'animal avec une grande sûreté de vues. Saint Jean Damascène constate dans l'animal « la passion, c'est-à-dire la colère et la convoitise, la sensibilité et le mouvement instinctif (1) ». — Saint Basile, plus explicite, signale des propriétés spéciales. Il accorde à l'âne la finesse de l'oreille, au crabe la ruse, au chameau la dissimulation et la rancune (2). — Les paroles de saint Grégoire de Nysse à ce sujet sont surtout remarquables. « On ne voit dans l'animal, dit-il (3), absolument aucune des actions qui manifestent l'intelligence : point d'art, point de science, point de prudence, point de vertu, rien en un mot, de ce que fait la raison... Chaque espèce a reçu dès l'origine une inclination, une manière d'agir et un principe d'action qui lui sont propres; ce sont les

---

(1) *De fide orthodoxa*, l. II.
(2) *Loc. cit.*
(3) *Lib. de Anima.*

conditions de ses opérations, elle est précisément constituée pour cela. Refusant à tous les animaux le don de la raison, le Créateur accorde à chacun d'eux le savoir-faire de l'instinct. A quelques-uns, il donne comme une image, une ombre d'art, la ruse qui évite les embûches et prévient les dangers futurs. Mais l'intelligence n'y est pour rien. La preuve, c'est que chaque animal exécute uniformément les actions de son espèce, multipliant les opérations, sans les modifier jamais, si ce n'est suivant le degré d'intensité : l'espèce entière se meut emportée par une seule et même impulsion. Tout lièvre gîte de la même façon, tout loup ruse de la même manière, tout singe a le même talent d'imitation. Il n'en est pas ainsi pour l'homme. Les actions humaines suivent des voies d'une variété infinie. C'est que l'être raisonnable est libre et maître de son activité. Il s'ensuit que les hommes ne peuvent pas se rencontrer (sans entente préalable) dans une seule et même opération, comme font tous les individus d'une même espèce animale. C'est la nature seule qui meut les animaux, et ce qui vient de la nature est identique dans tous. Mais les actions produites par la raison sont diverses dans les divers agents; indépendantes de la nécessité, elles ne sauraient être uniformes. » On ne pouvait mieux dire. Les caractères de l'instinct sont ici clairement formulés : diversité dans le genre, uniformité dans l'espèce, invariabilité dans la durée. La raison, au contraire, toujours la même au fond dans tous les êtres raisonnables se développe diversement suivant le degré de culture de l'individu et produit des effets d'une infinie variété (1).

(1) L'évêque de Nysse ajoute sur l'âme des bêtes quelques mots qu'il est bon de recueillir. C'est une confirmation de ce que nous avons dit

Un autre Père de l'Eglise, Théodoret, développe à peu près la même doctrine. Après une description charmante des travaux des abeilles, il continue ainsi : « Cette activité et cette docilité n'ont été préparées ni par des conseils, ni par des lois, ni par des leçons. Dans cette petite société, il n'y a pas de membres plus habiles les uns que les autres ; les plus âgés ne l'emportent pas en savoir sur les plus jeunes. Tous participent également à une même industrie ; et cette industrie n'est point une invention de la raison ; c'est le Créateur qui l'a imprimée dans la nature sous la forme d'un certain amour du travail et du beau (1). » — Origène avait écrit dans le même sens : « Celse ne voit pas qu'il y a une différence entre les actions que la raison accomplit avec intention et calcul et celles qui résultent d'un instinct aveugle et d'une pure disposition naturelle. Celles-ci ne sauraient avoir pour cause une intelligence qui réside dans l'agent ; cet agent n'a pas d'intelligence. C'est le Fils éternel de Dieu, le roi de toutes les substances, qui a formé des créatures sans raison pour servir par ce défaut même celles qu'il a honorées de la raison, étendant sur elles comme une

---

plus haut. Répondant à certains philosophes qui croyaient pouvoir attribuer les actes stupides de la bête à une âme raisonnable comme à leur principe, le saint docteur écrit : « Il n'y a rien de plus absurde que cette prétention ; rien ne la justifie, pas même ce qui a lieu dans les petits enfants. Les petits enfants ont une âme raisonnable, quoique rien ne la révèle encore ; elle attend le progrès de l'âge pour se manifester. Mais l'animal, à aucun instant de son existence, ne fait preuve de raison ; une âme raisonnable serait donc en lui superflue. Or il n'y a qu'une voix pour reconnaître que Dieu n'a rien fait de superflu. Une âme raisonnable dans une brute serait un argument contre la sagesse du Créateur, qui n'aurait pas su proportionner les parties de son ouvrage ; la marque d'un ouvrier maladroit qui ne connaît ni l'ordre ni l'harmonie. »

(1) *De Providentia*, or. V.

image de cette faculté. » Plus loin, il caractérise avec une admirable précision l'action propre de l'animal. « Le principe d'action de l'être irraisonnable est mis en mouvement, sans la raison, par l'instinct et l'imagination, en vertu d'une prédisposition naturelle des organes (1). » Cette phrase contient en germe toute la psychologie animale.

Invariable quand il est abandonné à son propre poids, l'instinct se façonne, se modifie sous l'action extérieure de la raison. Théodoret s'adressant à l'homme : « La raison, lui dit-il, te fait le maitre et le chef de toute la nature animée. Le cheval est par lui-même sauvage, rebelle au cavalier ; tu sais le modérer, adoucir sa férocité, régler ses élans furieux ; il porte la tête droite, tu courbes son cou comme un arc, tu l'obliges à regarder la terre, tu lui apprends à marcher en cadence, à remuer les pieds dans un ordre parfait, à voler comme un trait lorsqu'il est à propos. Il était né pour vivre en troupe, tu l'as pris avec toi, le rendant docile à ta voix, soumis à ta main. Bien plus fort et plus agile que toi, il supporte patiemment le fouet ; il plie sous les menaces, les redoute ; il manifeste par ses actes qu'il est ton esclave. A la chasse, il est ton compagnon. Il prend part à tes guerres et combat avec toi. Lorsque tu veux fuir, son courage se change en timidité, il se retourne et s'élance, et toi-même tu échappes au péril emporté dans sa course rapide. S'il reçoit l'ordre de courir contre le front de bataille, il ne refuse pas, il oublie l'instinct de sa conservation, il ne connait plus que l'ordre de son maitre (2). »

L'animal est donc un instrument vivant que l'homme

---

(1) L, IV, § 85.
(2) *Loc. cit.*

peut faire servir à ses besoins ou à ses caprices. Il a un rôle plus important et plus noble. Les merveilles cessent d'être merveilles, s'il n'y a pas d'intelligence qui les contemple. C'est donc à l'homme que Dieu pensait, lorsqu'il répandait sur le règne animal tant de marques de sagesse, tant de traits de beauté. Ce n'est pas tout. Stimulé par le besoin, l'esprit de l'homme sort de son inertie, fait des efforts pour s'étendre ; mais son effort serait inutile, si quelque chose ne venait pas imprimer à sa pensée une direction précise. A proprement parler, l'homme invente peu : il copie plutôt et il perfectionne. Il lui fallait donc des modèles : Dieu les a préparés dans les actions et les ouvrages des animaux. Ces modèles, sans doute, ne sont qu'un point de départ ; ils sont comme un trait de lumière qui réveille l'esprit et lui fait voir ses propres ressources ; mais leur influence n'en est pas moins incontestable. « C'est à l'araignée, dit Théodoret (1), que nous devons de savoir construire les filets. Le modèle est unique, les imitations sont innombrables. Pour prendre les oiseaux, nous préparons une sorte de gaze légère comme un nuage, transparente comme l'air. Tendue au-dessus des lieux élevés, elle se confond avec l'atmosphère et trompe les sens des oiseaux qui viennent s'y embarrasser. » Théodoret décrit ensuite avec la même élégance les diverses sortes de filets employés de son temps pour prendre les quadrupèdes des forêts et les poissons. C'est ainsi que, grâce à sa raison éclairée par les modèles que le Créateur lui met sous les yeux, l'homme, sans griffes, sans nageoires et sans ailes, est le maître de l'animal sur la terre, dans les eaux et

(1) *Loc. cit.*

dans les airs. Faut-il ajouter que les animaux touchent par un coin au monde moral, qu'ils sont comme des tableaux naturels qui montrent et enseignent les uns une vertu, les autres une autre, sans en posséder aucune? La fidélité du chien, la douceur de l'agneau, l'innocence de la colombe, la générosité du lion, la patience du bœuf sont devenues des expressions proverbiales, tant la leçon est claire et facilement comprise par tous. Théodoret remarque que cette doctrine a été confirmée par les prophètes et par le Sauveur lui-même : « La tourterelle, la cigale, l'hirondelle et les passereaux connaissent l'heure de leur retour, et mon peuple ne connait pas les décrets du Seigneur. — Soyez simples comme la colombe et prudents comme le serpent. »

Telle est en résumé la doctrine des Pères de l'Église sur l'animal. On y regrettera peut-être les petits détails, la méthode, en un mot, la marche scientifique. Mais, quelle sûreté, quelle élévation, quelle étendue ! Il est possible de mieux analyser la nature ; est-il possible de mieux la comprendre? Aristote et Zénon sont plus savants, mais leur science est étroite et sans profondeur ; comme les myopes, ils voient très bien les détails qui les touchent, l'ensemble est en dehors de leur portée.

II

L'opinion d'Aristote sur l'animal n'est nulle part formulée dans son unité : on en trouve les membres disséminés dans l'*Histoire des Animaux* et surtout dans le traité *de l'Ame*. En les recueillant, on arrive à reconstituer une doctrine assez complète. On nous permettra de nous borner aux opérations et aux facultés. La question du principe est une source intarissable de controverses inutiles, l'histoire en fait foi.

S'arrêtant au dernier degré de l'échelle animale, Aristote constate que « les animaux ont tout au moins l'un des sens, le toucher. Or sentir, c'est éprouver du plaisir ou de la peine, une émotion agréable ou désagréable. Il s'ensuit que tous ces animaux ont en outre la convoitise, la convoitise n'étant que le désir de l'agréable. Ils ont de plus le sentiment de la nourriture ; tous les animaux se nourrissent d'aliments secs ou humides, froids ou chauds, toutes choses qui sont senties par le tact. Les saveurs se rapportent à ce sens ; car la faim et la soif sont des désirs, celle-là du sec et du chaud, celle-ci du froid et de l'humide ; la saveur en est l'agrément (1) », c'est-à-dire le plaisir qu'on éprouve à les apaiser. Inutile de faire remarquer qu'Aristote ne refuse pas les autres sens aux animaux supérieurs avec les passions correspondantes. Il n'accorde pas à tous l'imagination. « Parmi les bêtes, dont aucune n'a la raison, quelques-unes ont l'imagination ; mais cette faculté ne se manifeste pas dans toutes ; telles sont les fourmis, les abeilles, les vers (2). » Il dit encore : « L'imagination diffère de l'intelligence et de la sensibilité, quoiqu'elle n'opère pas sans la sensibilité. C'est un mouvement produit par l'acte de la sensation. Et parce que les images subsistent et qu'elles sont semblables aux sensations, elles sont le principe de beaucoup d'actions dans les êtres animés, soit parce que, comme les bêtes, ils n'ont pas d'intelli-

---

(1) *De anima*, l. II, c. III.
(2) L. III, c. III.

gence, soit parce que, comme chez les hommes, leur intelligence est quelquefois empêchée par les passions, par les maladies, par le sommeil (1). » Il répète plus loin, en termes plus explicites, qu'en l'absence de la raison, le désir et l'imagination sont le principe des actions de l'animal. Corrigeant alors ce que sa pensée avait de trop exclusif, il reconnaît même dans les animaux inférieurs une sorte d'imagination vague et confuse (2). Mais, ajoute-t-il, « l'imagination ne s'élève jamais jusqu'à l'opinion ou à la délibération que grâce à la raison. » L'imagination n'entraîne pas nécessairement la mémoire, suivant Aristote : « Toute mémoire est avec le temps, de telle sorte que les animaux seuls qui ont le sentiment du temps (ὅσα χρόνου αἰσθάνεται) peuvent se souvenir, et se souvenir par ce sentiment même... La mémoire a le même siège que l'imagination, et tout ce qui peut être objet d'imagination peut aussi bien être objet de mémoire (3). » Cette phrase n'est pas sans obscurité. Je comprends l'*idée* du temps, mais la *sensation* du temps ! Comment le temps peut-il tomber sous quelqu'un des sens ? Est-il coloré, résistant, sonore ? « Le sens, dit Aristote, ne connaît ni le passé ni le futur, mais seulement le présent. » Il ne doit donc pas connaître le temps. Mais il est indubitable qu'il n'y a pas de mémoire sans quelque notion de temps. Il faudrait donc la refuser à l'animal. Nous ne pouvons nous empêcher de voir une inconséquence dans cette assertion : « La plupart des animaux participent à la mémoire (4). » Peut-être n'est-il question ici que du

---

(1) *Ibid.*
(2) *Ibid.*, c. I.
(3) *De Memoria*, c. XI.
(4) *De Memoria*, c. II.

retour d'images de sensations conservées dans les trésors de l'imagination. Du moins, Aristote réserve, exclusivement à l'homme la *réminiscence* (2). La réminiscence, suivant lui, est la faculté de se rappeler à son gré le passé. Cette faculté ne peut évidemment se rencontrer que dans un être doué de raison, car « elle s'exerce par une sorte de raisonnement. »

Les stoïciens reconnaissent dans l'animal à peu près les mêmes facultés que le fondateur du Lycée ; mais ils ont de plus le mérite d'essayer d'en expliquer l'origine. Nous recueillons cette théorie dans les lettres cxxi et cxxiv de Sénèque. Nous ne faisons guère que traduire.

« Tout animal a le sentiment de sa propre constitution, quoiqu'il n'en ait pas la connaissance. Ce sentiment implique une sorte de notion grossière, sommaire et obscure. C'est ainsi que nous sentons notre âme, sans avoir en vertu de ce sentiment la connaissance de sa nature et du siège où elle réside. Tel est pour tous les animaux le sentiment de leur constitution propre. Ne faut-il pas qu'ils sentent ce par quoi ils sentent tout le reste ? Ne faut-il pas qu'ils aient le sentiment de ce qui est la règle et la forme de tous leurs mouvements ? » En d'autres termes, les animaux sentent leurs yeux, leurs oreilles, leurs membres, tous leurs organes ; ils les sentent tels qu'ils sont, sans connaître cependant comment ils sont. Ce sentiment est la base de tous les actes vivants de l'animal.

« De ce sentiment résulte d'abord une tendance sentie à se conformer en tout à sa constitution naturelle. Cette

---

(1) *Ibid*. Pour Aristote la réminiscence est toujours volontaire et délibérée.

constitution devient ainsi la raison de tout ce que l'animal opère. Elle est le principe et la règle de la sollicitude avec laquelle chaque animal veille à sa propre conservation, recherche le plaisir et fuit la douleur. Disposition universelle, innée et non acquise. Voilà pourquoi le jeune animal, à peine éclos à la lumière, connaît tout de suite ce qui peut lui nuire, évite ce qui peut le tuer : l'ombre seule de leur ennemi qui vole au-dessus d'eux épouvante ceux qui sont exposés à être la victime des oiseaux de proie.

« Il y a là une sorte de connaissance, inexplicable, mais réelle. Pourquoi la poule qui ne craint ni le paon ni l'oie, a-t-elle peur d'un oiseau beaucoup plus petit, qu'elle ne connaît même pas encore, de l'épervier ? Pourquoi ses poussins craignent-ils le chat et point du tout le chien ? Les animaux ont donc, sans expérience aucune, la connaissance de ce qui peut leur nuire. Ces appréhensions ne sont pas vagues, mais ordonnées ; elles regardent justement l'objet qui convient. Ce n'est pas l'habitude, c'est l'amour de la vie qui les produit. Ce qui s'apprend par l'usage arrive lentement et prend toutes sortes de formes ; ce que donne la nature est de même sorte dans tous et s'exerce instantanément. La nature pousse au bien, elle éloigne du mal, sans employer pour cela *ni pensée ni délibération*. L'art de l'abeille et de l'araignée ne s'enseigne pas, il est inné. C'est parce que leur industrie est un don de la nature que les animaux (d'une même espèce) sont tous aussi habiles les uns que les autres. Toutes les toiles d'araignées sont égales ; tous les rayons de miel présentent des alvéoles de même dimension. Il y a de l'indécision et de la variété dans tout ce que l'art enseigne : il n'y a qu'égalité dans ce que la nature distribue.

« L'animal ne possède pas la raison. Il perçoit par le sens un objet présent ; il se souvient des choses passées, lorsqu'il rencontre une chose capable de renouveler en lui une sensation précédemment éprouvée. Ainsi, par exemple, le cheval se souvient de son chemin lorsqu'on le conduit au point de départ ; mais, dans l'écurie, il n'a aucun souvenir du chemin qu'il a le plus souvent parcouru. Le futur n'appartient pas à l'animal. Le présent seul est à lui ; il a rarement souvenir du passé, et jamais sa mémoire n'est réveillée que par l'action fortuite des choses présentes. »

Forcé de nous borner, nous ne pouvons cependant passer sous silence l'opinion de nos vieilles universités. Les scolastiques, on le sait, suivaient la doctrine d'Aristote, mais en l'expliquant, la modifiant et la rectifiant. Les philosophes de Coïmbre et saint Thomas, croyons-nous, en présentent la formule la plus exacte. On nous saura gré de la faire connaître.

Voici d'abord comment parlent les célèbres interprètes : « Accorder aux animaux la raison, est une chose si absurde, qu'il y a quelque ridicule à démontrer qu'il en est ainsi, tant elle est contraire au sens commun. Du reste, si les bêtes jouissaient de la raison, elles agiraient avec liberté ; elles seraient capables de mérite et de démérite ; elles ne seraient pas invariablement fixées aux opérations propres à leurs espèces. La raison, dont l'objet est essentiellement universel, briserait cette dépendance rigoureuse.

« Non, les bêtes n'agissent point par raison, elles

agissent par *instinct*. L'instinct n'est pas, comme le voudraient les philosophes arabes, une impulsion divine appliquant successivement les facultés de l'animal à chacune de ses opérations. Ce n'est pas non plus, comme semble l'indiquer Gerson, un type d'images innées dans l'imagination de l'animal et proportionnées à l'industrie qui lui est propre. Quand l'homme vient au monde, son âme est comme une table rase ; convient-il que l'animal soit plus favorisé ? L'enfant, qui est dépourvu de toute image innée, manifeste des instincts. Laissons donc les images et disons que *l'instinct des animaux n'est pas autre chose qu'une opération de l'imagination déterminée à juger de ce qui convient et de ce qui ne convient pas, et déterminant l'appétit à éviter ou à rechercher.* « L'imagination est prise pour un sens interne quelconque. Quant au jugement (1), ce n'est pas précisément l'opération ordinairement désignée par ce mot, mais c'en est une imitation, un acte simple et confus que les bêtes produisent en dehors de toute composition et de toute division de termes.

« L'imagination n'est pas absolument la même dans toutes les espèces. Ni le principe formel, ni les dispositions de la matière ne sont identiques dans les animaux différents ; et par conséquent l'imagination ne saurait avoir partout les mêmes aptitudes. De là les diverses formes que prend l'instinct, la variété des ouvrages des bêtes, les rayons de l'abeille, la toile de l'araignée, la soie du bombyx, les constructions de la fourmi, le nid

---

(1) C'est ici le point difficile de la doctrine. Un peu d'obscurité ne doit donc pas surprendre. Nous n'en rencontrerons pas moins dans saint Thomas.

de l'oiseau. Mais qu'on ne s'y trompe pas, l'instinct reste inerte tant que les sens ne lui fournissent aucune image. L'exemple de l'hirondelle nous fait connaître tout le mécanisme de ces opérations. L'hirondelle voit de la boue, cette vue suscite une image analogue dans son imagination ; l'oiseau juge alors qu'il convient de prendre de la boue et de la porter en tel ou tel endroit; après cela formant un autre jugement, il donne à la boue une disposition particulière en l'appliquant. Il recommence la même opération, et son nid s'achève peu à peu. On peut comprendre par cette série d'actions que l'hirondelle n'a pas besoin d'image innée quoiqu'elle ne puisse travailler sans image; on comprend qu'elle n'a pas besoin d'avoir imprimé dans l'imagination le type de l'ouvrage qu'elle exécute ; on comprend enfin que, avant de confectionner son nid, elle n'a pas besoin de déterminer en elle-même par quels procédés elle pourra y réussir. A mesure qu'elle applique une becquée de boue, l'imagination lui suggère comment elle appliquera la suivante (1). »

Saint Thomas enseigne que tout ce qu'il y a de connaissance dans l'animal n'a d'autre raison d'être que l'action présente de l'animal (2). C'est là un principe fécond et lumineux. Si l'on suit cette pensée, on voit qu'elle répond à merveille à toutes les parties de la question. Dans l'animal, le pouvoir de connaître, essentiellement pratique, nullement spéculatif et par conséquent entièrement séparé de la raison, est modelé sur la nature si variée de l'activité, qui l'emprisonne et la dépasse de

---

(1) *In Phys. Arist.* c. vIII, l. II, q. 3 et 4.
(2) 1ª, q. 91, a. 3, ad 3.

plusieurs manières. C'est une faible lueur enfermée dans des vase opaques de toutes formes et pleins de saillies et de recoins. Autre est le vase de l'abeille, autre celui de la fourmi, etc. — Ce germe de connaissance s'exerce par une sorte de jugement, mais sans liberté, sans comparaison de termes, en vertu seulement d'une impulsion instinctive ; tel le mouton, à la vue du loup, juge qu'il faut fuir (1). — En agissant, l'animal recherche et par conséquent connaît comme il peut ce qui lui est bon ; mais il ne connaît pas *le bien*, de même qu'il veut une fin sans connaître *la fin* (2). — L'aperception de ce qui lui est bon ou de ce qui lui est nuisible détermine aussitôt dans l'animal les mouvements convenables pour en jouir ou pour s'en garantir (3). — L'impulsion naturelle, mouvement indélibéré de l'appétit sensible, n'est point soumis à la libre direction de l'animal ; il n'appartient pas à l'animal de l'appliquer, ou de ne pas l'appliquer, de lui donner tel objet ou tel autre (4). L'intention même est un acte qui ne lui convient pas. Sans doute, en un sens, ce mot désigne à la fois un acte du moteur et une manière d'être du mobile. C'est ainsi que l'on dit que la nature tend à sa fin, pour signifier que Dieu la meut vers sa fin, comme l'archer fait la flèche. Les animaux n'ont pas une autre sorte d'intention ; ils vont à leur fin, parce qu'ils y sont poussés par l'instinct de la nature. Mais l'intention proprement dite, qui consiste à ordonner un mouvement par

---

(1) Exactement comme l'homme qui par distraction touche un charbon incandescent juge qu'il doit retirer la main. Il n'y a rien ici qu ressemble à l'*union* de deux idées. — 1ª, q. 83, a. 1, c.

(2) 1ª 2æ, q. 11, a. 2, ad 3.

(3) *Ibid.*, q. 17, a. 2, ad 3.

(4) *Ibid.*, q. 15, a. 2, c.

rapport à un terme, est un acte raisonnable interdit à l'animal (1). Qu'est-ce donc que la sagacité, la prudence de l'animal? Saint Thomas va nous l'apprendre. Nous traduisons littéralement. « Le mouvement est l'acte d'un mobile déterminé par un moteur, et par conséquent la vertu du moteur se manifeste dans le mouvement du mobile. Voilà pourquoi dans toutes les choses qui sont mises en mouvement par la raison, se manifeste l'ordre, qui est le caractère de la raison lorsqu'elle opère, quoique les choses que la raison met en mouvement soient privées de raison pour se diriger. Il faut en dire autant d'une horloge et de toutes les machines fabriquées par l'industrie de l'homme. Or, ce que les ouvrages artificiels sont par rapport à l'art humain, les ouvrages naturels le sont par rapport à l'art divin. De là vient que dans les œuvres des animaux on remarque des traits de sagacité. Ce sont les signes d'une inclination naturelle à produire une série de mouvements parfaitement ordonnés, ainsi que doit le faire l'art suprême. De là vient aussi que l'on dit de certains animaux qu'ils sont prudents, industrieux, quoiqu'il n'y ait en eux aucune ombre ni de raison ni de pouvoir électif. Ce dernier point est rendu manifeste par cela que tous les animaux qui ont la même nature opèrent de la même façon (2). » — « La raison pour laquelle l'animal prend une chose et en laisse une autre, c'est que son désir est naturellement déterminé à celle-là. Voilà pourquoi, dès que les sens ou l'imagination représentent un objet vers lequel son désir est naturellement incliné, il est aussitôt, sans aucun choix, mis en mouvement vers

---

(1) 1r 2æ, q. 12, a. 5, c.
(2) 1r 2æ, q. 13, a. 2, ad 3.

cet objet, de même que, sans choix, le feu est mis en mouvement vers le haut et vers le bas (1). »

. . . .
. . . .

Nous arrêtons ici notre revue historique. Beaucoup de noms restent dans l'ombre, parce que la place nous manque pour les remettre en lumière. On trouvera d'ailleurs, dans des écrits récents, l'histoire des opinions plus modernes. P. Flourens, par exemple, dans son livre *de l'Instinct et l'Intelligence des animaux*, expose les théories de Buffon, de Réaumur, de Condillac (2), de G. Leroy et de F. Cuvier, distribuant des éloges et des critiques qui ne sont pas toujours également justes. Son érudition ne s'est pas étendue jusqu'à Bossuet; il faut le regretter : le célèbre physiologiste aurait puisé dans le traité *de la Connaissance de Dieu et de soi-même* une notion de l'intelligence suffisante pour rectifier plusieurs de ses affirmations. Pour nous, nous n'avons pas à résumer un ouvrage dont l'esprit a inspiré cette longue étude.

---

(1) *Ibid.*, a. 2, ad 3.

(2) Je ne puis résister au plaisir de citer deux textes de Condillac au sujet des animaux. Voici le premier, tiré de l'*Essai sur l'origine des connaissances humaines* (liv. II, c. IV) : « Les opérations de l'âme des bêtes se bornent à la perception, à la conscience, à l'attention, à la réminiscence et à une imagination qui n'est pas à leur commandement. » Le second est pris dans le *Traité des animaux* (II° part. c. II) : « Les bêtes inventent donc, si *inventer* signifie la même chose que juger, comparer, découvrir. Elles inventent même encore, si par là on entend se représenter d'avance ce qu'on va faire. » Le premier dit *blanc*; et le second dit *noir*. Quelques lignes avant le premier passage, Condillac apprend à son lecteur que les agneaux fuient à l'approche du loup par obéissance, puisqu'ils fuient parce que « leurs mères, dès le commencement, les *ont* engagés à fuir ». M. Flourens s'écrie, en parlant de Condillac : « Cet esprit si lumineux et si sûr. » Nos citations justifient bien cet éloge.

CONCLUSION

On peut voir maintenant que, si nous avons profité des travaux de nos contemporains, nous sommes toujours resté fidèle à la grande école du sens commun. L'animal n'est pas un homme commencé, parce que, comme dit Lactance, il n'a ni la raison, ni la parole, ni la main. Privé de la raison, dont l'objet est universel, il est rivé à telle sorte d'opération, à tel objet particulier. Il ne change jamais; il est seulement légèrement modifié par les circonstances, et, les circonstances disparaissant, il revient à sa forme première, comme un ressort abandonné à lui-même. La raison, comme dit saint Grégoire de Nysse, confère à l'être qui la possède la liberté et le domaine de ses opérations. L'uniformité et l'invariabilité de l'instinct sont donc incompatibles avec la raison dans un même sujet. Ce fait suffit pour renverser la théorie de Flourens et de tous les naturalistes qui placent dans l'animal un commencement de raison à côté de l'instinct. — Le langage, dit saint Thomas (1), est un acte de la raison qui établit un rapport entre un signe et ce qu'elle veut signifier ; c'est un moyen par lequel la raison se manifeste

---

(1) 2ª 2ᵃᵉ, q. 110, a. 1, c.

volontairement. L'animal n'a pas de langage, nous l'avons montré ailleurs, et cela prouve encore qu'il n'a pas la raison, rien n'étant si facile à la raison que d'établir ce genre de rapport qui constitue le langage. — Libre et embrassant par son intelligence ce qu'il y a d'infini dans les rapports de chaque objet connu, l'homme est essentiellement inventeur, et c'est pour réaliser ses inventions qu'il a reçu la main, instrument d'un usage prodigieusement varié qui résume et surpasse de beaucoup tous les instruments distribués par la nature aux espèces animales. En dépit de toutes les nomenclatures, l'animal n'est ni bimane ni quadrumane, il n'est que multipède; la main lui a été refusée. Reproduisant perpétuellement le même ouvrage, il lui fallait un instrument adapté à ce genre d'ouvrage, et c'est cet instrument qu'il a reçu de la nature. Cependant, s'il avait la raison, il parviendrait à faire de son instrument un usage plus varié, comme on a vu des hommes, à défaut de mains, se servir des pieds ou de la bouche. Mais, saint Thomas l'a dit, la libre disposition des instruments n'a été concédée qu'à l'homme: *Solum animal rationale utitur* (1).

L'animal n'est pas raisonnable, il est seulement sensible. Ses organes sont conformés en vue d'un groupe déterminé d'opérations extérieures. Cette destination se lit dans son appareil buccal, sur ses pattes, dans le nombre et la situation des organes des sens, dans la forme et quelquefois dans la coloration de son corps; que sais-je? il suffit au naturaliste d'une dent, d'une griffe, pour la marquer avec précision. L'animal est une admirable ma-

---

(1) .ᵃ 2ᵃᵉ, q. 16, a. 2, ad 3.

chine construite pour réaliser un ouvrage spécial, toujours le même, comme nous venons de le dire. A cette machine il faut aussi le mouvement pour entrer en action ; mais ce n'est pas une source mécanique qui peut le lui fournir, c'est la vie et la sensibilité, la sensibilité qui comprend les sensations, l'imagination et les passions. Ce principe d'action, suivant la pensée des philosophes de Coïmbre, ne sort de son inertie que grâce à une impression des objets extérieurs. De là les sensations et les organes des sens. Comme Aristote l'avait fort bien observé, les animaux ont la vue, l'ouïe, l'odorat, ou au moins le toucher et le goût. D'autre part, la sensibilité a ce caractère fondamental indiqué par Sénèque : elle donne à l'animal l'amour de sa propre existence, et par conséquent l'amour de ce qui le favorise avec la haine de ce qui le contrarie. Il s'ensuit que les objets seuls qui sont en rapport naturel de conformité ou d'opposition avec sa constitution, ont la propriété d'émouvoir l'animal, en produisant d'abord en lui le phénomène connu sous le nom de plaisir ou de douleur. Ici se place cette opération que saint Thomas et les philosophes de Coïmbre appellent un jugement, mais jugement sans idées comparées, rapprochées ou séparées, jugement qui, à mon humble avis, devrait porter un autre nom, celui-là ayant le grave inconvénient d'induire en erreur une foule de personnes peu habituées à l'analyse psychologique (1). L'enfant à qui l'on donne une pilule sous le nom de dragée a-t-il besoin, pour la rejeter, de juger qu'elle ne vaut rien ? Il lui suffit d'en goûter l'amertume. Ainsi fait l'animal. L'impression

---

(1) Du reste, saint Thomas, comme nous l'avons vu, emploie ailleurs, pour désigner ce pouvoir dans l'animal, l'expression de *vis æstimativa*.

agréable ou désagréable détermine aussitôt et spontanément des attraits et des aversions, et en même temps des mouvements organiques en rapport avec le plaisir ou la peine. Ces attraits et ces aversions spontanés sont ce qu'on appelle des impulsions instinctives. On ne peut les révoquer en doute, nous en constatons de semblables en nous-mêmes. Mais elles ne suffisent pas à l'explication des opérations compliquées de l'animal. Il faut évidemment des séries de sensations, d'images de sensations, de passions, enchaînées dans un ordre convenable, qui, dans une circonstance donnée, s'attirent régulièrement les unes les autres, provoquant ainsi des mouvements organiques également bien ordonnés. C'est à l'imagination qu'est dévolu ce rôle important.

Tout le monde sait que les centres nerveux, en recevant les impressions sensibles, contractent la propriété de les reproduire suivant l'ordre de leur apparition, et de réveiller dans le sujet sensible les émotions psychologiques correspondantes. On voit par là que la nature, prévenant l'habitude, a pu très bien conformer les centres nerveux de chaque espèce animale de manière à faire naître, au moment opportun, par le jeu des sensations, le groupe d'images et de passions qui sont le principe de l'industrie et des mœurs propres a l'espèce. On voit aussi par là comment une habitude fortement contractée peut se transmettre par la génération et modifier le caractère originel de la race. C'est la doctrine des philosophes de Coïmbre, lorsqu'ils enseignent que l'imagination des animaux se diversifie avec leur constitution organique, et l'on peut en reconnaître le germe dans ces paroles d'Origène: « Le principe d'action de l'animal est mis en jeu par l'inclination et l'imagination, en vertu d'une prédisposition naturelle des organes. » L'instinct, suivant les anciens, n'est pas autre chose que cette inclination vivante et sentie (ὁρμή, *instinctus naturæ*) qui suit spontanément la sensation ou l'image, c'est la passion. Nous n'en connaissons pas l'origine, mais nous sentons bien ce qu'elle est. La constitution de l'animal et l'action des circonstances lui imposent une direction dont l'animal ne peut la faire dévier, parce qu'il n'a pas ce qui la domine, la raison. La sensation et l'imagination ont pour rôle de la réveiller à propos.

Ainsi, en résumé, les ouvrages de l'animal sont exécutés par ses organes, ses organes sont mis en mouvement par l'instinct, l'instinct est réveillé par la sensation ou par le double jeu de la sensation et de l'imagination, et réglé par l'état actuel des centres nerveux.

APPENDICE

NOTE A

I

« Monsieur et révérend Père,

« Je vous remercie de m'avoir envoyé votre article sur *l'Homme et l'Animal*. Après l'avoir lu attentivement, je n'ai pu, il est vrai, en accepter les conclusions formulées ; mais il m'a semblé que nous n'étions pas si éloignés l'un de l'autre que vous semblez le croire. Vous accordez à l'animal *une sorte de connaissance ;* n'est-ce pas mon *intelligence rudimentaire* s'accusant par les phénomènes *rudiments* des actes complexes de l'homme ? L'expérience que vous indiquez (V. p. 86) tournerait, ce me semble, contre vous ; car, d'une part, l'attention peut se diviser (le pianiste qui déchiffre un morceau tout en causant) ; et, d'autre part, nier *l'attention* chez le chien à qui l'on fait une recommandation sérieuse me paraît impossible. Enfin, si l'animal était absolument dépourvu d'*intelligence proprement dite*, on ne pourrait faire son éducation. Or ici les faits parlent haut.

« Au surplus, Monsieur et révérend Père, je parle de ces questions exclusivement en naturaliste. Je suis fort loin de nier l'importance de la philosophie, comme m'en a accusé M. Vacherot dans un article de la *Revue des Deux Mondes*. Mais je m'abstiens d'aborder un terrain qui m'est inconnu. De là, je crois, vient une bonne partie de nos dissentiments. C'est par là que j'explique pourquoi vous regardez la religiosité comme se rattachant à l'intelligence. Pour moi ce sont deux mondes de faits tout différents. Mais ce sont là des sujets qu'on ne saurait traiter dans une lettre, et la mienne est déjà trop longue puisque je discute presque, au lieu de me borner à vous exprimer mes remerciements et l'assurance de ma considération la plus distinguée.

« De Quatrefages.

M. de Quatrefages est un de nos savants les plus justement estimés. Comment ne pas sourire, toutefois, de ces *recommandations sérieuses* faites à un chien ? Comment ne pas être surpris qu'il ne puisse s'expliquer le dressage d'un animal sans le doter de l'*intelligence proprement dite* ? Notre réponse porta sur des points plus importants.

« Lyon, 9 juin 1872.

« Monsieur,

. . . .

« Voudriez-vous me permettre d'exprimer le regret qu'un aussi éminent naturaliste se contente de respecter la philosophie ? J'ose croire qu'il est, même en histoire naturelle, des questions qui ne peuvent se résoudre sans le concours de la philosophie. Telle est celle de l'intelligence des animaux. Comment parler sûrement de l'intelligence sans une analyse exacte de l'intelligence ? Et l'analyse de l'intelligence n'est-elle pas du ressort de la philosophie ? Cette analyse, à mon humble avis, ne permet pas d'accorder à l'animal une connaissance *intellectuelle* même rudimentaire. Toute connaissance intellectuelle contient une affirmation, au moins implicite ; et l'affirmation, même implicite, repose sur l'idée de l'*être*, qui est la plus universelle de toutes les idées, l'essence même des actes de l'intelligence. Cette idée entraîne nécessairement avec elle toutes les autres prérogatives de l'intelligence ; elle ne laisserait plus subsister entre tous les membres de la création vivante, si elle se trouvait en tous, que les différences de forme matérielle et d'éducation.

« Ce qu'il faut accorder à l'animal, c'est une connaissance *sensible* dont l'*impression* est l'unique source et la mesure. Cette source de connaissance inférieure est dans l'homme, mais presque toujours voilée par la connaissance intellectuelle. J'ai voulu la dégager, et j'ai pour cela indiqué l'expérience que vous critiquez non sans raison. J'aurais dû remarquer que l'attention peut se dédoubler ; ce qui confirme précisément mon assertion, et démontre que les opérations de l'homme sont souvent *intellectuelles* et *sensibles*. L'animal est attentif, sans doute ; mais on peut mettre au défi le plus habile zootechniste de faire deux parts dans l'attention de ses élèves. La sensibilité seule est en jeu : on ne peut en séparer l'acte de l'intelligence qui n'existe pas.

« La différence des deux opérations, sensible et intellectuelle, peut se constater de diverses façons. Vous posez, par exemple, le doigt sur une artère : une pulsation unique détermine dans la sensibilité un état spécial qui commence, croît et finit à peu près avec elle. Mais en même temps vous pouvez faire de cette pulsation l'objet d'une affirmation la plus simple possible, constater implicitement son existence. Eh bien, cet acte a pour caractère, une fois produit, de persévérer ou de se reproduire, au gré de l'esprit, toujours absolument *le même*. Évidemment ces deux opérations diffèrent du tout au tout. C'est la première que j'appelle connaissance sensible, et la seconde connaissance intellectuelle. L'une varie comme l'objet ; l'autre domine l'objet, lui donne même une sorte d'immobilité à un certain point de l'espace et du temps. La connaissance sensible néanmoins peut persister dans l'imagination, mais amoindrie, dépouillée de plusieurs de ses propriétés : elle devient image et reste soumise à certaines lois psychologiques qui règlent les opérations de l'animal et sont le grand instrument de son éducation.

« Vous dites, Monsieur, que pour vous l'intelligence et la religiosité « sont deux mondes de faits tout différents ». Cela est très juste, en un sens, au point de vue des *faits*; mais peut-on en dire autant pour les *principes* de ces faits ? L'intelligence a pour base, dans ses opérations, l'idée de l'être ; l'idée de l'être est essentiellement connexe à l'idée de Dieu ; l'idée de Dieu, c'est la religion : comment donc séparer la religion de l'intelligence ? Je me contente d'effleurer cette question, qui, vous le dites très bien, ne peut être traitée dans une lettre.

« Elle n'aurait pas même été posée à une autre époque, à celle de Descartres, de Leibnitz, ni même peut-être à celle de Buffon. Ces maîtres de la science et de la philosophie auraient regardé comme funeste un divorce entre l'une et l'autre. Laissez-moi espérer, que, dans l'intérêt de la vérité, nos savants, si dignes d'ailleurs de leur haute réputation, reviendront à ces traditions fécondes, et renonceront à un *positivisme* dont plusieurs déjà reconnaissent les dangers pour la science elle-même.

« J'ai l'honneur d'être, etc. »

II

 Paris, 10 janvier 1873

. . . .

« Tenez, mon révérend Père, puisque vous m'en fournissez l'occasion, je vais vous dire combien je suis confondu de voir les défenseurs de la foi soutenir que les animaux ne sont que des machines. C'est bien *le même*, n'est-ce pas, qui a créé l'homme et les animaux ? Pourquoi donc méconnaître cette vérité saisissante que Dieu, ayant donné les mêmes organes à l'homme et aux animaux, a également attribué aux animaux certaines facultés qu'il a départies à l'homme dans une beaucoup plus large mesure ? Je ne parviens pas à en découvrir la raison. Une telle vérité, qu'il faut bien admettre, quand on a étudié sérieusement, parce qu'elle est la vérité, ne me semble ni abaisser la grandeur de Dieu, ni être fâcheuse pour la foi chrétienne. Je ne crois pas que l'on serve les intérêts de la religion en défendant une vieille thèse éclose dans des temps d'ignorance. Pardonnez-moi, mon révérend Père, cette explication franche ; vous appartenez à un ordre qui à toutes les époques à compté des hommes de savoir et de talent, et c'est ce qui me détermine à vous exprimer ma pensée d'une manière si nette.

« E. B. »

Si quelque chose doit confondre, c'est la confusion commise ici par ce savant distingué. Que Dieu ait « donné à l'homme et aux animaux les mêmes organes », sauf des modifications relatives assez notables, c'est là sans doute une « vérité saisissante », nous en convenons ; c'est encore une « vérité saisissante », quoique avec moins de force, que Dieu ait « également attribué aux animaux certaines facultés qu'il a départies à l'homme dans une beaucoup plus large mesure ». Mais que ces « certaines facultés » soient *toutes* les facultés, qu'elles soient les facultés de la *raison*, voilà ce qui n'est pas du tout « une vérité saisissante ». C'est une vérité qui change de nom lorsqu'on veut se donner la peine de réfléchir sur la nature de la raison et sur la nature des opérations de l'animal.

Ce qui nous confond encore, c'est que le savant moderne appelle la théorie de Descartes « une vieille thèse éclose dans des temps d'ignorance ». Descartes n'était pas zoologiste ; mais, nous en demandons bien pardon à notre illustre correspondant, il n'était pas ignorant, et il n'a pas vécu à une époque d'ignorance. Le xvii° siècle et les hommes du xvii° siècle ne méritent pas d'être traités de la sorte, même à propos d'une erreur qui remonte jusqu'à eux.

Hâtons-nous de dire que tous les membres de notre haut enseignement n'ont pas subi l'influence fâcheuse de la méthode philosophique contemporaine. On nous permettra de rapporter comme preuve la lettre suivante qu'a bien voulu nous adresser un savant, lui aussi professeur de zoologie dans l'une de nos principales facultés.

III

« Monsieur,

» Je vous remercie infiniment... de votre très intéressant travail. A tous les points de vue je suis tout à fait d'accord avec vous. On peut avoir des sympathies ou des antipathies pour le darwinisme, mais on ne peut l'affirmer jusque aujourd'hui. Les preuves manquent; au point de vue scientifique, ce n'est qu'une théorie. Or, dans les sciences naturelles, nous savons ce que sont et ce que valent les théories : neuf fois sur dix elles sont fausses, lorsqu'elles ne sont pas basées sur des faits bien prouvés. Elles n'ont donc de valeur que comme *excitation* pour les recherches dans un sens déterminé. A ce point de vue, Darwin nous rendra certainement un grand service ; il a ouvert un champ immense aux recherches de la science ; et la lumière, je n'en doute pas, sortira éclatante de ces recherches. Et quand bien même cette lumière ne serait pas conforme aux vues de notre esprit et aux tendances de notre foi (1), j'estime que le Dieu tout-puissant pourra

(1) Il n'y a pas de lumière qui puisse n'être pas conforme à la foi, ni même à ses tendances, par la raison qu'il n'y a pas de vérité qui contredise la vérité.

même, en nous éclairant des horizons encore complètement obscurs, nous faire accepter ce qui nous paraît impossible et monstrueux aujourd'hui. L'âme et le corps sont choses bien différentes; et, après tout, que nous importe d'où vienne le premier (le dernier?), pourvu qu'il soit éclairé par un reflet du Dieu vivant?

» Quant à moi, je combattrai cette théorie, que je considère comme nullement prouvée au point de vue scientifique. Ces prétendues ressemblances avec les animaux sont dues tout simplement à l'uniformité du plan créateur; mais, même à ce point de vue, les dissemblances sont infiniment plus marquées que les ressemblances.

» L. L. »

Mais nous devons attacher un prix tout spécial à la lettre que nous insérons ici en dernier lieu. Elle nous a été adressée par l'entomologiste le plus éminent de notre époque.

IV

« Monsieur,

« Je viens de lire, pour le relire bientôt, votre beau livre, *La Bête*, que vous avez eu l'obligeance de me faire envoyer. C'est un cours de philosophie comme j'en désirais depuis longtemps; la lecture m'en sera très profitable pour mes études entomologiques ultérieures.

« .... Je vois avec satisfaction que nous sommes d'accord sur les conséquences où nous conduisent vous la philosophie, et moi l'expérimentation.

« Voulez-vous me permettre un conseil de naturaliste

pratique? N'accordez pas aisément créance à des récits faits à la légère, et dont les transformistes s'emparent, sans aucune critique, pour les besoins de leur cause. Tel est le récit relatif au Scarabée sacré qui, ne pouvant retirer seul sa pilule du fond d'une ornière, s'en va quérir des compagnons pour lui prêter main-forte. Pour réduire l'argument à sa valeur, la massue de la logique est fort inutile : le fait n'est pas vrai, comme je l'ai démontré, avec toute l'évidence désirable, dans le premier volume de mes souvenirs. C'est un conte, et rien de plus ; un conte à reléguer au même rang que celui de la Barbe-Bleue. Ah ! comme ils sont peu difficiles en fait de preuves, les partisans de la raison chez l'animal.

« Mais je m'oublie avec mes réflexions. Mon rôle est plus modeste : je dois me borner à vous remercier pour l'excellente lecture que vous m'avez value, et à vous témoigner l'assurance de mes sentiments bien respectueux.

J.-H. FABRE.
« Sérignan (Vaucluse), 6 août 1883. »

NOTE B

(... Un terme qui se perd dans l'infini, p. 8.)

Un nombre concret n'est jamais infini. La somme qui comprend les feuilles de tous les arbres des forêts, tous les grains de sable répandus au bord de la mer, tous les atomes qui composent l'univers, commence par une feuille, un grain, un atome, et finit comme elle commence. Le nombre idéal non plus ne saurait se comprendre sans une unité qui le commence et une autre qui l'achève. Mais il offre ce caractère remarquable qu'on ne peut le concevoir sans concevoir qu'un autre plus grand est encore possible; celui-ci pouvant être dépassé par un autre, cet autre par un autre, et ainsi de suite pendant toute l'éternité, la limite recule toujours à mesure qu'on en approche. Le nombre, ainsi considéré avec un dernier terme perpétuellement mobile, est proprement appelé *indéfini;* ce n'est que par un abus de langage qu'il est dit infini. L'infini *est,* l'indéfini *peut être,* ce qui met entre l'un et l'autre une différence infinie. En outre, l'infini est éternellement dans l'existence d'une manière infinie; l'indéfini, au contraire, n'est pas nécessairement dans l'existence; il ne peut pas même y *être;* il peut seulement entrer, et par parties, posé certaines conditions, et, quand il y entre, il ne s'y trouve jamais que dans les conditions du fini.

Mais si l'indéfini n'est pas l'infini, il ne se conçoit cependant que par l'idée de l'infini. En effet, nous venons de le dire, le concept de l'indéfini a pour objet une série d'êtres qui peuvent entrer sans fin dans l'existence. Tout ce qui entre dans l'existence se présente à notre esprit comme un effet de ce qui est : il faut une cause réelle pour donner une existence réelle à ce qui ne l'a pas. Or une série d'êtres qui peuvent être introduits dans l'existence, sans fin, pendant toute l'éternité, n'a qu'une cause adéquate, l'infini proprement dit ; car une puissance bornée dans sa durée ou dans sa réalité serait nécessairement au-dessous d'une série d'êtres qui peuvent se réaliser sans cesse avec une réalité susceptible de croître toujours.

NOTE C

On nous saura gré de reproduire ici une lettre qui montre jusqu'à quel point la science peut abuser de la naïveté allemande. On va voir que la candidature du chien à l'humanité n'est plus seulement une plaisanterie.

« Paris, 8 janvier 1873.

. . . .

» Pendant mon séjour en Allemagne, je rencontrais souvent dans la société un ancien diplomate prussien, très original, quoique fort galant homme, nommé le baron de T***. (Il vit encore.)

» Il était sans famille et habitait en compagnie de deux chiens de race chinoise qu'il aimait passionnément. Ces animaux étaient bruns, à poils ras, et de la grosseur des chiens d'écurie anglais. Leur face était ridée, leurs oreilles traînantes, et leur physionomie (s'il est permis de parler ainsi) avait un caractère très étrange. Quant à leur mâchoire, elle présentait, paraît-il, dans sa conformation, certains rapports avec celle de l'homme.

» Il n'en fallut pas davantage : un naturaliste du lieu déclara que l'existence de ces animaux était une confirmation éclatante des théories de Darwin; la nature était prise sur le fait, en flagrant délit de *transmutabilité*. Bref, les chiens de M. de T*** étaient *en passe* de devenir... *hommes!*

» Jugez du ravissement de M. de T***; sa tendresse pour ses chiens devint presque du respect. S'ils furent choyés et nourris mieux que jamais, je vous le laisse à penser. Tous les jours, coquettement vêtus, ils faisaient leur promenade en compagnie de leur maître, et les amis du baron ne manquaient jamais, après s'être informés de sa santé, de lui demander poliment des nouvelles de « ses petits hommes ».

» Vous savez qu'il est d'usage en Allemagne de se réunir en famille, à l'époque de Noël, autour d'un arbre rempli de petites bougies, et qui porte à ses branches des oranges, des bonbons et autres petits cadeaux pour les enfants. Le baron imagina de *faire un arbre* pour ses chiens : mais comme les oranges n'auraient pas été de leur goût, ni les bonbons non plus, il remplaça ces friandises par des saucisses. Le cérémonial fut suivi de tous points; l'arbre construit et illuminé, les portes du salon s'ouvrirent à minuit, suivant l'usage, et laissèrent passage aux « petits hommes, » qui, happant joyeusement, sautaient avec avidité aux branches pour y saisir les morceaux de leur choix. L'histoire fit rire les uns, scandalisa les autres; mais je vous la donne comme authentique, la tenant de la bouche même de M. de T***. Il nous la raconta le lendemain chez le consul de France, et il avait l'air joyeux d'un bon père de famille qui vient de récompenser ses enfants sages.

. . . .

» Votre tout dévoué,

» HENRY DE FONTENAY. »

NOTE D

HISTOIRE DU CHIEN DE MONTARGIS

Nous empruntons ce récit aux *Monuments de la monarchie française*, par Bernard de Montfaucon. Le célèbre bénédictin ne croit pas que l'on puisse le révoquer en doute. Lui-même n'a fait que reproduire la version de Vulson de la Colombière. C'est celle qu'on va lire.

« Il y avait un gentilhomme que quelques-uns qualifient avoir été archer des gardes du roi (Charles V), et que je crois devoir plutôt nommer un gentilhomme ordinaire, ou un courtisan, pour ce que l'histoire latine, dont j'ai tiré ceci, le nomme *aulicus*, nommé par quelques-uns le chevalier Macaire, lequel étant envieux de la faveur que le roi portait à un de ses compagnons nommé Aubry de Montdidier, l'épia si souvent qu'enfin il l'attrapa dans la forêt de Bondy, accompagné seulement de son chien (que quelques historiens, et nommément le sieur d'Audiguier, disent avoir été un levrier d'attache), et trouvant l'occasion favorable pour contenter sa malheureuse envie, le tua et puis l'enterra dans la forêt, et se sauva après le coup, et revint à la cour tenir bonne mine. Le chien, de son côté, ne bougea jamais de dessus la fosse où son maître avait été mis, jusqu'à ce que la rage de la faim le contraignit de venir à Paris, où le roi était, demander du pain aux amis de son feu maître, et puis incontinent s'en retournait au lieu où ce misérable assassin l'avait enterré ; et continuant assez souvent cette façon de faire, quelques-uns de ceux qui le virent aller et venir tout seul, hurlant et plaignant, et semblant par des abois extraordinaires vouloir découvrir sa douleur et déclarer le malheur de son maître, le suivirent dans la forêt, et, observant exactement tout ce qu'il ferait, virent qu'il s'arrêtait sur un lieu où la terre avait été fraîchement remuée; ce qui les ayant obligés d'y faire fouiller, ils y trouvèrent le corps mort, lequel ils honorèrent d'une digne sépulture, sans pouvoir découvrir l'auteur d'un si exécrable meurtre. Comme donc ce pauvre chien était demeuré à quelqu'un des parents du défunt et qu'il le suivait, il aperçut fortuitement le meurtrier de son premier maître, et l'ayant choisi au milieu de tous les autres gentilshommes ou archers, l'attaqua avec une grande violence, lui sauta au collet et fit tout ce qu'il put pour le mordre et l'étrangler. On le bat, on le chasse; il revient toujours, et, comme on l'empêche d'approcher, il se tourmente et aboie de loin, adressant les menaces du côté qu'il sent que s'est sauvé l'assassin. Et comme il continuait ses assauts toutes les fois qu'il rencontrait cet homme, on commença de soupçonner quelque chose du fait, d'autant que ce pauvre chien, plus fidèle et plus reconnaissant envers son maître que n'aurait été un autre serviteur, n'en voulait qu'au meurtrier, et ne cessait de lui vouloir courir sus pour en tirer vengeance. Le roi étant averti par quelques-uns des siens de l'obstination du chien, qui avait été reconnu appartenir au gentilhomme qu'on avait trouvé et meurtri misé-

rablement, voulut voir les mouvements de cette pauvre
bête : l'ayant donc fait venir devant lui, il commanda que
le gentilhomme soupçonné se cachât au milieu de tous
les assistants, qui étaient en grand nombre. Alors le
chien, avec sa furie accoutumée, alla choisir son homme
entre tous les autres ; et, comme s'il se fût senti assisté de
la présence du roi, il se jeta plus furieusement sur lui, et,
par son pitoyable aboi, il semblait crier vengeance et
demander justice à ce sage prince. Il l'obtint aussi ; car,
ce cas lui ayant paru merveilleux et étrange, joint avec
quelques autres indices, il fit venir devant soi le gentilhomme soupçonné, l'interrogea et pressa assez publique-
ment, pour apprendre la vérité de ce que le bruit
commun, les attaques et les aboiements de ce chien (qui
étaient comme autant d'accusations) lui mettaient sus ;
mais la honte et la crainte de mourir par un supplice
honteux rendirent tellement obstiné et ferme le criminel
dans la négative, qu'enfin le roi fut contraint d'ordonner
que la plainte du chien et la négative du gentilhomme se
termineraient par un combat singulier entre eux deux,
par le moyen duquel Dieu permettrait que la vérité serait
reconnue. Ensuite de quoi, ils furent tous deux mis dans
le camp comme deux champions en présence du roi et de
toute la cour : le gentilhomme armé d'un gros pesant
bâton, et le chien avec ses armes naturelles, ayant seulement un tonneau percé pour sa retraite, pour faire ses
relancements. Aussitôt que le chien fut lâché, il n'attendit
point que son ennemi vînt à lui ; il savait que c'était au
demandeur d'attaquer ; mais le bâton du gentilhomme
était assez fort pour l'assommer d'un seul coup, ce qui
l'obligea à courir çà et là à l'entour de lui, pour en éviter

la pesante chute; mais enfin, tournant tantôt d'un côté, tantôt de l'autre, il prit si bien son temps que finalement il se jeta d'un plein saut à la gorge de son ennemi et s'y attacha si bien, qu'il le renversa parmi le champ, et le contraignit à crier miséricorde et supplier le roi qu'on lui ôtât cette bête et qu'il dirait tout. Sur quoi les écoutes du camp retirèrent le chien, et, les juges s'étant approchés par le commandement du roi, il confessa devant tous qu'il avait tué son compagnon, sans qu'il y eût personne qui l'eût pu voir que ce chien duquel il se confessait vaincu. » (*Théâtre d'honneur et de chevalerie*, t. II, c. XXIII.)

Du temps de Montfaucon, on voyait encore au château de Montargis une vieille peinture représentant cet événement. Les *Monuments de la monarchie* en reproduisent le dessin. De là le nom de chien *de Montargis*, quoique le chien du malheureux Aubry n'ait peut-être jamais vu à Montargis. Montfaucon ajoute que Macaire fut envoyé au gibet. Le duel avait eu lieu dans *l'île Notre-Dame*, à Paris.

L'histoire du chien de Montargis se trouve encore en termes abrégés dans l'ouvrage de C. Scaliger, cité par nous ci-dessus, *Exercitationes adversus Cardanum*.

NOTE E

(Il traduisit en vers lyriques la joyeuse chanson du chantre du printemps, p. 76.

M. Dupont de Nemours, membre de l'Institut national, doit le peu de célébrité qui lui reste, moins à ses études sur les animaux qu'à la plume de M. de Féletz. On ne lira pas sans intérêt la spirituelle critique consacrée par le rédacteur de l'ancien journal des *Débats* aux œuvres du trop naïf académicien. Nous l'empruntons aux *Mélanges de philosophie, d'histoire et de littérature*, par M. de Féletz (t. I, pp. 480 et suiv.).

Mémoire sur l'instinct, par M. Dupont de Nemours.

« L'homme, dit M. Dupont de Nemours, a conclu qu'il était le seul qui sût parler, attendu qu'il n'avait point appris la langue de son cheval et de son chien, qui *ont eu assez d'esprit pour apprendre la sienne.* Ainsi, M. Dupont de Nemours pense qu'un cheval entend très bien le français ; et que même lorsqu'il passe au service d'un maître allemand ou anglais, il apprend tout aussitôt l'anglais et l'allemand. Mais M. Dupont de Nemours croit-il que nous n'entendions pas nous-mêmes le français ? S'imaginera-t-il que nous appellerons *savoir une langue*, exécuter divers mouvements, à l'occasion de quelques sons le plus souvent inarticulés, et presque toujours accompagnés de quelques gestes expressifs qui frappent beaucoup plus les yeux et les oreilles de l'animal que les mots prononcés (si même il y a des mots prononcés) ne frappent son esprit?

« Quoi qu'il en soit, l'apologiste des animaux ne veut point être en reste de courtoisie aux eux; et s'ils ont *appris sa langue*, il veut aussi apprendre la leur. Il ne commence point par étudier celle des chiens et des chevaux, ce qui eût été plus commode et peut-être plus utile; mais, ce qui est bien curieux, il va d'abord apprendre celle des corbeaux, avec lesquels nous ne paraissons pas destinés à avoir beaucoup de conversations. L'étude de cette langue lui a coûté bien des fatigues, des travaux et même des souffrances; il y a employé deux hivers; il y a eu *grand froid aux pieds et aux mains*. Figurez-vous M. Dupont de Nemours « au milieu de la neige et des » frimas, loin du village, dans un sauvage réduit, silen- » cieux, l'œil au guet, l'oreille attentive, un crayon et un » petit livre blanc à la main, car, dit-il, les corbeaux, ni » les autres animaux n'ont pas peur des livres; » figurez-vous, dis-je, cet illustre membre de la première académie du monde écoutant gravement la conversation des corbeaux, la notant sur ses tablettes, et rapportant pour fruit de ses études, de ses veilles et de ses deux hivers, vingt-cinq mots de cette langue, bien distincts et bien harmonieux, au lieu *d'un cri assez vilain et toujours le même, que nous leur attribuons*.

« Ainsi, grâce à la patience et au courage de M. Dupont

de Nemours, nous apprendrons au coin de notre feu, et les pieds bien chauds, que les corbeaux disent *cra, cré, cro, crou, crouou, grass, gress, gross, grouss, grououss,* etc. Je passe les autres mots de ce dictionnaire et j'admire cette langue. Je me permettrai cependant une petite objection sur une difficulté, que, dans ma profonde ignorance de la langue des corbeaux, je ne pourrais jamais résoudre. M. Dupont de Nemours a entendu tel corbeau dire harmonieusement *grouous,* et tel autre lui répondre non moins gracieusement *grououss*; or je demande comment il a pu distinguer deux mots si semblables? En un mot, voici le problème que je le prie de résoudre : déterminer comment fait un corbeau pour prononcer *grouous* avec une seule *s*, ou *grououss* avec deux *ss*. Il me semble qu'il faut écrire ces deux mots pour les distinguer : or les corbeaux n'écrivent pas encore. Mais ce serait peu de chose que d'avoir entendu le *cra, cré, cro* des corbeaux: le beau et l'utile, c'est de l'interpréter, et c'est ce que M. Dupont de Nemours a fait. Il remarque d'abord qu'il ne faut pas croire que cette langue soit pauvre, parce qu'elle ne renferme que vingt-cinq mots. En effet, les corbeaux n'ont qu'à les combiner de deux à deux, de trois à trois, de quatre à quatre, de cinq à cinq, et ils obtiendront un nombre de combinaisons tel qu'il surpassera le nombre de mots que contient la langue la plus riche de l'univers ; ils obtiendront sur (par-dessus ?) le marché une bien belle musique. M. Dupont de Nemours, circonspect dans ses assertions, ne voulant rien hasarder, ne rien dire que ce qu'il sait positivement, n'affirme point que les corbeaux fassent toutes ces combinaisons ; il incline même à croire qu'ils ne les font pas : en effet, leurs vingt-cinq mots leur suffisent bien pour dire : *ici, là, droite, gauche, en avant, halte, pâture, garde à vous, l'homme armé, froid, chaud, partir, je t'aime, moi de même, un nid* ; après quoi les corbeaux n'ont plus rien à dire, ou du moins M. Dupont de Nemours n'a plus rien entendu. Mais nous désirerions encore autre chose : nous voudrions savoir précisément quel est le mot français qui répond au mot de la *langue corbeau*, sans quoi nous n'apprendrons jamais cette langue.

. . . .

« Des corbeaux M. Dupont de Nemours passe aux pies, et, du dictionnaire de ceux-là, à l'arithmétique de celles-ci. Nous avons vu que cette arithmétique, d'après M. Leroy, ne s'élevait qu'à quatre, et que *la force de la tête de la pie*, pour parler comme M. Dupont de Nemours, *était épuisée*, et ne pouvait suffire à des *additions* ou à des *soustractions* d'un nombre plus élevé ; mais il croit très possible que quelque *pie d'élite* parvienne *à compter sur ses deux pattes jusqu'à huit*, et se fasse ainsi une *arithmétique octogésimale*, comme nous nous en sommes fait une décimale ; après quoi elle professera cette science, dit M. Dupont de Nemours, à son mâle et à ses enfants.

« M. Dupont de Nemours a surpris entre des araignées les dialogues les plus touchants, quoique les moins variés. *Tack, tack, tack*, disait-on d'un côté ; *teck, teck, teck*, répondait-on de l'autre. De ces images gracieuses passant à celles de la désolation et de la fureur, il se rappelle toutes les *injures imaginables* que les écureuils dirent aux *humains* ou aux *inhumains* qui les regardaient, lorsque, le parc de Versailles ayant été abattu, *les mères* (des écureuils) couraient *éplorées, portant leurs enfants dans leurs bras : la désolation fut affreuse.* S'élevant ensuite à la noblesse des expressions et des images que demande le noble caractère des animaux, il peint la *discipline civile et militaire* des marsouins : il peint l'ordre de bataille des moineaux d'Étampes, battant en retraite devant un ouragan, se retirant *de poste en poste,* dans une marche *savamment graduée.* Dans ces cas imprévus, ils élisent un général ; le *bon propos* et le sang-froid ont bien vite distingué celui à qui on doit obéir, et ces moineaux rappellent à M. Dupont de Nemours un grenadier de ses amis. Il compare aussi les castors à la société des *Amis* ou quakers, et les rats musqués *aux Bataves qui, avec de petits moyens et un grand courage, ont résisté à la maison d'Autriche.* Mais toutes ces merveilles du génie et du courage des animaux, toutes ces merveilles de leur langage que M. Dupont de Nemours a si bien entendues, et qu'il traduit si bien, ne sont rien en comparaison des merveilles de leur musique, qu'il n'a pas moins entendues, et de leurs chansons, qu'il ne traduit pas moins bien.

« M. Dupont de Nemours, prêt à *traduire de l'animal en langue humaine,* se recueille un instant devant l'Institut, et croit devoir lui rendre compte des procédés au moyen desquels il a pu s'initier dans la connaissance de tant de langues diverses. Ces procédés sont bien simples ; ils consistent à vivre familièrement avec les animaux, et surtout les oiseaux, à les observer soigneusement. Alors on apprend leur langue comme on apprend celle d'un peuple sauvage, dont on n'a ni le dictionnaire ni la grammaire. C'est ainsi que, sans grammaire et sans dictionnaire, M. Dupont de Nemours a appris la langue d'une foule d'oiseaux ; il a reconnu que leur grammaire était très simple, qu'ils avaient peu de *noms, le double d'adjectifs*, presque pas de *verbes*, parce qu'ils les *sous-entendent*, des *interjections*, et puis voilà tout : ils débarrassent leur langue de tout ce fatras de participes, d'adverbes, de conjonctions, de prépositions qui surchargent les nôtres.

« Après avoir appris la grammaire des oiseaux, M. Dupont de Nemours a appris leur poésie et leur musique ; et il a très bien compris que le pinson, par exemple, chantait son *amour-propre,* le serin *son talent,* l'alouette un hymne sur les *beautés de la nature et sur la vigueur avec laquelle elle fend l'air et s'élève aux yeux de sa compagne qui l'admire,* etc. Pour le rossignol, il ne chante pas une chanson et un hymne, il en chante trois, que M. Dupont de Nemours a parfaitement entendus et distingués. . .

« M. Dupont de Nemours ne donne qu'une analyse des deux premières chansons ; mais il traduit fidèlement et élégamment la troisième tout entière. Cette troisième chanson est celle que le mâle, auprès de sa femelle qui couve, chante pour *l'amuser,* pour la *féliciter,* pour la *louer.* Elle avait été précédée, non par un silence absolu, mais par un dialogue simplement parlé, et dans lequel on *distinguait à peine le sexe des interlocuteurs.* Ce dialogue avait lieu pendant la construction du nid, affaire trop importante pour que le ménage pût songer à chanter.

« Au moment de nous révéler le secret qu'il a surpris aux rossignols, M. Dupont de Nemours hésite encore ; il sollicite notre indulgence, et il *l'invoquerait bien plus si nous étions des rossignols.* Il sent combien une traduction *affaiblit l'original*; il avoue qu'il n'a pu que bien entendre les paroles, bien les rendre, et qu'il ne sait que très fai-

blement ce qu'en musique on appelle *le motif*. « Oter,
» dit-il, à un rossignol sa musique véritable, c'est lui faire
» un tort affreux. » Enfin il se compare à l'abbé Desfon-
taines traduisant Virgile ; et, après toutes les aimables
précautions de la modestie, il donne sa traduction que
voici :

Chanson du rossignol pendant la couvaison

(Traduite par M. Dupont de Nemours, et chantée devant l'Institut National.)

Dors, dors, dors, dors, dors, dors, ma douce amie.
. . . .
Dors en couvant
Nos jolis enfants,
Nos jolis, jolis, jolis, jolis, jolis,
Si jolis, si jolis, si jolis
Petits enfants.
. . . .

« Je ne reprendrai pas dans cette chanson quelques lon-
gueurs et quelques répétitions ; je ne m'aviserai pas de
critiquer la chanson d'un rossignol, et je tiens la traduction pour très exacte ; je ne saurais dire, cependant, si
cette chanson est d'un bon poète rossignol, et M. Dupont
de Nemours lui-même ne serait guère moins embarrassé
que moi à le décider : il avoue qu'*il y a rossignol et rossignol ; mais les différences échappent à nos observations
négligées et imparfaites.* « Un autre animal, ajoute-t-il
« très judicieusement, dont l'espèce serait aussi éloignée
« de la nôtre que nous le sommes des oiseaux, et qui
« ne saurait pas plus le français que nous ne pouvons
« savoir le rossignol, confondrait aisément Campistron et
« Racine. » Il est donc possible que de son côté il ait pris

pour le Delille des rossignols le plus petit poète d'un de leurs plus misérables athénées.

« M. Dupont de Nemours n'est pas content de nos coqs Il ne reconnaît plus dans ces coqs « un généreux et hardi » Gaulois, *Gallus bellator*, ni un citoyen français défendant » au son de l'*hymne de Marseille*, sa compagne et ses fils ». En un mot, ce n'est pas là le coq que *Dieu avait fait.* » Voyez, continue M. Dupont de Nemours (toujours à » l'occasion des coqs), voyez combien sont plats et froids, » et de mauvais goût, les romans du *petit Crébillon...* » Comparez-les au poème de Richardson et des bons » romanciers anglais, ou seulement à ceux de l'abbé » Prévost; et, quand vous pouvez être coqs et hommes » naturels, rougissez de devenir coqs et hommes dépra- » vés. » C'est ainsi que M. Dupont de Nemours sait tirer d'excellents traits de morale de l'histoire des coqs...

« Je ne parlerai point de l'*âme sensible* d'une abeille qui acquitte une *dette contractée* envers un malheureux ver, parce que, ayant été ver elle-même, elle doit compatir aux maux qu'elle a soufferts, *non ignara mali; rien n'est plus naturel*, dit M. Dupont de Nemours. Je passerai sous silence une foule d'autres merveilles qu'il raconte et de conséquences merveilleuses qu'il en tire. Mais que dis-je? des merveilles! M. Dupont de Nemours n'en reconnaît point dans tout ce qu'il rapporte des animaux : c'est, au contraire, pour éviter les *miracles* qu'il rapporte tous ces prodiges. *Dieu,* dit-il, *ne fait point de miracles pour les chardonnerets, pas plus que pour nous qui ne valons guère mieux.* Il n'est point réduit *à intervenir ainsi dans les affaires de tant de petites familles.* L'instinct, dit-il ailleurs, serait une sorte de *révélation ;* et c'est pour qu'il n'y ait ni révélation ni miracle que M. Dupont de Nemours a imaginé que les marsouins, les araignées, les pies, les rossignols et tous les animaux combinaient, réfléchissaient, faisaient des calculs, des poésies, des chansons et de la musique. »

Extrait d'un second article sur les ouvrages du même écrivain.

« Quelque intéressant que soit M. Dupont de Nemours peignant les passions des plantes, ses tableaux sont plus vifs encore et plus animés lorsqu'il décrit les mœurs des animaux; lorsque s'élevant jusqu'au limaçon, il parle noblement de sa *pensée;* lorsqu'il s'attendrit sur l'*âme sensible* d'une guêpe; lorsqu'il vante la *bravoure* d'un lapin sentinelle, la *modestie* et le *désintéressement* de telle fourmi, ou qu'il compare les soins empressés de telle autre auprès d'une autre fourmi malade et valétudinaire, à ceux d'une *sœur grise* ou d'un *frère de la Charité;* lorsqu'il admire la tendresse et la constance d'un crapaud, à qui l'on venait de *couper* inhumainement les *mains,* et qui n'en serrait pas moins dans ses *bras sanglants* son compagnon; lorsqu'il vante aussi le sentiment tendre d'une raie, le seul des poissons un peu tendre; lorsqu'il parle si complaisamment de l'esprit de sa petite vache, qui à une physionomie peu avantageuse joignait un si haut degré d'intelligence, que les autres vaches, reconnaissant *son empire,* la recevaient avec toutes *les marques possibles d'estime et de considération,* dès qu'elle paraissait, et dont elles invoquaient le *génie* en l'appelant quand elle ne paraissait pas; lorsque enfin il voit dans un veau marin qui met en fuite le chasseur, Argant repoussant le brave Dudon ; dans une ruche d'abeilles, la ligue Achéenne ; dans un essaim qui, chassé d'une ruche, va s'établir ailleurs, Phalante sortant de Sparte pour aller fonder une nouvelle colonie et gouverner les Tarentins, etc.

« Aucun animal n'échappe à la bienveillance de M. Dupont de Nemours ; il s'est constitué le défenseur officieux de tous, sans exception. A l'en croire, les loups sont calomniés par les bergers. « Les loups, dit-il, dont il ne « faut pas juger sur la foi des bergers, entendent fort bien « la théorie, la pratique et la sanction des contrats. » Enfin, les loups ont beaucoup de *moralité;* ils ont aussi beaucoup de tactique et de prudence. Avant les combats que l'un d'eux engage en escarmouchant *à la hussarde*, ils tiennent de longues conférences ou conseils de guerre, dans lesquels « il est facile de reconnaître beaucoup de « discours, de harangues, de réponses, un dialogue très « animé ». Le renard a moins de *moralité* que le loup ; moins fort, il est plus habile dans la *guerre défensive;* il est savant dans l'architecture et dans l'art de construire des fortifications, qui servent en même temps à loger toute la famille, mais dans lesquelles le mâle a l'appartement principal, sans compter *une ou deux maisons de campagne au dehors*. Si les loups font entre eux des contrats dont ils sont *très religieux observateurs*, le chien en a fait un avec l'homme, et les deux parties contractantes traitèrent d'égal à égal, si du moins le chien ne se regarda pas comme supérieur. « Car, dit très bien M. Dupont de « Nemours, l'amour-propre, si naturel à tous les êtres, a « dû longtemps persuader au chien qu'il avait dressé « l'homme à la chasse ; mais, au moment du contrat,

« il sembla généreusement oublier cette supériorité : il
« lécha la main de l'homme, l'homme lui passa la main
« sur le dos, les *deux amis se baisèrent, et le traité*
« *fut conclu pour jamais.* » Le traité eût été signé sans doute
avec paraphe, *ne varietur* ; mais aucune des deux parties
contractantes ne savait écrire alors. Les chiens ne le savent
pas encore ; mais M. Dupont de Nemours espère qu'ils
l'apprendront, ou du moins *quelque chose d'équivalent.*
En attendant ils ont appris, ainsi que beaucoup d'autres
animaux, plus de *physique*, de *morale*, d'*arithmétique*, de
géométrie, d'*hydraulique*, d'*architecture*, que la plupart
de nous ; à plus forte raison, les chiens ont appris à parler.
J'avais reproché à M. Dupont de Nemours d'avoir inutilement employé son temps à étudier la langue des corbeaux,
avec lesquels nous ne paraissons pas destinés à avoir
beaucoup de relations, au lieu d'étudier la langue, la
syntaxe et la grammaire des animaux qui vivent en
société avec nous ; mais ce reproche n'était pas juste, et je
vois, dans cette édition plus complète, qu'il connaît parfaitement la langue des chiens, et même celle des chats.
Ces deux langues ont absolument les mêmes voyelles ; mais
le chat a, dans son idiome, six consonnes qui ne se trou-
point dans l'alphabet du chien : ces six consonnes sont l'*m*,
l'*n*, le *g*, l'*r*, le *v* et l'*s*. Ce n'est pas que le chien ne connaisse
bien le *g* et l'*r* ; mais il ne les emploie que rarement et
dans les grandes occasions.

. . . .

« Tout s'ennoblit, tout prend un caractère auguste à
ses yeux (aux yeux de M. Dupont de Nemours) dès qu'il
s'agit d'une chenille, d'une araignée, d'une pie, d'un
corbeau. Il n'y a plus alors de termes trop pompeux, de

comparaisons trop élevées. Il voit chez les animaux les plans les plus vastes, les combinaisons les plus réfléchies, la prévoyance la plus sage et la plus étendue, la culture des arts les plus difficiles, des sciences les plus profondes, et, chez quelques-uns, la société la mieux organisée ; une bonne police, des tribunaux, des peines infligées aux délits ; une bonne armée, des chefs, des soldats, des troupes légères, des troupes pesamment armées, des hussards, des grenadiers, des médecins et des chirurgiens, des conseils supérieurs, des orateurs ; je crois même qu'il leur accorde des connaissances diplomatiques, et bientôt il y aura des académies.

« Je rapporterai (en les abrégeant, car l'admiration est un peu prolixe) quelques-unes des histoires par lesquelles M. Dupont de Nemours veut justifier la haute opinion qu'il a du génie et des vertus des animaux.

. . . .

« M. Dupont de Nemours a connu particulièrement le chien de M. l'abbé *Trente mille hommes*, fameux politique du Luxembourg. M. l'abbé *Trente mille hommes* mourut, et son chien dédaigna de prendre un autre maître, quoique plusieurs amis de l'abbé se fussent présentés et lui eussent demandé la préférence ; il se fixa donc au Luxembourg, *conservant de l'affection* pour le groupe de nouvellistes qu'il suivait dans leurs promenades, s'arrêtant avec eux dans leurs longues stations et *regardant avec beaucoup d'attention les figures qu'ils traçaient sur le sable*. Il était charmé quand on l'invitait à dîner en ville ; la formule était : *Sultan, veux-tu venir dîner avec moi ?* ou plus poliment encore : *Sultan, veux-tu me faire l'honneur de dîner chez moi ?* Il acceptait avec

caresses, *s'il n'était pas déjà engagé*. S'il avait déjà promis, il remerciait avec grâce, et allait se ranger auprès du premier invitateur. *Il se montrait fort bon convive.* La nappe enlevée, il restait poliment quelque temps, puis demandait à sortir, et se fâchait si on ne lui ouvrait pas. « Un maladroit, ajoute M. Dupont de Nemours, qui
» l'aimait, mais qui n'était pas assez délicat pour sentir
» qu'on ne peut conquérir par la force une *âme élevée*,
» voulut le faire attacher. Sultan se révolta, mordit
» l'exécuteur, se dégagea, et n'a jamais rencontré ce per-
» fide ami sans lui reprocher sa trahison, et terminer la
» querelle par un *geste méprisant*. » Sultan a *fait* souvent à M. Dupont de Nemours l'*honneur* de dîner chez lui, et il paraissait s'y plaire beaucoup.

« Un décrotteur avait un chien non moins admirable que Sultan : ce chien était le *crotteur* du décrotteur, et lui procurait beaucoup d'ouvrage ; en effet, « il allait
» tremper dans le ruisseau ses grosses pattes velues, et
» venait les poser sur les souliers du premier passant ;
» le décrotteur, empressé de réparer le délit, présentait
» la sellette : *Monsieur, décrotter là.* Tant qu'il était oc-
» cupé, le chien s'asseyait paisiblement à côté de lui : il
» aurait été inutile alors d'aller crotter un autre passant ;
» mais dès que la sellette était libre, le petit jeu recom-
» mençait. » M. Dupont de Nemours pousse plus loin l'histoire de ce chien : Un Anglais, témoin de tant de gentillesse, l'achète quinze louis, le met dans une chaise de poste, l'embarque à Calais, l'emmène à Londres. Cependant le décrotteur pleurait son chien avec une tendresse mêlée de quelques remords ; mais celui-ci s'enfuit un beau matin de Londres, s'embarque à Douvres ; il re-

vient auprès du décrotteur, *plus crotté que jamais, et crottant mieux que jamais ses pratiques.* M. Dupont de Nemours a connu ce chien ; il a été peut-être crotté par lui.

« Mais les rossignols, les hirondelles, les serins, les chiens et les éléphants ne sont rien auprès d'une fourmi ; c'est là le véritable objet de toutes les affections de M. Dupont de Nemours. Je voudrais, s'écrie-t-il *agrandir* mon pinceau ; *il s'agit de la fourmi.* Il remercie la Providence, qui, lorsqu'il était malheureux, le dédommagea en lui faisant faire une connaissance intime avec cet *estimable insecte.* Il parle surtout avec un noble enthousiasme des fourmis à grand caractère, qui, par leur *active bonté* et leur grand courage, parviennent à une haute considération et à des *magistratures très élevées.* « Des magistra-
» tures ? direz-vous. — Oui, sans doute, elles en ont ; il
» y en a d'héréditaires ; il y en a d'électives, où l'on ne
» parvient que par le mérite : elles ressemblent aux
» Germains : *Reges ex nobilitate, duces ex virtute*
» *sumunt.* » Leurs élections ressemblent à celles de nos enfants ; car, malgré sa prédilection pour cet *estimable insecte,* M. Dupont de Nemours avoue que la fourmi, dans son *âge mûr,* n'a pas plus d'esprit qu'un enfant de dix à douze ans. Ainsi donc que nos enfants, les fourmis s'assemblent ; l'une d'elles dit : *Faisons cela* ; la majorité repond *oui* ou *non.* Ensuite on élit un chef qui donne ses ordres : *Toi, tu te mettras ici ; toi, tu feras cela, tu attendras tel signal ; moi, je le donnerai de telle façon ;* et le chœur répond : C'EST BON. C'est sans doute après cet unanime et heureux accord que M. Dupont de Nemours a vu les fourmis *se donner la main, approcher leur tête, et connaître le baiser.*

« Cependant, malgré son enthousiasme, M. Dupont de Nemours se surprend quelquefois à donner à l'homme une certaine supériorité sur la fourmi ; mais il s'en excuse. « C'est, dit-il, dans mon fauteuil et dans la « salle de l'Institut national des Français que je juge cela. « Si j'avais l'honneur de siéger dans la principale acadé- « mie d'une fourmilière florissante, il y a toute appa- « rence que je penserais et conclurais tout différem- « ment. » Ainsi les fourmis ont aussi des académies ! Assurément M. Dupont de Nemours méritait d'en être membre honoraire, associé ou correspondant. »

NOTE F

Nous trouvons dans un ouvrage sur les animaux deux faits allégués pour prouver qu'ils sont intelligents. Nous devons les rapporter ici.

« Un notaire d'un village situé dans les montagnes du Forez, M. F., est appelé un soir auprès d'un moribond, habitant un hameau situé à quelques kilomètres. Il s'agissait d'un testament à faire sans retard. M. F. monte à cheval, suivi de son chien. La nuit était noire, les chemins étaient mauvais. Plusieurs fois, M. F. dut descendre de cheval, prendre des sentiers détournés, s'arrêter, revenir sur ses pas. Il arrive enfin, accomplit son office, remonte en selle et rentre chez lui au point du jour. Mais, en se déshabillant pour se mettre au lit, il s'aperçoit qu'il a perdu sa montre. Il appelle son chien, et lui montrant son gousset vide : « J'ai perdu ma montre, dit-il, va, cherche. » Le chien part ; une heure après, il revient avec la montre. » (*L'Homme et la Bête* par A. Mangin, p. 30.)

L'auteur continue : « Il (le chien) savait donc ce que c'était qu'une montre ; il avait compris que son maître l'avait perdue, et perdue dans une excursion nocturne ? » Que de science ! et de science inutile ! Le chien dont il est question était sûrement dressé à rapporter : on aurait pu défier M. F. de demander le même service au premier caniche venu. Il n'est pas moins certain qu'en montrant à son chien dressé son gousset vide, et en lui disant de l'air le plus désolé : J'ai perdu ma montre l'animal serait resté au logis. Le mot efficace : *Cherche*, était indispensable, parce que c'est avec celui-là qu'on avait appris l'animal à chercher. Mais il n'est pas douteux que le maître aurait prononcé *abracadabra* avec le même succès, s'il avait employé ce terme pendant le dressage. Quant à la montre retrouvée et au chemin parcouru, tout s'explique par l'odorat. On peut à la rigueur, si l'on veut, admettre que la vue du gousset a réveillé dans le cerveau de l'animal l'image de la montre. Mais ce phénomène, qui est purement d'imagination et point du tout d'intelligence, n'est point nécessaire à l'explication du fait qui vient d'être rapporté. On raconte une foule d'histoires de chiens *intelligents*, lesquelles ne sont pas plus embarrassantes. Celle qui suit le sera-t-elle davantage?

Il s'agit d'abeilles cette fois, et par conséquent de toute une ruche.

« Les insectes dont je parle... ont aussi, *incontestablement*, de l'intelligence. En voici, pour les abeilles, une preuve entre mille (l'auteur serait probablement fort embarrassé d'en rapporter quatre ou cinq autres), citées par Huber (de Genève). Une ruche avait été ravagée par un grand sphinx tête-de-mort. Les abeilles se mirent aussitôt à l'ouvrage avec une énergique activité pour réparer le dégât et les pertes considérables qu'elles venaient de subir ; mais elles songèrent en même temps à prévenir le retour d'une si désastreuse invasion, et pour cela que firent-elles? Elles rétrécirent l'entrée de leur ruche, de telle façon qu'elles y pussent passer une à une, mais que le gros papillon n'y pût entrer. L'année suivante, il n'y eut pas de sphinx dans le canton ; les abeilles laissèrent à l'entrée de leur demeure ses dimensions accoutumées. L'année d'après, les sphinx reparurent ; elles rétablirent leurs fortifications. »

L'auteur nous laisse le soin de deviner comment ce fait prouve l'intelligence des abeilles. Ces insectes constatent par d'affreux dégâts que la visite d'un autre insecte est celle d'un ennemi ; ils prennent, contre l'ennemi inattendu et ceux de sa race, des moyens de protection parfaitement proportionnés ; ils appliquent ces moyens avec un à-propos merveilleux suivant l'imminence du danger. Des actes analogues seraient des signes incontestables de raison dans l'homme ; pourquoi ne le seraient-ils pas dans les abeilles? Voilà sans doute l'argumentation que M. Mangin n'a pas pris la peine de développer, parce qu'elle lui semblait trop évidente.

Remarquons d'abord qu'il s'agit de toute une ruche, et non pas d'une seule abeille. Un grand nombre d'*ouvrières* ont dû travailler aux *fortifications*. Suppose-t-on qu'il y ait eu entente préalable, conseil, délibération ? Ce serait vraiment par trop plaisant, et nous refusons d'y croire jusqu'à ce qu'on nous ait expliqué la possibilité d'une telle assemblée chez ce petit peuple muet et dépourvu de toute faculté mimique. La vérité est que dans cette circonstance l'entente s'est produite spontanément, chez tous les membres actifs de la ruche à la fois, exactement comme l'art de l'architecture dans la jeune ouvrière qui sort de son alvéole ; car ce n'est ici qu'un phénomène d'instinct. On se trompe et l'on s'embarrasse dans des difficultés inextricables, lorsqu'on veut borner l'instinct aux phénomènes communs à toute l'espèce. L'instinct est une aptitude latente, la même au fond pour toute l'espèce, mais qui se modifie avec les caractères propres de l'individu et se manifeste diversement suivant les circonstances. La présence du grand sphinx dans la ruche de Huber n'a point été la cause de réflexions profondes, de combinaisons savantes, de plans d'abord variés, puis ramenés à l'unité par l'étude : elle a tout simplement imprimé comme une forme nouvelle, instantanée et la même pour toutes les ouvrières, dans l'instinct de construction propre à l'espèce. Supposez, pendant la triste guerre de 1870, une ville, non pas surprise, mais menacée tout d'un coup par un régiment prussien ; comparez dans cette conjoncture la conduite des êtres incontestablement raisonnables qui l'habitent avec celle des abeilles surprises par le sphinx, vous comprendrez ainsi combien l'instinct diffère de la raison.

Si les abeilles raisonnent, la raison de l'homme n'est vraiment rien mise en parallèle avec celle de ces insectes. Mais qui osera le croire ? Les abeilles, qui savent protéger leurs provisions contre les ravages du grand sphinx tête-de-mort, ne savent rien faire pour prévenir les ravages tout autrement importants que l'homme leur fait subir chaque année. Pourquoi cette différence ? Pourquoi la profonde sagesse de ces petites bêtes se trouve-t-elle tout d'un coup frappée d'inertie en présence d'une hostilité qui se renouvelle chaque année depuis des siècles ? L'explication de ce fait est facile. La raison, qui seule franchit ou essaie de franchir tous les obstacles, parce qu'elle rayonne dans tous les sens, la raison est totalement absente : l'abeille n'a que l'instinct, et l'instinct, enrayé dans un nombre très limité de directions, est réduit à l'impuissance contre tout ce qui est en dehors de ces directions naturelles. Un oiseau qui vole dans l'air et un poisson qui nage dans l'eau peuvent-ils jamais se rencontrer? De même un homme qui ne saurait employer à sa défense que des contre-poisons, pourrait-il résister aux bêtes féroces ou à une agression armée? Le vrai caractère de la raison, répétons-le une dernière fois, son caractère essentiel et incommunicable, c'est d'être la faculté de l'universel; elle n'embrasse pas tout ce qui peut être connu, mais n'atteint aucun objet, sans l'atteindre dans ses rapports avec l'*illimité*. La limite, la limite objective est le signe infaillible de l'absence de la raison. Vous reconnaissez à des marques incontestables que la notion de *tout*, *partout* et *toujours* est refusée à tel et tel être vivant et sensible, prononcez, en dépit de toutes les apparences, que cet être n'a pas même l'ombre de la raison.

FIN

TABLE DES MATIÈRES

Préface de la première édition. V
Avertissement pour cette nouvelle édition XI

LIVRE PREMIER

L'HOMME

Chapitre I. — La raison

Notions universelles chez le paysan et le sauvage. — Naïveté de sir John Lubbock. — Merveilleux de la notion du *nombre* dans l'esprit humain. — *Tout, partout* et *toujours*. — M. Taine n'a rien compris à la notion du *nombre*. — Il n'est pas de mot employé par l'homme qui ne signifie ou ne suppose quelque notion universelle. — L'intelligence de l'homme s'ouvre d'abord aux notions universelles. — Véritable raison de l'excellence de la raison humaine. 1

Chapitre II. — Les signes de la raison

1. — *La parole*. — Nature de la parole. — Signe, objet signifié, rapport du signe à l'objet. — Qu'est-ce que penser? — Le mot n'est qu'une *condition* de la pensée; mais cette condition est indispensable dans l'homme. — Le langage suppose la raison. — La raison humaine appelle nécessairement le langage. — II. — *La liberté*. — Ce qu'il faut entendre par la liberté. — La raison appelle essentiellement la liberté. — Conséquences de la liberté. — III. — *Suprématie de l'être raisonnable*. — Quelques preuves de cette prérogative. — L'homme maître du feu. — L'agriculture. — L'architecture. 15

Chapitre III. — L'homme d'après les naturalistes

L'homme n'est qu'une bête. — Huxley. — Carl Vogt. — Paul Gervais. — Claus. — Richet. — Raison de cette classification. — Conséquences dangereuses. 30

CHAPITRE IV. — LA PLACE DE L'HOMME DANS LA CRÉATION

Notion du règne en histoire naturelle. — Quatre règnes constitués par l'inertie; — la vie; — la sensibilité; — la raison. 49

LIVRE DEUXIÈME

LA BÊTE

CHAPITRE I. — LA BÊTE N'A PAS LA RAISON

L'instinct et l'intelligence, d'après F. Cuvier et les naturalistes de son école. — Combien les faits invoqués pour prouver l'intelligence des animaux sont peu nombreux. — L'animal n'invente pas. — Le lion. — Le loup. — La fourmi. — L'abeille. — Comment les animaux se défendent. — La moralité des animaux. — Cruauté des tourterelles, des abeilles. — Les animaux ne parlent pas. — Les oiseaux chanteurs. — La langue des animaux, s'ils en avaient une, serait une langue morte. — Digression sur l'animal, l'enfant et l'idiot. 65

CHAPITRE II. — LA BÊTE EST INCAPABLE D'ARRIVER A LA RAISON

La sensibilité ne peut en se perfectionnant devenir l'intelligence qu'autant qu'elle est de même ordre que l'intelligence. — Elle n'est pas de même ordre; preuves. — La perfection de l'intelligence n'est point du tout proportionnée à la perfection des sens. — Perfection de la vue dans le milan, dans l'hirondelle. — De l'odorat dans le chien, dans le vautour. — Une aveugle sourde-muette intelligente. — Rôle du cerveau. — Conclusion rassurante. 85

CHAPITRE III. — ANALYSE DES OPÉRATIONS SENSIBLES. L'ANIMAL DANS L'HOMME

Le chasseur altéré et désaltéré. — Sensation, plaisir, peine, attrait, répugnance. — Ces phénomènes peuvent s'accomplir indépendamment de la raison. 95

CHAPITRE IV. — LES SENSATIONS DANS LA BÊTE

La bête sent comme l'homme. — Le plaisir et la peine sont distincts de la pure sensation. — La sensation dans la grenouille, le taureau, la libellule, les papillons, les poissons, le chien, la vache. — La sensation variant avec l'espèce, avec les divers états de l'individu. 104

CHAPITRE V. — SUITE DU MÊME SUJET

L'instinct de la société dans le chien, dans le mouton, dans la fourmi. — Le chapon de M. Flourens. — L'instinct d'imitation. — Le singe. — — L'orang-outang du jardin des Plantes. — L'instinct de construction; la guêpe, le fourmi-lion, la mygale, le cerceris. — L'araignée des jardins et sa toile géométrique. 111

Chapitre VI. — Influence combinée et réciproque du plaisir et de la douleur

Alternative de l'action et du repos, du plaisir et de la douleur. — Excitation physique. — Disposition de l'organe. — Comment l'araignée fait sa toile. — Excitation factice. — Le plaisir et la peine dans un état permanent : — bonne et mauvaise humeur, caractère. — Le singe, les canards, les grues et les pinsons................. 120

Chapitre VII. — La machine animale

Ce que c'est qu'un organe. — Distribution générale et rôle du système nerveux. — Ce que les physiologistes entendent par *mouvements réflexes*. — Aperçu général de la machine vivante d'après le Dr Lereboullet. — Adaptation de l'organe par rapport à l'objet, — par rapport au principe moteur interne................. 130

Chapitre VIII. — Comment se produit l'action dans l'animal

Imagination. — Association des images. — Réveil des images associées. — Education des animaux. — Leurs habitudes acquises. — L'instinct et l'habitude dans l'animal. — Conclusion........... 139

LIVRE TROISIÈME

CONTROVERSE AU SUJET DES OPÉRATIONS MENTALES DE LA BÊTE

Chapitre I. — Correspondance touchant la raison des bêtes. 151

Chapitre II. — La raison chez le chien

Les deux chasseurs. — Le caniche de bonne compagnie...... 194

LIVRE QUATRIÈME

EXAMEN DE QUELQUES THÉORIES CONTEMPORAINES

Chapitre I. — Thèse de M. Darwin

Digression sur l'influence que nos sentiments exercent sur nos jugements. — L'instinct et l'intelligence d'après les naturalistes. — L'araignée de M. Flourens. — Les mouches ichneumons. — Triple série de faits imaginés par M. Darwin. 1° Ceux qui prouvent autre chose... 211

Chapitre II. — Suite du précédent

2° Faits qui n'ont pas même l'air de prouver quelque chose. — Le singe et le chien. — Le vieux chien qui réfléchit. — Les tournois parmi les oiseaux. — Le chien religieux. — Bonté d'âme du perroquet et de la vache. — Les babouins pillards. — Encore une histoire de chien — L'hirondelle en proie aux remords. — Le chien coupable.... 228

Chapitre III. — Suite du précédent

3° Faits qui ne prouvent pas grand'chose. — Chien de M. Colquhoun. — Chien de M. Hutchinson. — Histoires de singes. — Le babouin de Le Vaillant. 242

Chapitre IV. — Thèse des positivistes

M. A. Sanson. — Son syllogisme. — Attention du chien, du lièvre. — Mémoire du cheval. — Raisonnement chez l'abeille. — Le cheval de M. Sanson. — Le chamois qui saute par calcul. — Réfutation du syllogisme de M. Sanson. — M. Alexandre Dumas en parallèle avec le chamois de M. Simonnot. — En quelle langue l'animal pense-t-il ? — Digression sur ce sujet. 255

LIVRE CINQUIÈME

LA REINE DES INVERTÉBRÉS

Chapitre I. — Signes de raison chez la fourmi. 285
Chapitre II. — Le cerveau de la fourmi. 314
Chapitre III. — Examen des signes de raison chez la fourmi. 324

LIVRE SIXIÈME

LA BÊTE JUGÉE PAR L'HOMME

Chapitre I. — La bête raisonnable

1° D'après les littérateurs. — George Sand. — Plutarque. — Montaigne. — Charron. — Ulysse et Gryllus. — Le raisonnement du chien de Chrysippe. — Le sorite du renard de Thrace. — L'éléphant au chaudron. — Les bœufs de Suze. — L'éléphant qui repasse sa leçon. — Les éléphants qui dînent en grande cérémonie. — Le lièvre qui se réfugie dans la gueule d'un lion. — Culte des morts chez les fourmis. — L'éléphant qui parle. — Le chien Capparus. — Les écrivains de la Renaissance : Rorarius, Et. Pasquier, Juste Lypse, etc. — 2° D'après les philosophes. — Celse. — Porphyre. — Darwin dans Porphyre. — Théophraste, le transformisme dans Théophraste. — Pythagore. — Platon. — L'abbé de Villars. — Le P. Bougeant. 355

Chapitre II. — La bête-machine

La bête est un orgue. — Comment l'animal-machine est contenu dans la théorie de Descartes. — Hésitations de Descartes. — Les disciples de Descartes. — Gassendi. — Le P. Pardies. — Pereira. — Théorie curieuse de Barbieri. 393

CHAPITRE III. — LA BÊTE TELLE QU'ELLE EST

Opinions des Pères de l'Eglise. — Saint Chrysostome. — Lactance. — Origène. — Saint Basile. — Saint Grégoire de Nysse. — Théodoret. — Rôle de l'animal dans la création par rapport à l'homme. — Opinions des philosophes. — Aristote. — Sénèque. — Les scolastiques. — Saint Thomas 409

CONCLUSION.. 431

APPENDICE

NOTE A. — Lettre de M. de Quatrefages. — Réponse à cette lettre. — Lettre de M. E. B. — Réponse à cette lettre. — Lettres de MM. L. L. et J.-H. Fabre. 437
NOTE B. — (...Un terme qui se perd dans l'infini.) 446
NOTE C. — Lettre de M. Henry de Fontenay. 448
NOTE D. — Histoire du chien de Montargis. 450
NOTE E. — Mémoire sur l'instinct, par M. Dupont de Nemours . 454
NOTE F. — Deux faits allégués pour prouver l'intelligence des animaux. 469

ÉMILE COLIN — Imprimerie de Lagny.

LIBRAIRIE DE RETAUX-BRAY, ÉDITEUR
82, RUE BONAPARTE, PARIS

HISTOIRE DE LA PAPAUTÉ
PENDANT LE QUINZIÈME SIÈCLE

AVEC DES PIÈCES JUSTIFICATIVES

Par M. l'abbé CHRISTOPHE
Chanoine d'honneur de Lyon et de Nîmes

Deux forts volumes in-8. . . . . 14 fr.

« L'auteur, dit la *Bibliographie catholique*, a apporté à la composition de ces deux ouvrages le même soin, la même intelligence, le même amour. Peut-être même ici, son érudition s'est-elle entourée de plus de précautions, ornée de plus de recherches. Il a puisé à toutes les sources, imprimées ou manuscrites, et ces sources, il est allé les chercher partout, dans toutes les bibliothèques de France et d'Italie. Voilà donc un écrivain parfaitement renseigné, d'intelligence, de bonne foi, digne, par conséquent, de faire autorité... »

L'ESPAGNE
SOUS CHARLES-QUINT, PHILIPPE II & PHILIPPE III

Ou les Osmanlis et la Monarchie espagnole pendant les XVIe et XVIIe siècles

Par Léopold RANKE
Professeur à l'Université de Berlin

Traduit de l'allemand et augmenté de notes par J.-B. HAIBER

Deuxième édition. 1 volume in-8. . . . . 5 fr.
Le même ouvrage, 2e édition. 1 volume in-18 jésus. . . 3 fr.

HISTOIRE DU PAPE INNOCENT III
ET DE SES CONTEMPORAINS

Par F. HURTER

Traduite de l'allemand sur la 2e édition, par A. de Saint-Chéron et J.-B. Haiber

PRÉCÉDÉE D'UNE INTRODUCTION

Deuxième édition. 3 volumes in-8. . . 12 fr.

LES ORIGINES DE LA SOCIÉTÉ MODERNE
Ou Histoire des quatre premiers siècles du Moyen Age

Par A. M. POINSIGNON
Ancien professeur d'histoire, docteur ès-lettres

Deux forts volumes in-8. . . . . 12 fr.

Émile COLIN — Imprimerie de Lagny

www.ingramcontent.com/pod-product-compliance
Lightning Source LLC
Chambersburg PA
CBHW050600230426
43670CB00009B/1207